高等学校创新性数智化应用型经济管理规划教材（金融科技系列）

总主编 / 李雪　　主审 / 徐国君

秦桂兰◎主编

肖英红　王国娜◎副主编

金融学（第三版）

立信会计出版社
LIXIN ACCOUNTING PUBLISHING HOUSE

图书在版编目(CIP)数据

金融学 / 秦桂兰主编. -- 3版. -- 上海：立信会计出版社, 2024.8. -- ("十四五"高等学校创新性数智化应用型经济管理规划教材). -- ISBN 978-7-5429-7718-2(2025.7重印)

Ⅰ. F830

中国国家版本馆CIP数据核字第2024GT9128号

策划编辑　方士华
责任编辑　赵新民
助理编辑　吴佳璘
美术编辑　吴博闻

金融学(第三版)
JINRONGXUE

出版发行	立信会计出版社		
地　　址	上海市中山西路2230号	邮政编码	200235
电　　话	(021)64411389	传　　真	(021)64411325
网　　址	www.lixinaph.com	电子邮箱	lixinaph2019@126.com
网上书店	http://lixin.jd.com		http://lxkjcbs.tmall.com
经　　销	各地新华书店		
印　　刷	上海华业装潢印刷有限公司		
开　　本	787毫米×1092毫米　　1/16		
印　　张	22		
字　　数	536千字		
版　　次	2024年8月第3版		
印　　次	2025年7月第2次		
书　　号	ISBN 978-7-5429-7718-2/F		
定　　价	59.00元		

如有印订差错，请与本社联系调换

总 序

教材是高校实现人才培养目标的重要载体,教材及教材建设对高校发展具有举足轻重的作用。与培养模式相对应的教材是培养合格人才的基本保证,是实现培养目标的重要工具。由于历史原因,在财经类教材的出版方面,相关出版社出版研究型本科或者高职高专、中等职业等层次的教材较多,而应用型本科教材较少。虽然近年来一些应用型本科教材也陆续出版,但总体而言,这些教材还是缺乏权威性、普适性、实用性、创新性。造成这种状况的原因主要在于:出版社对财经类应用型本科教材的出版还不够重视,没有进行有效组织;财经类应用型本科院校多为新建院校,教材建设相对滞后,主观上也较愿意使用研究型本科教材;在教材使用中存在比较严重的混用现象,教材目标读者群不明确,如不少教材声称既适用于研究型本科院校又适用于应用型本科院校,或者既适用于本科院校又适用于高职高专院校。

由于目前财经类应用型本科教材种类和数量匮乏或质量欠佳,财经类应用型本科院校不得不沿用传统研究型教材。这些教材本身的质量很好、级别很高,但是并不适用于应用型本科院校的教学,教师和学生普遍反映不好用。即使在全国范围看,也还没有相对成套、成熟的、适合财经类应用型本科院校的教材。现有财经类教材存在的主要问题包括:①教材的定位和要求较高;②教材的内容偏多、难度大;③教材着重于理论解释,相关案例、实训等内容较少,缺乏普适性、实用性。

与此同时,信息技术的快速发展使学生的学习习惯和阅读习惯发生了改变,不断朝个性化、自主学习式的方向发展,传统的单一纸质版教材已经无法适应这种变化。翻转课堂、慕课、微课等网络课程的兴起,混合式教学的不断推进,也对立体化教材建设提出了新的要求。教材作为一种课堂上的教学工具,一种传播媒介,理应顺势而为,随课堂形式、学生学习方式的改变而改变,朝着数字化、立体化、可视化的方向发展。因此,编写一套适应学生水平、便于学生接受的立体化财经类应用型本科教材迫在眉睫。

我们组织具有多年应用型人才培养经验的优秀教师和实务界专家编写了这套高等学校创新性数智化应用型经济管理规划教材。本系列教材有《会计基本技能》《出纳实务》《基础会计》《中级财务会计》《成本会计》《管理会计》《会计信息系统》《财务管理》《审计学》《高级财务会计》《商业分析》《税法》《经济法》《金融学》《Excel在会计和财务管理中的应用》等品种。为了保证教材的质量,我们为本系列教材聘请了知名高校的专家教授进行专门指导和审核。每本教材至少有一名本学科的知名专家或学科带头人提出审核指导意见,至少有一名高等院校教学一线的高级职称教师参与组织编写,至少有一名行业协会、实务界专家或教学研究机构人员提出编写建议。

本系列教材的特色如下。

1. 应用性

应用型本科的教材建设应坚持培养应用型本科人才的定位,充分吸收和借鉴传统的普通本科教材与高职高专类教材建设的优点和经验,以就业为导向,做到理论上高于高职高专类教材、动手能力的培养上高于传统的本科院校教材。本系列教材体现了应用型本科的定位,体现了素质教育和"以学生发展为本"的教育理念,遵循了高等教育教学基本规律,重视知识、能力和素质的协调发展,根据应用型人才培养模式对学生的创新精神、实践能力和适应能力的要求,在内容选材、教学方法、学习方法、实验和实训配套等方面突出了应用性特征。

2. 针对性

本系列教材的编写符合会计学、财务管理和审计学等专业的培养目标、培养需求、业务规格和教学大纲的基本要求,与各专业的课程结构和课程设置相对应,与课程平台和课程模块相对应。本系列教材在结构纵横的布局、内容重点的选取、示例习题的设计等方面符合教改目标和教学大纲的要求,把教师的备课、试讲、授课、辅导答疑等教学环节有机地结合起来。

3. 立体化

本系列教材为立体化教材,实现了由传统纸质教材向"纸质教材+数字资源"的转变,通过技术手段将晦涩难懂的理论知识转变为直观的具体知识,以立体化、数字化的方式呈现,包括图文、动画、音频、视频等多种形式,生动、有趣且易懂,不仅可以激发学生的学习兴趣,还有利于教学效果的提升。

4. 趣味性

本系列教材注重趣味性,使用了大量的例题和案例,每章都加入了"思政育人""相关思考""延伸阅读"等内容,使读者能够加深理解,便于掌握相关内容。在案例、例题等的设计选用上重点突出趣味性,易于引发读者的共鸣。

5. 先进性

本系列教材反映了应用型会计人才教育教学改革的内容,能够反映学科领域的新发展。教材的整体规划、内容构建等均体现了创新性。教材还强调了系列配套,包括教材、学习参考书、教学课件等。立体化教材在内容修订上更具有明显优势,线上资源可以随时根据政策法规、理论知识或工作实务等的变化进行调整,更有利于保持教材内容的先进性。

6. 基础性

本系列教材打破传统教材自身知识框架的封闭性,尝试多方面知识的融会贯通,注重知识层次的递进,体现每一门科目的基本内容,同时在具体内容上突出实际运用知识能力,做到"教师易教,学生乐学,技能实用"。

7. 易于自学性

自学能力是大学生的一项基本能力。学生只有具备了自主学习的能力,才能最终建立起终身学习的保障体系,这也是应用型本科人才培养的客观要求。应用技术型高校的生源素质与普通高校相比存在一定的差距,除一部分是高考发挥失误的学生外,还有一部分学生在学习习惯、基础知识等方面存在一定的欠缺,这就要求教材能够调动这部分学生的学习积极性,在理论方面尽量通俗易懂,在实践方面尽量采用案例式教学。为了有利于学生课后自主学习,本系列教材配套了学习指导书和教学课件。

因此,本系列教材的定位准确,特色明显,适用于应用型本科院校教学,便于学生的自学和教师的教学。

本系列教材凝聚了众多教授和专家多年来的经验和心血。当然,由于我们的经验和人力有限,教材中难免存在不足,我们期待着各位同行、专家和读者的批评指正。我们将根据经济发展和会计环境的变迁不断修订教材,以便及时反映学科的最新发展和人才培养的最新变化。

本系列教材自2014年出版后,得到市场的认可,深受广大高校师生的欢迎。为了更好地回馈读者,我们从2017年起启动本系列教材第二版的修订工作,2019年启动第三版的修订工作,2021年启动第四版的修订工作。各种教材的修订版已陆续出版。我们会一如既往地做好教材修订和相关服务工作,希望广大读者对本系列教材继续给予支持。

李 雪

2024年1月

第三版前言

金融是现代经济的核心,在现代经济生活中发挥着越来越重要的作用,是经济发展的持久推动力。随着金融领域不断创新、金融科技迅猛发展及国家对金融监管越来越重视,原教材的部分内容需要及时更新和完善。因此,我们启动了本教材第三版的修订工作。

本教材为"'十四五'高等学校创新性数智化应用型经济管理规划教材(金融科技系列)"之一,在充分吸收和借鉴传统的普通本科教材与高职高专类教材建设的优点及经验的基础上,做到在理论上高于高职高专类教材、在实务操作能力培养上高于传统的普通本科教材。本书既可作为普通高等教育经济管理类专业教材,也可供相关专业人员参考。

本教材围绕金融、金融模式、货币、信用、利率、汇率等基本概念展开,阐述金融基本理论在经济运行中的应用。信用与融资、信用与经济的关系、利率与汇率在联结宏观经济和微观主体活动中的重要地位、各种不同金融机构开展的业务及各自在国民经济中的地位与作用、金融市场的地位及其运作,这些都是本教材阐述给读者的内容。另外,本教材依然秉承了国内主流学派的观点,将货币供求、通货膨胀与通货紧缩、金融调控政策纳入其中。

本教材定位明确,紧扣应用型人才培养目标,在编写过程中力求与金融实务紧密结合,突出应用性、针对性、先进性、基础性、立体化、易于自学性的特点。内容全面、框架清晰、模块多样、资源丰富。全书共分为14章,每章设有内容提要、重点难点、学习目标、知识框架、思政育人、本章小结、本章重要概念等模块,同时在关键知识点处增加了"延伸阅读""相关案例""相关思考"等内容,以培养学生分析、解决问题的能力及探索能力。此外,本教材重视思政入教材,在各章开头紧密结合党的二十大精神,设置了"思政育人"案例。

第三版教材坚持与时俱进,紧跟经济金融领域的发展趋势,紧密结合现代信息技术给传统金融领域带来的变革及我国金融领域现状,更加突出教材的实用性、及时性、丰富性、易懂性。引用的相关理论、参考的数据、采用的案例、拓展的延伸阅读等参考资料都注重时效性,表述简洁、通俗易懂,非常适合应用型高校教学使用。本次改版增加了中央金融工作会议强调的重要内容、国家金融机构改革的最新变化及金融监管体系的最新调整等,并突出金融科技对金融带来的影响。

另外,教材在各章加入了相应的二维码,方便读者扫码获取电子阅读资料,拓宽知识面。电子阅读资料包括案例、规章制度、讲解视频、相关资讯等。此外,教学辅助资料丰富实用,包括配套的《金融学学习指导书》、多媒体课件、电子教案等。

本教材由秦桂兰担任主编,肖英红、王国娜担任副主编,张军花、谭晨、张晓霞参与编写。具体分工如下:导论(秦桂兰)、第一章货币与货币制度(秦桂兰),第二章信用与信用形式(秦桂兰),第三章利息与利率(秦桂兰),第四章汇率与汇率制度(秦桂兰),第五章金融机构体系

(张晓霞),第六章中央银行(肖英红),第七章商业银行(肖英红),第八章非存款类金融机构(肖英红),第九章金融市场(张军花),第十章货币需求与货币供给(秦桂兰),第十一章通货膨胀与通货紧缩(王国娜),第十二章金融调控政策(王国娜),第十三章金融安全与金融监管(谭晨)。最后由李雪教授、徐国君教授总纂定稿。

在编写本教材时编者参考了大量的相关教材和论著,在此向有关作者表示感谢!尽管各位编者日常工作繁重,改版过程很艰辛,但经过大家的共同努力,本书愈加完善。在此,向给予大力支持的李雪教授、徐国君教授和各位编者致以深深的谢意!

在编写本教材时编者经过了多次讨论研究、及时更新资料,力求内容更加丰富、严谨准确,但可能还存在考虑不周的地方。若您在阅读中发现疏漏或不妥之处,敬请批评指正。您的宝贵建议可以发送至此邮箱:guilan.qin@qdc.edu.cn。

编 者

2024年6月

目 录

导论 ·· 1
    本章小结 ·· 9
    本章重要概念 ··· 9

第一章　货币与货币制度 ··· 10
    第一节　货币概述 ·· 11
    第二节　货币制度 ·· 26
    本章小结 ·· 35
    本章重要概念 ··· 36

第二章　信用与信用形式 ··· 37
    第一节　信用概述 ·· 38
    第二节　信用形式 ·· 44
    本章小结 ·· 57
    本章重要概念 ··· 57

第三章　利息与利率 ·· 58
    第一节　利息及其计算 ··· 60
    第二节　利率及其种类 ··· 66
    第三节　利率的决定及作用 ·· 73
    本章小结 ·· 81
    本章重要概念 ··· 82

第四章　汇率与汇率制度 ··· 83
    第一节　外汇与汇率概述 ··· 85
    第二节　汇率的决定及影响 ·· 93
    第三节　汇率制度 ·· 103
    本章小结 ·· 107
    本章重要概念 ··· 107

第五章　金融机构体系 ······ 108
- 第一节　金融机构及其体系构成 ······ 109
- 第二节　中国金融机构体系 ······ 115
- 第三节　国际金融机构体系 ······ 122
- 本章小结 ······ 126
- 本章重要概念 ······ 127

第六章　中央银行 ······ 128
- 第一节　中央银行产生与类型 ······ 129
- 第二节　中央银行性质与职能 ······ 136
- 第三节　中央银行业务 ······ 140
- 本章小结 ······ 143
- 本章重要概念 ······ 143

第七章　商业银行 ······ 144
- 第一节　商业银行概述 ······ 145
- 第二节　商业银行业务 ······ 154
- 第三节　商业银行经营管理 ······ 168
- 本章小结 ······ 176
- 本章重要概念 ······ 176

第八章　非存款类金融机构 ······ 177
- 第一节　非存款类金融机构概述 ······ 178
- 第二节　保险经营金融机构 ······ 180
- 第三节　证券经营与投资金融机构 ······ 183
- 第四节　其他非存款类金融机构 ······ 188
- 本章小结 ······ 192
- 本章重要概念 ······ 193

第九章　金融市场 ······ 194
- 第一节　金融市场概述 ······ 197
- 第二节　货币市场 ······ 211
- 第三节　资本市场 ······ 219
- 第四节　金融衍生工具市场 ······ 234
- 第五节　保险市场 ······ 244

第六节　外汇市场 ··· 253
　　本章小结 ··· 256
　　本章重要概念 ··· 256

第十章　货币需求与货币供给 ··· 258
　　第一节　货币需求 ··· 259
　　第二节　货币供给 ··· 267
　　本章小结 ··· 274
　　本章重要概念 ··· 274

第十一章　通货膨胀与通货紧缩 ·· 275
　　第一节　通货膨胀 ··· 276
　　第二节　通货紧缩 ··· 288
　　本章小结 ··· 293
　　本章重要概念 ··· 293

第十二章　金融调控政策 ·· 294
　　第一节　金融调控概述 ·· 295
　　第二节　货币政策 ··· 297
　　本章小结 ··· 317
　　本章重要概念 ··· 317

第十三章　金融安全与金融监管 ·· 318
　　第一节　金融风险与金融安全 ·· 319
　　第二节　金融监管 ··· 323
　　本章小结 ··· 336
　　本章重要概念 ··· 336

主要参考文献 ·· 337

导　论

- 内容提要
- 重点难点
- 学习目标
- 知识框架
- 思政育人
- 本章小结
- 本章重要概念

内容提要

本章主要讲述了金融的含义、地位及作用；金融创新中的主要金融模式，如互联网金融、科技金融、绿色金融、普惠金融、养老金融、数字金融；金融学及其研究对象。

重点难点

本章重点为金融的含义、地位及作用。难点为对六大金融创新模式具体内涵的理解。

学习目标

通过本章学习，学生应了解生活中的金融，理解金融的含义，掌握金融的地位及作用，掌握主要金融创新模式，能够了解金融学学科及其研究对象。

知识框架

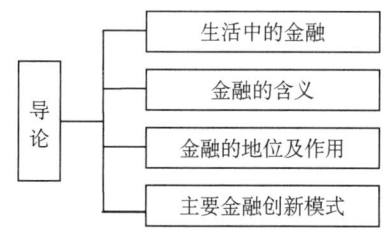

　　　　**思政育人**　　　　**中央金融工作会议召开**

中央金融工作会议于 2023 年 10 月 30 日至 31 日召开。会议强调，金融是国民经济的血脉，是国家核心竞争力的重要组成部分，要加快建设金融强国，全面加强金融监管，完善金融体制，优化金融服务，防范化解风险，坚定不移走中国特色金融发展之路，推动我国金融高质量发展，为以中国式现代化全面推进强国建设、民族复兴伟业提供有力支撑。

会议指出，高质量发展是全面建设社会主义现代化国家的首要任务，金融要为经济社会发展提供高质量服务。要着力营造良好的货币金融环境，切实加强对重大战略、重点领域和薄弱环节的优质金融服务。始终保持货币政策的稳健性，更加注重做好跨周期和逆周期调节，充实货币政策工具箱。优化资金供给结构，把更多金融资源用于促进科技创新、先进制造、绿色发展和中小微企业，大力支持实施创新驱动发展战略、区域协调发展战略，确保国家粮食和能源安全等。盘活被低效占用的金融资源，提高资金使用效率。做好科技金融、绿色金融、普惠金融、养老金融、数字金融五篇大文章。要着力打造现代金融机构和市场体系，疏通资金进入实体经济的渠道。优化融资结构，更好发挥资本市场枢纽功能，推动股票发行注册制走深走实,发展多元化股权融资,大力提高上市公司质量,培育一流投资银行和投资机构。促进债券市场高质量发展。完善机构定位,支持国有大型金融机构做优做强,当好服务实体经济的主力军和维护金融稳定的压舱石,严格中小金融机构准入标准和监管要求,立足当地开展特色化经营,强化政策性金融机构职能定位,发挥保险业的经济减震器和社会稳定器功能。强化市场规则,打造规则统一、监管协同的金融市场,促进长期资本形成。健全法人治理,完善中国特色现代金融企业制度,完善国有金融资本管理,拓宽银行资本金补充渠道,做好产融风险隔离。要着力推进金融高水平开放,确保国家金融和经济安全。坚持"引进来"和"走出去"并重,稳步扩大金融领域制度型开放,提升跨境投融资便利化,吸引更多外资金融机构和长期资本来华展业兴业。增强上海国际金融中心的竞争力和影响力,巩固提升香港国际金融中心地位。

会议强调,要全面加强金融监管,有效防范化解金融风险。切实提高金融监管有效性,依法将所有金融活动全部纳入监管,全面强化机构监管、行为监管、功能监管、穿透式监管、持续监管,消除监管空白和盲区,严格执法、敢于亮剑,严厉打击非法金融活动。及时处置中小金融机构风险。建立防范化解地方债务风险长效机制,建立同高质量发展相适应的政府债务管理机制,优化中央和地方政府债务结构。促进金融与房地产良性循环,健全房地产企业主体监管制度和资金监管,完善房地产金融宏观审慎管理,一视同仁满足不同所有制房地产企业合理融资需求,因城施策用好政策工具箱,更好支持刚性和改善性住房需求,加快保障性住房等"三大工程"建设,构建房地产发展新模式。维护金融市场稳健运行,规范金融市场发行和交易行为,合理引导预期,防范风险跨区域、跨市场、跨境传递共振。加强外汇市场管理,保持人民币汇率在合理均衡水平上的基本稳定。防范化解金融风险,要把握好权和责的关系,健全权责一致、激励约束相容的风险处置责任机制;把握好快和稳的关系,在稳定大局的前提下把握时度效,扎实稳妥化解风险,坚决惩治违法犯罪和腐败行为,严防道德风险;对风险早识别、早预警、早暴露、早处置,健全具有硬约束的金融风险早期纠正机制。

会议指出,加强党中央对金融工作的集中统一领导,是做好金融工作的根本保证。要完善党领导金融工作的体制机制,发挥好中央金融委员会的作用,做好统筹协调把关。发挥好中央金融工作委员会的作用,切实加强金融系统党的建设。发挥好地方党委金融委员会和金融工委的作用,落实属地责任。要坚持政治过硬、能力过硬、作风过硬标准,锻造忠诚干净担当的高素质专业化金融干部人才队伍。要在金融系统大力弘扬中华优秀传统文化,坚持诚实守信、以义取利、稳健审慎、守正创新、依法合规。要加强金融法治建设,及时推进金融重点领域和新兴领域立法,为金融业发展保驾护航。

资料来源:新华社.中央金融工作会议在北京举行[EB/OL].(2023-11-01)[2024-02-06].http://www.gsftyg.com/2023-11/01/c_1129952414.htm.

一、生活中的金融

在现代社会中,人们的日常生活与经济活动都离不开金融。对于金融与经济的关系,有许多表述,如"金融是经济的血液""金融是国民经济的命脉"等,都表明金融的重要性。邓小平曾经指出,金融很重要,金融是现代经济的核心,金融搞好了,一着棋活,全盘皆活,经典地解释了金融在现代经济中的地位和作用。

封闭经济下,各国或地区一般由居民、非金融企业、金融机构和政府四大经济部门组成。各部门内部及不同的经济部门之间不断地发生着各种各样的经济活动,并引起错综复杂的活动。同时,居民、非金融企业、政府这三个部门都不可避免地与金融机构发生关系。

(一)居民与金融

居民是社会最古老、最基本的经济主体。当居民出现资金盈余时,需要将结余资金存放银行、投资证券或买保险等。而当居民出现资金短缺时,如出现暂时性货币购买力不足,或因突发事件导致家庭支付能力不足时,需要向银行贷款或者通过民间借贷等方式解决资金不足。

（二）企业与金融

企业（非金融企业）是现代经济活动中最基本、最活跃的主体，企业的经营活动对宏观金融和微观金融均产生重要的影响。企业在日常经营活动中，会出现资金盈余或资金短缺。而企业是经济体系或金融体系中最主要的资金供给者或资金需求者。

企业的经济业务活动需要通过银行开设账户，办理存款或进行资金清算。企业资金短缺时，可以通过向银行申请贷款或采用融资租赁等方式解决，或者在资本市场通过发行股票或债券等方式融资；而融资相对困难的中小企业，也会借助互联网金融或民间借贷等方式解决，这些都形成了重要的资金需求。而当企业有闲置资金时，又会将资金存进银行或者进行其他投资，如投资于金融市场或者通过兼并等方式投资于其他企业，这形成了重要的资金供给。

（三）政府与金融

政府为了实现国家管理职能，需要参与社会分配和再分配，形成收入和支出，即财政收支。政府通过财政收支分配金融资源，引导和调控其他部门的经济活动。因此，财政收支对居民、企业、金融及国外部门的微观经济主体活动以及宏观金融、经济运行等都会产生重要影响。

政府的财政收支需要通过金融体系来实现，通过银行调度、划拨资金；同时，政府会在中央银行开设账户形成存款，财政赤字时向中央银行透支或借款，或者通过发行债券、向外国政府或国际金融机构实现融资等。

另外，对于开放经济而言，本国经济部门不可避免地与国外经济部门产生经济关系，发生国际金融活动。开放经济部门的对外金融活动主要体现在两方面：一是对外贸易和劳务所产生的国际结算与融资；二是投资活动，包括实业投资或纯粹的金融投资。

部门间的经济和金融活动，最终可能出现盈余或赤字。

可见，金融源于社会经济活动并服务于社会经济活动。一方面，国内外各经济部门内部与彼此之间的经济活动，需要通过金融来实现；另一方面，金融在服务于社会经济活动的过程中，逐渐形成一个有机的体系。

0-1 视频：生活中的金融

二、金融的含义

什么是金融？最早列入"金融"条目的工具书是1915年出版的《辞源》，书中称，"今谓金钱之融通曰金融""各种银行、票号、钱庄曰为金融机关"。其实，金融一词的出现是西方先于东方，英文为"finance"。但是西方人对"finance"的用法也不限于一种，而且中文的"金融"与西文的"finance"也并非完全对等。

不同的人对金融的理解不一样，经济学者对此也并没有完全一致的看法。长期以来，对金融最狭义但最通俗易懂的理解为"资金的融通"，但这种理解不够全面。如黄达先生对金融的理解，认为金融有宽口径和窄口径的区别，并从其产生过程看，将金融界定为"一切涉及货币供给、银行与非银行信用、以证券交易为操作特征的投资、商业保险，以及以类似形式进行运作的所有交易行为的集合"。

另外，陈志武先生在《金融的逻辑》一书中写道，金融的核心是跨时间、跨空间的价值交换，所有涉及价值或者收入在不同时间、不同空间之间进行配置的交易都是金融交易；金融学就是研究跨时间、跨空间的价值交换为什么会出现、如何发生、怎样发展等。

关于金融的含义,本书认为:凡是涉及资金余缺调剂的活动或跨期交易都可以称为金融。由此来看,金融活动涵盖的范围很宽,包括货币的借贷,各种票据、外汇、黄金的买卖,股票、债券、基金的发行与交易、保险、租赁、信托、甚至典当等。

总之,如何正确把握金融的含义,要注意三点:一是不能忽视金融以融资活动为主体。二是随着融资活动的发展变化,融资的机构、规模、结算方式与工具,都不断地由单一向多元、简单到复杂推进。三是不同的角度往往有不同的定义:首先,从范围看,金融有狭义和广义之分,狭义金融往往就是货币资金的融通,而广义金融不仅涉及货币、信用以及与此有关的形成、运行的所有交易行为的集合,而且涉及货币供给、银行与非银行信用,以证券交易为操作特征的投资、商业保险等,以及以类似形式进行运作的所有的交易行为。其次,从融资活动的运作机制看,可将金融定义为金融资产的交易行为。最后,从融资活动的领域看,可将金融定义为资本市场运营和资本资产的供给与定价等。

相关思考 0-1

如何理解金融的本质?

金融的本质到底是什么?我们可以从它的含义理解,它与资金融通密切相关,连接资金的供给方与需求方;我们还可以从信用、杠杆、风险角度理解,信用是金融的基础;另外,金融是要服务于实体经济的。关于金融的本质,读者可以参考黄奇帆先生的观点。

三、金融的地位及作用

(一) 金融的地位

随着金融的不断深化和发展,现代经济逐步转变为金融经济,金融在现代经济中的核心地位越来越突出。具体体现在以下方面。

1. 金融在市场配置资源中处于核心地位

现代经济是市场经济,市场经济从本质上讲是一种发达的货币信用经济或金融经济,它的运行表现为价值流导向实物流,货币资金运动导向物质资源运动。金融的运行正常有效,是充分而有效地筹集、融通和使用货币资金,合理配置社会资源,保持国民经济良性循环的重要条件。

2. 金融是现代经济中调节宏观经济的重要杠杆

现代经济是由市场机制对资源配置起基础性作用的经济,其显著特征之一是宏观调控的间接化。而金融在建立和完善国家宏观调控体系中具有十分重要的地位。金融业是联结国民经济各方面的纽带,它能够比较深入、全面地反映成千上万个企事业单位的经济活动;同时,利率、汇率、信贷、结算等金融手段又对微观经济主体有着直接的影响,国家可以根据宏观经济政策的需求,通过中央银行制定货币政策,运用各种金融调控手段,适时地调控货币供应的数量、结构和利率,从而调节经济发展的规模、速度和结构,在稳定物价的基础上,促进经济发展。

3. 金融是联通整个社会经济生活的命脉和媒介

在现代经济生活中,货币资金作为重要的经济资源和财富,成为沟通整个社会经济生活的命脉和媒介。现代一切经济活动几乎都离不开货币资金运动。从国内看,金融连接着各部门、各行业、各单位的生产经营,联系每个社会成员和千家万户,成为国家管理、监督和调控国民经济运行的重要杠杆和手段;从国际看,金融成为国际政治经济文化交往,实现国际贸易,引进外资、加强国际间经济技术合作的纽带。

(二)金融的作用

金融在现代经济中的核心地位,决定了金融对经济的发展具有巨大的促进作用。

1. 连接社会再生产,促进实体经济发展

从本源来看,金融服务于实体经济,在实体经济的借贷行为和买卖交易过程中提供中介服务,为实体经济配置资源。通过金融工具和金融交易,金融可以把各种生产要素和经济资源连接起来,从而使商品生产顺利进行。无论是间接融资还是直接融资,都实现了资金的余缺调剂,推动经济发展。

2. 反映经济活动,调控经济运行

由于金融与经济的密切关系,金融承担着国民经济活动过程中资金总枢纽的任务。金融运行指标可以说是一国经济活动的"晴雨表",它不仅反映当前经济状况,而且反映未来发展趋势。金融调控主要表现为经济总量调节和经济结构调节。经济总量调节是指通过调节货币供应量,保持社会总供求的平衡;经济结构调节是指通过调整信贷资金投向,调节信贷资金在不同部门、产业、行业和地区间的分配,进而影响经济结构的形成,促进国民经济协调发展。

3. 监督宏观经济,维护国家安全

金融的监督主要表现为对金融数据的监测。它可以反映一国经济的运行态势,解释新情况,发现新问题,以便国家采取相应措施加以解决。另外,根据对外对内各种利益之间的关联性,可以将国家利益归纳划分为核心价值、军事国防、政治社会、经济金融、科学技术、生态资源六个方面,从而构成了国家安全的"六大支柱",即核心价值安全、军事国防安全、政治社会安全、经济金融安全、科学技术安全、生态资源安全。其中,经济金融安全是基础。因此,金融对维护国家安全也至关重要。

四、主要金融创新模式

互联网金融从2013年起成为金融模式的一种创新,随后迅猛发展。它的出现对降低金融服务成本、提高金融服务效率等发挥了积极作用,但同时对传统金融领域造成了巨大的冲击,促使金融行业积极转型,推动高校积极培养互联网金融或金融科技人才。

2023年10月中央金融工作会议提出,坚定不移走中国特色金融发展之路,推动我国金融高质量发展,做好科技金融、绿色金融、普惠金融、养老金融、数字金融五篇大文章。

1. 互联网金融

互联网金融是指传统金融机构与互联网企业利用互联网技术或现代信息技术等一系列现代信息科技手段,实现资金融通、支付、投资和信息中介服务的新型金融服务模式或金融业务模式。它是传统金融行业与互联网精神相结合的新兴领域,是依托于区块链、移动支付、云计算、社交网络和搜索引擎等高速发展的信息技术和高度普及的互联网进行的金融活动。不同于传统的以物理形态存在的金融活动,其形态虚拟化、运行方式网络化。互联网金融本质上还是金融,它只是利用互联网技术、互联网平台进行了很多金融创新,但其金融的核心属性——中介性、风险性并没有改变。

互联网金融体现突出的包容性、普惠性。它的出现为普惠金融发展提供了全新的技术支撑,为普惠金融的可持续发展提供了可行路径。互联网金融的包容性和普惠性更强调其以客户为中心,能在第一时间响应客户需求,形成客户前端黏性,因此具有强大的触达客户的能力,这点与传统金融服务不同。此外,互联网金融带来了全新的渠道,能为客户提供方便、便捷、高效的金融服务,极大地提高了现有金融体系的效率。

互联网金融范围非常宽泛,具体表现形式多样化,主要包括第三方支付、大数据金融、众筹、信息化金融机构、互联网金融门户等形式。

2. 科技金融

科技金融如何界定目前并未统一,原四川大学副校长赵昌文教授在《科技金融》中表示,科技金融是促进科技开发、成果转化和高新技术产业发展的一系列金融工具、金融制度、金融政策与金融服务的系统性、创新性安排,是国家科技创新体系和金融体系的重要组成部分。简单来说,科技金融可以简化为一切服务于科技企业以及科技成果发展、创新的多方资源体系。科技金融是我国国家政策层面及制度层面提出的特定概念,其落脚点在金融。其利用金融创新,服务科技创新创业的金融业态和金融产品。

科技金融属于产业金融的范畴,主要指科技产业与金融产业的融合。经济的发展依靠科技的推动,而科技产业的发展则需要金融的助推。高科技企业通常是高风险企业,而且融资需求比较大,因此科技企业与金融产业的融合,更多的是科技企业寻求融资的过程。科技金融主要包括投资联动、科技保险、科技信贷、股权众筹等。相关部门提到科技金融时,一般是指金融如何更有效地服务于科技创新、科技产业和科技事业。

3. 绿色金融

绿色金融又称为可持续金融,一般有两方面理解:一是指金融业如何促进环保和经济社会的可持续发展,二是指金融业自身的可持续发展。前者强调通过不同方式引导资金流向节约资源技术开发和生态环境保护产业,引导企业生产注重绿色环保,引导消费者形成绿色消费理念;后者则明确金融业要保持可持续发展,避免注重短期利益的过度投机行为。绿色金融主要包括绿色信贷、绿色保险、绿色债务等概念。

发展绿色金融成为推动绿色经济、低碳发展的重要举措。未来绿色金融会聚焦"双碳"目标,健全绿色金融体系,积极支持重点行业和领域节能、减污、降碳、增绿、防灾,丰富绿色金融产品和服务。强化对客户环境、社会和治理风险的分类管理与动态评估,将其纳入业务管理流程和全面风险管理体系,采取差别化管理措施。

4. 普惠金融

普惠金融也称包容性金融,是指立足机会均等和商业可持续原则,以可负担的成本为有金融服务需求的社会各阶层和群体提供适当、有效、多样化的金融服务。

普惠金融模式从国外引进到我国,最初源于小额信贷模式。小额信贷模式由孟加拉国著名经济学教授穆罕默德·尤努斯于1976年创设,他创建了孟加拉国乡村银行——格莱珉银行(1982年被孟加拉国政府批复设立),这是世界上第一家专门借钱给穷人的银行,是一家为穷人服务的银行。他开创了无抵押小微贷款模式,因此获得了2006年的诺贝尔和平奖,被称为"穷人的银行家"。小额贷款模式被世界上许多国家包括富裕国家所借鉴和模仿,并逐渐发展为普惠金融。

普惠金融强调服务对象广泛化、金融服务产品低成本化,中小企业、老年人、农村居民、城镇低收入人群、贫困人群、残疾人等群体是其主要服务对象。普惠金融提供的产品成本更低、更易获得、更丰富,包含了支付、存款、贷款、理财、保险、征信等业务领域。普惠金融强调社会各阶层获得金融服务的公平性,创新、开拓一些空白市场,这决定了它面临着比传统金融更大的风险。

未来普惠金融要聚焦痛点难点,要加强普惠金融服务,公平对待各类所有制企业,持续加大对民营、小微企业和个体工商户的金融支持,积极服务乡村全面振兴。

5. 养老金融

养老金融是一个概念体系,是指围绕社会成员的各种养老需求、应对老龄化社会的挑战所进行的金融活动的总和。从实践来看,养老金融包括养老金金融、养老服务金融与养老产业金融三个层面。

养老金金融是为储备制度化的养老金进行的一系列金融活动,包括养老金制度安排和养老金资产管理。养老金制度安排是指通过政府、单位和个人责任分担建立多支柱、风险分散的养老金制度体系;养老金资产管理是指在保障养老金资产安全的前提下实现收益最大化。

养老服务金融是指除制度化的养老金外,围绕养老相关的投资、理财、消费及其他衍生需求,金融机构采取的一系列有关金融产品与服务的创新金融活动,涵盖养老财富管理和养老金融便捷性支持两个方面。前者指在工作阶段以养老为目标的财富积累和管理,后者指适老化改造等硬件设施的完善以及为老年人便捷化而设计开发的软件等。

养老产业金融是指为养老相关产业提供投融资支持的金融活动。由于传统家庭养老功能逐步弱化,社会化养老逐步兴起,养老产业需求不断增加,鉴于养老产业投资大、回报周期长等特征,需要金融行业的参与和支持。

未来养老金融要聚焦现实需求加快养老金融发展,加大对健康产业、养老产业、银发经济的金融支持,发展第三支柱养老保险,如丰富税优健康保险产品供给、持续推进人寿保险与长期护理保险责任转换业务试点、支持保险机构以适当方式参与养老服务体系建设等。

6. 数字金融

数字金融是指通过互联网及信息技术手段与传统金融服务业态相结合的新一代金融服务模式,有时被称为互联网金融2.0或金融科技。由定义可知,数字金融的构成要素具有如下特征:

一是数字金融是以金融科技为核心的金融行业数字化过程,是金融科技领域一项革命性创新。而金融科技基于大数据、云计算、人工智能、区块链等一系列技术创新,全面应用于支付清算、借贷融资、财富管理、零售银行、保险、交易结算等六大金融领域,是金融业未来的主流趋势。

二是数字金融的参与主体多样化。数字金融的参与主体既包括传统金融机构,也包括数字平台企业、金融科技公司等新兴市场主体。其中,传统金融机构最为踊跃,数字金融促进了金融服务效率提升,有条件的金融机构尤其是商业银行都在加快数字化转型的步伐。

三是高度重视数据要素的开发和运用。金融机构主要依托数字技术、数字渠道和数字基础设施实现金融产品和服务供给,而数据是数字金融的基石,是金融机构数字化转型的基础,为此,金融机构高度重视对数据要素的开发和运用。金融机构的数字化转型已基本实现了数据支撑业务贯通,也引入了社保、公积金、税收等数据用于获客、营销、授信与风控。未来,金融机构或更需关注数据的赋能,即数据价值的第三次释放,这是促进金融产品服务、业务流程、商业模式等方面的数字化创新的关键。

未来数字金融要聚焦效能和安全,促进数字金融发展,积极引导银行保险机构数字化转型,健全适应数字化时代的金融监管体系。鼓励科技领先金融机构向中小金融机构输出风控工具和技术服务。

0-2 一文全览"数字金融"重大政策及深度解读

五、金融学研究对象

随着经济的发展,金融学的研究对象及现代金融学科所涵盖的内容也在拓展和深化。就金融学的内容而言,一般包括以下几方面:一是包括有关金融的各种范畴,如货币、信用、利息和利率、汇率等;二是包括金融的微观分析,如金融市场、金融机构及两者的相互渗透、金融功能等;三是包括金融的宏观分析,如货币供求与均衡、通货膨胀与通货紧缩、货币政策调控、国际资本流动、金融风险与金融监管等。可见,金融学的研究领域不限于货币信用和银行,它涉及整个国民经济。

相关思考 0-2

互联网金融为何会产生?它与数字金融、金融科技有何不同?

互联网金融是一种创新的金融模式,互联网金融发展如此迅猛的原因是什么?此外,这几年数字金融、金融科技也成为全社会关注的焦点。数字金融、金融科技这些模式与互联网金融是否有区别?它们是否存在相似性?

延伸阅读 0-1

做好金融"五篇大文章",促进区域经济发展

一、"五篇大文章"相互交织,相辅相成

金融领域的发展逻辑在于不断融合科技、可持续、普惠、养老和数字化元素,推动金融行业更好地适应社会经济发展的需要,促使金融体系更加创新、高效、可持续,同时服务实体经济和更广泛的人群。五大金融之间存在紧密的发展关系,这些领域相互交织,相辅相成,共同推动金融业的创新和可持续发展。

首先,科技金融与数字金融密切相关。科技金融以先进技术为基础,数字化是其发展的重要手段。区块链、人工智能和大数据等技术的应用不仅提高了金融服务的效率,也为数字金融提供了丰富的工具和平台。

其次,科技金融和绿色金融相互促进。科技手段的运用能够提升绿色金融的监管和数据管理效能,有助于发展环保科技和可再生能源项目。反过来,绿色金融的需求也激发了科技金融创新,例如利用区块链技术可以确保环保项目的透明度和可追溯性。

再次,普惠金融与数字金融和科技金融紧密相连。科技金融的发展降低了金融服务的门槛,使更多的人可以通过数字渠道获取金融服务,从而提高普惠金融目标的精准性和靶向性。数字金融工具,如移动支付和电子银行,也为普惠金融提供了更为便捷和经济的途径,助力金融资源更加均衡地分配与高效配置。

最后,养老金融与科技金融和数字金融的关系主要体现在金融科技的应用和创新产品的设计上。科技金融的发展为养老金融提供了更高效的风险管理和投资工具,数字金融产品也适用于老年人的财务(财富)管理和保险需求。同时,养老金融的需求也推动了科技金融和数字金融在服务老年人群体方面的不断完善和提升。

科技金融和数字金融作为推动力,加速了绿色金融、普惠金融和养老金融创新和发展的速度与效率,共同构建了更加智能、可持续和包容的金融生态系统。这"五篇大文章",篇篇切中金融发展中的短板与不足,篇篇都在明确和回应金融必须适应未来经济社会发展的重大关切,是引领金融高质量发展的关键,关系中国式现代化建设的全局,是党中央从党和国家事业发展全局的战略高度,对当前和今后一个时期的金融工作做出的全面部署。

做好这"五篇大文章",需要增强金融的韧性,保持改革的定力,提升发展的活力,明晰社会的预期。为此,需要各地区各部门通力协作,心往一处想,劲往一处使,形成合力,激发市场的活力和创造力;坚持系统、科学的方法,既不能盲目追求快(影响质量),又不能一味等(如认为养老金融时机不完全成熟、还可以等的认识误区)。改革和创新成效,是探索出来的,是干出来的,也是拼出来的。如果这"五篇大文章"做得不好或者不到位,将影响整个经济社会的发展与变革质量。

二、书写好"五篇大文章"的具体路径

一是以市场化改革为统领。市场化改革是金融"五篇大文章"取得成效的前提,是金融有效发挥服务实体经济功能的基础。改革开放以来的经济社会发展表明:改革是经济社会发展的根本动力,是经过证明行之有效的不二法宝,是跨越式发展的根本保证。遵循经济发展规律,明晰改革的预期,确保改革的定力与稳定性、可持续性。

二是坚持法治化方向。法治化是金融"五篇大文章"取得成效的基本保障,是金融有效发挥服务实体经济功能的基本遵循。法治化强调建立健全的法律体系和法治环境,为金融行为提供规范和监管依据,是金融市场健康有序发展的根本。

三是提升国际化质量。国际化是金融对外开放的具体体现,是实现可持续发展和增强国际话语权,提升国家在全球经济中地位的战略举措。金融领域的国际化可以帮助我国适应国际政治、经济发展形势变化导致的大国之间金融领域的竞争与合作,做好国际金融风险应对。

四是建设系统工程。"五篇大文章"的书写是一项系统工程,要坚持系统理念,使用系统方法,主要是综合协调,破除部门与行业之间的利益格局与壁垒,服务经济社会发展大局。加强并科学规划金融部门职能,提升相关部门行政效能,打通金融部门与实体经济之间的信息流、资金流、人才流、技术流,畅通金融与实体部门之间的信息耦合、价值捕获效应,促进金融与实体部门之间的有机共生。

五是筑牢风险防控底线。在书写"五篇大文章"的过程中,要未雨绸缪,科学运用先进的风险管理与防控理论,守住不发生系统性风险的底线。经验表明,重大风险的防范与化解,需要科学的手段与方法,压力测试机制是全球金融领域普遍采用的一种风险管控手段,已逐步推广到电子商务、网络游戏等重大风险领域,成为防范、应对与化解各类重大风险的条件保障。

资料来源:李贤彬,杜坤伦. 做好金融"五篇大文章",促进区域经济发展[EB/OL]. (2024-06-20)[2024-06-20]. http://www.jjckb.cn/2024-06/20/c_1310778961.htm. 有删改.

本 章 小 结

本章主要学习的是金融的基本知识。通过本章的学习,我们认识了金融的含义、地位及作用,熟悉了当前主要的金融创新模式,如互联网金融、科技金融、绿色金融、普惠金融、养老金融、数字金融;了解了金融学及其研究对象。

本章重要概念

金融　金融学　金融业　互联网金融　科技金融　绿色金融　普惠金融　养老金融　数字金融

第一章　货币与货币制度

- 内容提要
- 重点难点
- 学习目标
- 知识框架
- 思政育人
- 第一节　货币概述
- 第二节　货币制度
- 本章小结
- 本章重要概念

内容提要

本章主要讲述了货币的产生与发展,货币从实物货币到数字货币的形式演变过程;货币的定义及本质;货币的职能与作用;货币层次的划分;货币制度的形成及构成要素,货币制度的演变过程;我国的货币制度及国际性、区域性货币制度。

重点难点

本章重点为货币的起源,货币的定义、货币的形式演变,货币的职能及层次划分。难点为货币的本质、货币的职能、劣币驱逐良币规律。

学习目标

通过本章学习,学生应熟悉货币的产生与发展,掌握货币的定义、形式演变、货币的职能及层次划分;还应了解货币制度的形成,熟悉货币制度构成要素,掌握货币制度的演变,了解我国的货币制度及区域货币制度、国际货币制度。

知识框架

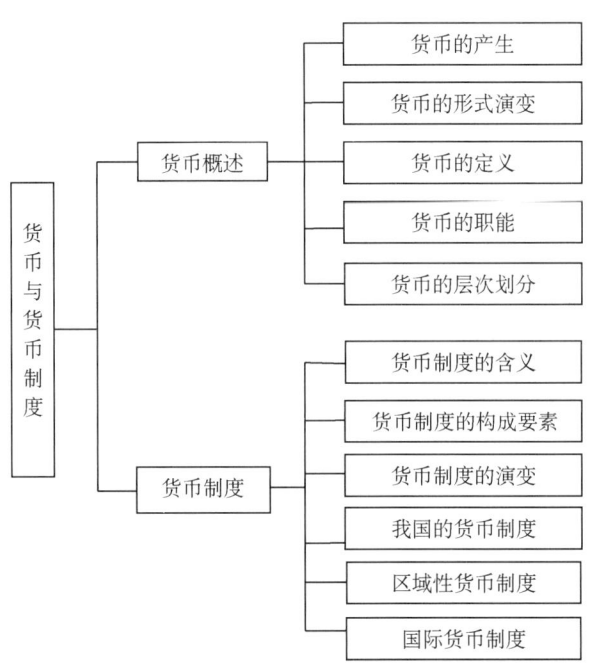

思政育人　　《钱神论》揭示的金钱观

西晋隐士鲁褒好学多闻,不事权贵。他看不惯当时朝政的乱象、皇帝的昏庸,写了著名的《钱神论》,辛辣地讽刺了当时的腐败现象。

鲁褒在《钱神论》中,把当时流通的外圆内方的钱称为"孔方兄",认为它就像神一般的存在,因为它具有种种神的迹象,"无翼而飞,无足而走。解严毅之颜,开难发之口""钱无耳,可暗使""有钱可使鬼"。至于钱神的具体功效,鲁褒也一针见血地揭示了其具体效用是"失之则贫弱,得之则富昌""钱多者处前"为君长,"钱少者居后"为臣仆,"危可使安,死可使活,贵可使贱,生可使杀"。那些达官贵人、贪官污吏,"爱我家兄,皆无已已""凡今之人,唯钱而已",撩开了钱可使人际关系变成赤裸裸的金钱关系的面纱。

钱币在商品交易中优越于币帛,作为流通媒体而存于世。然而,钱币会造成以它为价值标准的贫富两极分化的社会状态,金钱能使人眉开眼笑,能使人说出最难启齿的话,能赋予人们不同的地位和命运。所以,无论古今,为之向往者比比皆是,更有甚者为之疯狂,贪污腐败现象一直存在。但钱本身并非就是"祸水",真正的"祸水"在于嗜钱如命、贪得无厌的腐朽思想。

然而对于金钱观,历史上却有更多值得借鉴的人和事。如孔子说,"不义而富且贵,于我如浮云";《礼记 儒行》说,"见利不忘其义,见死不更其守";于谦《静夜思》一诗,"人生由来不满百,安得朝夕事隐忧。功名富贵傥来物,目前缥缈春云浮"。这些钱财名利等无所谓的东西,在困难当头之时更应视为过眼云烟。谨记"君子爱财、取之以道"。如若嗜钱如命,滥用职权,置仁义道德于不顾,不仅最终锒铛入狱,最终也落得个千古骂名!

资料来源:睢宁县纪委.读鲁褒《钱神论》有感[EB/OL].(2021-05-07)[2024-05-24]. https://www.xzjj.gov.cn/html/2015/201505072412.html. 有删改。

第一节　货币概述

一、货币的产生

在现代社会,货币一般是以纸币的形式出现。但实际上,货币最早并不是纸币。中国最早的货币产生于4 000年前的夏代,那时的货币主要是海贝、布料和农具;世界上其他地区曾使用牲畜、象牙、可可豆等作为货币。那么,货币为何会产生?货币如何产生?

(一) 货币的产生与交换相关

货币的产生与商品交换相关。可以说,没有交换就没有货币。在远古时代,人们的劳动是直接根据整个共同体的需要并在共同体的统一指挥下进行的,劳动产品则归整个共同体所有,并由共同体统一分配。这时,既不存在商品,也不存在货币。

自从出现了社会分工和私有制以后,情况发生了变化。在社会分工的条件下,每个生产者只从事某种特定的具体劳动,生产一种或有限的几种产品,因此每个生产者所从事的特定具体劳动成为整个社会分工体系的一个组成部分。而且,每个专门从事某一种社会分工劳动的生产者也需要别人的劳动产品,否则,私人生产者就无法生存。为了解决这一问题,就出现了**物物交换**。在交换的不断发展中,逐渐出现了通过媒介的交换,即先将自己的物品交换作为媒介的物品,然后再用所获得的媒介物品去交换自己所需要的物品。

英国古典经济学家亚当·斯密(1723—1790)在《国民财富的性质和原因的研究》(简称《国富论》)中,从物物交换的不便与困难引出对货币的论述,进一步指出:"自分工确立以来,各时代各社会中有思虑的人,为了避免这种不便,除自己的劳动生产物外,都随时在身边带有一定数量的某种物品,这种物品在他想来,拿去和任何人的生产物交换,都不会被拒绝。"这种不会被拒绝的物品就是作为交换工具的货币。

显然,纯粹的物物交换是一种效率非常低下而成本相对较高的交易方法。因此,创造某种形式的货币,便利商品和劳务的交换,减少进行交易所需要的时间和精力,将会大大促进专业化分工和生产率的增长。现代西方经济学家一般认为,货币是为了克服物物交换的困难而产生的,是便利交换的产物。

(二)马克思的货币起源说

马克思认为,只把货币作为克服物物交换困难的技术手段来理解,而不从商品的内在矛盾和商品价值形态的发展来认识,是肤浅的。马克思根据大量的历史资料,在分析商品交换发展以及其相适应的价值形式发展过程中,揭示了货币的起源。

货币是存在于商品经济中的经济现象。它随着商品经济的产生而产生,伴随着商品经济的发展而发展;在没有商品经济的地方,就没有货币现象。马克思曾经指出:"只要理解了货币的根源在于商品本身,货币分析上的主要困难就克服了。"马克思主义经济学理论告诉我们,商品是指为市场交换而生产的劳动产品。商品具有双重属性:一是使用价值,即能满足人们某种需要的物品的效用,如粮食可以充饥;二是价值,即凝结在商品中的无差别的人类劳动,它只能通过与另一种商品交换而表现在交换价值上。商品交换使商品价值得到表现,因此,商品交换的发展阶段不同,商品价值的表现形式也是不同的,在历史上曾经出现过四种形式。

1. 简单的或偶然的价值形式

在原始社会末期,生产力水平低下,人们很少有剩余产品进行交换。商品交换是偶然的,商品价值的表现形式也是简单的,即用一种商品的价值来表现另一种商品的价值,如用1只羊与2把斧头相交换(即1只羊＝2把斧头)。在这一等式中,羊与斧头的价值表现是不同的。等式左边的"羊"处于主动地位,它要求把自己的价值相对地表现在另一种商品"石斧"上,因此叫做相对价值形式。等式右边的商品"石斧"则处于被动地位,它用自己来表现"羊"的价值,起着等价物的作用,因此叫做等价形式。

简单的、偶然的价值形式虽然反映的只是产品转化为商品的萌芽状态,但却包含着一切价值形态以及货币的秘密。

2. 扩大的价值形式

随着第一次社会分工——农业和畜牧业的分离,物物交换的范围扩大,一种商品的价值可以由一系列商品的价值表现出来,如:

$$1\text{只羊} = \begin{cases} 2\text{把斧头} \\ 1\text{件衣服} \\ 1\text{克黄金} \\ \cdots\cdots \end{cases}$$

但是,在每一次交换中,只能有两种商品发生交换。因此,在扩大的价值形式中,等价物是特殊的等价物。

扩大的价值形式必须以交换双方相互需要对方的劳动产品为前提,缺少共同的单位来表现商品价值,这对商品交换来说是极困难的。

3. 一般价值形式

随着社会分工和商品交换关系的发展,生产者逐渐把自己的商品先换成一种大家都愿意接受且又可经常用来交换的商品,然后再去换取所需的商品。这样,自发地逐渐分离出一种作为交换媒介的商品,商品交换都通过这种媒介物进行。所有商品同时用一种商品来表现自己的价值,如:

$$\left.\begin{array}{r}2\text{把斧头}\\1\text{件衣服}\\5\text{斤玉米}\\\cdots\cdots\end{array}\right\}=1\text{只羊}$$

在这里,作为交换媒介的商品称为一般等价物。一般等价物出现以后,商品交换发生了本质变化,从直接的物物交换发展为通过一般等价物作媒介的间接交换。

4. 货币价值形式

货币价值形式,即一切商品的价值固定地由一种特殊商品(即货币)来表现,它是价值形式的最高阶段。在历史发展过程中,不同阶段、不同地区往往采用不同的商品作一般等价物,如牲畜、贝壳、农具等,各种商品交替地、暂时地发挥一般等价物的作用。但是,人们发现这些商品作一般等价物很不方便,具有质量不统一、不便分割、合并、携带及储藏等缺点。而金属没有这些缺点,适宜作为货币。例如,金属质地均匀,可任意分割或合并,经久耐磨不变质,量小价值大,便于携带和储藏等。因此,金属是表现商品价值最适当的材料。可见,货币的产生过程就是商品价值形式的发展过程,货币形式是价值形式演变的最终形式。

因此,货币是商品生产和商品交换发展到一定阶段的产物,是商品经济内在矛盾发展的必然结果。货币出现后,一切商品的价值都用货币来表现。

二、货币的形式演变

货币的形式是指用什么材料来充当货币。不同的货币形式适应了不同社会生产阶段和历史阶段的需要,大体上经历了实物货币、金属货币、纸质货币、存款货币、电子货币及数字货币六个阶段。

(一) 实物货币

实物货币是人类历史上最古老的货币。在商品生产和交换还不发达的古代,实物货币的形式五花八门,如牲畜、皮毛、布帛、贝壳、粮食、烟叶、可可豆、象牙等,如图1-1、图1-2所示。很明显,实物形态的货币具有许多缺点,如质地不一,不便分割、合并,笨重不方便携带等。因此,随着商品交换的发展和扩大,实物形态的货币逐渐被价值稳定、便于携带、易于分割的金属货币所替代。

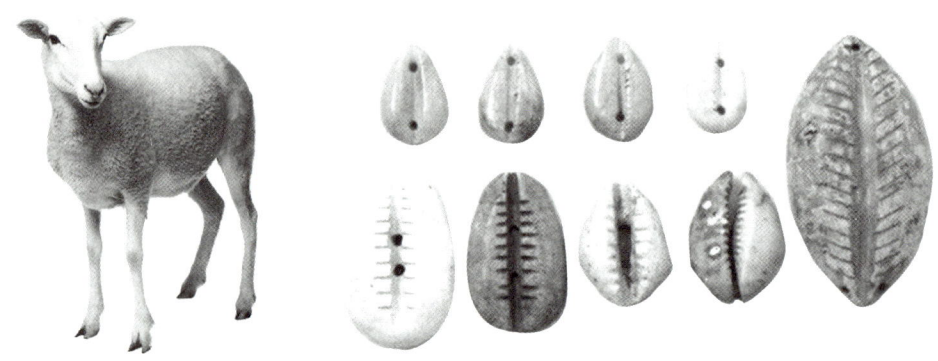

图 1-1　实物货币——牲畜　　　　图 1-2　实物货币——贝壳

(二) 金属货币

随着商品交换的变化和发展,特别是金属冶炼技术的提高,人们找到适宜作为货币材料的金属来充当货币。与实物货币相比,金属货币具有价值稳定、易于分割、易于贮藏等优势,更适合充当货币。金属货币最初没有固定的形状和重量,一般采用条块状形式,每次交易时都要重新鉴定其成色和重量,相当繁琐。随着商品交换的发展,人们把这些金属铸成具有一定形状、一定重量、一定成色的金属铸币,大大便利了流通。我国最古老的铸币就是铜铸币,如秦半两、五铢钱、开元通宝等,如图 1-3 所示。后来,这些铜金属逐渐被金、银等贵金属代替,因为金银所具有的天然属性最适宜充当货币商品。

 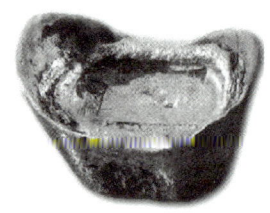 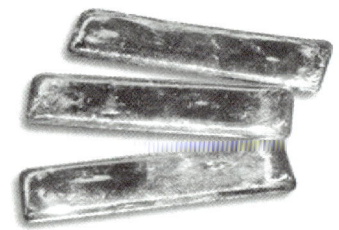

图 1-3　金属货币

金属铸币的出现和使用,克服了称量货币的某些弊端,大大促进了商品交换的发展。但金属铸币也有其自身的缺陷,例如:当交易面额过小,尤其是交易额小于铸币面值时,则难以行使交换媒介的职能;当交易面额过大时,携带大量铸币既不方便也不安全;铸币的实际价值会随着流通中使用率的增大而减小,造成与面值的不符。

为了克服这些缺点,出现了耐磨损的铜钱,以满足小额交易的需要;出现了可随时兑换成金属货币的信用凭证,如银票,以满足大额交易的需要。由于铸币易磨损,许多国家政府会及时收回已磨损的铸币,重新铸造,这就使花费在货币上的费用逐年提高。于是,渐渐地出现了纸质货币。

(三) 纸质货币

纸质货币在大约公元 10 世纪由政府和银行发行。这种**纸质货币**是指持有人可随时向发行银行或政府兑换成铸币或金银条块的纸币,其效力与金属货币完全相同,且有携带便利、避免磨损、节省金银等优点。纸质货币是一种象征性货币,是社会商品经济发展到一定阶段的产物,经历了从可兑现纸币到不可兑现纸币的发展历程。

1. 可兑现纸币

可兑现纸币本身所含的价值低于它作为货币的价值,是可以代替金属货币执行货币流通手段和支付手段职能的货币,它是作为实物货币特别是金属货币的替代物而出现的。可兑现纸币的出现是商品交换日益扩大的结果,它克服了贵金属数量不足的缺点。典型代表就是银行券。

可兑现的**银行券**是指由银行发行的、代替金属货币流通,并且能够随时兑换成金银的一种代用货币。然而,代用货币的发行数量取决于金属准备量,不能随时满足增加货币量的需求。况且,大量闲置的金属准备只存放在仓库里,会造成巨大的浪费。因此,在第一次世界大战中,世界各国普遍出现了银行券停止兑现的现象。特别是随着20世纪20年代末和30年代初金本位制的崩溃,世界主要国家的银行券完全成为不可兑现的代用货币,现代信用货币终于取代代用货币而成为世界货币舞台上的主角。

2. 不可兑现纸币

不可兑现纸币是指由国家发行的强制使用的货币符号。它本身没有价值,价值的稳定主要依赖于政府的信用。

世界上最早出现的纸币,是中国北宋时期四川成都的"**交子**"。"交子"的出现,便利了商业往来,弥补了现钱的不足,是我国货币史上的一次质的飞跃。南宋还有会子、关子。到了元朝,曾铸行过少量铜钱,主要流通纸币,这在中国古代是较突出的。元朝的纸币称为"钞",纸钞发行量有严格限制。但元末政治腐败,皇室奢侈,军费开支浩大,财政入不敷出,政府只好靠滥发纸币来弥补,引起物价飞涨。目前世界上使用流通的共有两百多种纸币,比较重要的纸币包括美元、欧元、人民币、日元和英镑等。

上述银行券以及由央行发行的纸币,都属于信用货币。信用货币是指以银行信用或国家信用为保证,通过信用程序发行和创造的货币或信用流通工具。信用货币是代用货币进一步发展的产物,目前成为世界上几乎所有国家采用的货币形式。信用货币包括现金、硬币、电子货币、银行存款、各类票据、数字货币等。

  延伸阅读1-1

交子的产生

交子是世界上最早使用的纸币,最早出现于四川地区。公历1024年1月12日(北宋天圣元年十一月二十八日),北宋在成都地区设立益州交子务。最初的交子实际上是一种存款凭证。北宋初年,四川成都出现了为不便携带巨款的商人经营现金保管业务的"交子铺户"。存款人把现金交付给铺户,铺户把存款数额填写在用楮纸制作的纸卷上,再交还存款人,并收取一定保管费。这种临时填写存款金额的楮纸券便谓之交子(图1-4)。

随着市场经济的发展,交子的使用也越来越广泛,许多商人联合成立专营发行和兑换交子的交子铺,并在各地设分铺。由于铺户恪守信用,随到随取,交子逐渐赢得了很高的信誉。商人之间的大额交易,为了避免铸币搬运的麻烦,也越来越多地直接用交子来支付货款。后来交子铺户在经营中发现,只动用部分存款,并不会危及交子信誉,于是他们便开始印刷有统一面额和格式的交子,作为一种新的流通手段向市场发行。正是这一步步的发展,"交子"逐渐具备信

图1-4 交子

用货币的特性,成为真正的纸币。

资料来源:佚名.交子——中国最早的纸币[EB/OL].(2024-04-22)[2024-04-24]. https://baike.baidu.com/item/%E4%BA%A4%E5%AD%90/564925?fr=ge_ala.有删改.

1-1 北宋交子诞生一千周年

(四)存款货币

上述实物货币、金属货币及纸质货币都是有形的,但随着信用制度的发展,又出现了无形的货币,存款货币就是其中之一。**存款货币**是指能够发挥货币交易媒介和资产职能的银行存款,包括可以直接进行转账支付、流动性强的活期存款,也包括企业定期存款及居民储蓄存款等。

存款货币取代现金进行支付时,具有快速、安全、方便的优点,特别是在大额异地交易中,很难用现金进行即时交易。因此在发达的商品经济中,转账结算是一种重要的支付方式,绝大部分的交易都通过存款货币的转移实现支付。

(五)电子货币

自20世纪70年代以来,在新技术革命推动下,出现了电子货币。**电子货币**是以电子计算机及现代通信为基础,以信息技术为手段,借助于一些载体,以传输电子信息的方式实现流通手段和支付手段功能的货币形式。实际上是货币由记载在纸质凭证上的金额变成了存储在计算机系统的一组加密电子数据,通过电子信息转账系统贮存和转移货币资金。

电子货币具有转移迅速、安全保密、使用方便快捷等特点,适应当前经济规模的扩大,节省了大量的现金流通,加速了资金周转。电子货币是货币发展史上的一次飞跃,是现代商品经济高度发达和银行结算技术不断进步的产物,也反映了支付手段的进化。

电子货币的使用需要借助于一定的介质,通常是利用卡机支付工具、网上支付和移动支付等电子支付工具来发挥货币的功能。电子货币的种类通常有以下五种。

1. 储值卡

储值卡是指由非金融机构发行的具有电子钱包性质的多用途卡,不记名、不挂失、适应小额支付领域,大多用于乘坐公共交通工具、高速公路收费、加油付费、超市购物、公用电话等。

2. 银行卡

银行卡是由商业银行等金融机构或专门的发卡公司向社会发行的具有消费信用、转账结算、存取现金等全部或部分功能的支付工具。银行卡包括借记卡和信用卡两种。

(1)借记卡。借记卡是指先存款后消费(或取现)、没有透支功能的银行卡。借记卡是一种具有转账结算、存取现金、购物消费等功能的信用工具。

(2)信用卡。信用卡是银行或其他专业机构签发给那些资信状况良好的人,用于透支消费或取现的银行卡,是一种把支付与信贷两项银行基本功能融为一体的工具。它是银行提供给用户的一种先消费后还款的小额信贷支付工具。

3. 电子支票

电子支票是客户向收款人签发的无条件的数字化支付指令,是一种借鉴纸质支票转移支付的优点,利用数字传递将钱款从一个账户转移到另一个账户的电子付款形式。

4. 电子现金

电子现金是一种表示现金的加密序列数,它可以用来表示现实中各种金额的币值。随着数字经济的发展,电子现金使用范围将越来越广泛。

5. 电子钱包

电子钱包是顾客在小额购物或购买小商品时常用的新式钱包及支付工具。使用电子钱包的顾客通常在银行里有账户。在使用电子钱包时,将有关的应用软件安装到电子商务服务器上,利用电子钱包服务系统就可以把自己在电子货币或电子金融卡上的数据输入进去。在进行付款时,如果顾客要用电子信用卡付款,如用 Visa 卡或者 Master 卡等收付款时,顾客只要单击一下相应项目或相应图标即可完成,人们常将这种支付方式称为单击式或电击式支付方式。当今世界上主要有 Visa Cash、Mondex、MasterCard Cash 等电子钱包服务系统。

(六) 数字货币

1. 法定数字货币

货币发展到现在,其形式发生了很大的变化。电子货币的出现,已经极大地方便了生活,促进了经济的发展。随着数字经济的发展,伴随现代信息技术的进步,货币(特指法定货币)的数字化是大趋势。世界上很多国家的央行都在积极研究并努力推动数字货币的发展。

数字货币目前没有完全统一的定义,本书所述数字货币主要是指法定数字货币。简单说,数字货币(digital currency)一般指由央行发行的、与纸币并行流通的数字化货币,与纸币有着同等的地位。

数字货币不同于大家熟悉的比特币、莱特币等虚拟货币(或者称为虚拟商品,在很多国家并不被承认其法定货币的地位)。虚拟货币的形态一般也是电子的或者数字的,但虚拟货币本质上不是货币,而是一种虚拟商品。因为没有足够的信用进行支撑,虚拟货币无法承担法定货币的职能。比特币及其他虚拟货币,最多只能算是私人部门的"类数字货币"。

央行主导发行的数字货币主要具有两个突出特点:

一是国家信用背书,具有无限法偿性与强制性。这是微信、支付宝等非银行支付工具所不具备的优势,即便是商业银行的银行卡支付也没有这些特点。法定货币的背后是国家信用,银行卡支付的背后是商业银行信用,支付宝和微信支付背后则是互联网企业信用,这三者属于不同的层次。显而易见的是,国家信用大于商业银行信用,商业银行信用大于互联网企业信用。

二是币值稳定,适用于各类经济交易活动。这是数字成为货币的基本前提,也是区别于虚拟货币的显著特征。货币最重要的职能是价值尺度,难以保持币值基本稳定就难以发挥价值尺度的作用。比特币等虚拟货币价格波动幅度较大,如果将比特币作为交易媒介,其币值的巨幅波动会给使用者带来巨大风险。

2. 数字人民币

数字人民币是由中国人民银行发行的数字形式的法定货币,与实物人民币等价,具有价值特征和法偿性。它由指定运营机构参与运营并向公众兑换,以广义账户体系为基础,与实物人民币按照1∶1兑换,共同构成法定货币体系。数字人民币的定位是替代一部分现金,但不会完全取代纸币。

目前,现金主要以纸币和硬币等实物形态存在,而数字人民币可以理解为电子版人民币,功能属性与现金相同,可以被视为现金的数字化形态。纸币、硬币装在有形的钱包里,携带较为不便,多用于线下交易;数字人民币装在无形的数字钱包里,可用于线下和线上交易。目前试点的数字人民币主要有四大功能:扫码支付、汇款、收付款、碰一碰。

1-2 数字人民币:一种全新的支付方式

数字人民币主要具有如下突出特征：

一是不计付利息。数字人民币定位于 M_0，与同属 M_0 范畴的实物人民币一致，运营机构不对其计付利息。

二是支付即结算。数字人民币与银行账户松耦合，没有银行账户的社会公众可通过数字人民币钱包享受基础金融服务。数字人民币支持离线交易，基于数字人民币钱包进行资金转移，可实现支付即结算。

三是匿名性（可控匿名）。数字人民币遵循"小额匿名、大额依法可溯"的原则，高度重视个人信息与隐私保护，充分考虑现有电子支付体系下业务风险特征及信息处理逻辑，满足公众对小额匿名支付服务的需求。同时，防范数字人民币被用于电信诈骗、网络赌博、洗钱、逃税等违法犯罪行为，确保相关交易遵守反洗钱、反恐怖融资等要求。

四是安全性。数字人民币综合使用数字证书体系、数字签名、安全加密存储等技术，实现不可重复花费、不可非法复制伪造、交易不可篡改及抗抵赖等特性，并已初步建成多层次安全防护体系，保障数字人民币全生命周期安全和风险可控。

五是低成本。与实物人民币管理方式一致，人民银行不向指定运营机构收取兑换流通服务费用，指定运营机构也不向个人客户收取数字人民币的兑出、兑回服务费。

数字人民币不同于微信支付、支付宝支付等方式。数字人民币相当于钱包里实实在在的"钱"，是国家法定货币，商家不能拒收。微信支付和支付宝支付是金融基础设施，相当于"钱包"的功能，是支付工具，商家可以拒收这些方式，而且必须连接网络使用，提现经常会产生服务费用。

延伸阅读 1-2

数字人民币试点再进一步

近日，香港金融管理局宣布进一步扩大数字人民币在香港的试点范围，便利香港居民开立和使用数字人民币钱包，并通过电子快速支付系统"转数快"为数字人民币钱包充值。与此同时，"转数快"与中国人民银行数字货币研究所营运的数字人民币央行端系统的互通，也是世界上首个快速支付系统与央行数字货币系统的连接。业内人士表示，数字人民币的使用将会为香港及内地居民提供一个安全、便捷及崭新的跨境支付选择，提升跨境支付服务效率和用户体验，并促进粤港澳大湾区的互联互通。

2024 年 1 月中国人民银行和香港金融管理局推出了 6 项金融举措，旨在进一步推动内地金融业的高水平开放，深化内地和香港的金融合作，巩固和提升香港国际金融中心地位。这些举措涉及金融市场互联互通、跨境资金便利化以及深化金融合作等多个方面，可以概括为"三联通、三便利"。值得注意的是，深化数字人民币跨境试点，为香港和内地居民企业带来更多便利，正是举措之一。

本次试点范围扩大后，用户现在只需拥有香港手机号码，便可以在香港开立并使用个人数字人民币钱包。数币钱包可用于跨境支付，但不可用作个人之间的转账。香港用户可通过本地 17 家零售银行经"转数快"为钱包充值，并在大湾区和内地其他试点地区使用数字人民币。

香港成为首个数字人民币的跨境试点，多家中外资银行积极参与，有助于增强香港国际金融中心的地位。数字人民币试点扩容可以为香港和内地的居民、企业提供更安全便捷、更有效率的跨境支付模式，有助于推动香港和内地更紧密联系。与此同时，数字人民币与内地传统电子支付正在开展条码互通工作，香港居民将来也可以有更多消费选择。香港金融管理局也会与中国人民银行数字货币研究所共同探讨通过实名认证让香港居民升级数币钱包，以及推进更多支付上的互联互通，为用户（包括个人及商户）提供更便利的支付体验。同时，也会共同探索企业的应用场景，以便利跨境贸易结算。

早在2014年，中国人民银行就成立了专门团队，开始对数字货币发行框架、关键技术、发行流通环境及相关国际经验等问题进行专项研究。随后，中国人民银行成立了从事法定数字货币研发的官方机构——数字货币研究所。10年间，数字人民币取得了长足发展。数字人民币APP的成功上线和试点城市的不断铺开，都带动了数字人民币的普及。

数字人民币丰富的产品体系和先进特性，还能支持各行业数字化转型，助力提高数字金融治理水平。比如，在北京、成都、青岛、深圳等地落地了数字人民币智能合约预付资金管理方案，探索利用智能合约设计精准的财政补贴、供应链金融等方案，提高资金发放及管理效率。

资料来源：新华网.数字人民币试点再进一步[EB/OL].(2024-05-31)[2024-06-03]. http://www.news.cn/20240531/323c3782794640959d0c29d4499aa723/c.html. 有删改。

相关思考 1-1

比特币 VS 数字货币

从2009年就如雷贯耳的比特币，通常被认为是虚拟货币的典型代表。但虚拟货币不仅仅指比特币一种。很多人认为，存在于虚拟网络平台或网络游戏里的各种货币如百度币、Q币、侠义元宝、纹银等都可以称为虚拟货币。另外，还有莱特币、无限币、夸克币、泽塔币、烧烤币、便士币等。圈内还流行"比特金、莱特银、无限铜、便士铝"的传说。

而由一些国家央行主导研发的数字货币也逐步加快进程，进入试用阶段，如我国的数字人民币已经在多个城市进行了试点。

比特币和数字货币看似都是虚拟的、非实体货币，那么比特币与各国央行推出的数字货币有何区别？它们本质上一样吗？比特币自出现以来，被当成投资或炒作工具，经历了价格暴涨暴跌。那么它是一般意义上的货币吗？

三、货币的定义

"货币"一词经常被我们使用，关于货币的定义似乎很明确，但是实际上货币的定义是经济学家们长期争论的话题。马克思从劳动价值论出发，认为货币是从商品世界分离出来的，固定地充当一般等价物的特殊商品。而西方经济学们对此则有不同的看法，他们在"什么是货币"这一看法上存在着分歧。

（一）马克思对货币的定义

马克思在对价值形态发展的研究中对货币下了定义并揭示了货币的本质：货币是固定地充当一般等价物的特殊商品，并体现着一定的社会经济关系。马克思的这一定义包含了三层含义。

1. 货币是商品

货币是商品，它与其他商品一样，都是人类劳动的产物，是价值和使用价值的统一体。正因为货币和其他一切商品具有共同的特性，即都是用于交换劳动产品，它才能在交换、发展的长期过程中被逐渐分离出来，成为不同于一般商品的特殊商品，即货币。

2. 货币是特殊的商品——充当一般等价物

货币是商品，但却不是普通的、一般的商品，它是从商品世界中分离出来的、与其他一切商品相交换的特殊商品。货币商品不同于其他商品的特殊性，就在于它具有一般等价物的特性，发挥着一般等价物的作用，这是货币最重要的本质特征。货币商品作为一般等价物的特性，具体体现在以下两个方面：

(1) 它是表现和衡量一切商品价值的材料和工具。

(2) 它具有与其他一切商品直接相交换的能力,成为一般的交换手段。

货币商品不同于一般商品,还在于其使用价值的两重性特点。一方面,货币商品与其他商品一样,按其自然属性而具有特殊的使用价值,例如,金可以作为饰物的材料等;另一方面,货币商品还具有其他商品所没有的一般使用价值,即发挥一般等价物的作用。

3. 货币体现了一定的生产关系

商品生产者之间互相交换商品,实际上是在互相交换各自的劳动。只不过由于他们之间的劳动不能直接表现出来,所以才采取了商品交换的形式。因此,货币作为一般等价物实现了生产者之间的社会联系,这种联系就是生产关系,这也是马克思货币本质学说的核心。

(二) 西方学者对货币的定义

西方经济学家认为货币是被社会公众普遍接受的、作为支付商品和劳务的手段。这种观点往往从货币的职能来定义。古典经济学家亚当·斯密认为,货币的目的是便利交换,他曾说过"货币是流通的大轮,是商业的大工具"。米尔顿·弗里德曼认为货币是一个共同的被普遍接受的交换媒介,是购买力的暂时栖息所。而弗雷德里克·米什金在《货币金融学》一书中将货币定义为:货币是在商品和劳务支付或者债务的偿还中被普遍接受的任何东西。另外,还有一些西方学者认为:如果一种事物事实上在支付中被广泛接受并普遍用于支付中介,则无论它的法律地位如何,它就是货币。

总之,货币的定义多种多样。随着社会经济的不断发展,货币的形式千变万化,货币对经济的影响也越来越重要,人们对货币的认识也将会不断发展。但无论货币定义如何变化,货币作为一般等价物的本质是不变的,它始终是一般购买力的代表。

由于商品经济存在于迄今为止社会历史发展的不同阶段,货币也就成为不同社会形态下商品经济共有的经济范畴。不能把特定社会形态中货币职能的发挥视同货币的本质,例如,不能因货币转化为资本而把货币的本质定格为资本家剥削工人阶级的工具,毕竟货币不是资本。商品经济的基本原则是等价交换,不论是什么样的人,持有什么样的商品,在价值面前一律平等,都要按同等的价值量相交换。

相关思考1-2

货币与现金(通货)、财富、收入有区别吗?

货币在日常生活中有许多意义,而且在不同场合中,人们赋予它的含义也不同。但是对于经济学家而言,它只有一种特定的含义,即货币是指在购买商品和劳务或清偿债务时被人们广泛接受的任何东西。因此,货币与日常生活的一些提法是不同的。

1. 货币与现金(通货)的区别

现金(通货)显然符合经济学家们的货币定义,因而是货币的一种。多数人说到货币时,甚至说"你带钱了吗",所说的其实就是现金(通货)。但是把货币仅仅理解为现金(通货),则有些狭窄。除现金外,还有很多都可以视为货币,如存款、支票等。

2. 货币与财富的区别

日常生活中,货币常被用作财富的同义词。当人们说某人很有钱时,实际上不仅指拥有大量的现金和存款,而且应该包括股票、债券、房产、轿车等其他资产。货币仅是财富的一种表现形式,货币的概念远小于财富的范畴。

3. 货币与收入的区别

人们常用"货币"一词指代收入，常听人说"他有份好工作，能挣很多钱"。在这里，货币被当作收入使用。但应注意的是，虽然收入多少经常用货币来表示，但是两者却不同。收入是一个流量概念，说明的是一段时间内发生的量。必须说明是多长时间，才知道收入到底是高还是低。如果只说挣很多钱，但是没有说时间，就不容易判断收入到底是多还是少。例如，收入为 5 000 元，这里的收入是指月收入还是指年收入？结果肯定是不一样的。

四、货币的职能

货币职能是指货币固有的功能。在金属货币制度下，由于货币本身有价值，学者们对货币职能的认识没有实质性的分歧，都比较认同马克思关于货币职能的表述：价值尺度、流通手段、支付手段、贮藏手段和世界货币。其中，价值尺度和流通手段是货币的基本职能。另外三种职能则是在基本职能的基础上形成的派生职能。

需要注意的是，随着本身没有价值的信用货币如纸币的出现并进入流通，学者们对如何认识货币的职能产生了不同的见解。关于"纸币是否具有价值尺度职能"这个问题，目前学界仍有争议。本书介绍的是目前广泛认可的五大职能说。

(一) 价值尺度

价值尺度是货币的基本职能，是指用货币来表现和衡量其他一切商品或劳务的价值，即用货币给商品或劳务定价。商品价值量的大小，取决于它所包含的社会必要劳动时间的长短。在这里，社会必要劳动时间是商品价值的内在尺度。但在商品经济条件下，商品价值量的大小无法用劳动时间来直接表现，而只能通过作为价值代表的货币来间接表现。

通过一定数量的货币表现出来的商品价值，就是商品的**价格**。换句话说，价格是价值的货币表现。货币之所以能够充当价值尺度，是因为货币本身是商品，也具有价值，从而可以用来衡量其他商品的价值。货币用于衡量和表现所有商品和劳务价值时，货币执行价值尺度职能。商品的价值通过一定数量的货币表现出来就是商品的价格。价格的变化，依存于商品价值和货币价值的变化。另外，用于衡量商品价值的货币不需要现实的货币，只需要观念或想象中的货币即可。最需要注意的是，充当价值尺度时必须是唯一的，具有独占性和排他性。无论是金属货币流通还是纸币流通都是如此。如果出现两种价值尺度，就会发生混乱，从而不利于商品经济的发展。

> **相关思考 1-3**
>
> **价值尺度的表述是否完全适合当前流通的纸币？**

当前多数国家都是纸币流通，纸币是国家强制发行并强制流通的货币符号，本身不是商品，没有价值，那么货币的基本职能——价值尺度，放在当前是否合适？纸币本身有没有价值尺度的作用呢？实际上，无论是实物货币还是金属货币流通，还是当前的纸币流通，货币本身有无价值，对于货币能否成为定价手段是没有影响的。因为即使是有价值的商品作为货币来表现衡量其他商品价值，也只需观念上的货币，而无需真正的现实货币。可见，只要能保证这种定价手段的购买力相对稳定，就并不影响这个职能的存在。只不过表述上可以改变一下，如借鉴黄达先生的表述，纸币"赋予交易对象以价格形态"。

(二) 流通手段

流通手段也叫交易媒介，指货币在商品流通中充当交换媒介的职能。在货币出现之前，商品交换是物物直接交换,即商品—商品(W—W)。货币出现后,商品交换就通过货币作为媒介来进行,即商品—货币—商品(W—G—W)。在这里,货币在两种商品交换关系中起着媒介物的作用,执行着流通手段的职能。

作为价值尺度,可以是观念上的货币。而作为流通手段,则必须是现实的货币,但不一定是足值的货币。这是因为,货币不是交换的目的,只是交换的手段。货币在执行流通手段职能时,每次都只是转瞬即逝的事情,人们关心的是它是否能起到交换媒介的作用,而并不关心它的实际价值是多少。只要社会公认它能代表一定数量的货币,代表一定的价值就行。这就产生了不足值货币代替足值货币,以及纸币代替铸币作为流通手段的可能性。

货币作为流通手段,一方面克服了物物交换中搜寻交易对象的困难,另一方面也加深了商品经济的内在矛盾。以货币为媒介的商品交换使商品交换分成了买和卖两个独立的行为,两者在时间、空间上的脱节包含了危机的可能性。

(三) 支付手段

支付手段是指用货币来清偿债务或交税,支付租金、工资、利息等的职能。支付手段职能最初是由赊买赊卖引起的。在偿还赊销款项时,货币已经不再是流通过程的媒介,而是补足交换的一个独立环节,即作为价值的独立存在而使流通过程结束。整个过程是由于经济交易的发生和货币的支付在时间上产生分离,从而引起的货币价值形式的单方面转移。随着商品交换的发展,货币作为支付手段的职能从商品流通领域扩展到其他领域,体现在赋税、交租、借贷等方面。

作为支付手段的货币与作为流通手段的货币共同构成了流通中的货币。在货币作为流通手段时,商品生产者只能在出售商品获得货币后,才能购买原材料继续生产,其活动受到很大限制。而货币充当支付手段,由于不用一手交钱一手交货,可以通过赊销赊购的方式实现交易,一定程度上扩大了社会生产规模,促进经济发展。但是货币的支付手段职能,也扩大了商品经济的矛盾。因为赊销赊购形成的债权债务关系链中任何一方不能按时支付,就可能造成整个信用链条的断裂,从而隐藏了爆发经济危机的可能性。

(四) 贮藏手段

贮藏手段也叫价值贮藏,是指货币退出流通领域,作为社会财富的一般代表被保存起来的职能。即货币是一种财富的持有形式,是在货币流通手段职能中延伸出来的。货币作为交易媒介,实现了物物交换(W—W)变为以货币为媒介的交换(W—G—W)。人们把手中的商品换成货币后,或人们提供了劳务获得工资等货币收入后,由于还可以用这些货币继续换取其他商品,所获得的货币自然就被贮藏起来,等到需要其他商品的时候再用这些货币去交换所需商品。在这个过程中,货币就起到了贮藏财富、贮藏购买力的作用。货币的这一职能是很有用的,因为我们大多数人不想在取得收入的同时即刻把钱花光,而要等过一段时间后确实需要才把钱拿出来用于消费。

用货币贮藏价值,实际上是将货币看作一种资产,体现出货币具有"资产职能"。当然货币不是价值贮藏的唯一手段,也不一定是好的手段。除货币外,股票、土地、房屋、艺术品、珠宝、金银首饰等,都具有价值贮藏的功能。而且作为价值贮藏,这些资产在许多方面要比货币更好,常常可以带来更高的收益。那为什么还要持有一定的货币在手呢?最关键的是货币在所有资产中,流动性最强,而且它本身就是交易媒介,无须转换就可以用于购买,而其他资产会因变现困难导致损失。虽然货币不是价值贮藏的最佳方式,但是人们乐于持有它,原因在于货币是流动性最强的资产。

货币作为贮藏手段，也经历了贮藏金银向贮藏货币符号的转变。在信用货币流通时期，个人、家庭、企业将富余的纸币存入银行，也是保存货币的购买力。

(五) 世界货币

当货币超越国界，在世界范围内作为一般等价物发挥作用时，我们称其为**世界货币**。实际上这不是货币的一种独立职能。在金属货币流通时期，世界货币必须有十足价值，并且是贵金属块，按其实际重量来发挥其职能。实际上，充当过世界货币的主要是黄金、白银。但是，金属货币退出流通后，取而代之的是不兑现的信用货币，即纸币。而且随着金本位制的崩溃，黄金也自20世纪70年代不再充当货币，那么在不可兑换的信用货币时期，能发挥世界货币作用的主要是一些国家或地区的货币如美元、英镑、欧元、日元等。人民币目前还不是世界货币，但是一直致力于通过区域化、国际化，最终将承担"世界货币"的角色。

1-3 视频：货币的职能

延伸阅读 1-3

中国银行 2024 年《人民币国际化白皮书》解读

中国银行官网于 2024 年 6 月 6 日发布 2024 年度《人民币国际化白皮书》（以下简称《白皮书》）。依托全球服务网络，中国银行以 2 600 多家境内工商企业、1 100 多家境外工商企业和 80 多家境外金融机构对人民币国际化的评价和反馈为基础，连续 12 年发布《白皮书》，旨在帮助市场主体全面了解人民币国际化进展，为市场主体在跨境交易中优先使用人民币结算提供服务。

该《白皮书》分别从人民币的国际货币职能继续提升、境外金融机构参与境内金融市场更加主动、人民币多边使用的网络效应进一步增强三个方面进行了详细解读。此外，《白皮书》还就"共建'一带一路'国家人民币跨境使用"专题调查与"离岸市场人民币融资"专项调查两个专题进行了深入调查剖析。

作为人民币跨境使用主渠道银行，中国银行境内机构跨境人民币结算市场份额接近四分之一，始终保持同业领先。2023 年，中国银行境内外机构完成跨境人民币结算量逾 57 万亿元，同比增长 85.6%；完成跨境人民币清算量 938 万亿元，同比增长 26.6%；办理个人跨境人民币结算 529 亿元，同比增长 142.1%。中国银行将继续发挥全球化优势和外汇外贸专业优势，积极助力稳慎扎实推进人民币国际化，当好服务高水平对外开放的排头兵。

《白皮书》显示，2023 年中国跨境人民币结算量突破 52.3 万亿元，同比增长 24.1%。2023 年前 9 个月，货物贸易人民币跨境收付金额占同期本外币跨境收付总额的比例为 24.4%，同比上升 7 个百分点；截至 2023 年 12 月，人民币在全球支付结算的使用份额达到 4.14%，较 2023 年 1 月提升 2.23 个百分点；RCEP 自贸区、共建"一带一路"国家和地区跨境人民币结算保持较快增长；56.6% 的受访境外金融机构表示，考虑增加人民币计价金融资产配置。市场数据进一步印证了人民币国际化的积极发展态势。

通过《白皮书》，我们看到中国正扎实推进高水平对外开放，人民币国际化服务实体经济、促进跨境经贸投资便利化的积极作用进一步显现，在境内外市场主体的需求推动下，人民币国际化继续取得积极进展。

资料来源：

[1] 东方网银保.中国银行 2024 年《人民币国际化白皮书》解读[EB/OL].(2024-06-07)[2024-06-09].https://baijiahao.baidu.com/s?id=1801202188845467555&wfr=spider&for=pc.有删改.

[2] 杜川(第一财经).中行人民币国际化白皮书：近 6 成受访境外机构考虑增配人民币计价金融资产[EB/OL].(2024-06-08)[2024-06-09].https://www.yicai.com/news/102143253.html.有删改.

五、货币的层次划分

(一) 划分货币层次的必要性

当代各国流通的都是由现金和存款货币构成的信用货币。现金和存款货币都代表了一定的购买力,但是它们在购买能力上是有区别的。现金和活期存款是可以直接用于交易支付的现实购买力,而其他存款要成为现实购买力还必须经过提现或转换存款种类的程序,并且中央银行对现金、活期存款和其他存款的控制与影响能力也不同。因此,在进行货币量统计时,既要考虑货币量统计的全面性和准确性,又要兼顾中央银行调控货币量的需要,就必须对货币量划分层次,利于宏观经济运行。

(二) 货币层次的划分

在很多国家的货币统计指标中,货币不仅包括了流通中的纸币和辅币,还包括银行存款,甚至包括有价证券和电子货币等。一般情况下,银行存款、有价证券等,与货币定义颇为相似但又被排除在货币定义之外的,均被称为准货币,而通货又只是货币的一部分。可见货币包含的范围很广,因此货币可以划分为许多层次。

关于货币层次划分,各国有各自的划分标准,而且同一国家在不同时期的货币层次划分方法也有可能有差别。各国货币层次主要是按照货币的流动性来划分的。所谓流动性是资产在不遭受损失时的变现能力。

国际通用的货币层次一般可作如下划分。

1. M_0

M_0(流通中的现金)不包括商业银行的库存现金,而是指流通于银行体系以外的现金,包括居民手中的现金和企业单位的备用金。这部分货币可随时作为流通手段和支付手段,因而具有最强的购买力。

2. M_1

M_1(狭义货币)由 M_0 和商业银行的活期存款构成。由于活期存款随时可以签发支票而成为直接的支付手段,所以,它同现金一样是具有流动性的货币。M_1 作为现实的购买力,对社会经济有着最广泛而直接的影响,因而是各国货币政策调控的主要对象。

3. M_2

M_2(广义货币)= M_1+定期存款+储蓄存款+外币存款+各种短期信用工具(银行承兑汇票、短期国库券等)。M_2 包括了一切可能成为现实购买力的货币形式,因此,对研究货币流通的整体状况具有重要意义,尤其是对货币供应量的计量以及对货币流通未来趋势的预测,均具有独特的作用。

(三) 我国的货币层次划分

我国从 1994 年开始对货币量开始划分,目前主要分为以下三个层次:

M_0=流通中的现金;

M_1=M_0+企业活期存款+机关、团体、部队存款+农村存款+个人持有的信用卡存款;

M_2=M_1+城乡居民储蓄存款+企业存款中具有定期性质的存款+信托类存款+其他存款。

基于金融创新的需要,货币层次出现了 M_3。M_3=M_2+金融债券+商业票据+大额可转让定期存单等。

其中，M_1 即狭义货币，M_2 即广义货币，M_2-M_1 的部分称为准货币。另外，M_3 是出于金融创新不断出现的现状考虑而设，目前暂不编制这一层次的货币供应量。

我国从1994年开始，按照流动性强弱划分货币层次。在此后的统计中，央行只公布M_0、M_1、M_2 三个层次。从1994年至今，我国货币层次一直稳定保持为三个层次，M_0、M_1 口径大致不变，主要是广义货币 M_2 随着金融形势的变化而不断增加。其间中国人民银行对广义货币 M_2 所包含的金融资产的内容进行过几次调整：自2001年6月起，证券公司客户保证金存款计入 M_2 层次；自2011年10月起，住房公积金中心存款和非存款类金融机构在存款类金融机构的存款计入 M_2 层次；2018年1月，中国人民银行完善货币供应量中货币市场基金部分的统计方法，用非存款机构部门持有的货币市场基金取代货币市场基金存款（含存单）。这是1994年以来，央行第四次调整 M_2 统计口径，也是央行首次纳入银行存款以外的项目。将货币基金视作货币，反映我国央行在金融去杠杆、货币基金规模持续扩大的背景下，更加重视货币基金监管的宏观审慎考虑。

1-4 央行将"宝宝类"货基纳入 M_2 统计

中国人民银行于1994年第三季度开始，实行中央银行对货币供给量的定期公布制度，作为金融宏观调控的重要指标。

 延伸阅读1-4

2024年4月金融统计数据报告

一、广义货币增长7.2%

4月月末，广义货币(M_2)余额301.19万亿元，同比增长7.2%。狭义货币(M_1)余额66.01万亿元，同比下降1.4%。流通中货币(M_0)余额11.73万亿元，同比增长10.8%。前四个月净投放现金3 866亿元。

二、前四个月人民币贷款增加10.19万亿元

4月月末，本外币贷款余额252.41万亿元，同比增长9.1%。月末人民币贷款余额247.78万亿元，同比增长9.6%。前四个月人民币贷款增加10.19万亿元。分部门看，住户贷款增加8 134亿元，其中，短期贷款增加50亿元，中长期贷款增加8 084亿元；企(事)业单位贷款增加8.63万亿元，其中，短期贷款增加2.56万亿元，中长期贷款增加6.61万亿元，票据融资减少6 619亿元；非银行业金融机构贷款增加4 943亿元。4月月末，外币贷款余额6 509亿美元，同比下降11.7%。前四个月外币贷款减少55亿美元。

三、前四个月人民币存款增加7.32万亿元

4月月末，本外币存款余额297.45万亿元，同比增长6.4%。月末人民币存款余额291.59万亿元，同比增长6.6%。前四个月人民币存款增加7.32万亿元。其中，住户存款增加6.71万亿元，非金融企业存款减少1.65万亿元，财政性存款减少1 874亿元，非银行业金融机构存款增加1.23万亿元。

4月月末，外币存款余额8 252亿美元，同比下降6.4%。前四个月外币存款增加273亿美元。

需要注意的是：自2022年12月起，"流通中货币(M_0)"含流通中数字人民币。12月月末流通中数字人民币余额为136.1亿元。另外，自2023年1月起，人民银行将消费金融公司、理财公司和金融资产投资公司等三类银行业非存款类金融机构纳入金融统计范围。2023年1月月末，三类机构贷款余额8 410亿元，当月增加57亿元；存款余额222亿元，当月增加27亿元。文中数据均按可比口径计算。

资料来源：中国人民银行. 2024年4月金融统计数据报告[EB/OL]. (2024-05-11)[2024-06-01]. http://www.pbc.gov.cn/goutongjiaoliu/113456/113469/5348260/index.html. 有删改.

第二节 货币制度

一、货币制度的含义

货币制度,简称"币制",是指一个国家或地区以法律形式确定的货币流通结构及其组织形式。完善的货币制度能够保证货币和货币流通的稳定,保障货币正常发挥各项功能。货币制度是随着商品经济的发展而逐步产生和发展,伴随着国家统一铸造铸币开始的。在前资本主义时期,货币铸造与流通不统一,货币流通相当混乱。在处于割据状态的封建社会,各封建主各自铸造自己的货币,货币的流通极不方便。而且,铸造者为了搜刮财富,故意铸造不足值的铸币,使铸币的质量大大下降。所以在资产阶级取得政权后,就相继颁发了一系列货币铸造与流通的法令,逐步建立起统一的、稳定的货币制度,促进了资本主义经济的发展。

二、货币制度的构成要素

(一)货币材料

货币制度的基础条件之一是要有确定的币材。世界上许多国家曾经长期以金属作为货币材料,确定用什么金属作为货币材料就成为建立货币制度的首要步骤。具体选择什么金属做货币材料受到客观经济发展条件以及资源禀赋的制约。在纸币本位制下,币材要素意义不大。各国不再对币材作出规定。世界上有些国家推行塑料钞,但无论是纸币还是塑料钞,防伪是最关键的。

(二)货币单位

货币单位也是货币制度的构成要素之一,在具体的政权背景下,货币单位表现为国家规定的货币名称。在货币金属条件下,需要确定货币单位名称和每一货币单位所包含的货币金属量。规定了货币单位及其等分,就有了统一的价格标准,从而使货币更准确地发挥计价流通的作用。当代,世界范围流通的都是信用货币,货币单位的值的确定,与如何维持本国货币与外国货币的比价有直接关系。

 延伸阅读 1-5

货币单位的演变

商、周时期的货币,包括青铜小型元宝环钱、青铜麻纹小中型环钱、青铜鎏金圆形贝珠钱、青铜圆形贝连珠钱,均以"钱"为单位。晋国时的货币秦圜钱,以"两"为单位,一两钱圆形圆孔无廓,半两钱圆形方孔。战国时黄金流通以"斤""镒"为单位,以"南斤"为主。秦朝时期黄金以"镒"为单位,铜钱则以"两"为单位。到了汉朝黄金单位由"镒"改"斤"。两晋时期的钱币以"文"为单位,一千文为一"贯"。唐铸开元通宝钱是中国古代货币史上又一划时代意义的铜铸币制度,铜钱以"宝"为名,说明中国金属铸币制度脱离了以重量"半两""五铢"为名的量名钱体系,发展为更高一级的铸币形式。元朝货币以"贯""文"为单位。明清时期,随着商品经济的发展,纸币发行量逐增,清代币制上仍是银钱并行,规定白银一两合铜钱1 000文。到近现代我国货币以"元"为主要货币单位。

(三) 货币种类及偿付能力

一国流通的货币种类主要包括本位币和辅币。**本位币**亦称主币,是一国的基本通货,是一国计价、结算的货币。在金属货币制度下,本位币具有以下特征:①贵金属做币材,足值货币,铸造者不会因为用货币材料铸造铸币而获得收益。②可以自由铸造、自由熔化,即国家允许公民自由地将贵金属送交国家铸币厂铸造货币,同时允许公民自由地将铸币熔化退出流通。对于流通中磨损超过重量公差的本位币,不准投入流通使用,但可以向政府指定的机构兑换新币,即超差兑换。③具有无限法偿能力。无限法偿能力是法律赋予其无限的支付能力,不论支付的数额大小,不论属于何种性质的支付,即不论是购买商品、支付服务、结清债务、缴纳税款等,收款人都不得拒绝接收。在纸币流通条件下,本位币通常是由一国中央银行垄断发行,并确保其币值的稳定。

与本位币相对应的是**辅币**,辅币是本位币单位以下的小额通货,供日常零星交易与找零之用。辅币的特征与本位币相对应:①一般用贱金属铸造,不足值,即其所包含的实际价值低于名义价值,但国家以法令形式规定在一定限额内。②辅币不能自由铸造,只准国家铸造,其铸币收入是国家财政收入的重要来源。③实行有限法偿,即在一次支付中,如果使用辅币支付的数额超过法定限额,收款人则有权拒绝接受。这个规定在金属货币制度下通常实施,但信用货币制度下并未限制辅币的法偿能力。④辅币可以与主币自由兑换。

(四) 货币发行准备制度

货币发行准备是指发行货币时须以某种金属或某种资产作为发行货币的准备,从而使货币的发行与这些准备建立起联系和制约关系,主要是为约束货币发行规模和维护货币信用而制定的。在金属货币流通条件下,货币发行以法律规定的贵金属作为发行准备,一般是金银条块和金银铸币,这是国家的金银储备。货币发行准备的用途主要有三个:一是作为扩大或收缩国内金属货币流通的准备金;二是作为支付存款和兑换银行券的准备金;三是作为国际支付的准备金。在当代世界各国已无金属货币流通的情况下,纸币不再兑换黄金,黄金准备的前两项用途已经消失,但黄金作为国际支付的准备金这一作用仍继续存在,各国也都储备一定量的黄金作为准备。为了防止纸币过量发行,增强人们对纸币的信心,保持币值和汇率的稳定,保证国际收支平衡,有些国家仍将黄金、白银、外汇等作为发行准备,设立纸币发行准备制度。

三、货币制度的演变

货币制度产生于国家统一铸造铸币,完善规范的货币制度是随着资本主义制度的产生而出现的。从历史发展过程来看,世界各国货币制度的演变顺序大体是:银本位制→金银复本位制→金本位制→不兑现的信用货币制度。

(一) 银本位制

银本位制是指以白银为本位货币的一种货币制度。在货币制度的演变过程中银本位的历史要早于金本位。银本位制以白银作为本位币币材,银币具有无限法偿能力,其名义价值与实际含有的白银价值一致。银本位分为银两本位与银币本位。到了19世纪末,随着白银采铸业的劳动生产率的提高,白银价值不断降低,金银之间的比价大幅度波动,影响了经济的发展。除中国外,西方国家先后放弃了银本位制,银本位制先是过渡到金银复本位制,19世纪20年代后又为金本位制所取代。

延伸阅读 1-6

中国货币史之旅｜白银货币与世界经济

中国古代以白银为货币,深受外来文化的影响,是中外经济文化交流的结果。从唐代开始,受陆上和海上丝绸之路贸易的影响,白银开始发挥货币的功能,主要用于纳税、上供、赏赐和大额支付等。

两宋时期,白银在经济中发挥着越来越重要的作用。白银因为价值高,便于携带,被称为"轻赍",主要用于大额支付和大额财富的转移。在大城市中有专门兑换金银与铜钱的金银铺。

明代是中国白银货币化的重要阶段。明代中期以后,商品经济逐渐活跃,政府赋税也折征白银,万历年间随着"一条鞭法"的实施,白银完成了货币化。此时恰逢大航海时代来临,中国的茶叶、丝绸、瓷器大量输出海外,产自日本和美洲的白银则大量流入中国(学者们估计全球白银产量的三分之一左右流入了中国),中国成为白银净输入国,自此中国开始了白银时代。中国进入全球贸易体系,与世界经济的联系日益紧密。

白银是清代最主要的货币,国家财政赋税都用银两计算,市场流通中银钱并用,大数用银,小数用钱。白银在中国一直被做为称量货币使用,银锭在形状、成色、重量方面不统一。随着海外贸易输入的西方机制银币成色、重量统一,使用方便,逐渐被民间接受,乾隆晚期已在东南沿海地区大量流通并逐渐深入内地。清末洋务运动中,引进西方的造币技术,开启了中国机制银币的历史。

1935 年,南京国民政府宣布实行法币改革,放弃银本位,结束了明中期以来白银货币的历史,这是中国货币史上的重大事件,但银元在民间一直流通到 1949 年。

资料来源:澎湃新闻. 中国货币史之旅｜白银货币及与世界经济[EB/OL]. (2020-11-26)[2024-02-20]. https://www.thepaper.cn/newsDetail_forward_10151496. 有删改.

(二) 金银复本位制

金银复本位制是指一国同时规定金和银同为本位币,都可以自由买卖,自由铸造与熔化,自由输出输入。这一制度的出现弥补了黄金产量不能满足市场需求的问题,是资本主义国家发展初期广泛采用的货币制度。金银复本位制有三种类型。

1. 平行本位制

在平行本位制下,金币、银币按自己的价值流通互不干扰,国家不规定两种货币之间的比价。中国汉武帝时代,金制钱币与银锡合金制成的钱币同时在市场上流通就可以视作一种早期的平行本位制。近代,英国曾于 1663 年发行金币时实行这种制度,当时英国的基尼金币与先令银币同时在市场上流通。

2. 双本位制

应当指出的是,金银复本位制在理论上存在缺陷。由于规定了两种本位币,这与货币的独占性与排他性相矛盾,这种复本位制越来越暴露出它的不稳定性。在平行本位制之下,一件商品同时拥有金币价格和银币价格,而金币价格与银币价格之间又会发生波动,这样极其不利于社会发展的需要。在这种形势之下,便诞生了双本位制。

双本位制中,金币与银币之间的比价由政府通过立法的形式确立。例如,1717 年,英国立法规定 1 个基尼金币等同于 21 个先令银币,即金银间价格比为 15.2∶1。1792 年,美国颁布铸币法案,采用双本位制,1 美元折合 371.25 格令(24.057 克)纯银或 24.75 格令(1.603 8 克)纯金。但是在金属货币流通条件下,官方金银比价与市场自发的金银比价平行存在,使得金币与银币的名义价值与实际价值相背离。实际价值高于名义价值的货币即良币必然被人们收藏、熔化或输出国外,而实际价值低于名义价值的货币即劣币则独占市场、充斥市场,最后的结果是只有一种货币在流通。这就是**"劣币驱逐良币"** 的现象,又被称为"格雷欣法则",最早由英国的财政大臣格雷欣发现,并以他的名字命名。"劣币驱逐良币"的根本原因在于金银复本位与货币作为价值尺度应具有的排他性、独占性相矛盾。

 延伸阅读 1-7

经济生活中的"劣币驱逐良币"

为什么破旧的钱总是被先花出去?其实"劣币驱逐良币"的现象不仅在金属铸币流通时代存在,在纸币流通中也有。当然这与"劣币驱逐良币"的本意不同,但该现象现在更多的是比喻意义。现实生活中,大家都会把肮脏、破损的纸币或者不方便存放的劣币尽快花出去,而留下整齐、干净的货币。这种现象在现实生活中也比比皆是。例如,平日乘公共汽车或地铁上下班,规规矩矩排队者总是被挤得东倒西歪,几趟车也上不去,而不守秩序的人倒常常能够捷足先登,争得座位或抢得时间。最后遵守秩序排队上车的人越来越少,车辆一来,众人都争先恐后,搞得每次乘车如同打仗,苦不堪言。又如,在有些大锅饭盛行的单位,无论水平高低、努力与否、业绩如何,所获得的待遇和奖励没什么差别,于是,年纪轻、能力强、水平高的就都另谋高就去了,剩下的则是老弱病残、平庸之辈,敷衍了事。这也是"劣币驱逐良币"。再如,官场上的腐败现象如同瘟疫一样蔓延,不贪污受贿、损公肥私只能吃苦受穷。而且,在众人皆贪的时候,独善其身者常常被视为异己分子,无处容身,被迫同流合污,否则被排挤出局。最后,廉吏越来越少,越来越无法生存。这还是"劣币驱逐良币"原则在起作用。

资料来源:保险解读官.举例:劣币驱逐良币的生活现象[EB/OL].(2021-12-09)[2024-02-25]. https://zhidao.baidu.com/question/761547870544717884.html.有删改.

3. 跛行本位制

随着 19 世纪 70 年代世界银价暴跌时的"劣币驱逐良币"现象的出现,资本主义国家开始实行跛行本位制。在该制度下,虽然金币与银币在法律上拥有同样的地位,但是银币事实上被禁止自由铸造。美国、法国、比利时、瑞士、意大利等都曾实行过这一制度。可以说它是金银复本位制向金本位制的过渡。

与银本位制相比,金银复本位制最大的优点就是它的货币材料来源既可以是白银也可以是黄金,来源充足;当需要进行大额交易时可以使用黄金,小额交易时则使用白银,灵活方便;两种币材之间可以相互补充,更加方便与其他货币之间汇率的稳定,既能同发达资本主义国家之间进行金币贸易,又能同殖民地国家进行银币交易。

(三) 金本位制

金本位制是指以黄金为本位币的货币制度。在金本位制下,每单位的货币价值等同于若干重量的黄金(即货币含金量);当不同国家使用金本位时,国家之间的汇率由它们各自货币的含金量之比——金平价来决定。金本位制于 19 世纪中期开始盛行。在历史上,曾有过三种形式的金本位制:金币本位制、金块本位制、金汇兑本位制。其中金币本位制是最典型的形式,就狭义来说,金本位制即指该种货币制度。

1. 金币本位制

这是金本位制度的最早形式,也是最典型的金本位制。它以一定量的黄金为货币单位铸造金币,作为本位币;金币可以自由铸造,自由熔化,具有无限法偿能力,同时限制其他铸币的铸造和偿付能力;辅币和银行券可以自由兑换金币或等量黄金;以黄金为唯一准备金。

金币本位制消除了复本位制下存在的价格混乱和货币流通不稳的弊病,保证了流通中货币对本位币金属黄金不发生贬值,保证了世界市场的统一和外汇行市的相对稳定,是一种相对稳定的货币制度。在该制度下,各国政府以法律形式规定货币的含金量,两国货币含金量的对比即决定汇率基础的铸币平价。黄金可以自由输出或输入国境,并在输出和输入过程中形成铸币-物价流动机制,对汇率起到自动调节作用。在这种制度下的汇率,因铸币平价的作用和受黄金输送点的限制,波动幅度不大。1914年第一次世界大战爆发后,各国纷纷发行不兑现的纸币,禁止黄金自由输出,金币本位制随之告终。

2. 金块本位制

金块本位制和金汇兑本位制是在金本位制的稳定性因素受到破坏后出现的两种不健全的金本位制。这两种制度下,虽然都规定以黄金为货币本位,但只规定货币单位的含金量,而不铸造金币,实行银行券流通。

金块本位制是指由中央银行发行、以金块为准备的纸币流通的货币制度。它与金币本位制的区别在于:其一,金块本位制以纸币或银行券作为流通货币,不再铸造、流通金币,但规定纸币或银行券的含金量,纸币或银行券可以兑换为黄金;其二,规定政府集中黄金储备,允许居民当持有本位币的含金量达到一定数额后兑换金块。

3. 金汇兑本位制

金汇兑本位制是指以银行券为流通货币,通过外汇间接兑换黄金的货币制度。金汇兑本位制与金块本位制的相同处在于规定货币单位的含金量,国内流通银行券,没有铸币流通,但规定银行券可以换取外汇,不能兑换黄金。本国中央银行将黄金与外汇存于另一个实行金本位制的国家,允许以外汇间接兑换黄金,并规定本国货币与该国货币的法定比率,从而稳定本币币值。金块本位制和金汇兑本位制这两种货币制度在1973年基本消失。

(四)不兑现的信用货币制度

1973年,随着布雷顿森林体系崩溃,各国实行不兑现的信用货币制度,也称纸币本位制。**纸币本位制**是以国家发行纸币作为本位货币的一种货币制度。它的特点是,一是国家不规定纸币的含金量,不再与任何金属挂钩,不再兑换金银。二是现实中的货币都是信用货币,主要由现金和银行存款构成。三是货币通过银行体系及其业务进入流通,并通过中央银行和商业银行适当调节,是一种有管理的货币制度。四是纸币作为主币流通,具有无限法偿能力。

四、我国的货币制度

1. 我国货币制度整体情况

我国现行的货币制度比较特殊。我国目前实行"一国两制",1997年和1999年香港和澳门相继回归祖国后,继续维持原有的货币金融体制,因此形成了人民币、港币、澳门元、台湾币共存的"一国四币"的特殊货币制度。不同地区各有自己的法定货币,各种货币仅限于本地区流通,但各种货币之间可以兑换。澳门元与港元直接挂钩,新台币主要与美元挂钩。

2. 人民币制度

人民币制度是随着1948年12月1日人民币的发行而建立起来的。人民币是在合并与收兑当时各个革命根据地和解放区的货币的基础上建立起来的,它是我国现行的唯一合法货币。人民币制度属于纸币本位制。当前我国人民币制度的内容主要有:

人民币主币的单位为"元",辅币的单位为"角"和"分";1元为10角,1角为10分。以人民币支付中华人民共和国境内的公共的和私人的债务,任何单位和个人不得拒收。人民币是我国境内唯一合法的通货。禁止一切外币和金银在本国境内流通;严禁伪造、变造人民币等行为;任何单位和个人不得印制、发售代币票券在市场上流通。

人民币不规定含金量,是不兑现的信用货币。人民币目前主要以现金和存款货币两种形式存在。人民币的发行高度集中统一,中国人民银行是人民币唯一合法的发行机构,并依法实施货币政策,对人民币的总量及结构进行管理和调控。

人民币由国务院授权给中国人民银行发行和管理,由中国人民银行统一印制、发行。人民币的具体发行是由中国人民银行设置的发行基金保管库即发行库来办理的。发行库是中国人民银行机构的重要组成部分,由中国人民银行根据经济发展和业务需要决定设置。发行库依法办理发行基金、金银和其他有价证券的保管、调运,负责损伤、残缺人民币的兑换和销毁等工作。发行库对保管的发行基金实行严格的管理,发行基金调拨手续的印证采用预留印鉴的办法。《中华人民共和国中国人民银行法》第二十二条规定:"中国人民银行设立人民币发行库,在其分支机构设立分支库。分支库调拨人民币发行基金,应当按照上级库的调拨命令办理。任何单位和个人不得违反规定,动用发行基金。"

需要注意的是,2020年10月《〈中华人民共和国中国人民银行法〉(修订草案征求意见稿)》提及"完善人民币管理规定",规定人民币包括实物形式和数字形式,为发行数字货币提供法律依据;防范虚拟货币风险,明确任何单位和个人禁止制作和发售数字代币。可见,随着社会经济及金融领域的新变化,法律也在与时俱进。未来,人民币的表现形式将不再局限于现金和存款货币,数字化形式也是重要的一种。

延伸阅读 1-8

拒收现金理由五花八门,央行出手维护人民币法定地位

随着我国电子支付的发展,现金收付环境发生重大变化,拒收人民币现金现象时有发生。为了强化现金服务基础保障作用,2023年10月起,中国人民银行开展拒收人民币现金专项整治工作,对核实为拒收人民币现金的,依法处罚并予以曝光。2024年5月6日,中国人民银行对多起拒收人民币现金典型案例予以公示。中国人民银行相关人士表示,经营主体拒收人民币现金的理由五花八门,但这些都不能为拒收行为开脱。

1."未设立现金收付通道"不是理由

2024年4月,中国人民银行淮安市分行对中国人民财产保险股份有限公司淮安市淮阴支公司实施行政处罚。该公司营业场所未设立人工现金收付通道,工作人员向客户答复不收现金。

中国人民银行相关人士表示,各类经营主体应提升工作人员守法意识,明确"拒收现金违法"及其法律后果,不得对现金支付设置门槛,不得以"业务环节多"等为由拒收现金。提供"面对面"服务的经营主体应设置现金收付通道,满足现金支付需求,不得以格式条款、通知、声明、告示等方式拒收现金,依法应当使用非现金支付工具的情形除外。

2."业务流程不熟悉"不是理由

中国人民银行相关人士提示,各类经营主体不得对现金支付设置门槛,应做好员工培训。经营主体正常营业期间,应畅通现金使用渠道,不得对现金采取歧视和限制性措施。

3."容易遗失"不是理由

中国人民银行相关人士提示,线上预约、交易,线下完成服务或货物交付,支持当面收款的经营主体,应支持现金支付,不得以"途中容易遗失"等为由拒收现金。

4. "商业模式创新"不是理由

中国人民银行相关人士表示,经营主体开展商业模式创新,应充分考虑公众使用现金的需要以及可能出现的突发情况,强化新业态现金收付场景策划,完善内控管理和业务流程,满足公众现金支付需求。

5. "不接受拆分支付"不是理由

中国人民银行相关人士表示,采取委托代收方式办理行政事业性收费的单位,受托方应支持以人工方式收取现金,满足公众用现需求。收取现金时应支持组合支付方式,不得因拆分付款拒收现金。

6. "无法找零"不是理由

中国人民银行相关人士表示,经营主体应根据经营情况备付充足零钱,不得以无法找零为由拒收现金。有人值守的停车场,应支持现金支付;无人值守的停车场,应在醒目位置标识支付方式及服务联系电话,满足消费者在特殊情况下使用现金支付的需要。

7. "不收硬币"不是理由

中国人民银行相关人士提示,现金包括纸币和硬币。经营主体应支持消费者使用小面额现金支付,不得拒收现金。

资料来源:新华社新媒体.拒收现金理由五花八门,央行出手维护人民币法定地位[EB/OL].(2024-05-06)[2024-05-31]. https://baijiahao.baidu.com/s?id=1798306073699646260&wfr=spider&for=pc. 有删改.

五、区域性货币制度

区域性货币是指在某一特定区域流通的货币,是货币经济活动的空间分布与协调。根据最优货币区理论,任意两个区域既可以使用各自的货币,也可以使用共同的货币,还可以同时使用两种货币,这取决于使用效果是否利大于弊。区域性货币制度典型代表就是跨国货币制度。

跨国货币制度是指在一定区域国家经济联盟和货币联盟的基础上,由某个区域内的有关国家协商形成一个货币区,由联合组建的一家中央银行来发行与管理区域内的统一货币的制度。目前跨国货币制度主要有欧洲货币联盟(欧元)、西非货币联盟制度(西非法郎)、中非货币联盟制度(中非法郎)、东加勒比海货币联盟制度(东加勒比元)、太平洋货币联盟制度(太平洋结算法郎)等。

1. 欧洲货币联盟(欧元)

欧洲货币联盟的主要目标是要建立名为"欧元"的单一欧洲货币。欧元于2002年正式取代欧洲联盟成员国的国家货币。1999年1月1日,欧元的初步使用过渡阶段开始,当时,欧洲货币联盟的成员国包括以下11国:德国、法国、比利时、卢森堡、奥地利、芬兰、爱尔兰、荷兰、意大利、西班牙,以及葡萄牙。当时,欧元仅以银行业务货币的形式存在,用于账面金融交易和外汇交易。这个过渡阶段为期3年,之后欧元将以纸币与硬币形式全面流通。自诞生以来,欧元的国际影响力正在不断地增强,且在继续"东扩",斯洛文尼亚是第一个申请加入欧元区的东欧国家。目前欧元区共20个成员,后来加入的9个国家,分别是希腊、斯洛文尼亚、塞浦路斯、马耳他、斯洛伐克、爱沙尼亚、拉脱维亚、立陶宛及克罗地亚(于2023年1月1日正式启用欧元)。

欧元的诞生减少了各国之间的贸易摩擦和恶性竞争,大大促进区域内贸易的稳定发展,提升欧元国家整体经济实力。它也改变了国际货币体系格局,在国际货币体系中将成为一种重要的储备货币,使世界货币体系在经过单极的美元时代之后,真正开始了货币多元化的时代。

2. 西非货币联盟制度(西非法郎)

非洲金融共同体法郎,是西非经货联盟的统一货币,简称西非法郎。非洲法郎区目前包括西非经济货币联盟的8个成员(贝宁、布基纳法索、科特迪瓦、几内亚比绍、马里、尼日尔、塞内加尔及多哥)与中部非洲经济与货币共同体的6个成员(喀麦隆、中非、刚果、加蓬、赤道几内亚与乍得)以及科摩罗。法国银行和西非有关各国银行是西非法郎的共同发行部门。西非法郎是法国和西非8国之间金融、经济合作的重要工具。

3. 中非货币联盟制度(中非法郎)

中非金融合作法郎,简称中非法郎,是除西非法郎的另外一种非洲法郎,为中非经济共同体国家银行发行的一种货币。中非法郎是赤道几内亚、刚果共和国、加蓬、喀麦隆、乍得、中非共和国6国的官方货币。

1959年,中非、刚果、加蓬、乍得4国建立了赤道关税联盟,并发行中非法郎。1964年12月8日,在刚果首都布拉柴维尔举行的喀麦隆、中非、乍得、刚果、加蓬5国首脑会议上,决定建立中非经济和关税联盟以代替原来的赤道关税联盟,并由赤道非洲国家银行和喀麦隆银行发行赤道非洲国家法郎。1973年,中非5国成立中非国家银行代替原赤道非洲国家及喀麦隆银行,同时发行中非金融合作法郎,简称中非法郎。1983年12月19日,赤道几内亚正式加入中非经济和关税联盟,成为第6个成员国,并发行带有本国国名的硬币。

相关思考1-4

面临新挑战,欧元区走向何方?

欧元诞生以来,在接连考验中不断成长,如今已成为国际货币体系中仅次于美元的第二大货币,有力促进了欧洲经济发展。欧元区经历了金融危机、欧债危机等挑战,当前还面临乌克兰危机、巴以冲突、能源转型、通胀持续、经济复苏乏力等现实困境。那么,在新的挑战下,欧元区未来会走向何方?管控财政赤字和公共债务,优化欧元区货币政策与财政政策的协调配合,推动数字和绿色转型,缩小成员国经济发展水平差距,或许将是欧元区可持续发展的重要方向。

六、国际货币制度

(一)国际货币制度的内容

国际货币制度亦称国际货币体系,是支配各国货币关系的规则以及各国间进行各种交易所依据的一套安排和惯例。国际货币制度通常是由参与的各国政府磋商而定,一旦商定,各参与国都应自觉遵守。

国际货币制度一般包括三个方面的内容:一是确定国际储备资产,即使用何种货币作为国际支付货币,哪些资产可用作国际储备资产;二是安排汇率制度,即采用何种汇率制度,是固定汇率制还是浮动汇率制;三是选择国际收支的调节方式,即出现国际收支不平衡时,各国政府采取什么方法进行弥补,各国之间的政策措施如何协调等。理想的国际货币制度应该能够促进国际贸易和国际经济活动的发展,主要体现在国际货币秩序的稳定,能够提供足够的国际清偿能力并保持国际储备资产的信心、保证国际收支的失衡能够得到有效的调节。

(二)国际货币制度的演变

迄今为止,国际货币制度经历了从国际金本位制到布雷顿森林体系再到牙买加体系的演变过程。

1. 国际金本位制

世界上首次出现的国际货币制度是国际金本位制,1880—1914年是国际金本位制的黄金时代。在这种制度下,黄金充当国际货币,各国货币之间的汇率由它们各自的含金量比例决定,黄金可以在各国间自由输出输入,在"黄金输送点"的作用下,汇率相对平稳,国际收支具有自动调节的机制。由于1914年第一次世界大战爆发,各参战国纷纷禁止黄金输出和纸币兑换黄金,国际金本位制受到严重削弱,之后虽改行金块本位制或金汇兑本位制,但因其自身的不稳定性都未能持久。在1929—1933年的经济大危机冲击下,国际金本位制终于瓦解。随后,国际货币制度一片混乱,直至1944年重建新的国际货币制度——布雷顿森林体系。

2. 布雷顿森林体系

第二次世界大战爆发后,资本主义世界各国都出现了剧烈的通货膨胀。战后,欧洲各国经济实力大大削弱,美国成为世界第一大国,黄金储备迅速增长,约占当时资本主义各国黄金储备的3/4。西欧各国为弥补巨额贸易逆差需要大量美元,出现了"美元荒"。国际收支大量逆差和黄金外汇储备不足,导致多数国家加强了外汇管制,对美国的对外扩张形成严重障碍,美国力图使西欧各国货币恢复自由兑换,并为此寻求有效措施。

1944年7月,在美国新罕布什尔州的布雷顿森林召开由44国参加的"联合国联盟国家国际货币金融会议",通过了以"怀特计划"为基础的《国际货币基金协定》和《国际复兴开发银行协定》,总称《布雷顿森林协定》。这个协定建立了以美元为中心的资本主义货币体系。

布雷顿森林体系的主要内容是:

(1) 以黄金作为基础,以美元作为最主要的国际储备货币,实行"双挂钩",即美元与黄金直接挂钩,其他国家的货币与美元挂钩。美元与黄金挂钩是指,美国政府保证以1934年1月规定的35美元等于1盎司的黄金官价兑付其他国家政府或中央银行持有的美元。其他国家与美元挂钩是指根据35美元等于1盎司黄金的价格确定美元的含金量,其他国家也以法律形式规定各自货币的含金量,而后通过含金量的比例,确定各国货币与美元的兑换比例。

(2) 实行固定汇率制。各国货币对美元的汇率一般只能在平价上下1%的幅度内浮动,各国政府有义务在外汇市场上进行干预,以维持外汇市场的稳定。国际收支不平衡则采用各种方式调节。

(3) 国际货币基金组织(international monetary fund,IMF)通过预先安排的资金融通措施,保证向会员国提供辅助性储备供应。

(4) 会员国不得限制经常性项目的支付,不得采取歧视性的货币措施。这个货币体系实际上是美元-黄金本位制,也是一个变相的国际金汇兑本位制。

以美元为中心的布雷顿森林体系,对第二次世界大战后资本主义经济发展起过积极作用。但是随着时间的推移,布雷顿森林体系的种种缺陷也渐渐地暴露出来。20世纪60年代以后,美国外汇收支逆差大量出现,黄金储备大量外流,导致美元危机不断发生。1971年8月15日美国公开放弃金本位制,同年12月美国又宣布美元对黄金贬值。1972年6月至1973年年初,美元又爆发两次危机,同年2月12日美国政府再次将美元贬值。至此,以美元为中心的布雷顿森林体系彻底瓦解,取而代之的是牙买加体系。

3. 牙买加体系

布雷顿森林体系崩溃后,国际货币制度又一次陷于混乱,导致国际金融形势动荡不安。

1976年1月,国际货币基金组织"国际货币制度临时委员会"在牙买加举行会议,达成了著名的"牙买加协定"。同年4月,国际货币基金组织理事会通过《国际货币基金协定第二次修正案》,并于1978年4月1日正式生效,从而形成了新的国际货币制度牙买加体系。其主要内容包括:

(1) 实行浮动汇率制度的改革。牙买加协议正式确认了浮动汇率制的合法化,承认固定汇率制与浮动汇率制并存的局面,成员国可自由选择汇率制度。同时IMF继续对各国货币汇率政策实行严格监督,并协调成员国的经济政策,促进金融稳定,缩小汇率波动范围。

(2) 推行黄金非货币化。协议作出了逐步使黄金退出国际货币的决定。并规定:废除黄金条款,取消黄金官价,成员国中央银行可按市价自由进行黄金交易;取消成员相互之间以及成员国与IMF之间须用黄金清算债权债务的规定,IMF逐步处理其持有的黄金。

(3) 多种渠道调节国际收支。一是运用国内经济政策,通过改变国内的供求关系和经济状况,消除国际收支的失衡;二是运用汇率政策影响本币币值,通过增强本国出口商品的国际竞争力减少经常项目的逆差;三是通过国际融资平衡国际收支;四是通过加强国际协调来解决国际收支平衡问题;五是通过外汇储备的增减来调节国际收支失衡。

牙买加体系的实行,对于维持国际经济运转和推动世界经济发展发挥了积极的作用。多元化国际储备货币的结构为国际经济提供了各种清偿货币,摆脱了布雷顿森林体系下对一国货币——美元的过分依赖;多样化的汇率安排适应了多样化的、不同发展程度国家的需要,为各国维持经济发展提供了灵活性与独立性;灵活多样的调节机制,使国际收支的调节更为有效与及时。

但是牙买加体系并非是理想的国际货币制度,它目前仍存在着一些缺陷,其中较为突出的有三点:①在多元化国际储备格局下,储备货币发行国仍享有"铸币税"等多种好处,同时,在多元化国际储备下,缺乏统一的稳定的货币标准,这本身就可能造成国际金融的不稳定;②汇率大起大落,变动不定,汇率体系极不稳定。不稳定的汇率体系增大了外汇风险,从而在一定程度上抑制了国际贸易与国际投资活动,对发展中国家而言,这种负面影响尤为突出;③国际收支调节机制并不健全,各种现有的渠道都有各自的局限,牙买加体系并没有消除全球性的国际收支失衡问题。因此,国际货币制度仍有待进一步改革和完善。

相关思考 1-5

人民币在国际货币体系中居于怎样的地位?

人民币国际化始于2009年,一路走来,人民币国际化取得了长足的进步。但是,人民币国际化水平,与中国的经济规模是不匹配的,在国际货币体系中处于较低的位置。金融与资本项目的管制是限制人民币国际化的主要制度障碍。采用独立的浮动汇率制度是人民币国际化发展的内在要求。中国未来的经济发展是决定人民币国际地位的经济基础,而且人民币国际地位的提升需要相对和谐的外部环境。

那么,一个国家货币在国际货币体系中的地位,从哪些方面来衡量呢?

本章小结

本章主要学习了货币的产生与发展;货币从实物货币、金属货币、纸质货币、存款货币、电子货币到数字货币的演变过程;货币充当价值尺度、流通手段、贮藏手段、支付手段以及世界货币的职能与作用;货币层次的划分;货币制度的形成及构成要素;货币制度从银本位制、金银复本位制、金本位制到纸币本位制的演变过程;我国的货币制度;区域性货币制度;国际货币制度。

本章重要概念

价值形式　一般等价物　可兑现纸币　银行券　不可兑现纸币　存款货币　纸质货币　价值尺度　流通手段　支付手段　贮藏手段　世界货币　货币制度　本位币　辅币　货币发行准备　银本位制　金银复本位制　金本位制　纸币本位制　劣币驱逐良币　跨国货币制度　布雷顿森林体系

第二章　信用与信用形式

- 内容提要
- 重点难点
- 学习目标
- 知识框架
- 思政育人
- 第一节　信用概述
- 第二节　信用形式
- 本章小结
- 本章重要概念

内容提要

本章主要讲述了不同角度信用的含义、特征；信用的产生与发展；高利贷信用及民间借贷；现代不同的信用形式，如商业信用、银行信用、国家信用、消费信用、民间信用及国际信用等。

重点难点

本章重点为商业信用、银行信用、国家信用、消费信用这四种信用形式的含义、特点、表现形式、作用等。难点为这些信用形式在现实中如何发挥具体作用。

学习目标

通过本章学习，学生应熟悉掌握信用的含义及特征，了解信用的基本形态、产生及发展。熟悉高利贷、民间借贷的现状，掌握商业信用、银行信用、国家信用、消费信用四种信用形式，同时了解各种信用形式在我国当前的发展现状。

知识框架

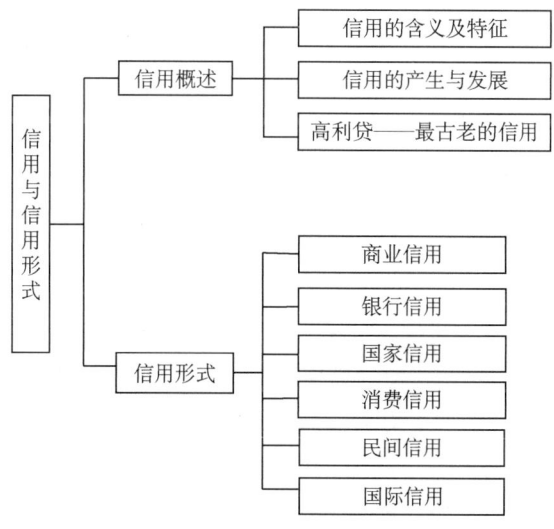

> **思政育人　　　　推动社会信用体系建设**
>
> 　　国家发展改革委于2024年6月4日对外发布《2024—2025年社会信用体系建设行动计划》,提出5个方面措施,进一步推动社会信用体系建设高质量发展。
>
> 　　一是提升信用建设法治化、规范化水平方面。行动计划提出,加快推动出台社会信用建设法;推动省级信用立法全覆盖;规范信用信息查询使用的权限和程序,依法保护信用主体合法权益。
>
> 　　二是统筹推进信用基础设施建设方面。行动计划明确,优化信用信息平台功能;加快地方融资信用服务平台整合;加强对违法违规收集、篡改及泄露公共信用信息行为的监控,加强个人隐私、商业秘密的保护。
>
> 　　三是强化信用信息共享应用方面。行动计划提出,围绕企业登记、司法、税务、海关、金融、知识产权等重要领域,健全落地数据共享机制,建立标准统一、权威准确的信用记录。鼓励地方探索依托"信用分"拓展守信激励场景应用,推动在医疗、托育、养老、家政、旅游、购物、出行等重点领域实施"信用+"工程。全面推广信用报告代替无违法违规证明。
>
> 　　四是提升信用监管效能方面。行动计划明确,建立健全统一规范、协同共享、科学高效的信用修复机制。
>
> 　　五是加快推进重点领域信用建设方面。行动计划提出,完善政府诚信履约机制,畅通政府违约失信投诉渠道,全面健全政务信用记录,探索建立政务诚信监测评估机制。围绕公务员、律师、家政从业人员、金融从业人员等重点职业人群,探索建立和完善个人信用记录形成机制,及时归集有关人员在相关活动中形成的信用信息。
>
> 　　资料来源:新华网.国家发展改革委提出5方面措施推动社会信用体系建设[EB/OL].(2024-06-04)[2024-06-05].http://www.news.cn/politics/20240604/a3f58ed8f7234c53b8e093f06a3ccaf3/c.html.

第一节　信用概述

一、信用的含义及特征

(一) 信用的含义

"信用"一词,在现代社会中具有较高的使用频率。而各种与信用相关的词汇,如信用形式、信用缺失、信用危机等,也在日常生活中经常听到。信用对于现代经济的重要性,是不言而喻的。不难想象,一家企业如果失去了信用,其经营会受到怎样的影响。如果某人被贴上"不守信用"的标签,其未来的生活和发展也会有很多的不便。而对于像银行、证券、保险公司这类以信用为生命线的金融机构,丧失信用的后果就更加难以想象。

在以上语境中,虽然讲的都是信用,但其内涵却有所差异。大体可以将其区分为两个相对独立但是又具有密切联系的信用范畴:道德范畴的信用和经济范畴的信用。

1. 道德范畴的信用

道德范畴的信用主要是指诚信,即通过诚实履行自己的承诺而取得他人的信任。古人云:"言必信,行必果。"这个"信"指的就是诚信。在日常生活中评论某个人是否守信,也是指这个人是否说到做到,能否言出必行。在英文中,信用也具有相信、信任和信誉的内涵。

古往今来,人们将诚实守信视为最基本的道德规范和行为准则之一。在我国古代,孔子曾有"民无信不立"之说。良好的信用环境不仅是个人之间正常交往的基础,而且是个人与机构、机构与机构甚至是国与国之间相互交往的基础。

与诚信和守信相对立的是失信和欺诈行为。在日常生活中，个人和机构都面临着这类行为的威胁和困扰。如果一个社会失信和欺诈行为盛行，这时正常的人际交往和经济交易都会因为诚信问题而受到很大的干扰，这就是一种信用缺失。

2. 经济范畴的信用

经济范畴的信用是指以还本付息为条件的借贷行为。这种经济行为是以收回本金并获得利息为条件的贷出，或以偿还本金并支付利息为前提的借入，它代表着一种债权债务关系。在借贷行为中，无须支付利息的情况也并不少见，例如亲戚朋友之间的借贷、友好国家之间的无息贷款。它们在一定程度上体现了亲友之间及友好国家之间的互助关系，可以将其理解为特殊的信用关系——信用关系外加"贷方对借方的利息赠与"。西方国家的商业银行一般也无须对企业支付活期存款利息，在这种信用关系中，商业银行其实是通过对存款企业减免服务收费的方式来冲抵其本应向企业支付的利息。

（二）信用的特征

1. 信用以偿还和付息为基本条件

信用这种经济行为是以收回本金为条件的付出，或以偿还为义务的取得；是以取得利息为条件的贷出，或以支付利息为前提的借入，所以偿还和付息是信用的最基本的特征。这一特征区别于财政分配。财政分配基本上是无偿的，财政收进来、支出去，都不需要偿还，没有直接的返还关系；而信用行为则通常是有偿的，具有直接的返还关系。存款人随时会提取存款，贷款人到期必须向借款者收回贷款，而且借款者除归还本金外，一般还要按规定支付一定的利息，作为使用资金的代价。

2-1 个人信用报告

2. 信用关系本质是债权债务关系

信用是商品货币经济中的一种借贷行为，在这种借贷活动中，体现了一定的生产关系。商品和货币的所有者由于让渡商品和货币的使用权而取得了债权人的地位，商品和货币的需要者则成为债务人，借贷双方具有各自对应的权利和义务。这种债权债务关系最初是由于商品的赊销和货款的预付而产生的，但随着融资行为和信用制度的广泛建立和发展，债权债务关系渗透到了经济生活的各个角落。无论是企业的经营活动，还是个人的消费行为或政府的社会和经济管理活动都依赖债权债务关系。所以，从本质上说，信用关系就是债权债务关系。

3. 信用是特殊的价值运动形式

价值运动的一般形式通过商品的买卖关系来实现。在商品买卖过程中，交易过程首先是所有权的转移，卖者让渡商品的所有权和使用权，并取得货币的所有权和使用权；而买者正好相反。另外，交易过程是等价交换。商品货币交换时，卖者虽然放弃了商品的所有权，但未放弃商品的价值，从商品的价值形式变为货币形式，而买者放弃货币，取得与货币等价的商品，这种买卖关系所形成的等价交换在买卖双方交割之后即宣告完成。即双方同时获得等价，用公式表示即：W—G—W。

但在信用活动中，一定数量商品或货币从贷者手中转移到借者手中，并没有同等价值的对立运动，只是商品或货币的使用权过渡，没有改变所有权。所以，信用是价值单方面的转移，是价值运动的特殊形式，这是信用与其他价值运动形式的不同之处。

二、信用的产生与发展

(一) 信用的产生

信用是一种古老的活动,它的产生有其必然性。信用从产生并发展到现在,其基本形态及表现形式都发生了重大的变化。

信用是商品货币经济发展到一定阶段的产物,它是在私有制和商品交换的基础上产生的。从逻辑上讲,私有制的出现是借贷关系赖以生存的前提条件。在公有制制度下,要么是根据需要取用属于公有的财产,要么是按照某种既定的计划对公有财产进行分配。无论采取哪种公有财产的使用模式,其本质都是无偿的:付出不必要求偿还,取用也无须考虑归还,更不会涉及与利息相关的偿还问题。只有在财产与其所有者利益息息相关的私有财产制度下,借贷作为一种经济行为才具有存在的必要性。因为它解决了以不损害所有者利益为前提在不同所有者之间进行财富调剂的问题。

考察历史,信用活动最早产生于原始社会末期。由于社会生产力的发展,劳动生产率有了明显的提高,劳动产品也有了剩余,从而交换活动日益频繁。随着交换的扩大和发展,加速了原始公社公有制的瓦解和私有制的产生,使原始公社内部发生了财富分化,社会成员逐渐分化成富裕阶层和贫困阶层。富裕阶层手中集中了一定量的剩余产品、货币资金,而贫困阶层因缺少生活资料和生产资料,为了维持生活和继续生产,他们被迫向富裕阶层借贷,于是,信用随之产生。

而从现代信用活动产生过程来看,信用的出现主要解决了两大经济问题:商品交易的困难及货币分布的不平衡。而通过赊销赊购,实现商品的价值。通过货币的借贷则实现了资金余缺调剂。这些都形成了当前多样化的信用形式。

(二) 信用的基本形态

信用活动自古以来一直采取两种基本形态:实物借贷和货币借贷。早期的借贷主要是实物借贷,但随着经济发展和社会分工的专业化,货币出现后,货币借贷逐渐取代实物借贷成为居于主导地位的信用形态。

1. 实物借贷和货币借贷

实物借贷是以实物为标的进行的借贷活动,即贷者将一定数量的实物贷给借者,借者在约定时间内归还所借实物,多出部分即实物借贷的利息。

实物借贷在广大农村地区较为常见。在商品货币关系尚未普及、自然经济占主导的时期,生产力相对落后,社会分工不充分,产品种类非常有限,实物借贷双方在生产和生活方式上有很大的雷同性,亲属和邻里之间通过实物借贷方式调剂生产和生活上的余缺,成为很平常的事情。随着经济发展和社会分工的专业化,商品种类变得极为丰富,人们的需求范围也不断扩大。要想通过实物借贷方式满足自身需求并用资产物品加以偿还,已经变得不那么容易。货币购买商品已成为常态,货币借贷也就逐渐成了调剂余缺的主要方式。此时,实物借贷尽管依然存在,但无论就其规模还是范围而言,都在逐渐缩减并变得微不足道。

2. 货币借贷成为信用的主导形态

货币借贷是以货币为标的进行的借贷活动,即贷者将一定数量的货币贷放给借者,借者到期用货币归还本金和利息。

货币之所以会成为信用的主导形态,是因为货币借贷不仅解决了上述提到的专业化分工导致的需求和自产物品的错位问题,能够更加灵活地适应借贷双方的要求,给予借贷双方更多的选择,而且货币借贷也更加简便。当然,在某些特殊的情况下,尤其是严重的通货膨胀时期,当货币剧烈贬值导致其币值不稳时,会迫使一部分货币借贷转而采取实物借贷方式。

三、高利贷——最古老的信用

信用的历史可以追溯至私有制出现的远古时代。高利贷作为最古老的信用形式,无论在东方还是西方,在前资本主义社会以自然经济和小生产为主导的旧生产方式中,都一直是居于主导地位的信用形式。

(一)高利贷的特征及产生

高利贷是以极高利率为特征的借贷活动。例如,旧时盛行于广东一带的"大耳窿",放贷有"九出十三归"之说,即借款 100 元,借款者实得 90 元,而在 1 个月后需要还本付息 130 元。又如,新中国成立以前华北一带流行的"驴打滚",多在高利贷者与农民之间进行,借贷期一般为 1 个月,月息 4~5 分,到期不还则利息翻倍,并将利息计入下月本金,这使得本金逐月增加、利息成倍增长,就像驴打滚一样。此外,"印子钱""羊羔息""坐地抽一"都是当时常见的高利贷形式。

高利贷始于原始社会末期,在奴隶社会和封建社会成为最基本的信用形式。历史上高利贷名目繁多,最初主要采取实物借贷的形式。例如,在中国历史上曾经出现的谷利、油利、布利、盐利等,就是以实物形式开展的高利贷活动。但随着分工的深入及商品货币关系的发展,高利贷也逐渐转向货币借贷的形式。

高利贷除具有极高利率的特征外,利率不稳定且差异极大则是其另外一个重要的特征。高利贷者确定的利率水平,往往会因借款人的还款能力、与其关系的亲疏远近而有很大的差异。此外,地区差异和时间季节因素也是影响贷款利息的重要因素。由于借款人通常处于弱势地位,高利贷者在确定利息时不仅具有绝对的话语权,往往还具有很大的随意性。

另外,高利贷还往往体现出非生产性。借高利贷者通常不是为了将贷款用于生产,而是为了满足自身的基本生活需要或者更奢侈的生活消费。但从当前部分民间高利借贷来看,确实与生产有一定的关系。

(二)高利贷"高利"的原因

高利贷之所以具有极高的利率,主要与以下三方面因素有关。

1. 借贷资金供求状况

经济学中供求关系决定价格的基本规律,也同样适用于高利贷。高利贷盛行时期的一个典型特征,就是自然经济占主导地位,生产力水平低下,商品货币关系不发达。在这样的经济环境中,绝大多数普通民众都不会有多少积蓄以备不时之需,其抗风险能力非常差。在遭遇自然灾害或意外变故时,他们不得不通过借款来解决再生产乃至生存的问题。这也使得借贷需求非常普遍而且具有极大的刚性,而能够用于借贷的实物和货币数量则非常短缺,借贷资金或商品存在严重的供不应求,必然导致极高的利率。

2. 贷者的垄断地位

经济学在研究市场结构时,有这样一个结论:"卖方垄断通常会导致高的价格,而买方垄断则会导致低的价格。"在高利贷盛行时期,借贷供求具有如下的显著特征:就需求而言,不仅借贷需求非常旺盛,而且借款者高度分散;而借贷资金或商品的供给不仅数量有限,经营借贷业务的主体还高度集中,他们要么是少数巨富,要么就是与宗教相关的机构,如寺庙、教堂、修道院等。受制于交通不便和信息传递的闭塞,再加上贷方对风险的顾虑,借贷双方的空间距离通常不可能太远,借贷行为具有很强的地域性,而且这也进一步增强了贷方所处的垄断地位。

在这样一个典型的卖方垄断市场中,贷方具有绝对的话语权和定价权;而借方则处于毫无定价能力的弱势地位,极高的利率也就成为非常自然的事情。

3. 贷者要求的对风险和成本的补偿

在当时高利贷的借方大致分为两类:一类是农民和小手工业者,一类是奴隶主与封建主。对于前者,选择高利贷主要是由于天灾兵乱或者婚丧嫁娶,不借钱就无法生存或生活,就不能办事。因此,即使明知债息极高、负担沉重借方也不得不借。而对于后者,借钱要么是为了维持其统治的需要,要么是为了挥霍享受,借钱时根本没有考虑成本及将来偿还的问题。

无论上述哪一种情况,贷方都面临着极高的本金不能偿还的风险,只有高利率才能补偿这种风险损失并有所盈利。同样由于这种高利率和高风险,高利贷者在收回本息时需要极强的威慑能力,他们通常需要出钱豢养众多彪悍的逼债人员,这会大大增加高利贷者的经营成本,而这一成本也会通过增加利息的方式转嫁给借款者。高风险和高运营成本,也是高利贷"高利"的重要原因。

延伸阅读2-1

揭开地下钱庄交易黑幕

近期,北京警方破获一起地下钱庄案,并通过关联线索挖出全国11个地下钱庄团伙,部分团伙交易金额超过10亿元。记者采访发现,一些地下钱庄交易活跃、规模巨大,并采用虚拟币"置换"等新手段,隐蔽性更强。业内人士建议,完善监管体系,形成地下钱庄打击防范合力。

1. 地下钱庄活跃,交易规模巨大

近期,北京市公安局经侦总队在工作中发现朴某某等人涉嫌非法经营线索。经查,朴某某团伙长期在京,表面上从事旅行社业务,暗地里利用境内外资金池提供非法买卖外汇业务。警方发现,以朴某某本人账户为中心的数十个关联账户交易规模巨大,资金往来符合汇兑型地下钱庄特征。通过对朴某某上下游交易情况进行研判分析,拓展交易层级,北京警方在全面调取证据、厘清资金走向的基础上,先后组织开展两波收网打击行动,刑事拘留犯罪嫌疑人20名。随后,经提请公安部经侦局,多个省份公安机关按照部署对涉案地下钱庄开展联合行动,全国共计打掉地下钱庄团伙11个,刑事拘留犯罪嫌疑人35名。据介绍,这些地下钱庄交易活跃,部分团伙间有资金串联关系,部分团伙交易金额超过10亿元,涉及北京、江苏、浙江等地。

在我国,外汇兑换要按照外汇管理相关规定办理。北京市公安局经侦总队办案民警李响告诉记者,地下钱庄犯罪活动一方面严重危害国家金融安全,对外汇管理秩序造成冲击;另一方面滋长了侵犯公民个人信息、电信诈骗、网络赌博等上游犯罪。

2. 花样翻新,手段隐蔽

记者梳理近年来部分案件发现,一些地下钱庄采取虚拟币"置换"等新手段,隐蔽性更强。一些地下钱庄以虚拟币为"媒介"实现外汇"对敲"。北京警方此前办理的一起案件中,嫌疑人林某某与同伙使用境内人民币资金,向境内的炒币人员和币商收购虚拟货币,再通过境外的虚拟货币平台,将虚拟货币出售给境外买家来获取外汇。

据了解,该团伙共注册了10多个虚拟币钱包账户,一年内处理的资金流水超过20亿元。此外,该地下钱庄还为上游的非法买卖我国公民个人信息犯罪活动提供洗钱。该案过程中,境外嫌疑人闫某某将非法出售我国公民个人信息所得的虚拟币与地下钱庄控制的虚拟币"置换",达到"洗白"目的。一些地下钱庄招揽怂恿境内人员参与作案。办案民警介绍,部分在校学生及社会人员被境外地下钱庄招揽,开设银行账户帮助转账。

警方表示,为保证境内外资金池的平衡,地下钱庄团伙往往"捆绑交织",形成"大网",大量资金迅速被转移打散,呈现出隐蔽性强、交易链条繁琐、资金交易量大的犯罪特征。

3. 堵住金融安全漏洞,提升综合治理水平

按照反洗钱法、外汇管理条例等法律法规,未经国家有关主管部门批准,私自买卖外汇、变相买卖外汇、倒买倒卖外汇或者非法介绍买卖外汇的行为,均属于违法行为。近年来,全国公安机关按照公安部专项行动部署,加强对地下钱庄打击,成效明显。不久前,国家外汇管理局表示,密切协同公安机关等部门严厉打击地下钱庄等违法犯罪活动,有力惩戒非法买卖外汇行为,切实维护外汇市场良性秩序。受访办案人员建议,下一步要持续完善监管体系,强化部门协作,协同共治铲除"隐性毒瘤",并进一步遏制上游违法犯罪活动。

资料来源:鲁畅,张馨予. 新华调查|揭开地下钱庄交易黑幕[EB/OL]. (2024-04-30)[2024-05-05]. http://www.xinhuanet.com/legal/20240430/63bb4eb41f1a4809b22ff549992d3482/c.html.

(三)高利贷的作用及反高利贷斗争

在奴隶社会和封建社会时期,自然经济占统治地位的旧生产方式,决定了借贷资金严重供不应求的局面无法改变,高利贷一直具有存在和发展的坚实基础。高利贷的残酷剥削尽管也招致了民众的强烈反抗,但却无法改变其在信用活动领域的统治地位。只有在资本主义生产方式确立之后,高利贷才逐步失去了在信用活动中的统治地位。

在封建社会向资本主义社会过渡期间,高利贷的作用具有双重性:一方面,高利贷者通过高利借贷活动积累了大量的货币财富,有可能将其投资于产业领域,成为资本原始积累的重要来源之一。同时,高利贷也导致广大农民和手工业者破产,使其成为资本主义发展准备的产业后备军。因此,高利贷对于资本主义的发展具有促进作用,在于它能够为资本主义生产方式提供原始资本积累和雇佣工人队伍。另一方面,资本主义生产方式的发展,会侵蚀高利贷赖以存在的经济基础,即自然经济和小生产占优势的旧生产方式。而这种生产方式,又恰恰是高利贷者要极力维护的,这也决定了高利贷具有阻碍高利贷资本向生产资本转化的保守性。此外,高利贷也制约了资本主义的发展,资本家通过高息借贷方式发展实业资本基本上是无利可图。

随着资本主义的发展,17世纪的荷兰和18世纪的整个欧洲,新兴资产阶级陆续展开了反高利贷的斗争。在这场斗争中,资产阶级并不反对一般的借贷关系,他们反对的是超出产业资本承受能力的高利率。在资产阶级夺取政权后,他们开始通过教会力量、国家权力及法律等多种方式惩罚和限制高利率。但总体而言,在资本主义生产方式建立以前,这些做法没能动摇高利贷的垄断地位。各种限制和惩罚还增加了高利贷的运营成本,在某种程度上反而加剧了借贷资金的供求矛盾。

真正动摇高利贷垄断地位的,则是资本主义生产方式的确立及现代银行和信用货币体系的建立。资本主义生产方式确立后,商品货币关系得到了极大发展。专业化分工和社会化大生产,极大地推动了生产力的发展,财富创造和积累的速度空前提高。人们变得富裕,借贷资本的供给也变得相对充裕。

需要说明的是,高利贷垄断地位的丧失,并不意味着这种信用形式将不复存在。相反,在落后的国家或地区,高利贷仍十分猖獗。即使是在发达国家或地区,在特定时期和特定领域,高利贷活动仍会由于资金供给趋紧而死灰复燃。甚至在当今金融业极为发达的纽约和东京,高利贷者暴力逼债甚至逼死债务人的事件也时有发生。

(四)中国的高利贷问题

中国封建社会的基本经济制度是地主制经济,与之相适应的是以佃农、自耕农为主体的小生产方式。该生产方式具有自给性和商品性的双重特征。随着商品经济的发展,生产资金问题变得日益突出。而在当时资金供给十分紧缺的情况下,高利贷资本在解决其资金困难方面通常扮演着非常重要的角色。小生产方式的特殊性,导致生产性需求与消费性需求难以区分。当小生产者的生活或生产出现困难时,他们通常会被迫求助于高利贷者以解"燃眉之急"。当时,高利贷活动广泛存在于城乡社会经济生活中,地主和商人由于聚集了可观的财富,通常是放高利贷者,而小农和小生产者则是借贷资金的主要需求者。

在抗日战争时期,中国共产党曾在农村发起了"分田废债"和限制高利贷的运动。1949年前后的土地改革时期,政府在明确提出废除劳动农民所欠地主、富农和高利贷者的债务的同时,对劳动农民之间的债权债务关系没有简单加以限制,而是采取了"借贷自由、利息由双方协商、政府不加干涉"等保护和鼓励措施。

延伸阅读2-2

信用风险与杠杆率

1. 信用风险

信用风险是指借款人因各种原因未能及时、足额偿还债务而出现违约的可能性。在现代经济中,由于信用关系无所不在,债务人违约的信用风险也就变得非常普遍。当出现违约事件时,债权人会因为未能得到预期收益而出现财务上的损失。在债权人也同时拥有债务的情况下,其债权无法回收,自然会影响其债务的偿还,并因此导致违约事件连锁发生。

一般信用违约的出现包括债务人刻意违约和被迫违约两种情况:

(1) 债务人基于道德风险的刻意违约,一定是其违约收益远远超出其失信成本。这需要通过制度设计来加大对违约的惩罚力度、增加违约的成本,从而减少刻意违约事件的发生。

(2) 债务人因客观原因被迫违约。一是经济运行的周期性。在经济扩张期,信用风险会明显降低,因为较强的盈利能力会使总体违约率下降;而在经济紧缩期,信用风险则会明显增加。二是发生了财务收支失常或对公司经营有负面影响等特殊事件,导致债务人无力还款。

2. 杠杆率

杠杆率一般是指资产负债表中权益资本与总资产的比率。杠杆率可以反映出债务人的还款能力,是主要用于衡量债务人负债风险的指标。一般来说杠杆率越高信用风险越大,通过分析政府、企业、居民、金融机构等不同主体的杠杆率可以判断其信用风险的大小。因此,针对近年来在我国经济迅速发展中各部门杠杆率偏高的问题,从2015年年起国家把杠杆作为防范金融风险的重要措施。

资料来源:李健.金融学(精要版)[M].2版.北京:高等教育出版社,2021:64-65.

2-2 视频:民间借贷最高利率上限下降

第二节 信用形式

信用作为一种借贷行为,要通过一定的形式表现出来,从而对经济活动产生影响。自从最古老的信用形式——高利贷产生并延续到现在之后,随着商品货币关系的发展,信用形式趋向多样化。在复杂的经济活动中,由于借贷当事人不同。借贷目的和用途不同,信用的具体形式也不相同。按照信用主体来看,主要有商业信用、银行信用、国家信用、消费信用、国际信用、民间信用等。

一、商业信用

(一) 商业信用的含义

商业信用(commercial credit)是指工商企业之间相互提供的,与商品交易直接联系的信用形式。

商业信用的表现形式很多,如赊销(赊购)商品、分期付款、预付货款或预付定金等形式。总体上分为商品赊销和货款预付两大类。其中赊销是商业信用中最典型的表现形式。作为一种在工商企业间经常采用的延期付款的销售方式,它在促进商品销售和生产方面都扮演了极为重要的角色。

商业信用是整个信用制度的基础和最基本的信用形式。商业信用早在简单商品生产条件下就存在,只是随着社会分工的进一步发展,社会化大生产的深入才有了更广泛的发展。在小商品经济条件下,为解决暂时的商品生产和流通中出现的不协调,商业信用只是个别、零星的社会经济现象。在现代市场经济条件下,为了使社会再生产顺利进行,商业信用得到更广泛的发展,成为普遍的、大量的社会经济现象,无论在各国国内交易还是国际贸易中都广泛存在。

(二) 商业信用的特点

(1) 商业信用是一种直接信用,具有较大的灵活性、便利性和快捷性。商业信用的债权债务双方都是生产经营者,信用交易的达成,无须中介机构参与,而是买卖双方分散独立决策的行为,所以它是一种直接信用,这也是商业信用的优点。

(2) 商业信用表现为商品的买卖行为与借贷行为紧密结合在一起。在典型的商业信用中,实际上包含了两种同时发生的经济行为:商品买卖和货币借贷。它等同于商品买卖完成的同时,买方因无法实时支付货款而对卖方承担了相应的义务。在买卖完成的同时,商品的所有权由卖方转移给了买方,就如同现款交易一样。而在此之后,就如同买方向卖方借款一样,买卖双方只存在相应货币金额的债权债务关系。

(3) 商业信用的供求与经济景气状态是一致的。例如,在经济繁荣时期,由于生产扩大,商品增加,商业信用的供应和需求会随之增加,商业信用的规模会扩大。而在经济衰退时期,生产下降,商品滞销,商家不敢赊,商业信用的规模也随之萎缩。

(三) 商业信用的作用及局限性

商业信用的良性发展,对商品流通和经济发展起着重要的促进作用。在企业之间建立稳定顺畅的联系,是商品生产正常进行的必然要求,也是经济发展的内在要求。但在经济运行的过程中,这种联系往往会因为种种原因而受到影响。比如说,产品具有良好销售前景的企业可能会因为缺少现款而不能购买原材料。具有强大销售能力的企业也可能由于缺少现款而无法购进适销的商品。没有商业信用,上下游企业之间的这种联系就会中断。原材料企业无法出售原材料,商品生产企业无法开工,销售企业无法购进适销的商品,最终消费者也会因此受到损失。而商业信用的介入,则能够使以上中断的商业链条重新连接起来,促进生产和流通的顺利进行。

尽管如此,商业信用也存在一定的局限性:

第一,商业信用在授信规模上存在局限性。商业信用以商品买卖为基础,其规模会受到商品买卖数量的限制,而且生产企业也不可能超出所售商品量向对方提供商业信用,这也决定了商业信用在规模上受限。

第二,商业信用在授信方向上存在局限性。商业信用通常由卖方提供给买方,由生产原材料的上游企业提供给需要原材料的下游企业,一般很难逆向提供,存在严格的方向性。而在那些相互之间没有买卖关系的生产企业之间,则更不容易发生商业信用。

第三,商业信用在期限上存在局限性。其期限一般较短,会受到企业生产周转时间限制,通常只能用来解决短期资金融通的需要。

第四,商业信用在管理和调节上存在困难。商业信用是在企业之间分散、自发进行的,具有一定的盲目性,并且经常形成一条债务链。例如,甲欠乙,乙欠丙,而丙欠丁等。如果这一条债务链的任何一环出现问题,不能按时偿债时,整个债务体系都将面临着危机。而国家经济调节机制对商业信用的控制能力又十分微弱,商业信用甚至对中央银行调节措施的反应完全相反。如中央银行紧缩银根,使得银行信用变得困难时,恰好为商业信用活动提供了条件。而当中央银行放松银根,使银行信用变得容易时,商业信用活动却可能收缩。因此,各国央行和政府都难以有效地控制商业信用膨胀所带来的危机。

(四)商业票据及其流通

商业票据是在商业信用中被广泛使用的表明买卖双方的债权债务关系的凭证,是商业信用中卖方为保证自己对买方拥有债权债务索取权而保有的书面凭证。

商业票据主要分为商业汇票和商业本票。商业汇票是由债权人向债务人发出的支付命令书,命令他在约定的期限支付一定款项给第三人或持票人。汇票必须经过债务人承认付款才有效,债务人承认付款的手续叫**承兑**。

商业本票是债务人向债权人发出的支付承诺书,承诺在约定的期限支付一定款项给债权人。无论是汇票还是本票,期限均不超过1年。商业本票无需承兑。

票据是很重要的流通手段和支付手段。商业票据可以经债权人背书后转让流通,从而使其具有流通手段和支付手段的职能。从这个角度说,商业票据在背书转让过程中,事实上其发挥着货币的职能。也正因为如此,人们也通常将商业票据纳入广义信用货币的范畴之内。在商业票据转让流通的过程中,"背书"是必须要履行的手续。所谓"**背书**",即商业票据的债权人在转让票据时在其背面签字以承担连带责任的行为。从这个角度讲,一张商业票据的背书人信用等级越高,参与背书的人越多,该商业票据接受方所面临的风险就越低。因为所有背书人都要对该商业票据承担连带责任。而任何一位背书人因追索而偿还了债务,他也同时拥有了向前面的任一背书人进行追索的权利。

(五)当前我国商业信用的发展

赊销赊购的商业信用,在东西方都是很古老的信用形式。通过票据的规范化使商业信用规范化,则是从西方开始。在中国,最初工商业企业之间的商业信用,习惯上不是使用规定形式的票据,而是采取"挂账"的办法,即在账簿上记载债权债务关系。

改革开放后,我国商业信用逐步得到恢复,银行也开始对商业信用的发展给予支持。1982年上海市首先恢复票据贴现业务,此后中国人民银行于1984年发布了《商业票据承兑贴现暂行办法》,决定于 1985 年 4 月在全国推广,允许银行之间办理转贴现,中国人民银行办理再贴现。1995 年《中华人民共和国票据法》的颁布,为商业信用发展提供了法律依据。

商业信用的发展,对加速我国企业资金周转、减少资金占用发挥了积极作用。但相对而言,由于近几年经济形势起伏不定,再加上我国社会信用环境欠佳等原因,目前我国商业信用在规模、范围、规范性、管理效率等方面依然存在一定待改进的问题。相信未来商业信用在我国会有更广阔的发展空间。

相关思考 2-1

商业信用存在哪些风险?有何危害?

商贸越是繁荣,经济越是发展,商业信用越是发挥重要作用。商业信用对扩大生产、促进流通、繁荣经济的积极作用完全不容置疑。但是无序的、失范的、过度膨胀的商业信用,不但无助于经济的发展,而且有可能造成商业虚假繁荣、生产相对过剩、消费缺乏理性,甚至于误导银行信用,影响金融稳定,造成经济和社会发展的动荡。

在各种商业信用中以应收账款、预付定金和分期付款最为普遍。而且商业信用以双方诚信为基础,非常依赖于参与方的信用。但是一般情况下对方是否诚信很难把握,而且经济活动中的许多不确定因素不可能绝对保证各方在交易中都成为赢家,一旦一方遇到不测(这种可能性往往在债务方发生),极易诱发其不守信心理因素的急剧膨胀,从而导致失信。最主要的表现是企业的客户到期不付货款或者到期没有能力付款。

另外,商业信用风险敞口太大。商业信用不需任何质押、抵押,实际上也不可能质押、抵押。因此,一个债务人获得其自身资产所能偿还的几倍、几十倍甚至上百倍的商业信用都是有可能的,这些信用分布于与他有商业往来的不同行业、不同区域的商业伙伴,到底有多大,在风险的盖子未揭开前只有债务人自己知道,而一旦揭开风险盖子,已是覆水难收,无法挽回。超市一夜之间关门,供应商方知赊销商品的还有多家。预售月票、年票的健身俱乐部、美容店老板人间蒸发,才知有成百上千人同样遭难。某些债务人实际上利用商业信用非法集资,聚敛钱财。

商业信用还容易导致不正当竞争行为,诱发商业纠纷,污染商业生态环境。商业信用掩盖了某些不正当交易行为,出现垄断市场、抬压价格、掺杂使假和排挤对手的情况。有些经营者利用商业信用要挟对方,逼良为娼,谋取不正当利益,损害其他经营者或消费者权益。

商业信用也容易制造虚假繁荣,误导投资,影响金融安全。商业信用促进了销售,加快了商品流转。但有时容易掩盖市场的真实情况。例如,汽车制造销售,如果仅从生产厂家的销售火爆就认定汽车市场繁荣,消费需求旺盛,从而投资者扩大投资,银行增加信用投放,那就有可能造成重大失误。因为生产厂家一般是不直接将汽车销售给消费者的,为了减轻仓储的压力,抢占市场,它们一般会采取赊销给经销商的方式,厂家的旺销有可能掩盖经销商的压库。又如,超市经营者因为不需占用自己资金而把商场货品陈列得殷实饱满,引来顾客如织,但实际上销量并没有上去,造成商业虚假繁荣。而受虚假繁荣影响增加的投资、发放的贷款无疑都是没有效益的,必然会生成不良贷款。

最常见的是商业信用总会产生难以厘清的"三角债"。经销商拖欠生产厂家的货款造成生产厂家无法按时支付原材料采购款,原材料生产企业无法支付生产设备款和工人工资,尤其在约束和惩处乏力,社会信用尚不健全的情况下,这种"三角债"容易把大企业拖垮,好企业拖死,20 世纪 90 年代初"三角债"泛滥,尤其是东北地区,一些优良大企业被"小鬼缠身",几乎资金断流。国务院采取果断行动,但也花了两年多时间才基本化解。

通过上述分析,思考商业信用有哪些危害?它还有存在的必要性吗?

二、银行信用

(一) 银行信用及其特征

银行信用(bank credit)是银行或其他金融机构以货币形态提供的信用形式。银行信用是伴随着现代资本主义银行的产生,在商业信用基础上发展起来的。与作为直接融资范畴的商业信用不同,银行信用属于间接融资的范畴,银行在其中扮演着信用中介的作用。

与其他信用形式相比,银行信用具有三个突出的特征:

(1) 银行信用是一种间接信用。银行信用的资金来源于社会各部门暂时闲置的资金,银行通过吸收存款的方式将其积聚为巨额的可贷资金,再通过贷款,把货币资金投入社会再生产活动中去。

2-3 视频:
银行信用是
间接信用

(2) 银行信用是以货币形态提供的,因此它可以独立于商品买卖活动,具有广泛的授信对象。在吸收货币的基础上,通过银行贷款等业务的开展,银行信用具有特殊的信用创造功能。这也是银行信用区别于其他信用形式的重要特点。

(3) 作为银行信用的存贷款,其数量和期限都具有相对的灵活性,可以满足存贷款人在数量和期限上的多样化需求。

(二) 银行信用与商业信用的关系

商业信用的出现虽然早于银行信用,但其局限性使其难以满足资本主义社会化大生产的需要。银行信用及其内在特性,则使其克服了商业信用的局限性:

首先,在资金提供规模方面,银行通过吸收存款汇集成的巨额货币资金,不仅能够满足小额资金的需求,而且能够满足大额信贷资金的需要。

其次,在信贷资金提供的方向性问题上,所有拥有闲余资金的主体都能够将其存入银行,所有需要资金的主体,只要符合信贷条件都可以获得银行的贷款支持。以银行为中介,资金供求双方被联系起来,他们完全不必受商业信用中上下游关系的限制,可以是毫不相干的企业或个人。

最后,就银行信用的期限而言,银行吸收的存款可以是短期的或是长期的,其贷款也可以,既有长期贷款又有短期贷款。由于银行在存续期内储户不可能同时提取存款,再加上银行具有吸收短期存款、发放长期贷款的"续短为长"的功能,也使银行信用克服了商业信用在期限上的局限性。由于银行信用在资金提供规模、资金流向与范围、借贷期限等三个方面都克服了商业信用的固有局限,成为现代经济中占主导地位的信用形式。

尽管银行信用相对于商业信用而言具有诸多优势,但银行信用的发展却不排斥商业信用。相反,银行信用与商业信用有着极为密切的联系,前者是在后者的基础上产生和发展起来的。在银行信用发展初期,银行通常是通过办理商业票据贴现和抵押贷款、为商业信用提供承兑服务等业务介入商业信用领域。此举不仅促进了商业信用的发展,也为银行信用的良性发展奠定了坚实的基础。

在资本主义发展早期,银行信用的意义主要在于它能够突破商业信用的诸多局限,为企业提供更加灵活多样的融资方式。在现代经济中,尽管金融市场十分发达,融资工具品种极为丰富,各种原生和衍生金融工具为企业融资提供了广阔的选择空间,但银行信用仍然是最为重要的融资方式。即便是金融市场和直接融资非常发达的美国、日本、德国、法国等国家,在企业外源融资的资金来源中,金融机构(主要是银行)提供的贷款占比都是相当大的。

(三)我国经济中的银行信用

在我国,银行信用一直居于主导地位。在高度集中的计划经济时期,我国为集中资金的支配权,曾经取消了其他信用形式,将信用集中于银行,银行信用也就成为经济社会中唯一的信用形式。改革开放后,随着金融市场的恢复和发展,各种信用形式都得到了不同程度的发展,但总体而言,银行信用仍然是我国最主要的信用形式。但是由于商业银行是营利性机构,同时由于自身的垄断地位,一定程度上体现出"嫌贫爱富"。对于急需资金支持的中小微企业,银行不愿意提供相应的信贷,而融资难也成了影响中小微企业发展的重要障碍。作为整个经济中信用的主要提供者,银行不应该如此区别对待。只有真正将银行资金引入占比大的中小微企业,才能盘活我们的经济。

 延伸阅读 2-3

首提"普惠信贷" 让更多金融活水润泽"小生意""小日子"

企业做"小生意"离不开钱,百姓过"小日子"需要钱。保量、稳价、优结构——近日,国家金融监督管理总局发布通知,明确2024年普惠信贷工作三大目标,每个人、每个小企业有望通过金融助力实现自己的"小确幸"。这是监管部门首次提出"普惠信贷"这一概念,将小微企业、涉农经营主体、个体工商户以及重点帮扶群体等均纳入其中,明确监管目标。

这是做好普惠金融大文章的务实举措,是金融工作人民性的生动体现。金融服务经济社会发展,不仅要"锦上添花",更要"雪中送炭"。

普惠金融的核心是让经济社会发展的薄弱环节和弱势群体享受平等的金融服务。从创新创业的小企业主到怀揣梦想到大城市打拼的年轻人,从经营便利店的小商户到偏远地区的农牧民,均是普惠金融重点服务对象。

自2013年正式提出"发展普惠金融",经过十多年发展,我国普惠金融取得了长足进步,已经走在世界前列:全国银行机构网点覆盖97.9%的乡镇,基本实现乡乡有机构、村村有服务、家家有账户;大病保险覆盖12.2亿城乡居民;普惠小微贷款余额连续5年增长超过20%……

从雪域高原的马背银行、摩托车银行,到江淮大地的金融服务乡村振兴流动党员先锋队,从"茶叶贷""柑橘贷""拉面贷"等创新产品争相涌现,到"秒批、秒贷"的线上小额信贷触手可及,一幅幅生动场景见证着普惠金融服务百姓民生的温度。

普惠金融,一头连着百姓生活,一头连着发展大局。中国式现代化是全体人民共同富裕的现代化,必然要求与之相适应的高质量普惠金融体系。

覆盖更广。近年来,我国普惠金融覆盖面不断扩大,但还有较大提升空间。比如,数量超1亿户、带动近3亿人就业的个体工商户的信贷获得率仍然不高,农村金融服务需求仍有待挖掘等。通知要求保持普惠信贷支持力度,并提出加大首贷、续贷投放,扩大服务覆盖面。

结构更优。有限的信贷资源,要用在刀刃上。科技创新、绿色低碳发展、消费等领域的小微企业,乡村振兴领域的新型农业经营主体,脱贫群众等重点帮扶群体,将是今后普惠信贷的关注重点。

价格更惠。普惠金融"可获得",还要"用得起"。当前,在一些领域,存在普而不"惠"的情况。通过科技赋能、减费让利等方式,推动综合融资成本稳中有降,是普惠金融高质量发展的应有之义。

从2023年10月国务院发布《关于推进普惠金融高质量发展的实施意见》,明确"未来五年,高质量的普惠金融体系基本建成"的目标,到此次监管部门提出今年普惠金融在信贷领域的具体发展目标,政策持续引导下,将有更多优质的金融服务"飞入寻常百姓家"。

普惠信贷针对的是信用等级相对较低的群体,单笔金额小,整体风险偏高。为解决金融机构的后顾之忧,让其敢贷、愿贷,通知专门在增强数字化经营能力、落实落细尽职免责制度、深化信息共享等方面进行制度安排,让政策真正落到实处。

资料来源:李延霞,张千千.首提"普惠信贷"让更多金融活水润泽"小生意""小日子"[EB/OL].(2024-04-07)[2024-05-06]. http://www.news.cn/money/20240407/3c3617dd23814172a003d248503a111a/c.html.

三、国家信用

(一) 国家信用的含义

国家信用(state credit)也叫政府信用,是指以政府为债务人,通过发行债券或贷款等方式筹集资金的信用形式。有时候政府也是债权人。

政府信用是一种古老的信用形式。伴随着国家机器的形成,它就产生了。传说东周的周赧王还不起债,逃到一个高台上躲避,因此后人就把这个台叫"债台","债台高筑"的成语就来自于这里。

资本主义关系发展起来后,国家信用最典型事例是伦敦城的一群商人为了向英国国王威廉三世贷款成立了英格兰银行。由于向英国政府提供贷款支持,使1694年成立的这家私人银行逐步演变成了英国的中央银行。

在现代经济活动中,政府信用主要表现为政府作为债务人而形成的负债,这是因为政府在现代经济中的职能得到了空前强化,政府不仅本身作为最重要的经济部门参与经济活动,而且作为宏观经济的调控者对经济进行干预。在政府履行经济职能的过程中,当财政收入无法满足财政支出的需要时,就需要借助政府信用来筹集资金,特别是当政府通过财政政策干预经济时,它通常会主动利用政府信用筹集资金,以增强政府干预经济的力量。

(二) 国家信用的形式

在现代社会中,政府信用的形式主要有内债和外债。内债是对国内的负债,外债则是对其他国家或政府的负债。在现代社会,政府信用主要包括发行政府债券、政府贷款、金融机构贷款等。其中,政府债券主要包括中央政府债券和地方政府债券。

中央政府债券又称国债,是一国中央政府为弥补财政赤字或筹措建设资金而发行的债券。根据期限的不同,国债还可以分为短期国债和中长期国债。短期国债也就是国库券。由于其期限短、流动性强、风险低,无论是金融机构还是企业、个人都比较青睐国库券。

地方政府债券是由地方政府发行的债券,在美国也称为市政债券。不过并非所有国家的地方政府都有权利发行债券。如我国,各地方政府长期以来是不允许发行地方债的,要想筹集资金只能通过其他的方式。当然,随着我国《中华人民共和国预算法》的修订,目前也在一些地方试行,逐步允许地方政府发行债券。

(三) 国家信用的作用

在现代社会中,国家信用与商业信用、银行信用的作用不同。

国家信用的作用,主要体现为以下三方面。

1. 弥补财政赤字,调剂政府收支不平衡

国家财政会发生季节性或临时性的不平衡,必然需要设法弥补财政收支不平衡的缺口。弥补财政赤字一般有以下方法:发行货币、动用历年财政结余、向银行透支、增税、发行国债。一般情况下,发行货币和向银行透支,会增大货币流通量,从而造成物价上涨,不可避免地使社会需求成为现实。而动用历年财政结余的条件是社会总供给大于总需求,要受以往财政状况的制约,并且可动用的上限是总需求缺口。增税的立法程序复杂,易引起社会的不满。而发行国债是将企业、居民的购买力转移给了国家,是一种财力的再分配,具有物质保障,一般不会影响企业的生产积极性,也不会改变一国的货币流通量,因而总体上并不影响一国的物价水平,不会产生通货膨胀。

2. 筹集建设资金,促进经济增长

政府投资是拉动经济的重要渠道,尤其是通过国家投资重点建设项目,如基础设施建设等拉动经济增长。然而重点建设需要大量资金,如何获得投资是一个重要的问题。通过政府举债就可以满足一定的资金需求。重点建设资金主要通过两个途径实现。第一个途径是通过投资总量来实现:一是政府通过发行债券将居民个人、企业、金融机构不同投资倾向的资金筹集起来。二是国债拉动其他投资。由于国债投资是政府行为,政府通过国债投资产生信号传递效应,从而引起银行贷款、民间投资的增加。第二个途径是通过改变投资效率来实现:不同投资主体的投资效率不同,举债改变了投资的主体结构。因此,投资效率也会发生改变。

3. 调节国家宏观经济运行

近年来,许多国家中央银行调控货币的主要手段是在公开市场业务上买卖国债,而公开市场操作的有效性是以一定规模的国债及其不同期限国债合理搭配为前提条件。因此,国家信用成为中央银行调节货币供给,影响金融市场资金供求关系,进而调节宏观经济的重要手段。

 延伸阅读2-4

超长期特别国债有啥特点?为何要发行?

2024年5月13日,财政部公布了2024年一般国债、超长期特别国债发行的有关安排。5月17日,30年期的特别国债最先发行。

根据发行安排,超长期特别国债包括三个品种,分别是20年期、30年期和50年期。5月17日,发行的第一只是30年期的特别国债。5月24日,第一只20年期特别国债招标发行。6月14日,第一只50年期特别国债招标发行。超长期特别国债今年一共发行22次,时间是从5月至11月之间,主要集中在三季度。

一、什么是超长期特别国债

所谓超长期特别国债,包含三个关键词,超长期、特别、国债。超长期指的是期限。在债券市场上,一般认为发行期限在10年以上的利率债为"超长期债券"。和普通国债相比,超长期债券能够缓解中短期偿债压力,以时间换空间。特别说的是资金用途。它是为特定目标发行的、具有明确用途的国债,资金需要专款专用。根据今年的政府工作报告,这次所提到的超长期特别国债是"为了系统解决强国建设、民族复兴进程中一些重大项目建设的资金问题""专项用于国家重大战略实施和重点领域安全能力建设",而且"今年要先发行1万亿元",目标是促进经济持续回升向好。国债是国家为了筹集财政资金而发行的一种政府债券,具有最高的信用度,被公认为是最安全的投资工具,所以也非常受老百姓的欢迎。

超长期特别国债,今年并不是第一次发行。我国曾多次发行超长期特别国债。我国最早在1998年,向国有四大行定向发行了2 700亿元特别国债,主要是为了补充国有独资商业银行资本金等问题。2007年又发行特别国债15 500亿元,用于成立国家外汇投资公司的资本金。最近的一次是2020年,当年发行了10 000亿元抗疫特别国债。

超长期特别国债的安排实际上是党中央着眼于经济社会发展的大局来考虑的,有几方面的效果和作用：

1. 投入重大项目有利于扩大总需求

当形成各种重大项目的时候，有利于提高经济运行的效率，实际上也是优化供给结构，能够形成大量的优质资产。

具体来看，在支持领域方面，超长期特别国债将重点聚焦加快实现高水平科技自立自强、推进城乡融合发展、促进区域协调发展、提升粮食和能源资源安全保障能力、推动人口高质量发展、全面推进美丽中国建设等方面的重点任务。因此，特别国债发行对经济社会稳定向好发展产生了积极影响。

2. 超长期特别国债有助于优化我国债务结构

专家表示，发行超长期特别国债不仅既利当前、又惠长远，有助于拉动投资和消费，同时还有助于优化我国政府债务的结构，实际上提高了国债的占比，降低了地方债的比重，降低了政府债务的风险。

截至2023年2月底的数据显示，从发行规模看，美国超长期国债余额的绝对规模最高；从占比看，日本发行超长期国债的相对占比最大。我国在发行超长期国债的主要经济体中，无论是规模还是占比都处于较低水平。

截至2024年4月底，我国超长期国债的占比大概在16.9%，低于美国、日本和欧洲其他发达经济体的比重，有必要进一步提高。我国存量国债中的超长期国债以30年期和50年期为主，分别占比为11.6%和3.6%。未来，如果连续几年都发行超长期特别国债，将有效改善超长期国债占比较低的情况。

资料来源：央视新闻. 超长期特别国债有啥特点？为何要发行？[EB/OL].(2024-05-13)[2024-05-26]. https://baijiahao.baidu.com/s?id=1798948592018092978&wfr=spider&for=pc. 有删改。

四、消费信用

（一）消费信用及形式

消费信用(consumer credit)是指工商企业、银行或其他金融机构向消费者提供的为了满足其消费需求的一种信用形式。消费信用不是一种独立的信用形式，它既结合了商业信用，又借助于银行信用实现。另外，消费信用不是指消费者的信用度，但确实与消费者信用好坏有关。

随着生产力快速发展和人们生活水平的提高，市场消费品的供给结构在不断发生变化，大量价格昂贵的耐用消费品逐步进入居民生活必需品行列。对那些当前财富积累水平或收入水平不高的居民和家庭而言，往往很难在短期内依靠自身的收入满足用于耐用消费品的资金需要，而对兼有消费品和投资品双重属性的住房更是如此。如果仅依靠居民当前的收入和财富积累水平全款购买，则只会有很少一部分居民和家庭具有购买能力，整个社会的购买力会大幅下降。因此，提高居民对高价格耐用消费品的购买能力及对住房的消费和投资能力，推行消费信贷，大力发展消费信用，已经成为提高居民消费能力的重要手段，同时对拉动经济也具有重要的作用。

目前，消费信用的形式主要包括以下几种。

1. 信用卡

在西方发达国家，一般的消费信用多通过向消费者发放信用卡的形式实现。信用卡是由商业银行或专门的发卡机构和零售商联合起来对消费者提供的一种延期付款的信用凭证。消费者可凭借信用卡在额度内购买商品或作其他支付，也可以在一定额度内提现。信用卡最大的优势就是允许透支消费，有一定的免息期，是向消费者提供的一种短期循环信用。信用卡兼具支付结算和信用融资功能。

2. 分期付款

分期付款是消费者购买商品或享受相关服务时,只需支付部分货款,然后按合同条款分期支付余款的行为。一般来说,分期付款方式多用于购买房屋、汽车或各种高档耐用消费品。年轻人购买一些电子产品,甚至都会采用分期付款方式。在采用分期付款方式时,往往还会结合信用卡,利用各家银行推出的一些信用卡方面的优惠活动,来享受分期带来的好处。

3. 消费信贷

消费信贷是银行及其他金融机构采用信用放款或抵押放款方式对消费者提供的贷款。期限一般比较长,最长可达 20~30 年,属于长期消费信用。

消费信贷在西方国家非常盛行,而目前在我国也越来越普及。对于大多数中国老百姓来说,贷款消费是近年来越来越被年轻人青睐的消费方式。在房价飞涨时期,攒钱的速度永远赶不上房价上涨的速度、通货膨胀的速度。要想攒够钱买房,基本上成为奢望。尤其对于刚工作不久、没多少积累的年轻人,更加困难。自己攒一点,向父母、亲戚朋友借一点,筹齐首付款,再向银行申请贷款,很快就能拥有一套住房或者一辆车。可事情总有两面性,贷款帮助消费者提前圆梦,同时会让你背上沉重的债务。如果没有稳定收入作保证,当"房奴"的滋味可不好受。因此,对于贷款消费,要正确认识,理性对待。

 延伸阅读 2-5

信用卡消费陷阱

信用卡早已不再是什么新鲜事物,信用卡消费已经是许多年轻人的选择,有的人还甚至手持多张信用卡。信用卡消费已成为日常生活的一部分,可是无处不在的消费陷阱,让人防不胜防。

1. "陷阱"一:分期付款免息不免费

不少人喜欢选择分期付款的方式进行消费,如在校生分期付款买手机、平板电脑、相机等数码产品;家庭分期付款购买汽车、房子,还有人出国旅行、留学也同样选择分期付款。然而有人发现,虽然工作人员说是免息,在查收信用卡账单时却多出手续费的部分。据了解,信用卡分期付款消费大部分都是"免息不免费"。即免收利息,但要缴纳相应的手续费。对此,业内人士提醒,消费者在分期付款进行消费的同时,一定要警惕免息背后的隐形成本,避免花了冤枉钱。

2. "陷阱"二:逾期罚息本息滚复利

据了解,多数银行规定,未还清金额利息计算分为两部分,一部分是消费金额在消费日(或第二天)至实际还款日前一天(或当天)每日 5‰ 的利息,另一部分是未还金额的利息。也就是说,如果没有及时偿还欠款,每天的利息都是本金加上前一天利息所得的总额的 5‰。业内人士提醒,信用卡利息实行日单利、月复利制,利息"驴打滚儿",所以要记得及时还款。

2013 年 7 月 1 日起正式实施的《中国银行卡行业自律公约》,倡导各信用卡发卡行建立信用卡还款"容差服务和容时服务"。但是,在实际的执行过程中,各家银行也不一致。

3. "陷阱"三:存钱无息,取钱收费

信用卡的功能是透支,但透支功能只能通过刷卡实现,如果是透支现金,就得额外缴纳一笔手续费,取现当天起便产生利息,利率为每日 5‰。值得注意的是,即使信用卡内有预存款,将其取出亦有可能需要缴纳一定的费用。

业内人士分析,对预借现金收费主要是为了防止信用卡套现等道德风险。同时提醒,信用卡并不提倡取现,建议用储蓄卡取现金。如需要提现周转的话,也要尽量早还,因为它没有 20~50 天的所谓免息期。

4. "陷阱"四:被动激活扣年费

调查显示,有不少消费者为了帮银行人士完成任务或者拿点小礼品,就在确认不收取任何费用的情况下填表办卡,然后放心地以为只要不激活信用卡就万事大吉,结果无辜蒙受年费损失。

对此,业内人士提醒,有些银行会在未经消费者确认的情况下便擅自激活信用卡,收取年费。当你被通知缴费的时候已经发现欠下几百块预期费用。更有甚者,银行以"无法查证激活人"的说法挡住你的质疑,并不断通知你缴费。为了避免"不白之冤",持卡人最好实时留意自己信用卡的激活情况,减少不必要的信用卡办理。

5. "陷阱"五:分期手续费的"霸王条款"

据了解,分期付款业务有两种手续费收取方式:一种是一次性支付,即消费者在选择分期付款的时候,首期账单金额以及分期手续费一次性付完。另一种是按月支付,即手续费随每月的分期款一起支付。不少银行对一次性收取的手续费,即使后期提前还款,也不退回款项。而分期收取的,提前还款要一次性偿还剩余期数的分期手续费。为此,消费者要注意合同中约定分期付款的手续费收取方式。

6. "陷阱"六:临时额度不是免费午餐

节假日期间,部分持卡人会临时提高信用额度,有些银行甚至为客户自动临时提高信用卡额度。并不是所有的银行都在临时额度范围内不收费,有的银行在信用卡临时额度调额期内是可以享受免息的,但有的银行规定临时额度没有免息期,不能享受免息。业内人士提醒,持卡人在申请临时调高额度或者知道自己被临时调高额度后,最好第一时间咨询银行,免得引发不必要的麻烦。

2-4 信用卡套现,你中招了吗

(二)消费信用的作用

消费信用既有积极作用,又有消极作用。

1. 积极作用

消费信用的发展,有助于解决耐用消费品供给快速增加与居民当期购买能力相对不足之间的矛盾。这对于促进耐用消费品生产,帮助居民提前实现较高的生活水平,促进现代科技发展和生产力水平的提高,产品的更新换代,经济的增长等,都有非常重要的作用。

我国改革开放之初,开始出现小规模的消费信用。如针对某类产品的销售困难,采用赊销办法以促销。比较有意义的是配合住房管理体制的改革,试行购买商品房的贷款。随着我国经济体制改革的进一步深入,以配合居民住房管理体制改革为主要目的的各种商品房信贷业务逐渐开展起来。随后其他一些耐用消费品的促销,如汽车的促销,也越来越多地采用分期付款、抵押贷款等消费信用方式。

在东南亚金融危机爆发后的1998年,为了保持必要的经济增长速度,我国政府确定了拉动内需的方针,加速发展消费信用是所采取的重要措施之一。长期以来,我国消费信用开展的领域主要是买房和买车,随着经济金融的发展及人们消费需求的多样化,消费信用扩展到其他很多领域。

2. 消极作用

消费信用在提前满足消费者愿望、促进经济增长的同时,也会不可避免地产生负面影响。消费信用容易产生虚假消费导致生产扩张,加剧经济危机,使得债务人陷入沉重的负担之中。对于个人负债,人们也往往持谨慎态度。就我国老百姓传统生活方式和消费观念来说,靠负债维持生活的做法还是难以设想的,而未来可能会逐步接受这种新事物。而在现代西方发达国家,消费信用规模相当大,像美国,几乎到了无人不负债的程度,而这也蕴藏着较大的风险。例如,2008年美国金融危机的爆发,其中的原因之一就是美国政府推行刺激房屋贷款制度,引起房地产市场的过度消费。而过度消费信用又会导致金融泡沫产生并最终因泡沫破灭爆发危机。

相关思考 2-2

如何看待"房奴"与"卡奴"现象？

当前，很多老百姓都成了"房奴""卡奴"等。你如何看待这样的现象？"房奴"和"卡奴"的产生，是否存在积极意义？同时是否给家庭或个人带来了一定的负担？

五、民间信用

民间信用是一种古老的信用形式，主要是为了适应个人或企业之间为解决生活或生产的临时需要而产生的。在中国，这种信用形式一直存在而且当前非常活跃。

民间信用也可称为民间借贷。按照我国最高人民法院关于民间借贷规定中的解释，民间借贷是指自然人、法人和非法人组织之间进行资金融通的行为。经金融监管部门批准设立的从事贷款业务的金融机构及其分支机构，发放贷款等相关金融业务，不属民间借贷范畴之列。

民间借贷主体近几十年来发生了很大变化。在计划经济时代，民间借贷的主体几乎都是自然人。改革开放之后，借贷的主体逐渐从自然人之间、自然人与企业之间发展到企业与企业之间。

民间借贷作为一种贴近社会需求、操作简捷灵便的融资手段，在一定程度上缓解了银行信贷资金不足的矛盾，促进了经济的发展。但是民间信用的随意性、风险性、缺乏担保抵押、无可靠的法律保障甚至是高额利息等特点都容易引发社会问题。近年来，民间借贷领域不断产生问题，民间借贷纠纷频频爆发，高利盘剥、暴力催债，甚至渗入大学校园，出现了"套路贷""裸贷"等。因此，民间借贷必须规范运作，逐步纳入法治化的轨道。

延伸阅读 2-6

构建覆盖全社会征信体系，推动征信行业高质量发展

中央金融工作会议强调，要加快建设金融强国，全面加强金融监管，完善金融体制，优化金融服务，防范化解风险，坚定不移走中国特色金融发展之路，推动我国金融高质量发展。推动征信业高质量发展是加强金融监管、优化金融服务、防范化解风险的重要环节。中国人民银行坚守金融工作的政治性、人民性，贯彻落实党中央关于建设覆盖全社会征信体系的重大战略决策，遵循法治化、市场化、科技化原则，推动征信体系建设取得积极进展。

一、坚持央行基础征信服务定位，持续提升服务质效

中国人民银行征信中心建设运维的金融信用信息基础数据库已成为全球覆盖人口最多、收集借贷信息最全的征信系统。查询信用报告成为金融机构开展信贷业务、进行风险防控的必要环节，为金融服务实体经济的良性发展提供有力支持。截至2023年9月末，金融信用信息基础数据库收录11.64亿自然人信息和1.27亿户企业和其他组织信息，建成人工窗口、自助查询机、网上查询等多元查询渠道，2023年1—9月，日均查询量约1 400万次。

中国人民银行征信中心不断拓展服务体系，助力企业特别是中小微企业融资发展。持续完善应收账款融资服务平台，截至2023年9月末，该平台累计促成融资47.0万笔、金额20.1万亿元，其中促成中小微企业融资38.4万笔、金额15.7万亿元。持续完善动产融资统一登记公示系统，提供全国范围内的动产融资登记和查询服务，截至2023年9月末，该系统累计办理动产融资登记2 856.9万笔，提供查询1.8亿次。

二、大力发展多层次征信市场,广泛覆盖社会征信需求

中国人民银行坚持"政府＋市场"双轮驱动,培育征信市场全方位、多层次满足社会需求。一是积极稳妥发展个人征信机构。先后于2018年、2020年批设个人征信机构百行征信有限公司和朴道征信有限公司,两家机构2023年1—9月提供各类征信服务282亿次,实现个人非信贷替代数据的共享应用。二是引导企业征信机构提高服务质效。149家备案企业征信机构整合企业注册登记、生产经营、合同履约等信息,提供信用报告、信用评分、反欺诈、联合建模、决策支持等产品,2023年1—9月共提供各类征信服务164亿次。三是深化地方征信平台建设。推动全国建成省级地方征信平台30家,连通当地政府部门、公用事业单位等各类数据源单位2 502家。2023年1—9月,地方征信平台合计帮助152.79万户企业获得贷款5.5万亿元。

三、积极推动信用评级市场发展,提升我国评级机构综合实力和国际影响力

评级体系是金融市场的重要安排。中国人民银行以机构管理为核心推动评级市场发展,不断提升我国评级机构的综合实力和国际影响力。一是优化信用评级市场结构。全国备案评级机构共计52家,多种所有制形式并存的市场架构已基本形成。2023年1—9月提供债券市场评级、信贷市场评级业务1.7万笔。二是稳妥推进信用评级对外开放。标普全球评级公司、惠誉国际评级有限公司以独资方式进入中国市场,穆迪投资者服务公司以合资方式展业。三是本土评级机构国际化进程初显成效,评级国际合作和交流日益频繁,境外评级业务不断拓展。本土评级机构境外监管认可取得新突破,已有5家评级机构获得金砖国家工商理事会席位,4家评级机构加入亚洲信用评级协会,3家评级机构成为国际资本市场协会会员单位。

四、全面加强征信监管,切实保障信息主体合法权益

保障信息主体合法权益是征信工作的基石,也是中国人民银行开展征信监管的重要目标。一是形成以条例为统领、规章为主体的征信法规体系。2013年1月国务院颁布《征信业管理条例》后,中国人民银行发布了《征信机构管理办法》《征信业务管理办法》《信用评级业管理暂行办法》等系列规章,为征信业健康发展提供了法治保障。二是全面从严监管,持续健全征信行业治理体系。加强对金融信用信息基础数据库接入机构、征信机构和评级机构的现场检查;完善非现场监管框架,提升监管的时效性、有效性和针对性,各类机构运营合规性得到显著提升。三是加强征信宣传,依托"3·15"消费者权益保护日、"6·14"信用记录关爱日等节点,持续开展征信知识普及活动,先后开设《〈征信业管理条例〉颁布十周年》《十年征信路 奋进新征程》等专栏,普及征信知识,提升社会信用意识,促进诚实守信观念深入人心。修订完善《征信投诉办理规程》,依法依规处理群众征信维权,切实保护群众征信权益。

五、推动征信行业高质量发展

下一步,中国人民银行将以习近平新时代中国特色社会主义思想为指导,全面贯彻落实中央金融工作会议精神,坚持征信为民的服务宗旨,紧紧锚定服务实体经济和防范金融风险的目标,不断完善覆盖全社会征信体系,提升征信体系供给能力和运行质效。

一是持续完善多层次征信体系,优化市场布局。坚持"政府＋市场"双轮驱动方向,推进央行基础征信和市场化征信体系建设。持续完善金融信用信息基础数据库,不断扩展信用信息种类,丰富服务渠道,夯实央行基础征信服务地位;深化应收账款融资服务平台和动产融资统一登记公示系统建设,助力产业链供应链良性循环。以市场需求为基础、以释放数据要素活力为导向,推动征信机构发展壮大,提供多元化征信产品与服务。深入推进地方征信平台建设,进一步优化地方政务及公用事业等领域信用信息共享与应用体制机制,提升可持续发展能力。

二是不断增强评级机构实力,提升国际竞争力。支持有实力的金融科技力量进入评级市场,鼓励存量机构整合壮大,增强市场实力,提高行业整体素质。营造健康有序的评级生态环境,提升评级机构独立性和公信力。鼓励评级机构"走出去",拓展境外评级市场,提升国际竞争力和国际影响力。

三是推进社会信用立法,以严监管推动征信业高质量发展。在社会信用立法中深化社会信用体系和征信体系建设的顶层设计,完善征信市场准入条件和业务规则,促进征信行业治理能力现代化。全面从严加强征信监管,完善监管制度和监管标准,丰富监管手段,提升监管效能,筑牢信息安全的堤坝,切实保障人民

2-5 您身边的征信

群众合法权益,全力推动征信市场健康发展。

资料来源:中国人民银行.构建覆盖全社会征信体系 推动征信行业高质量发展[EB/OL](2024-05-25)[2024-05-25]http://www.pbc.gov.cn/redianzhuanti/118742/5118184/5134061/5133976/index.html.

六、国际信用

(一)国际信用的含义

国际信用(international credit)是指一切跨国的借贷关系和借贷活动。国际信用体现的是国与国之间的债权债务关系,是信用的各种形式在地域上的发展和扩大。

随着世界贸易和世界市场的发展,原来在一国范围内的信用形式范围逐渐扩大,扩大到世界范围就形成了国际信用。任何国家要加快本国经济的发展,都必须实行对外开放,对外发展经济,充分利用别国的先进技术、设备和资金,这都需要借助国际信用。

(二)国际信用的形式

国际信用大体上可分为两大类:国外借贷和国际直接投资。具体包括出口信贷、国际商业贷款、政府贷款、国际金融机构贷款、补偿贸易、国际租赁等形式。例如2011年引起全世界关注的欧洲债务危机,其处理的方法主要是依靠国际信用形式,由违约国家向世界银行或国际货币基金组织等借款来解决。随着世界经济一体化的发展,国际信用关系无论在深度和广度上都将进一步发展,形式也将日益多样化。

本 章 小 结

本章主要学习了不同角度信用的含义、信用的特征;信用的基本形态;信用的产生和发展;高利贷信用及民间借贷;现代不同的信用形式。本章重点学习并掌握的是各种信用形式,如商业信用、银行信用、国家信用、消费信用等。

本章重要概念

信用　商业信用　银行信用　国家信用　消费信用　民间信用　国际信用　高利贷　民间借贷　消费信贷　信用卡　内债　外债　国债　地方政府债券　赊销　分期付款

第三章 利息与利率

- 内容提要
- 重点难点
- 学习目标
- 知识框架
- 思政育人
- 第一节 利息及其计算
- 第二节 利率及其种类
- 第三节 利率的决定及作用
- 本章小结
- 本章重要概念

内容提要

本章主要讲述了利息的含义及本质,单利与复利,货币时间价值、终值与现值的计算,利率的含义、表现形式及种类,利率与收益率的不同,利率的决定因素及其产生的作用(影响)等内容。

重点难点

本章重点为利息的计算(单利与复利),终值与现值,基准利率、名义利率与实际利率,利率的决定及其作用;难点为复利终值与现值,不同角度理解的名义利率与实际利率,利率的影响及决定因素及其作用。

学习目标

通过本章学习,学生应熟悉什么是利息,利息的本质是什么;应掌握货币时间价值的概念及应用,掌握如何计算利息、终值与现值,熟悉并掌握利率是如何决定的,利率会产生哪些作用或者影响;能够理解利息的本质是一种报酬,利率是一个体系,利率可以从不同角度分为不同的种类。

知识框架

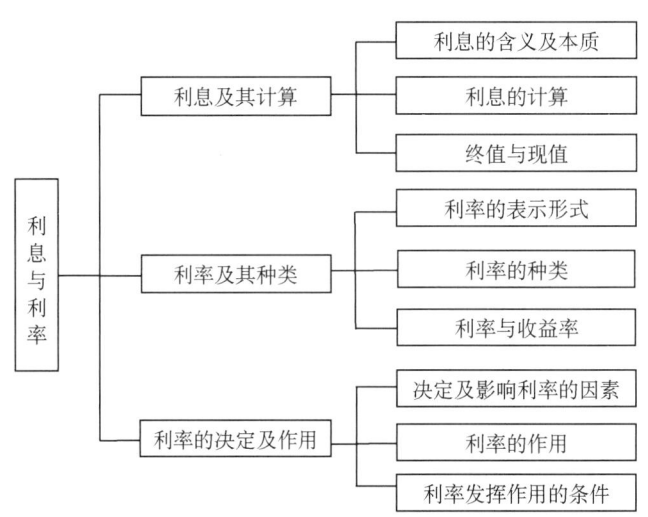

 **思政育人**　　　　　　　　央行"三箭"齐发稳楼市

中国人民银行一口气出台三项房地产金融政策,包括下调个人住房贷款最低首付款比例、下调个人住房公积金贷款利率、取消全国层面首套住房和二套住房商业性个人住房贷款利率政策下限等。

2024年5月17日午间,中国人民银行官网接连发布了《中国人民银行关于调整商业性个人住房贷款利率政策的通知》《中国人民银行关于下调个人住房公积金贷款利率的通知》《中国人民银行 国家金融监督管理总局关于调整个人住房贷款最低首付款比例政策的通知》三项通知,称为落实党中央、国务院决策部署,适应我国房地产市场供求关系的新变化、人民群众对优质住房的新期待,促进房地产市场平稳健康发展,调整商业性个人住房贷款利率政策、个人住房贷款政策和公积金利率。

1. 首套、二套首付比例均下调5个百分点

根据最新发布的《中国人民银行 国家金融监督管理总局关于调整个人住房贷款最低首付款比例政策的通知》,对于贷款购买商品住房的居民家庭,首套住房商业性个人住房贷款最低首付款比例调整为不低于15%,二套住房商业性个人住房贷款最低首付款比例调整为不低于25%。

这是继2023年8月31日后,两部门再度出手下调首付比例。去年8月末,两部门将首套住房商业性个人住房贷款最低首付款比例统一为不低于20%,二套住房商业性个人住房贷款最低首付款比例统一为不低于30%。

两部门在最新通知中明确,在此基础上,中国人民银行各省级分行、国家金融监督管理总局各派出机构根据城市政府调控要求,按照因城施策原则,自主确定辖区各城市首套和二套住房商业性个人住房贷款最低首付款比例下限。

2. 取消全国层面首套住房和二套住房商业性个人住房贷款利率政策下限

在商业性个人住房贷款利率政策的通知中,央行明确,取消全国层面首套住房和二套住房商业性个人住房贷款利率政策下限。此前,央行和原银保监会2023年1月发布通知,决定建立首套住房贷款利率政策动态调整机制。新建商品住宅销售价格环比和同比连续3个月均下降的城市,可阶段性维持、下调或取消当地首套住房贷款利率政策下限。随后,多地宣布阶段性取消首套住房商业性个人住房贷款利率下限,即首套房利率可以突破"LPR-20个基点"的政策下限。二套房方面,此前二套住房商业性个人住房贷款利率政策下限为不低于相应期限贷款市场报价利率加20个基点。

同时,5月17日发布的通知中,央行表示中国人民银行各省级分行按照因城施策原则,指导各省级市场利率定价自律机制,根据辖区内各城市房地产市场形势及当地政府调控要求,自主确定是否设定辖区内各城市商业性个人住房贷款利率下限及下限水平(如有)。此外,银行业金融机构应根据各省级市场利率定价自律机制确定的利率下限(如有),结合本机构经营状况、客户风险状况等因素,合理确定每笔贷款的具体利率水平。

3. 同时下调首套、二套个人住房公积金贷款利率

利率方面,中国人民银行5月17日公告称,决定自2024年5月18日起,下调个人住房公积金贷款利率0.25个百分点,5年以下(含5年)和5年以上首套个人住房公积金贷款利率分别调整为2.35%和2.85%,5年以下(含5年)和5年以上第二套个人住房公积金贷款利率分别调整为不低于2.775%和3.325%。

央行上一次调整个人住房公积金贷款利率是在2022年9月。相比上次调整,本次调整同时涉及了首套和二套个人住房公积金贷款利率。2022年9月30日,央行时隔7年下调首套个人住房公积金贷款利率15个基点,5年以下(含5年)和5年以上利率分别调整为2.6%和3.1%。第二套个人住房公积金贷款利率政策保持不变,即5年以下(含5年)和5年以上利率分别不低于3.025%和3.575%。

资料来源:澎湃新闻.央行"三箭"齐发稳楼市:下调住房公积金贷款利率、降低首付比例[EB/OL].(2024-05-17)[2024-05-20]. https://baijiahao.baidu.com/s?id=1799284773394051253&wfr=spider&for=pc.

第一节 利息及其计算

一、利息的含义及本质

(一) 利息的含义

利息是指超过借贷本金的部分,是货币贷出者(债权人)让渡货币或货币资本的使用权而从借入者(债务人)获得的**报酬(补偿)**。即用于补偿贷出者由于不能在一定期限内使用这笔资金而遭受的某种损失。这种补偿既是对机会成本的补偿,又是对未来风险的补偿。若从债务人的角度,利息则是借入货币或货币资本所付出的成本或代价。

利息是伴随信用关系的产生而产生的经济范畴。在信用活动中,货币的所有者在不改变货币所有权的前提下,将货币的使用权在一定时期内让渡给货币需求者,在借贷期满时,凭借货币的所有权从货币需求者获得超出借贷本金的增加额,这个增加额就是利息。利息是借贷资本的增加额或使用资本的代价。

(二) 利息的本质

利息的存在,使人们对货币产生了一种神秘的感觉:似乎货币可以自行增值。这就是利息来源或者利息本质的问题。

对于这个问题,马克思有深刻的剖析。他论证了利息实质上是利润的一部分,是利润在贷放货币的资本家与从事产业经营的资本家之间的分割,是剩余价值的一种特殊的转化形式。而马克思的分析可以从英国古典经济学家的理论分析中找到线索。

18世纪中期的马西第一次指出,利息是利润的一部分。他说:"取息的合理性,不是取决于借入者是否赚到利润,而是取决于它(所借的东西)在适当时能够生产利润……富人不亲自使用自己的货币……而是把它借给别人,让别人用这些货币去牟取利润,并且把由此获得的一部分为原主保留下来。"

古典政治经济学的创始人威廉·配第说:"假如一个人在不论自己如何需要,在到期之前却不得要求偿还的条件下,出借自己的货币,则他对自己所受到的不方便可以索取补偿,这是不成问题的。这种补偿,通常叫做利息。"

而约翰·洛克认为,利息是因贷款人承担了风险而得到的报酬。凯恩斯提出的流动性偏好理论更明确地把利息看成是一种纯粹的货币现象,认为利息是放弃货币灵活性和承担风险的报酬。

可见,尽管不同经济学家对利息本质的认识不尽相同,但基本都认同利息是一种报酬。

(三) 利息是收益的一般形态

利息是资金所有者由于借出资金而得到的报酬,它成为资金所有者放弃该笔资金使用权而获得的收益。显然,利息的产生是与借贷活动密切相关的:没有借贷,就没有利息。

但在现实生活中,利息通常被人们看作收益的一般形态:无论贷出资金与否,利息都被看成资金所有者理所当然的收入——可能取得或将会取得的收入;与此相对应,无论借入资金与否,生产经营者也总是把自己的利润分成利息与企业主收入两部分,似乎只有扣除利息后剩余的利润才是经营所得。于是利息就成了一个衡量是否值得投资的尺度:如果利润总额与投资额之比低于利息率,就不应该投资;如果扣除利息,所余利润与投资额之比很低,则说明经营效益不高。

利息之所以能够转化为收益的一部分,是因为货币可以提供利息的观念由来已久,并已成为人们一种被普遍接受的传统看法。以至于无论货币是否被当作资本来使用,人们都丝毫不会怀疑其产生收益的能力。因此,本来以借贷为前提,源于产业利润的利息,逐渐被人们从借贷和生活中抽象出来,被赋予了与借贷、生产活动无关的特性,而是将利息直接与资本的所有权联系起来,认为利息是资本所有权的必然产物,人们也就可以凭借资本所有权而获得收益。这样,利息就成为收益的一般形态。

利息作为收益的一般形态,其作用主要在于导致了**收益的资本化**,即各种有收益的事物,无论它是否为一笔贷放出去的货币资金,或是否为一笔资本,都可以通过收益与利率的对比倒算出它相当于多大的资本额。

收益的资本化是从本金、收益、利率之间的关系中套算出来的。一般来说,收益是本金与利率的乘积,可用公式表示为:

$$C = P \cdot r \tag{3-1}$$

式中:C 表示收益;P 表示本金;r 表示利率。那么,在已知 C 与 r 时,可以求出 P:

$$P = \frac{C}{r} \tag{3-2}$$

【例题 3-1】 假设已知一笔贷款 1 年的利息收益为 500 元,在市场年平均利率为 5% 时,那么可求得本金为:

$$P = \frac{C}{r} = \frac{500}{5\%} = 10\ 000\ (元)$$

二、利息的计算

如前所述,利息是一种报酬,也是一种代价。因此如何计算利息,以确定是否应该贷出资金或者是否值得付出代价,是经济生活中非常重要的问题,也是金融交易中的重要问题。

利息的计算主要有两种方法:单利法和复利法。

1. 单利法

单利法是指在计算利息额时,不论期限长短,仅按本金计算利息,所生利息不加入本金重复计算利息。其计算公式为:

$$I = P \cdot r \cdot n \tag{3-3}$$

$$S = P(1 + r \cdot n) \tag{3-4}$$

式中:I 表示利息;P 表示本金;n 表示借贷期限;r 表示利率;S 表示本利和。

2. 复利法

复利法是指计算利息时,按一定的期限,将所生利息加入本金重新计算利息,逐期滚算,俗称"利滚利"。其计算公式为:

$$I = P[(1+r)^n - 1] \tag{3-5}$$

$$S = P(1+r)^n \tag{3-6}$$

3-1 人生中的复利

相关案例 3-1

单利计息与复利计息有何不同

假设 A 公司从 B 银行申请贷款 100 万元，期限为 5 年，年利率为 10％。那么分别按照单利法和复利法计算 A 公司到期时需归还银行的利息及本利和分别是多少？

具体计算如下：

（1）单利法：

$$I = P \cdot r \cdot n = 100 \times 10\% \times 5 = 50(万元)$$
$$S = P(1 + r \cdot n) = 100 \times (1 + 10\% \times 5) = 150(万元)$$

（2）复利法：

$$I = P[(1+r)^n - 1] = 100 \times [(1+10\%)^5 - 1] = 61.05(万元)$$
$$S = P(1+r)^n = 100 \times (1+10\%)^5 = 161.05(万元)$$

对上述案例的计算过程及结果进行比较，可以得出这样的结论：单利法计算相对简单方便，借款人的利息负担较轻，而债权人的利益受到一定的损失，比较适用于短期借贷。复利法计算比较复杂，借款人的利息负担较重，但债权人的利益会得到较好的保护，相对于较长期限的借贷，复利法更适用。

就单利法和复利法的本质而言，仅仅是计算方式不同而已。利息本身是具有合理性的，认可了利息，就等于认可了可以凭借资本所有权获得额外的报酬，最初凭借本金而获得的利息也就应该享有与本金同样的进一步获得额外报酬（即利息）的权利。可见复利法的"息上加息"的计算方式更能反映出利息的本质，是一种相对更为科学合理的计息方法。

在生活中微观主体的自利选择，也会使复利成为事实上的计息方法。例如，我国银行储蓄存款规定按单利计息，存款人可以选择在每期期末将利息取出，然后再将其存入银行，或者选择自动转存（利息留在储蓄账户即可）等于事实上享受了复利的待遇。此外，为了提高资金使用效率，复利也是更为合理的计息方法，由于资金使用者不能无偿使用上期产生的利息，促进经济主体尽量更为合理地利用资金。

延伸阅读 3-1

投资 72 法则

对于投资者来说，喜欢看到投资有收益，更愿意看到收益翻倍。粗略估计将资金翻倍需要多长时间，有助于投资者比较投资。然而，要计算资金按照复利法则从一定回报率的特定投资中投资翻倍所需的时间，通过数学计算对于投资者来说很复杂，但 72 法则提供了有用的捷径。

72 法则是投资理财中常用的公式，常用于估算在给定的年回报率下，投资本金翻倍所需的时间。具体指当投资回报率（收益率）为 x％时，经过 72/x 年后，投资本金会翻倍。计算公式是：翻倍年数＝72/投资回报率。该法则是基于对数公式来估算投资价值翻倍的简化方法，可以应用于投资、借贷、人口变化、宏观经济、通货膨胀等各种增长或减少的场合。

例如国内生产总值如果以每年 6％的速度增长，则预计经济将在 12(72÷6) 年内翻一番。如果借款人支付 8％的信用卡利息（或任何其他收取复利的贷款形式），则在 9 年内他的欠款会翻倍。该法则还可用于计算通货膨胀导致货币价值减半所需的时间。如通货膨胀为 4％，那么大约在 18(72÷4) 年内货币购买力将下降一半。

需要注意的是,一般来说对于投资回报率在6%到12%之间的情况,采用72法则进行推算,结果与按照数学计算的结果非常接近,比较准确,回报率太高或太低则不够准确。

三、终值与现值

在现实生活中,现在的100元钱比1年后的100元钱更有价值,因为可以把现在拥有的100元钱存进银行,1年后从银行取出的总额肯定大于100元,这两者的差额就是通常所说的利息。金融学中用货币时间价值来概括这种现象。

货币时间价值是指一笔资金经过一定时间的运用后产生的增值额。或者也可以理解为:一定量货币资金在不同时点上的价值量差额,也称为资金时间价值。

利息是货币时间价值的具体体现。如前所述,对于借贷行为来说,利息是储蓄人或贷款者放弃当期消费的权利,并在信用基础上将货币资金暂时让渡给他人使用而从借款人得到的一种补偿或报酬。经济学中解释的货币具有时间价值的原因:利息来源于对现在消费推迟的时间补偿,补偿金额的多少与现在消费推迟的时间呈同向变动。

但是,货币的时间价值不能一概而论。那些处于静止状态的货币资金不会产生时间价值,例如锁在箱子底层、藏在枕头下面或放在口袋里的钱。所以确切地说,只有将货币资金投入借贷过程或投资过程中,使之得到有效的使用,才会形成货币的时间价值。

由于存在货币时间价值,不同时点上的资金额无法直接比较,必须要将不同时点上的资金折算为同一时点后才可以比较。这是在金融交易及现实的经济生活中面临的重要问题,由此引出了现值与终值的概念。通过运用终值与现值的概念来对不同时点上的货币数量进行调整,以解决跨时间的货币可比性问题。

终值(future value,FV)是指现在的一笔资金或一系列收付款项按给定的利率计算所得到的未来某个时点上的价值,即本金和利息之和。

现值(present value,PV)是指未来的一笔资金或一系列收付款项按给定的利率计算所得到的现在的价值,即由终值求现值,一般称之为贴现。

1. 单利终值与现值

单利条件下,第 n 期终值的计算公式如下:

$$FV = PV(1+r \cdot n) \tag{3-7}$$

单利现值 PV 则可以由上述公式逆求出来,计算公式如下

$$PV = \frac{FV}{1+r \cdot n} \tag{3-8}$$

式中:FV 表示终值;PV 表示现值(本金);r 表示利率;n 表示期限,即 F 与 P 之间间隔的期数。

相关案例3-2

单利终值与现值

假设年利率为2%,老王在银行存入10 000元,3年后到期。那么3年后这笔钱相当于多少?如果老王3年后需要准备好10 000元给儿子上大学,则他现在应该存入银行多少钱?

具体计算如下:

3 年后的终值：$FV = PV(1 + r \cdot n) = 10\,000 \times (1 + 2\% \times 3) = 10\,600(元)$

3 年前的现值：$PV = \dfrac{FV}{1 + r \cdot n} = \dfrac{10\,000}{1 + 2\% \times 3} = 9\,433.96(元)$

单利的计算相对简单，而在讨论货币时间价值时，通常都采用复利计算，更具有现实意义。

2. 复利终值与现值

下面我们通过案例题来介绍复利终值和现值的计算。我们仍可以沿用相关案例 3-2，但是采用复利计算，那么结果有何不同？

相关案例 3-3

复利终值与现值

假设年利率为 2%，老王在银行存入 10 000 元，3 年后到期。如果银行采用复利计息，那么 3 年后这笔钱相当于多少？如果老王 3 年后需要准备好 10 000 元给儿子上大学，则他现在应该存入银行多少钱？

具体计算如下：

3 年后的终值：$10\,000 \times (1 + 2\%)^3 = 10\,612(元)$

3 年前的现值：$\dfrac{10\,000}{(1 + 2\%)^3} = 9\,423.29(元)$

从案例中我们可以看到，复利终值的计算公式与之前复利计息的本利和公式一样。具体计算公式为：

$$FV = PV(1 + r)^n \tag{3-9}$$

而我们也可以从上述公式中，逆求出复利现值公式：

$$PV = \dfrac{FV}{(1 + r)^n} \tag{3-10}$$

式中：FV 表示终值；PV 表示现值（本金）；r 表示利率；n 表示期限，即 F 与 P 之间间隔的期数。

在公式(3-9)中，$(1+r)^n$ 被称为复利终值系数，可以用符号 $(F/P, r, n)$ 表示。复利终值系数可以查"复利终值系数表"得到。在公式(3-10)中，$\dfrac{1}{(1+r)^n}$ 被称为复利现值系数，可以用符号 $(P/F, r, n)$ 表示。复利现值系数可以查"复利现值系数表"得到。

与单利相比，复利条件下的资金具有更大的时间价值。这是由于利息能够产生利息并带来价值的缘故。而且随着时间的延长，这两种计息方法产生的终值差额会进一步扩大。而且从现实看复利计息也是更为科学合理并应用较广泛的计息方法。如投资理财中，基本都采用复利原则。

以上介绍的是一次性收付款项的终值与现值，在现实生活中还存在一定时期内一系列款项的收付情况。这一系列款项收付的现金流可能是每期金额相等，也可能不相等。对于一定时期内连续每期等额收付的系列现金流，往往被称为年金。在现实生活中，年金的应用非常广泛，如银行存款中的零存整取和整存零取、住房按揭贷款的分期付款、按年计提的固定资产折旧、等额回收的投资等。实际生活中，投资、理财或消费时不同方案的优劣，都需要计算现金流的终值或现值才便于比较。这些内容主要在财务管理或公司金融课程中学习，本章不做赘述。

 相关思考 3-1

计息期不为 1 年时的复利终值与现值会有何不同？

现实中很多时候并非以一整年作为计息期，可能是半年、季度、每个月，甚至也可能几年计息一次。这种情况下，复利终值与现值的计算会有何不同？

例如：现在有某项投资 10 000 元，时间为 3 年，年利率为 8%，每季度计息一次，求 3 年年末的这笔钱值多少。

具体计算过程如下：$10\,000 \times \left(1+\dfrac{8\%}{4}\right)^{4\times 3} = 10\,000 \times (1+2\%)^{12} = 10\,000 \times 1.268\,2 = 12\,682(元)$

从上面的计算中可以看到，计息期不是 1 年时，不能用年利率直接去计算，因为时间对应的是年。同样的，如果要计算的话，本案例中，由于计息期是每个季度，同时又存在复利计息，则实际年利率肯定大于 8%。

你能推导出计息期不为 1 年时，复利终值的计算公式吗？与计息期为 1 年时的公式有何不同？

 相关案例 3-4

现 值 的 运 用

现值的计算方法不仅可用于银行贴现票据业务，而且有很多广泛的运用领域。比如，用来比较各种投资方案时，现值的计算必不可少。

在现实中，一个项目的投资很少是一次性的，大多是连续多年陆续投资。不同方案不仅投资总额不同，而且投资在年度之间的分配比例也不同。如果不运用求现值方法，把不同时间、不同金额的投资换算成同一时点的值，则根本无法比较。我们可以举例说明。

例如，现有某项工程需要 10 年建成。有甲、乙两个投资方案。甲方案第一年年初投入 5 000 万元，以后 9 年每年投入 500 万元，共需投资 9 500 万元。乙方案是每一年年初投入 1 000 万元，共需投资 1 亿元。从投资总额看，甲方案少于乙方案；但从资金占压时间看，乙方案似乎比甲方案好一些，不过也说不准：第一年的投入，甲方案虽明显大于乙方案，第二年以后每年的投入，乙方案又大于甲方案。现值的观念则可以帮助解决这个问题。假设市场利率为 10%，这样，两个方案的现值分别如表 3-1 所示。

表 3-1　　　　　　　　　　两种投资方案的现值　　　　　　　　　　单位：万元

甲方案			乙方案		
年份	每年年初投资额	现值	年份	每年年初投资额	现值
1	5 000	5 000.00	1	1 000	1 000.00
2	500	454.55	2	1 000	909.09
3	500	413.22	3	1 000	826.45
4	500	375.66	4	1 000	751.31
5	500	341.51	5	1 000	683.01
6	500	310.46	6	1 000	620.92
7	500	282.24	7	1 000	564.47
8	500	256.58	8	1 000	513.16

(续表)

	甲方案			乙方案	
年份	每年年初投资额	现值	年份	每年年初投资额	现值
9	500	233.25	9	1 000	466.51
10	500	212.04	10	1 000	424.10
合计	9 500	7 879.51	合计	10 000	6 759.02

从表3-1可以看到，采用乙方案较甲方案，投资成本可以节约1 000多万元。如果其他条件类似，就有了明确的依据。

第二节 利率及其种类

如前所述，利率是借贷期满的利息总额与贷出本金总额的比率。这只是一个关于利率的简单定义。但利率作为一个体系，极其庞杂。根据分析问题的需要，可以按照不同的标准，将利率划分为不同的种类。

一、利率的表示形式

现实中，利率可以按照计息时间的长短，分别表示为年利率、月利率、日利率。

年利率以年为单位计算利息，通常以百分之几表示；月利率以月为单位计算利息，通常以千分之几表示；日利率以日为单位计算利息，通常以万分之几表示。三者之间可以换算，如对于同一笔贷款，年利率为7.2%，也可以用月利率表示为6‰或者日利率表示为2‰（每月按30天计算）。

3-2 视频：利率含义及表现形式，市场利率

在我国，利息习惯上用"厘"作单位，但是差异极大。年息3厘是指年利率为3%，月息3厘是指月利率为3‰，而日息3厘是指日利率为3‱。在我国民间借贷中，还经常使用分作利息的单位。分为厘的10倍，如当前很多民间借贷约定"月息3分"，实际上年利率达到了36%。在西方国家，习惯上以年利率为表示利率的主要方式，而我国曾以月利率为主。但随着国际化程度的推进，目前越来越多地采纳了以年利率作为标示的方法。

3-3 年利率、月利率、日利率之间怎么换算

二、利率的种类

由于利率是一个庞大的体系，我们可以按照不同的标准对利率进行分类。

(一) 按照利率的决定方式，分为市场利率、官定利率和公定利率

市场利率是指由借贷双方按照供求关系决定并由借贷双方自由议定的利率。例如，同业拆借市场利率、民间借贷利率等。

官定利率是指由政府金融管理部门或者中央银行规定的利率，也叫法定利率。官定利率是国家为实现一定的政策目标采取的一种经济手段，它反映了非市场的强制力量对利率形成的干预，而且该利率对所有金融机构都具有法律上的强制约束。

公定利率是指由非政府部门的民间组织，如银行公会、行业协会等，为了维护公平竞争所确定的属于行业自律性质的利率，也可称其为行业利率。这种利率对行业成员不具有法律上的约束力，但作为行业成员的金融机构一般都会遵照执行。

一般来说,无论是官定利率还是公定利率,通常都只是规定利率的上限或者下限,在上下限之间,则是由市场供求来对利率进行调整。

(二)按照利率的地位,分为基准利率与非基准利率

基准利率是指在多种利率并存条件下起决定作用的利率,其他利率会随其变动而发生相应的变化。

基准利率一般来说应该是一个市场化的利率,有广泛的市场参与性和代表性,能充分反映市场供求,在整个利率体系中处于主导地位。在西方国家,基准利率通常是中央银行的再贴现利率以及同业拆借市场利率。如伦敦银行同业拆借利率(london interbank offered rate,LIBOR)和美国联邦基金利率(federal funds rate)等。而我国的基准利率通常是中国人民银行对商业银行及其他金融机构的一年期存、贷款利率。随着我国金融市场的发展及利率市场化改革的推进,2007年推出的货币市场的基准利率——上海银行间同业拆放利率(shanghai interbank offered rate,Shibor)不断被培养成我国的基准利率。

非基准利率是指除基准利率以外的其他各种利率,一般是指金融机构在金融市场上形成的各种利率。这些利率通常参照基准利率而定。

 延伸阅读3-2

上海银行间同业拆放利率及贷款市场报价利率

我国目前逐步形成了以全国银行间同业拆借市场及贷款市场报价利率为基准利率的市场利率定价机制。以下是两种利率的基本情况。

一、上海银行间同业拆放利率

上海银行间同业拆放利率(shanghai interbank offered rate,Shibor),以位于上海的全国银行间同业拆借中心为技术平台计算、发布并命名,是由信用等级较高的银行组成报价团自主报出的人民币同业拆出利率计算确定的算术平均利率,是单利、无担保、批发性利率。目前,对社会公布的Shibor品种包括隔夜、1周、2周、1个月、3个月、6个月、9个月及1年。

Shibor报价银行团现由18家商业银行组成。报价银行是公开市场一级交易商或外汇市场做市商,在中国货币市场上人民币交易相对活跃、信息披露比较充分的银行。中国人民银行成立Shibor工作小组,依据《上海银行间同业拆放利率实施准则》确定和调整报价银行团成员、监督和管理Shibor运行、规范报价行与指定发布人行为。

全国银行间同业拆借中心授权Shibor的报价计算和信息发布。每个交易日根据各报价行的报价,剔除最高、最低各4家报价,对其余报价进行算术平均计算后,得出每一期限品种的Shibor,并于当日11:00对外发布。

二、贷款市场报价利率

贷款市场报价利率(LPR)由各报价行按公开市场操作利率(主要指中期借贷便利利率)加点形成的方式报价,由全国银行间同业拆借中心计算得出,为银行贷款提供定价参考。目前,LPR包括1年期和5年期以上两个品种。

LPR报价行目前包括18家银行,每月20日(遇节假日顺延)9时前,各报价行以0.05个百分点为步长,向全国银行间同业拆借中心提交报价,全国银行间同业拆借中心按去掉最高和最低报价后算术平均,并向0.05%的整数倍就近取整计算得出LPR,于当日9时30分公布,公众可在全国银行间同业拆借中心和中国人民银行网站查询。

资料来源:上海银行间同业拆放利率官网[EB/OL]. https://www.shibor.org/shibor/index.html.

（三）按照是否考虑通货膨胀因素，分为名义利率与实际利率

在借贷过程中，借贷双方需要承担因币值变化导致物价变动的风险，无论物价水平上涨还是下跌，债权人或者债务人都会面临一定的损失或者负担加重。划分名义利率与实际利率在现实生活中是有必要的。

名义利率是指包括物价变动因素（包括通货膨胀和通货紧缩）的利率。现实中，金融机构公布的都是名义利率，并未扣除物价变动因素。

实际利率是指剔除了物价变动因素的利率。这是经济生活中更具有指导意义的真实利率。

从上面的表述可以得到名义利率与实际利率的关系，可以简单表示为：

$$i = r - p \tag{3-11}$$

式中：i 表示实际利率；r 表示名义利率；p 表示物价变动率。

那么，通过上述公式可以得到名义利率的简单计算公式为：

$$r = i + p \tag{3-12}$$

实际上，在国际上通行的还有另一个更为精确的计算实际利率的公式，具体为：

$$i = \frac{r-p}{1+p} \tag{3-13}$$

在市场上，只要存在物价变动，所见到的各种利率都是名义利率，实际利率不易直接观察到，需要进行计算后才能得到。而对经济产生实质性影响的，正是不易直接观察到的实际利率。不同的实际利率状况下，借贷双方会有不同的行为模式，从而会对资金的流动以及消费和投资决策产生重要影响。

我们可以通过一个简单的例子来看看名义利率与实际利率之间的差异。

相关案例 3-5

贷款人的实际利率应该是多少

假设某年物价水平没有变化，老张从银行取得 1 年期的贷款 10 000 元，到期后偿还利息额 500 元，实际利率可计算出为 5%。

如果这 1 年物价水平上涨 3%，即通货膨胀率为 3%，如果银行仍要取得价值不变的利息，就不能再按照 5% 收取利息（想想发生了通胀，而且货币是具有时间价值的），就必须把贷款利率提高！那么至少提高到多少合适呢？

我们帮银行算：$r = i + p = 5\% + 3\% = 8\%$

实际上如果按照精确的方法计算的话，实际利率比这还要高一点。可见物价变动对衡量债权人的收益或者债务人的负担都更具有现实意义。

相关案例 3-6

不同场合的名义利率与实际利率

现实中名义利率与实际利率还有其他的含义。当引入了复利因素后，名义利率和实际利率就会不同。尤其是名义年利率与实际年利率会由于复利的存在和计息次数的多少导致两者相差甚远。对于投资来说，投资收益或投资成本的核算是相当重要的。而且，在银行贷款罚息及信用卡罚息中都能体现出实际利率的威力。

在经济分析中，复利计算通常以年为计息周期。但在实际经济活动中，计息周期有半年、季、月、周、日等多种。当利率的时间单位与计息期不一致时，就出现了名义利率和实际利率的概念。名义利率(nominal interest rate)是指计息周期的利率乘以每年计息周期数；实际利率(effective interest rate)是指计算利息时实际采用的有效利率。通常所说的年利率都是名义利率，如果不对计息期加以说明，则表示1年计息1次。

按月计算利息，且其月利率为1%，通常也称为"年利率12%，每月计息一次"，则1%是月实际利率；12%(1%×12)为名义年利率，12.68%[(1+1%)^{12}−1]为实际年利率。

名义利率和实际利率的关系：设 r 为名义年利率，i 表示实际年利率，m 表示1年中的计息次数，P 为本金。则计息周期的实际利率为 r/m；则名义年利率与实际年利率的关系可以表示为：

$$i = \left(1+\frac{r}{m}\right)^m - 1$$

下面我们可以通过几个例子看看，复利与否及计息次数多少会产生怎样的结果。

【例1】 本金1 000元，投资5年，利率8%，每年复利一次，其复利利息为：
$I = P[(1+r)^n - 1] = 1\,000 \times [(1+8\%)^5 - 1] = 1\,000 \times (1.469 - 1) = 469(元)$

【例2】 本金1 000元，投资5年，年利率8%，每季度复利一次，则：
每季度利率=8%÷4=2%，复利次数=5×4=20(次)
$F = 1\,000 \times (1+2\%)^{20} = 1\,000 \times 1.486 = 1\,486(元)$
$I = 1\,486 - 1\,000 = 486(元)$

可见，当1年内复利几次时，实际得到的利息要比名义利率计算利息高。[例2]的利息为486元，比前例要高17元(486−469)。[例2]的年实际利率高于8%。

【例3】 如果一张信用卡逾期不还欠款，罚息的月利率是3%，问这张信用卡罚息的实际年利率是多少？名义年利率是多少？

名义年利率=3%×12=36%；实际年利率=(1+3%)^{12}−1=42.58%

可见，信用卡罚息是相当厉害的！而且遵循复利计息原则，利滚利的结果会给信用卡持卡人带来沉重的负担。

(四) 按照借贷期内利率是否可调整，分为固定利率与浮动利率

固定利率是指在整个借贷期内，利息按照借贷双方事先约定的利率计算，而不是随市场资金供求状况所导致的利率变化进行调整。实行固定利率对于借贷双方准确计算成本与收益十分方便，适用于短期借贷或市场利率变化不大的情形。但在借贷期限较长，市场利率变化较大的情况下，则不宜采取固定利率，更适合采取浮动利率的形式约定借贷双方之间的利息。

浮动利率是指在借贷期内根据市场利率的变化定期进行调整的利率，一般用于期限较长的借贷。在采取浮动利率计息的情况下，借贷利率通常会依据某一基准利率定期(通常为3～6个月)进行调整。这也使得浮动利率能够灵活反映市场资金的供求状况，更好地发挥利率的调节作用。与此同时，浮动利率可以定期进行调整，有利于降低利率波动风险，从而克服固定利率的缺陷。但由于浮动利率变化不定，可能会使借贷成本的计算和核定相对复杂，并可能会加重贷款人的负担。

需要说明的是，在实行利率管制的国家(如我国之前很长时间实行利率管制)，货币当局允许以官定利率为基准在规定的范围内上下浮动通常也叫浮动利率。但实际上是指在官定利率的浮动区间波动，与国际通用的浮动利率有区别。

相关思考3-2

住房按揭贷款选择浮动利率还是固定利率?

住房按揭贷款利率分为固定利率和浮动利率两种,而银行则允许贷款方自行选择,主要看个人的情况。目前的房贷利率与LPR有关联,房贷利率定价模式是LPR±基点。如果目前的LPR比较低(例如3%),预测未来LPR会有很大的上升空间,所以最好是固定利率房贷。浮动利率房贷会随基准利率的调整而调整。如果目前LPR比较高(例如6%),那么以后有很大的可能会被下调,可以考虑选择浮动利率房贷。因此,每位贷款人家庭情况不同,具体选择什么看个人需求或承受情况。

(五) 按照利率是否有优惠,分为普通利率与优惠利率

普通利率是指包含额外风险费用的一般贷款利率,也是银行对外正式公布的贷款利率。**优惠利率**是指略低于普通贷款利率的利率。优惠利率一般提供给信誉好、经营状况良好且有发展前景的借款人。普通利率与优惠利率的存在,会形成差别利率,有利于调节经济运行。

在我国,优惠利率的提供对象通常同国家的产业政策相联系。优惠利率一般提供给国家认为有必要重点扶植的行业、部门或企业(如农业、高新技术产业及环保行业等),优惠利率本质上是一种政策性贴息利率。例如,自20世纪80年代中期,我国开始实行一种贴息贷款办法。所谓贴息贷款,即接受贷款的单位支付低于普通利率水平的利息。发放这种贷款而少收利息差额由批准贴息的部门用财政拨付的款项支付。

(六) 按照借贷期限长短,分为短期利率与长期利率

短期利率是指借贷期在1年以内的利率,包括期限在1年以内的存贷款利率和各种短期有价证券利率。

长期利率通常指借贷期在1年以上的利率。包括期限在1年以上的存贷款利率和各种长期有价证券利率。

利率高低与期限长短、风险大小有直接联系。一般而言,期限越长的借贷,风险越大,利率也越高;反之,期限越短,风险越小,利率也越低。

三、利率与收益率

(一) 利率与收益率的不同

现实中,在分析问题时还会碰到收益率的概念。收益率或回报率通常会与利率并行使用,因为从本质上说,收益率实质上就是利率。有的收益率直接表现为利率(如存款),通常不将两者进行区分。但在实际投资的过程中,由于利率被定义为利息与本金的比例,而真正能够准确衡量一定时期内投资人获得收益多少的指标则是收益率。收益率不仅受利息支付额和投资额的影响,还会受到计息期间、利息支付周期以及投资标的市场价格变动等因素的影响,这也使得投资人的收益率与利率之间通常会存在差异。

例如,为了对不同期限的投资项目的收益率进行比较,往往需要将不到1年期的利率转化为年利率,这就需要换算。要把月利率换算为年利率,习惯做法是将月利率乘以12。如此算出的结果也获得"利率"的称谓,但这样的换算极不精确。我们可以设 y 为年利率,r_m 为月利率,精确的年利率换算应该引入复利观念,其公式应该是:

$$y = (1+r_m)^{12} - 1 \tag{3-14}$$

为了区别于习惯的年利率,通过上式求出的 y 则称为年收益率。

又如,无息债券之类,本身就没有规定利率。至于票面标明利率的债券,在二级债券市场上的交易中,由于价格的波动,持有者的收益大小与票面利率有区别,从而也存在计算收益率的问题。

另外,有些年金的积累和支用,有些储蓄的零存整取与整存零取,有些消费信用的分期贷款和还款,往往只有一个总额,一个到期期限,一个期限内的分期期数和一个每期存、取、贷、还的金额;总额和分期支付额大多为整数。事实上,这类金融交易行为都是根据一定的利率设计的,但未标明。把这个隐含的利率算出来,就是收益率。

(二) 收益率的计算

收益率就是收益额与投资额的比率。而收益就是投资者通过投资取得的收入,它包括基本收入和资本收入两部分,即收益=基本收入+资本收入。进一步解释为:

(1) 基本收入=利息+股息,利息指的是债权资产的收益,是确定不变的。股息是产权资产的收益,优先股股息通常是确定的,而普通股股息是不确定的。

(2) 资本收入是由于资产价格波动而形成的价差收入。有可能为正,即资本利得;有可能为负,即资本损失。

则收益率的公式可表示为:

$$y = \frac{I + (P_1 - P_0)}{P_0} \tag{3-15}$$

式中: y 表示收益率; I 表示一个时期的利息或股息或分红收益; P_0 表示原始投资额; P_1 表示一个时期末的资本额; $P_1 - P_0$ 表示一个时期的资本收益。

那么,对于任何有证券的投资者来说,其收益率应该包括两个部分:其一,是每年的利息收入与证券购买价格的比率,通常称其为**当期收益率**。其二,是由于证券价格变动所导致的收益或损失,称其为**资本利得(损失)率**。

例如,投资者在时间 t 和时间 $t+1$ 期间持有某债券,该债券支付的息票利息为 C,在时间 t 该债券的价格为 P_t,在时间 $t+1$ 该债券的价格为 P_{t+1},则投资者投资该债券的收益率为:

$$Ret = \frac{C + P_{t+1} - P_t}{P_t} = \frac{C}{P_t} + \frac{P_{t+1} - P_t}{P_t} \tag{3-16}$$

式中: Ret 表示债券的收益率; $\frac{C}{P_t}$ 表示利息这种票面收益相对于购进价格的比率,即当期收益率; $\frac{P_{t+1} - P_t}{P_t}$ 表示债券价格变动相对于购进价格的比率,即资本利得(损失)率。

相关案例3-7

如何计算收益率

金华公司在期初以98元的市场价格购买了面值为100元、每年支付6元利息的企业债券,该公司在持有期内共得到了6元的利息支付,最后以103元的价格将该债券出售,试计算该债券的利率,该公司投资该债券的当期收益率、资本利得率和总收益率。

具体计算如下：

(1) 该债券的利率为票面利息与面值之比，即6%。

(2) 投资的当期收益率为：$\dfrac{C}{P_t} = \dfrac{6}{98} = 6.12\%$

(3) 投资的资本利得率为：$\dfrac{P_{t+1} - P_t}{P_t} = \dfrac{103 - 98}{98} = 5.10\%$

(4) 投资的总收益率为：$Ret = \dfrac{C}{P_t} + \dfrac{P_{t+1} - P_t}{P_t} = 6.12\% + 5.10\% = 11.22\%$

通过上述案例可以看到，这里的利率为6%，而总收益率为11.22%，两者在数值上相差较远。这也表明利率并不是一个表示投资者实际回报的好指标。相比较而言，收益率指标能够更好地反映投资者的实际回报水平。

尽管如此，以上的收益率计算公式也只是考虑了持有债券期间的总回报，并没有考虑投资债券的时间对收益率的影响，更没有考虑利息支付时点和债券出售时点到债券买入时点的时间间隔差异可能对收益率的影响。如果要更加精确地计算和比较证券投资的实际收益率水平，需要引入**到期收益率**和**持有期收益率**等概念。

(三) 年化收益率

现实中，我们经常见到某金融产品或投资项目的年化收益率有多少，但是其实际收益率根本达不到。因此，有必要区分年化收益率与年收益率或实际收益率的区别。

年化收益率是把当前收益率(日收益率、周收益率、月收益率)换算成按年来计算的收益率，是一种理论收益率，并不是真正的可取得的收益率。而且年化收益率是变动的，因此年收益率不一定与年化收益率相同。假设日收益率是万分之一，则年化收益率是3.65%(计算年化收益率时一般按平年365天计算，这样更符合投资者利益)。

年化收益率可以通过公式计算出来，计算公式如下：

$$年化收益率 = [(投资内收益 \div 本金) \div 投资天数] \times 365 \times 100\% \quad (3\text{-}17)$$

$$年化收益 = 本金 \times 年化收益率 \quad (3\text{-}18)$$

$$实际收益 = 本金 \times 年化收益率 \times 投资天数 \div 365 \quad (3\text{-}19)$$

【例题3-2】 某银行的一款理财产品，从一开始，某人投资8万元，历经120天就得到了980元的收益。问：该产品这120天的年化收益率是多少？

解：

$$年化收益率 = [(投资内收益 \div 本金) \div 投资天数] \times 365 \times 100\%$$

代入数据，得到：

$$年化收益率 = [(980 \div 80\,000) \div 120] \times 365 \times 100\% = 3.73\%$$

延伸阅读3-3

看上去很美的"年化收益率"

目前银行等金融机构的理财产品以及互联网上非常多的"宝宝类"理财产品，都会在宣传时强调年化收益率多高。但这些看上去很美的年化收益率，会让人不明所以甚至是上当。

例如,某银行卖的一款理财产品,号称91天的年化收益率为3.1%,那么你购买了10万元,实际上你能收到的利息是772.88元(100 000×3.1%×91÷365),绝对不是3 100元。另外还要注意,一般银行的理财产品不像银行定期那样当天存款就当天计息,到期就返还本金及利息。理财产品都有认购期、清算期等。其间的本金是不计算利息或只计算活期利息的,如某款理财产品的认购期有5天,到期日到本清算期之间又是5天,那么你实际的资金占用就是10天。实际的资金年化收益率只有2.79%。

设实际的资金年化收益是y,那么可列出方程式100 000×(91+10)×y÷365=772.88,得出y=2.79%。绝对收益率是0.772 8%[(772.88÷100 000)×100%]。

可见年化收益率,绝对不是我们想象的年利率,更不能只看它声称的数字,而要看实际的收入数字。

资料来源:帮考网。

第三节 利率的决定及作用

在现代经济中,资金的流动支配着物质的流动,利率作为货币资金的价格,其高低是否合理自然会对资金流动和资源配置产生重要影响。因此,利率水平如何决定,哪些重要因素会导致利率的变化,是金融学中极为重要的内容。

一、决定及影响利率的因素

金融学中有关利率的决定及影响因素,有很多的观点。主要表现在以下几个方面。

(一)平均利润率

利息来源于生产过程中创造的利润。马克思认为,利息是贷出资本的资本家从借入资本的资本家那里分割来的一部分剩余价值。剩余价值表现为利润,因此,利息量的多少取决于利润总额,利息率取决于平均利润率。利息也不可能为零,否则就不会有资本家愿意贷出资本。因此,利率通常是在零和平均利润率之间。若利率低于平均利润率,借贷资本所有者就不愿将其资本贷出,宁可保留在手中;若利率高于或等于平均利润率,借贷资本的需求者就会因无利可图而不愿借款。但在特定情况下,如一国发生经济危机时,利率也有可能超出这个正常范围。

(二)资金的供求状况

利率作为资金的"价格",同样遵循供求决定价格的一般规律,具体表现为资金的供求与市场的竞争状况。一般情况下,当资金供不应求时,利率上升,当资金供过于求时,利率下降;同时,利率也反作用资金供求,利率上升对资金的需求起抑制作用,有利于资金来源的增加;利率下降,会使资金需求增加。所以,资金供求关系是确定利率水平的一个基本因素,也是直接因素。

(三)通货膨胀及预期

一般来说,发生通货膨胀或者预期通货膨胀时,利率水平有上升趋势。因为通货膨胀必然引起货币贬值,给资本贷出者造成损失,不仅使利息额的实际价值下降,而且使借贷资本本金贬值。这种情况下,资金供给者为避免损失,往往会选择股票、黄金或其他替代性资产,使可贷资金的供给减少。同时预期通货膨胀率上升又刺激借贷资金的需求上升,借贷资金市场的这种供不应求的状况必然导致利率水平上升。同样,当预期通货膨胀率下降时,利率水平会有下降趋势。

延伸阅读3-4

多国央行宣布加息应对通胀压力 令全球经济金融承压

日前,多国央行同日宣布加息以抑制通胀,引发全球市场的关注。当地时间6月22日,瑞士央行宣布加息25个基点至1.75%,符合市场预期。这是瑞士央行自去年开始进入加息周期以来的连续第5次加息。瑞士央行表示,希望通过加息遏制通胀,不排除未来继续加息的可能。

同一天,英国央行与挪威央行宣布加息50个基点,幅度均超过市场预期。当地时间22日,英国中央银行英格兰银行宣布加息50个基点,将基准利率从4.5%上调至5%,这是2021年12月以来英国央行连续第13次加息。

与此同时,挪威央行6月22日也宣布,将基准利率上调0.5个百分点至3.75%,以抑制通货膨胀。数据显示,挪威5月消费者价格指数(CPI)同比上涨6.7%,远高于挪威央行3月份货币政策报告中的预期。

土耳其央行22日更是宣布大幅度加息650个基点,将基准利率从8.5%提高到15%,这是土耳其自2021年3月以来首次提高基准利率。

对此,中国银行研究院研究员范若滢6月25日接受《中国经营报》记者采访时分析说:"瑞士、英国与土耳其等国央行同日宣布加息,主要是因为当前这些国家通胀水平居高不下,高通胀给各国经济金融运行、民众生活均带来较大的影响。此外,在美联储紧缩货币政策周期下,土耳其等新兴经济体加息还是为了防止出现资本外流、货币过度贬值等后果。"

范若滢还告诉记者:"事实上,自去年以来全球多国央行就已进入加息周期。本轮高通胀持续时间较长、表现较顽固,在此背景下,预计本轮全球央行加息周期今年难以结束。"

这从数据可见:目前,土耳其通货膨胀水平超过40%,去年更一度超过85%,创下24年来最高。由此有专家预计,为对抗居高不下的通货膨胀,未来几个月土耳其还有可能将继续加息。同样,由于通胀顽固,市场也预计英国央行未来或将继续加息。

多国央行同日宣布加息,这对全球市场有哪些影响?范若滢对记者分析称:"多国央行加息给全球经济金融带来很大的影响,这主要体现在三个方面:一是全球流动性收缩,全球利率中枢抬升,股市面临回调压力,大宗商品价格下调,国际金融市场动荡加剧;二是国际资本流动转向,新兴市场国家将面临资本流出、本币贬值、债务加重等风险;三是加息将给居民消费和企业投资产生负面影响,导致全球经济下行压力增大。"

资料来源:谭志娟.多国央行宣布加息应对通胀压力 令全球经济金融承压[EB/OL].(2023-06-25)[2024-05-16].http://www.cb.com.cn/index/show/zj/cv/cv135216301260.

(四)国家经济政策

一国的货币、财政、汇率等方面经济政策的实施也会引起利率的变动。其中,以货币政策对利率变动的影响最为直接与明显。比如,如果中央银行判断经济过热,需要紧缩银根时,就会提高再贴现率或进行公开市场操作,使各商业银行及其他非银行金融机构向中央银行取得资金的成本提高,市场上银根紧缩,市场利率上升,从而达到紧缩的意图。此外,政府对各地区和产业的政策倾向也会通过利率水平的高低来反映。

(五)宏观经济周期

在宏观经济的周期波动中,往往表现为危机、萧条、复苏、繁荣四个循环的阶段。而在经济周期的不同阶段,商品市场和资金市场的供求关系会发生相应的变化,包括财政货币政策在内的宏观经济政策也会随之相应调整,从而对利率高低及其走势产生重要影响。

在危机阶段,工商企业以赊销方式出售商品的意愿大幅降低,要求现款支付的比率大幅提高,从而导致对资金需求的急剧增加,借贷资金供不应求,利率节节走高。但如果从稳定或刺激经济角度,此时利率往往可能会降低。

进入萧条阶段,一方面由于企业和居民对经济前景缺乏信心,对资金的需求大幅降低;另一方面由于针对危机推出的扩张性财政货币政策,则会导致市场上出现大量游资。这两方面作用都会使利率不断走低,一些国家在极端情况下甚至会出现负利率、零利率的情况。

在复苏阶段,随着企业和居民的信心在逐渐恢复,消费和投资需求都逐步回升,对借贷资金的需求也相应增加,利率可能会逐渐提高,但有的国家可能保持利率不变甚至下降。

进入繁荣阶段,生产迅速发展,对借贷资金的需求很大,利率水平也会因此而不断上升。当然也可能出现由于投资、消费热情高涨而导致经济过热,货币当局为了抑制经济过热而不得不采取紧缩性货币政策,也会在一定程度上抑制货币供给的增加,加大利率上升的压力。

(六) 国际利率水平

当前,各国经济联系日益密切,国内外金融市场的波动日益关联化,国际利率水平及其变动趋势对一国利率水平具有很强的"示范效应"和联动性。假如,国际金融市场上利率上升,就会吸引国内资金大量流出,则国内货币资金可供量减少,在其他条件不变时,利率往往上升;反之,当外部资金大量涌入时,国内利率往往下降。

(七) 期限和风险

利率高低与期限长短、风险大小有直接联系。一般而言,期限越长的借贷,风险越大,利率也越高;反之,期限越短,风险越小,利率也越低。

利率是衡量利息大小的重要指标,而利息是对风险的一种补偿。现实中,期限越长的借贷或投资,面临的风险就越大。这里的风险包括很多,如违约风险、市场风险、通货膨胀风险、流动性风险等。因此,期限越长,发生损失的不确定性就越高,即风险越大。因此,为了补偿因风险而遭受的损失,收取的利息就越多,因而利率就越高。现实中,如借贷活动中,都是期限越长,要求的利率就越高。

(八) 利率管制

以利率管制为代表的制度性因素也是直接影响利率水平的重要因素。利率管制主要是由有关部门或中央银行直接制定利率或规定利率的上下限。

由于利率管制具有高度的行政干预力和很强的法律约束力,会弱化甚至排斥各类经济因素对利率决定和变动的影响,能够直接决定利率水平与结构。在发达的市场经济国家,尽管也可能实施利率管制,但其范围通常会相当有限,而且经济非常时期一旦结束就会很快解除利率管制。相比之下,发展中国家更倾向于通过利率管制的方式促进经济发展。一般都是通过压低居民储蓄存款利率的方式为企业提供低成本的投资资金,以促进经济增长。但在市场经济体制中,利率管制有很多不良影响。因此,实施利率管制的国家都在逐步进行利率市场化改革。

总之,现代市场经济的环境错综复杂,许多因素都与利率息息相关。这里面既有宏观方面的因素,如资金供求、通胀预期、经济政策、经济周期、国际利率水平、利率管制的影响,又有微观方面的因素,如借贷期限、风险大小、担保品等都会对利率有影响。

 延伸阅读3-5

持续深化利率市场化改革

中央金融工作会议强调,要坚持深化金融供给侧结构性改革。利率市场化是金融供给侧结构性改革的核心内容之一。中国人民银行将贯彻落实习近平总书记重要讲话精神和中央金融工作会议部署,坚持把金融服务实体经济作为根本宗旨,持续深化利率市场化改革,健全市场化利率形成、调控和传导机制,更好发挥利率在金融资源配置中的关键作用,引导融资成本持续下降,不断提升货币政策支持实体经济发展的质效。

一、利率市场化改革取得新成效

(一)着力推动存贷款利率市场化。一是推进贷款市场报价利率(LPR)改革。2019年8月中国人民银行改革完善LPR报价形成机制,LPR成为金融机构贷款利率定价的参考基准。改革以来,1年期LPR和5年期以上LPR分别累计降低0.8个和0.65个百分点,带动企业贷款加权平均利率从2019年7月的5.32%降至2023年9月的3.82%,创有统计以来的最低水平。二是建立存款利率市场化调整机制。2022年4月,中国人民银行指导建立了存款利率市场化调整机制,利率自律机制成员参考市场利率变化合理调整存款利率水平。2022年9月、2023年6月和9月,主要金融机构先后三次主动下调存款利率,中长期定期存款利率下调幅度更大,存款利率市场化程度显著提升。2023年9月,新发生定期存款加权平均利率为2.04%,较2022年4月下降0.4个百分点。

(二)适时调整优化房贷利率政策。一是建立新发放首套房贷利率政策动态调整机制。适应房地产市场供求关系发生重大变化的新形势,2022年12月,中国人民银行、原银保监会建立新发放首套房贷利率政策动态调整机制,在因城施策原则下,有序实现房贷利率政策的双向动态调整。有效支持城市政府用足用好政策工具箱,既体现房地产市场区域特征,也有利于稳定政策预期。二是调降房贷利率政策下限。2022年5月和2023年8月,分别下调首套和二套房贷利率政策下限0.2个和0.4个百分点,进一步拓宽房贷利率自主定价空间,引导降低新发放房贷利率,支持居民刚性和改善性住房需求。2023年9月,新发放房贷加权平均利率4.02%,同比下降0.32个百分点。三是推动降低存量首套房贷利率。2023年8月,中国人民银行、金融监管总局明确,符合条件的存量首套房贷借款人可与承贷金融机构协商降低利率。中国人民银行指导金融机构按照市场化、法治化原则,迅速落实,向借款人让利。降低存量房贷利率工作已基本完成,超过22万亿元存量房贷利率下调,平均降幅0.73个百分点,惠及超5 000万户、1.5亿人,每年减少借款人利息支出1 600—1 700亿元,户均每年减少3 200元。

(三)有效维护利率市场竞争秩序。贷款利率方面,督促金融机构坚持风险定价原则,理顺贷款利率与国债收益率等市场利率之间的关系,合理确定贷款利率水平。积极推动放贷机构明示贷款年化利率,充分保障金融消费者知情权和自主选择权。存款利率方面,督促金融机构规范存款利率定价行为,防范破坏市场竞争秩序的不合理定价行为。

二、持续深化利率市场化改革的三个发力重点

(一)健全市场化利率形成、调控和传导机制,疏通资金进入实体经济的渠道,促进优化金融资源配置。一是按照健全中国特色货币政策调控框架要求,持续完善以中央银行政策利率为核心、利率走廊机制作用有效发挥、目标利率围绕政策利率运行的中央银行利率调控机制。二是持续在货币市场、债券市场、信贷市场培育质押式回购利率(DR)、国债收益率、LPR等指标性利率,提升市场基准利率的权威性和公信力,准确反映市场资金供求状况,为市场定价提供重要参考,并发挥好作为浮动利率金融产品定价基准的重要作用。三是健全"市场利率+央行引导→LPR→贷款利率"和"LPR+国债收益率→存款利率"的利率传导机制,中央银行通过货币政策工具调节银行体系流动性,释放利率调控信号,引导货币市场利率运行,最终传导至债券、贷款和存款利率,有效调节资金供求和资源配置,实现货币政策调控目标。

(二)推动存贷款利率进一步市场化,坚持用改革的办法,引导融资成本持续下降。持续释放LPR改革效能,督促LPR报价行继续健全报价机制、提高报价质量,增强LPR对实际贷款利率定价的指导性,巩固企业融资和居民信贷成本下降的成效。发挥存款利率市场化调整机制重要作用,引导金融机构根据市场利率变化,合理确定存款利率水平,增强支持实体经济的能力和可持续性。进一步健全利率自律机制,促进金融机构提升自主定价能力,增强金融市场竞争性,有效维护市场秩序。

(三)持续提升房贷利率市场化程度,更好支持刚性和改善性住房需求。坚决落实促进金融与房地产良性循环要求,持续完善差别化住房信贷政策,发挥新发放首套房贷利率政策动态调整机制作用,继续有序

3-4 我国的利率市场化改革进程

拓宽房贷利率自主定价空间,支持城市政府因城施策用好政策工具箱。坚持在市场化法治化轨道上推进金融创新发展,督促金融机构继续将降低存量房贷利率的成效落实到位,理顺增量和存量房贷利率关系,减轻居民利息负担,支持投资和消费。

资料来源:中国人民银行(货币政策司).持续深化利率市场化改革[EB/OL].(2023-10-31)[2024-04-18]. http://www.pbc.gov.cn/redianzhuanti/118742/5118184/5123670/index.html.

二、利率的作用

在现代经济中,利率作为重要的经济杠杆,具有牵一发而动全身的效应,对一国经济的发展具有重要的影响。但在不同的国家、不同的时期以及不同的利率管理体制下,利率作用发挥程度也不一样。一般来说,利率既有对宏观经济的调节作用,又有对微观经济的调节作用。既有直接作用,又有间接作用。利率是国家调节经济的重要杠杆,是各国中央银行调节货币供应量、实现宏观经济目标的重要工具,同时对企业及个人的经济活动产生重要影响。

利率对经济的调节作用是通过对储蓄、消费、投资等活动的影响而发挥的。从宏观角度看,储蓄是资金的筹集过程,投资和消费是资金的运用过程,而储蓄、消费、投资又构成一国资本的形成与积累过程。所以,对利率作用的分析应从利率对储蓄、消费、投资的影响开始。

(一) 利率对储蓄的调节作用

从广义上来说,对居民个人而言,储蓄是其可支配收入减去消费以后的剩余部分。利率的高低会对居民的储蓄产生重要影响。合理的利率能够增强居民的储蓄意愿,不合理的利率则会削弱其储蓄热情。

利率对储蓄的调节作用在一定意义上既影响储蓄的总量,也影响储蓄的构成。因为较高的利率,有利于扩大储蓄,较低的利率,则会使储蓄额减少。在这里,我们可以将储蓄看成是利率的增函数,与利率同向变动。当利率上升时,经济主体会推迟现实消费,增加储蓄;当利率下降时,经济主体则会减少储蓄,增加即期消费水平。因此提高利率会使经济主体增加对金融资产的需求,扩大储蓄份额,提高资本积累水平,有利于储蓄向投资转化,促进经济发展。

利率变动会在一定程度上调节居民消费和储蓄的相对比重,因此,利率也会影响储蓄结构,即影响居民是选择金融资产还是实物资产,而在金融资产中,即选择货币类的资产储蓄,还是选择持有股票、债券等各种非货币类资产。因为不同的金融资产有不同的利率或价格,不同金融资产利率或收益率的差异,会在很大程度上影响人们的资产持有结构,居民往往会选择利率高或收益高的资产形式。

需要注意的是,利率对储蓄的影响会因国家经济体制、政策的不同而有差异。在上述分析中,利率对储蓄的作用在发达的市场经济国家一般如此,而在发展中国家却大不相同。在发展中国家,由于体制和政策上的原因,利率常被压制,利率的变化对储蓄额及增长比率的影响较低,或者说效应不大。

(二) 利率对消费和投资的调节作用

1. 利率对消费的调节作用

消费和储蓄都是收入的函数。在一般情况下,储蓄是收入的增函数,消费是收入的减函数。在生活水平既定条件下,随着收入的增加,用于消费的比例将会减少,而用于储蓄的比例将会增加。

由于利率、储蓄、消费三者之间关系密切，利率对储蓄有影响也会对消费产生影响。在收入既定条件下，利率的提高或降低，会影响人们的储蓄行为，从而也会影响人们的消费行为。例如，利率提高，会使储蓄存款增加，当期消费减少；利率降低，则会使储蓄存款减少，当期消费增加。因此，利率变动不仅能够调节储蓄与消费的结构，而且能够调节消费的总量。

此外，利率对消费的作用也可以从以下方面理解：如果利率提高，借钱消费的成本就会增加，这样在一定程度上影响消费者的消费欲望，可能会推迟消费或减少消费。

不过在不同的收入水平下，利率对消费的影响程度是不一样的。如在收入水平很低的情况下，绝大部分收入都用于消费，利率再高也难以推迟人们的消费。

2. 利率对投资的调节作用

一般来说，投资分为实物投资和金融投资。实物投资是指对生产流通领域进行的投资活动。金融投资是指投资于金融资产和金融市场。利率对投资的影响因投资性质不同而存在差异。利率与实物投资关系密切，对其影响大。而利率对金融投资的影响主要是调节银行储蓄与各类金融资产不同种类的选择。哪种金融资产的利率高，收益高，往往就会倾向于选择这些高收益的金融资产。在这里，我们主要讨论利率对实物投资的影响。

利率对投资的作用，体现在利率对投资规模和投资结构都有直接的影响。企业在投资时，往往需要大量借用外部资本，利率作为企业融资的成本，自然也就成为影响企业融资规模的重要因素。

一般认为，利率是投资的减函数，投资规模会与利率的升降呈反向变动。低利率会降低企业融资成本，会刺激企业增加投资，整个社会的投资规模会随之增长；反之，利率较高，企业的投资成本就会增加，企业可能认为无利可图从而减少投资，则整个社会的投资规模也会缩减。

此外，利率是资金的"价格"，其变动会影响资本流动的方向与规模，从而会对投资结构产生重要影响。因此，政府可以通过差别利率政策，引导资金流向从而调节国民经济的产业结构。例如，对需要鼓励、支持的行业，如高新技术行业、环保行业、农业，可以通过优惠利率促进其发展。而对那些需要限制的行业，则可对相关企业不提供相应的优惠甚至实施惩罚性的利率。

相关思考3-3

储蓄和投资存在利率弹性吗？

利率变化会引起储蓄和投资总量发生变化，但利率变化会对储蓄、投资产生多大的影响呢？这种利率变化对储蓄变化和投资变化的影响程度，称之为利率弹性。

当利率每变化一个单位，而储蓄或投资的变化较大时，说明利率弹性较高，反之，利率弹性较低。那么，利率弹性与哪些因素有关？大家可以进一步思考。

（三）利率对物价稳定的作用

利率对物价稳定的作用通过以下途径实现：一是调节货币供给量。利率的高低直接影响银行的信贷总规模，而信贷规模又直接决定货币供给量。当流通中的货币量超过货币需要量时，调高贷款利率就能收缩信贷规模，减少货币供给量，促使物价稳定。二是调节需求总量和结构。通过提高或降低存贷款利率，可以借助利率对储蓄、消费和投资的影响作用，从而达到调节总需求的目的。同时,利率对消费和投资会产生重要的影响,因此,通过利率这个价格杠杆还可以引导人们的消费、投资倾向,从而改变消费和投资结构,最终影响总需求。三是增加有效供给。引起物价上涨的原因与供给不够有关,因此可以通过发挥利率的杠杆作用,利用利率优惠、降低相关行业的贷款利率等手段,刺激企业扩大生产,增加商品供给量,达到降低物价水平的效果。

(四)利率对金融市场的作用

利率是金融资产定价中极为重要的变量。利率水平合理与否,将直接决定金融资产的定价是否合理,以及通过该金融资产导致的资金流动是否合理。由于资产价格等于资产未来现金流或收益的贴现,在未来现金流或收益既定的情况下,用来代表贴现率的利率水平越低,该资产的价格也就越高。利率或者贴现率水平越高,资产价格也就越低。

在人们的投资活动中,加息被视为证券行市的利空消息,而降息则被看做是利好消息。利率对股票市场行情的影响是非常直接和迅速的。一般来说,利率下降,股票价格或股市行情上升;利率上升,股票价格或股市行情下降。

利率的变化是宏观调控政策松紧的重要指标之一,它对流动性具有非常大的影响。在宽松的货币政策下,银行存贷利率都较低,那么银行对社会流动性资金吸引力就会降低,银行储蓄存款总额甚至会出现负增长。而股市和房地产等投资市场领域就会吸引流动性资金进入,继而拉高房价和股价指数。但是随着货币政策宽松持续,市场流动资金过多后,CPI也会持续上涨,国家必将加大货币政策、财政政策调整的力度,出台紧缩性宏观调控政策。如连续上调商业银行存款准备金率和加息,流动资金紧缺势必传导至股市,资金可能会从股市和楼市中流出,导致股指和房价的变化。

总而言之,就中长期而言,利率升降与股市的涨跌也并不是简单的负相关关系。因为,中长期股价指数的走势不仅仅受利率走势的影响,它同时对经济增长因素、非市场宏观政策因素的反应也很敏感。如果经济增长因素、非市场宏观政策因素的影响大于利率对股市的影响,股价指数的走势就会与利率的中长期走势相背离。

> **相关思考 3-4**

2015 年连续降息对我国股市的影响

"央行降息,利好股市",这是大多数老百姓的普遍认知。因为对于股市来说,降息降准应该是推动股市上涨的最为重要的原因。利率水平下降或社会融资成本的降低,有利于企业盈利水平上升,有利于股市的股息率相对市场利润水平上升以及直接提升股票价值或估值。这是投资市场的最基本常识。

然而,降息后股市一定会上涨吗? 2015 年从 3 月 1 日开始,分别在 5 月、6 月、8 月、10 月共连续降息 5 次。每次降息后,次日股指有涨有跌。即使从 2008 年以来到 2015 年底共 13 次降息来看,股市也是有涨有跌。最高涨幅达到了 3.05%,最大降幅是 3.27%。

(五)利率对汇率及国际资本流动的作用

首先,利率通过影响经常项目对汇率产生影响。当利率上升时,信用紧缩,贷款减少,投资和消费减少,物价水平下降,在一定程度上抑制进口,促进出口,减少外汇需求,增加外汇供给,从而促使外汇汇率下降,而本币汇率上升;反之,当利率下降时,信用扩张,货币供应量增加,刺激投资和消费,促使物价上涨,不利于出口,有利于进口。在这种情况下会加大对外汇需求,促使外汇汇率上升,本币汇率下降。

其次,通过影响国际资本流动间接地对汇率产生影响。当一国利率上升时,就会吸引国际资本流入,从而增加对本币的需求和外汇的供给,而资本流出减少,使国际收支逆差减少,从而支持本币汇率上升。相反,当利率下降时,可能导致国际资本流出,增加对外汇的需求,减少国际收支顺差,促使外汇汇率上升,本币汇率下降。

总之,利率就是资金的使用价格。对国家来讲,它是一个货币政策工具,影响着社会资本的流动性。对企业来讲,它又是一个财务指标,影响着企业资金成本和利润空间,影响着老百姓的资金收益效率。

三、利率发挥作用的条件

在现代市场经济中,利率发挥作用的领域十分广泛。从微观角度看,利率对个人收入在消费和储蓄之间的分配,对企业经营管理和投资决策等,都有直接影响。从宏观角度看,利率对借贷资金的供求、对市场的总供求、对物价水平的升降、对金融市场、对汇率和国际资本流动进而对经济增长和就业,都具有十分重要的影响。在经济学中,无论是微观经济分析还是宏观经济分析,在各种模型中利率几乎都是不可或缺的重要变量。这是因为,对于那些可以独立决策的企业、个人以及其他主体而言,利润最大化是最基本的准则,而利率高低会直接影响这些主体的利益。在利益约束机制作用下,利率就有了广泛而重要的作用。

一般来说,利率发挥作用主要有以下限定条件。

1. 独立决策的市场主体

利率要想发挥应有的作用,首先需要各个微观行为主体是能够独立决策、独立承担责任的市场行为主体,即所谓的理性经济人。只有市场参与者的投资决策与其自身利益息息相关且需要为决策所导致的后果承担责任时,利率高低才能够通过其对市场参与者投资收益和利润的影响,来对其行为产生激励和约束,其投资决策才会对利率水平具有高度的敏感性。如果市场参与者无法满足这一基本条件,他们无法享受到投资成功所带来的收益,也无须为投资失败承担责任。利率的高低及其升降变化也就无法对其产生相应的影响,利率的作用也就无法得到有效发挥。

2. 市场化的利率决定机制

市场化的利率决定体系与利率决定机制,意味着资金供求状况能够对利率水平产生影响,利率变动也会反过来调节资金供求。此时,利率高低能够真实地反映资金的稀缺程度及其机会成本。市场上资金供大于求,资金环境相对宽松,利率就会下降;反之,市场上资金供不应求,资金环境相对紧张,利率就会上升。这样的市场利率对社会资金供求状况反应灵敏,可以促使资金合理流动,并通过利率灵活升降以缓和资金供求矛盾,发挥筹集资金,调剂余缺的作用。具有理性经济人特征的市场参与者,也就可以根据自身情况和市场利率高低作出理性的决策。如果利率决定机制是非市场化的,则不能很好地体现市场的资金供求状况。

3. 合理的利率结构

合理的利率结构,包括利率的期限结构,利率的行业结构以及利率的地区结构,可以体现经济发展的不同时期、区域、产业及风险差别,弥补利率水平变动作用的局限性,通过利率结构的变动引起连锁的资产调整,从而引导投资结构,投资趋向的变动,使经济环境产生相应的结构性变化,更加充分地发挥出利率对经济的调节作用。

4. 适当的利率水平

一个适当的利率水平,一方面能真实地反映社会资金供求状况;另一方面使资金借贷双方都有利可图。利率过高,会抑制投资,阻碍经济的发展与增长;利率过低,又不利于发挥利率对经济的杠杆调节作用,这都不利于利率作用的发挥。因此,利率水平的确定十分重要。在市场化利率决定机制形成的过程中,各国金融管理部门或中央银行应逐步确定并适时调节,从而促进利率作用的发挥,推动经济持续、稳定发展。

延伸阅读 3-6

西方利率决定理论

(一)古典利率决定理论

凯恩斯主义出现前,传统经济学中的利率论称为古典利率决定理论,该理论的主要倡导者为奥地利经济学家庞巴维克、英国经济学家马歇尔和美国经济学家费雪。

古典利率决定理论强调非货币的实物因素在利率决定中的作用,实物因素主要是储蓄量和投资量,投资量随利率的提高而减少,储蓄量随利率的提高而增加,投资量是利率的递减函数,储蓄量是利率的递增函数,利率的变化取决于投资量与储蓄量的均衡。

(二)凯恩斯流动性偏好理论

20 世纪 30 年代资本主义经济大危机后凯恩斯对古典经济理论的缺陷,提出了一套宏观经济理论。和传统的利率论相反,凯恩斯认为利率不是取决于储蓄和投资的相互作用,而是取决于货币的供求数量。

凯恩斯认为货币供给是外生变量,是由中央银行直接控制。货币需求是一个内生变量,基本取决于人们的流动性偏好。如果人们对流动性偏好强,愿意持有的货币量增加,当货币的需求量大于货币的供给量时利率上升;当货币的需求量小于货币的供给量时利率下降。因此,利率是由流动性偏好曲线与货币供给曲线共同决定的。

(三)可贷资金理论

英国的罗伯逊和瑞典的俄林等经济学家提出利率决定的"可贷资金理论"。可贷资金理论一方面反对古典利率决定理论对货币因素的忽视,认为仅以储蓄、投资分析利率的决定过于片面;另一方面批评凯恩斯完全否定非货币因素在利率决定中的作用的观点。

(四)IS-LM 模型理论

IS-LM 模型理论是由英国现代著名的经济学家约翰·希克斯(John Richard Hicks)和美国凯恩斯学派的创始人汉森(Alvin Hansen),在凯恩斯宏观经济理论基础上概括出的一个经济分析模式。该模型将国民收入引入模型,认为利率是在既定的国民收入下由商品市场和货币市场共同决定的。

IS-LM 模型是宏观经济分析的一个重要工具,是描述产品市场和货币市场之间相互联系的理论结构。在产品市场上,国民收入取决于消费(C)、投资(I)、政府支出(G)和净出口(X-M)加合起来的总支出或者说总需求水平,而总需求尤其是投资需求要受到利率(r)影响,利率则由货币市场供求情况决定,就是说,货币市场要影响产品市场。此外,产品市场上所决定的国民收入又会影响货币需求,从而影响利率,这又是产品市场对货币市场的影响。可见,产品市场和货币市场是相互联系、相互作用的,而收入和利率也只有在这种相互联系、相互作用中才能决定。

资料来源:黄达,张杰.金融学[M].6版.北京:北京人民大学出版社,2024:271-274.有删改。

本 章 小 结

本章主要学习了货币时间价值的基本概念、利息的含义及本质,利率的含义及其种类,利率的决定因素及其产生的作用(影响)等内容;重点是准确理解并掌握终值与现值、利息的计算、利率的决定及其作用,这些问题在现实中有重要的应用。

本章重要概念

利息　货币时间价值　单利　复利　现值　终值　市场利率　官定利率　基准利率
名义利率　实际利率　固定利率　浮动利率　普通利率　优惠利率　同业拆借市场利率
差别利率　收益率　年化收益率　实际收益率　利率管制

第四章 汇率与汇率制度

- 内容提要
- 重点难点
- 学习目标
- 知识框架
- 思政育人
- 第一节 外汇与汇率概述
- 第二节 汇率的决定及影响
- 第三节 汇率制度
- 本章小结
- 本章重要概念

内容提要

本章主要讲述了外汇的含义、特征及作用，汇率的含义及其标价法，汇率的不同种类，不同货币制度下的汇率决定，影响汇率变动的因素及汇率变动产生的影响(作用)，汇率风险，汇率制度等内容。

重点难点

本章重点为汇率的含义、汇率标价法、买入汇率与卖出汇率、套算汇率的计算、影响汇率的因素，汇率变动产生的影响；难点为买入汇率与卖出汇率、套算汇率的计算、汇率的决定及其影响。

学习目标

通过本章学习，学生应理解并掌握外汇的不同含义、了解外汇的特征及作用；掌握不同的汇率标价法，熟悉汇率的主要种类，能够区分并应用买入汇率及卖出汇率、掌握如何套算汇率；掌握汇率的决定及其影响。能够通过学习汇率知识，分析不同时期的人民币汇率问题，同时对汇率制度、汇率风险有一定的理解。

知识框架

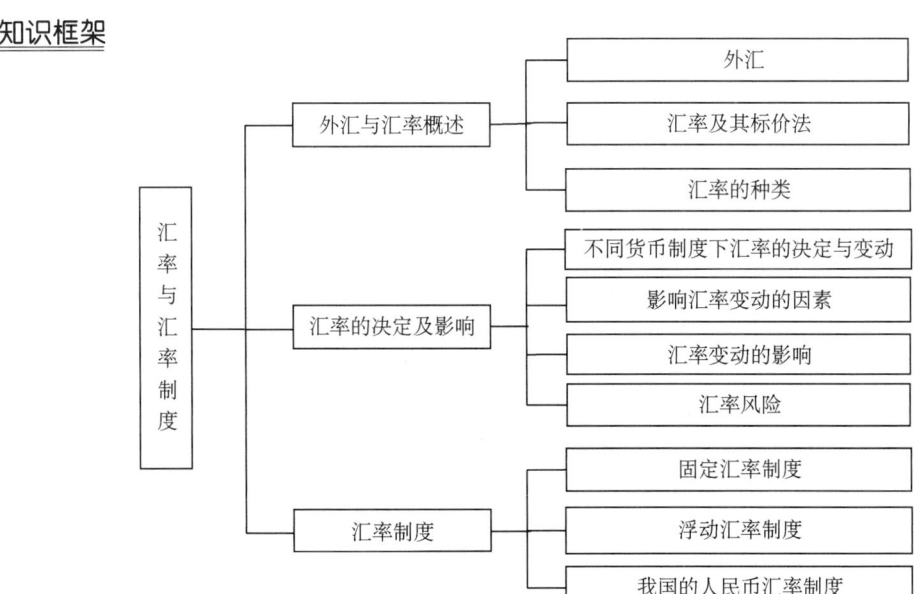

思政育人　　人民币贬值压力巨大，央行面临两难选择

市场推动人民币走弱，我国央行稳汇率导致中间价罕见地持续一年大幅低于市场价。人民币贬值的巨大压力，来自中美国债收益率大幅走阔。人民币下一步的走势，或许和央行的意愿，存在较大的分歧。贬值人民币以增加出口，还是提振人民币以削弱美元，央行面临两难选择。

一、市场推动人民币走弱，央行稳汇率导致中间价罕见地持续一年大幅低于市场价

今年以来，人民币面临巨大的贬值压力。在岸人民币兑美元从去年底的 7.097 8 下跌至上周五 6 月 7 日的 7.247 5，不到半年下跌了 2.1%。

因为人民币走弱的市场压力越来越大，去年下半年以来，我国央行一直保持着强劲的人民币政策，将人民币兑美元的每日中间价（即允许人民币交易的参考汇率）保持在 7.08 至 7.11 的异常狭窄区间内。上周五的人民币中间价仅比去年底下调了 0.4%，不到市场价跌幅的五分之一。这导致从去年 7 月份以来，中间价一直持续地低于市场价。今年 4 月份以来，在岸人民币的交易价格比中间价格低了接近 2%，而历史上大多数时候人民币中间价一般围绕在岸人民币市场价的上下 0.5% 左右波动。持续两个多月将中间价确定在低于市场价的 1.9%—2% 是非常罕见的。在 2023 年 10 月下旬在岸人民币兑美元跌破 7.31 的时候，中间价比市场价低 1.9%—2% 的持续时间，也没有超过 10 天。持续两个多月的中间价与市场价的巨大价差，这是有交易数据八年来的首次。

与此同时，在岸人民币汇率与离岸人民币汇率互相波动的局面也被打破。今年以来，离岸人民币汇率一直低于在岸汇率。这意味着市场上人民币的抛售压力越来越大，央行承受着人民币贬值的巨大压力。

二、人民币贬值的巨大压力，来自中美国债收益率大幅走阔

市场推动人民币走弱，直接的原因是今年以来，人民币国债收益率持续走低，但美国债券收益率持续走高。中美国债收益率差距持续扩大。10 年期美国国债收益率从去年底的 3.88% 上涨到上周五 6 月 7 日的 4.43%，而 10 年期中国国债收益率却从去年底的 2.56% 下滑到上周五的 2.28%。中美 10 年期国债收益率差距从去年底的 -1.32 个百分点，扩大到 2.15%。众所周知，资本总是倾向于流向收益率较高的市场。

央行不愿意看到人民币汇率快速变化，而是倾向于稳定波动。人民币贬值还将对全球贸易产生巨大影响，可能会通过提高中国对美国出口的竞争力来推高中美贸易顺差，从而加剧中美贸易紧张关系。

为稳定汇率，今年以来，央行多次强调，它"有信心、有条件、有能力将人民币汇率基本稳定在合理平衡的水平"，并将"坚决防止汇率超调的风险"。央行表示，今年进出口数据有所改善，"随着一系列宏观政策逐步生效，中国经济复苏将进一步巩固和加强，支撑人民币汇率"。但西方经济体，尤其是美国持续的高利率，导致人民币和其他亚洲货币兑美元汇率大幅下跌。

三、人民币下一步的走势，或许和央行的意愿，存在较大的分歧

这是因为美国的经济因劳动力市场旺盛，劳动力工资增长快于通胀，需求持续旺盛而出人意料地好，导致通胀在 3% 上方具有较强粘性，这导致美联储不得不将开启降息周期的时间后延。而我国面临着家庭购买力不足，需求疲软，消费低迷，供给过剩，综合物价涨幅十几个月来持续为负，市场需要央行持续降息的局面。而央行也多次表示，希望保持低利率或在必要时降息，以应对房地产市场危机后宏观经济的疲软。

这导致中美国债收益率差距扩大，资本外流动力加大，人民币空头目前仍主导市场。中期看，虽然美联储预计将在今年四季度晚些时候可能开始降息，但在可预见的未来，这次较短的降息周期将使美国国债收益率保持在人民币国债收益率之上。

四、贬值人民币以增加出口，还是提振人民币以削弱美元，央行面临两难选择

在经历了全球大多数央行同步行动的时期之后，世界正在进入一个新的货币政策分化时期，尽管欧洲央行上周开始降息，但美联储似乎不太可能很快效仿，日本央行更有可能加息，我们央行继续降息的压力则越来越大。与此同时，保护主义和重商主义贸易政策重新流行起来，为我们依赖出口的经济政策亮起了红灯，也为未来的货币战争带来了风险。

而我们的央行则处于两难境况。一方面，我们需要通过增加出口来消费内需不足，促进经济增长，这需

要贬值人民币,以提高对日元和韩元的竞争力。尤其是在人民币兑其他亚洲货币最近走强的情况下。这是央行的经济任务。另一方面,推动人民币成为"强势货币",也是央行的任务之一,这是加强中国金融强国地位计划的一部分。而强势货币又需要人民币汇率上涨,人民币在国际上的需求增加,削弱美元的主导地位。

资料来源:徐三郎.人民币贬值压力巨大,央行面临增加出口还是削弱美元两难选择[EB/OL].(2024-06-11)[2024-06-12].https://www.sohu.com/a/785014238_121948394.有删改.

第一节 外汇与汇率概述

世界上绝大多数国家都有自己的货币,这些货币在本国可以自由流通,但是一旦跨越国界,它们便失去了自由流通的特性。由于国际上没有统一的世界货币,各国从事国际经济交往以及其他业务都要涉及本国货币与外国货币之间的兑换,由此便产生了汇率这一概念。汇率的变化受宏观、微观经济中许多因素的影响,也反过来影响一国经济的运行。所以对外汇和汇率的研究就成为金融界研究的重要课题之一,掌握有关外汇和汇率的基本知识是研究整个金融问题的基础。

一、外汇

各国都有自己的货币。通常情况下,外国货币不能在本国流通,因而当需要清偿由国际经济交易引起的对外债权债务时,交易主体便需要把本国货币兑换成外国货币或把外国货币兑换成本国货币。两国货币的汇兑也就是外汇的最初含义。而现在理解外汇的含义时从不同角度都有不同的提法。

(一) 外汇的含义

现代经济关系中,债权债务关系是最基本的关系,货币的支付反映着债权债务的变化。本币是如此,外汇也是如此。外汇作为货币,与本币一样都是债权债务证明,本国持有的外国发行的外汇,意味着对该国的债权。

外汇有动态与静态两种含义,一般情况下是指静态含义。

动态的外汇是指人们通过特定金融机构(外汇银行)将一种货币兑换成另一种货币,并借以清偿各国间债权债务关系的一种行为。早期的外汇含义就是这种国际汇兑或国际结算活动。

静态的外汇是指一切以外币表示的、可以用于国际结算的支付手段或金融资产。它包括外币现钞、外币有价证券(如外国政府债券、外国公司发行的股票或债券)、外币支付凭证(如各种商业票据和支付凭证)、存在外国银行的外币资产或以外币表示的银行存款等。我们通常所说的外汇是狭义的静态外汇,它是指以外币表示的、可直接用于国际结算的支付手段和工具。

4-1 视频:
什么是外汇

国际货币基金组织(IMF)为了在各国间统一口径,给外汇所下的定义是:外汇是货币行政当局以银行存款、财政部库券、长短期政府债券等形式所持有的在国际收支逆差时可以使用的债权。

《中华人民共和国外汇管理条例》所称的外汇是广义上的外汇,是指下列以外币表示的可以用作国际清偿的支付手段和资产:①外币现钞,包括纸币、铸币;②外币支付凭证或者支付工具,包括票据、银行存款凭证、银行卡等;③外币有价证券,包括政府债券、公司债券、股票;④特别提款权;⑤其他外汇资产。

延伸阅读 4-1

特别提款权

特别提款权(special drawing rights,SDR)是国际货币基金组织(IMF)于1969年创设的一种除"普通提款权"之外的补充性储备资产,与黄金、外汇等其他储备资产一起构成国际储备,SDR被IMF和一些国际机构作为记账单位。创设之初,SDR与美元等价。布雷顿森林体系崩溃后,IMF于1974年启用SDR货币篮子。2015年审查前,SDR货币篮子包括美元、欧元、英镑和日元四种主要国际货币。根据2015年11月30日的汇率,1单位SDR约相当于1.372 17美元。

IMF依据各成员国缴纳份额的比例进行SDR分配。SDR主要用于IMF成员国与IMF以及国际金融组织等官方机构之间的交易,包括使用SDR换取可自由使用货币,使用SDR向IMF还款、支付利息或缴纳份额增资等。IMF每5年会对SDR篮子货币进行评估,包括调整篮子中的货币权重,以及考虑是否纳入其他货币。从1999年开始,SDR篮子货币一直为美元(48.2%)、欧元(32.7%)、英镑(11.8%)和日元(7.3%)。2015年是一个"评估年",IMF的正式评估在10月份开展,具体操作共分为两步,首先是筛选符合要求的货币,其次是确认各种入选货币的权重。

2015年11月30日,国际货币基金组织执董会决定将人民币纳入特别提款权(SDR)货币篮子,SDR货币篮子相应扩大至美元、欧元、人民币、日元、英镑5种货币,人民币在SDR货币篮子中的权重为10.92%,美元、欧元、日元和英镑的权重分别为41.73%、30.93%、8.33%和8.09%,新的SDR篮子于2016年10月1日生效。

资料来源:百科.特别提款权[EB/OL].(2023-07-02)[2024-04-29].https://baike.baidu.com/item/%E7%89%B9%E5%88%AB%E6%8F%90%E6%AC%BE%E6%9D%83/248098?fr=ge_ala.有删改。

(二) 外汇的特征

不是所有的外国货币都是外汇,一国货币相对于其他国家要成为外汇必须具备三个基本特征:

(1) 外币性。外汇必须以本国货币以外的外国货币来表示。即使本国货币及以其表示的支付手段可以用于国际结算或国际汇兑,但对本国居民来说,仍不是外汇。

(2) 可自由兑换性。外汇必须是可以自由兑换的货币。一种货币能够自由兑换成其他货币或者其他形式的资产时,才能作为国际支付和国际汇兑的手段。

(3) 普遍接受性。外汇必须具有普遍接受性。外汇必须在国际上可以得到偿付,能为各国所普遍接受,才能承担国际支付的重任。

相关思考 4-1

可自由使用货币就是可自由兑换货币吗?

"可自由使用"是指在国际交易支付中被广泛使用和在主要外汇市场上被广泛交易,实践中主要通过货币在全球外汇储备、国际银行业负债、国际债务证券、跨境支付、贸易融资中的比重及在主要外汇市场交易量等指标来衡量。

可自由兑换是指货币在进口、出口、兑换和进行跨境借贷方面,不存在任何限制或监管。即对国际经常往来的付款和资金转移不得施加限制。这种货币在国际经常往来中,随时可以无条件地作为支付手段使用,对方亦应无条件接受并认可其法定价值。我国已经于1996年12月实现人民币经常账户可兑换。但资本与金融账户还一直未实现可自由兑换,但是这并不影响货币自由使用。

可自由使用不同于资本项目可兑换。资本项目可兑换既不是可自由使用的充分条件,也不是其必要条件。首先,可自由使用货币发行国仍可以保留对某些资本项目的限制;其次,很多可兑换货币都不是可自由使用货币。但是,可自由使用标准隐含了对一定水平的资本项目可兑换的要求;资本项目可兑换也可以提高可自由使用程度。

可见,可自由使用与可自由兑换不同。随着人民币加入SDR,已经是"可自由使用"货币,但是我们的资本与金融账户还存在一定的管制,还不是完全可自由兑换货币,这也是人民币未来努力的方向。

(三) 外汇的作用

外汇随着国际经济交往的发展而产生,同时它又推动了国际经贸关系的进一步发展,在国际政治、文化、科技交往中起着重要的纽带作用。

1. 充当国际结算的支付手段

以外汇充当国际结算的支付手段时,可以解决黄金运送麻烦、风险大等难题。通过利用国际信用工具,在有关银行账户上的转账或冲抵的方法来办理国际支付,这种国际间非现金的结算方式,既安全迅速又简单方便,还可节约费用,加速资金周转,促进国际经贸关系的发展。

2. 实现国际间购买力的转移

当今各国实行的是纸币流通制度,各国货币不同,一国货币一般不能在别国流通,对别国市场上的商品和劳务没有直接的购买力。而外汇作为国际支付手段被各国普遍接受,它使不同国家间的货币购买力的转移得以实现,极大地促进了世界各国在经济、政治、科技、文化等领域的交流。

3. 调剂各国间的资金余缺

由于世界经济发展不平衡,各国资金的余缺程度不同,客观上需要在世界范围内进行资金的调剂。不同国家的资金调剂,不能像一国范围内资金余缺部门那样可直接进行。外汇的可兑换性使各国余缺资金的调剂成为可能,从而推动了国际信贷和国际投资活动,使资金的供求在世界范围内得到调节,对于国际金融市场的繁荣以及世界经济的快速发展起到了巨大的推动作用。

4. 充当国际储备资产

国际储备资产是指一国货币当局持有的,能随时用来支付国际收支差额,干预外汇市场,维持本币汇率稳定的流动性资产。国际储备由货币性黄金、外汇储备、在IMF的头寸(普通提款权)及特别提款权构成。其中,外汇储备是主体,所占比重最高、使用频率最高。外汇储备的主要形式是国外银行存款与外国政府债券,能充当储备货币的是那些可自由兑换、被各国普遍接受、价值相对稳定的货币。

二、汇率及其标价法

(一) 汇率的含义

外汇作为一种资产,可以和其他商品一样进行买卖。商品买卖中是用货币购买商品,而货币买卖是用货币购买货币。

汇率(foreign exchange rate)又称汇价,是指两种货币的比价,即一种货币表示的另一种货币的价格。例如,USD1=CNY6.684 5,即以人民币表示美元的价格,即1美元相当于6.684 5元人民币。

一般情况下,汇率为5位数字(如前面的举例),而且汇率的变动通常用点数表示(通常一个点是0.000 1)。例如,2024年5月5日,美元兑人民币的汇率为USD1=CNY7.245 6。如果人民币在5月6日这天升值了40点,则美元兑人民币的汇率变为USD1=CNY7.241 6。

我们知道币值是一个常用的概念,泛指货币具有的购买能力,以国内物价来反映时称为货币的对内价值。在引入汇率概念后,一国货币的币值可以用另一国货币来表示,则被称为货币的对外价值。从理论上来说,一国货币的对内价值与对外价值应该是一致的,这是两种货币之所以能兑换的基础,也是决定汇率的依据。但由于汇率不仅仅取决于货币对内价值,还要受外汇市场供求状况变化的影响,一国货币对内价值与对外价值有可能在较长时间存在较大幅度的偏离。

(二) 汇率标价法

汇率具有双向表示的特点,既可以用本币表示外币,又可以用外币表示本币,并没有本质区别。因此主要有两种不同的标价方法:直接标价法和间接标价法。从外汇市场交易角度,还有美元标价法。

1. 直接标价法

直接标价法(direct quotation)是指以一定单位(1或100等)的外国货币作为基准,来折算成一定数量本国货币的汇率表示方法。直接标价法又叫应付标价法,相当于计算购买一定单位外币所应付多少本币。实际上它是以一定数量的本币表示外币的价格。包括中国在内的世界上绝大多数国家目前都采用直接标价法。例如,我国某银行在2024年5月8日的外汇牌价显示 USD1=CNY 7.235 8,这就是直接标价法。

在直接标价法下,外国货币的数额固定不变,本国货币的数额随外币或本币的币值变化而变化。汇率升高(数字变大),表明单位外币能兑换更多的本币,则意味着外币升值,本币贬值;汇率降低(数字变小),则意味着外币贬值,本币升值。

2. 间接标价法

间接标价法(indirect quotation)是指以一定单位(1或100等)的本国货币为基准,来折算成一定数量外国货币的汇率表示方法,又称为应收标价法。实际上它是以一定数量的外币表示本币的价格。现实中,英国一直采用间接标价法,美国从1978年开始也采用间接标价法,但美元对英镑、欧元、澳大利亚元等少数货币则使用直接标价法。在国际外汇市场上,欧元、英镑、澳元等均为间接标价法。如欧元兑美元汇率为1.383 0,即1欧元兑1.383 0美元。

在间接标价法下,本国货币的数额保持不变,外国货币的数额随着本币币值或外币币值的变化而变动。本币汇率的升值、贬值方向与汇率的数值上升或下降的变化方向一致,如汇率升高,表明1单位本币能兑换更多的外国货币,意味着本币升值。

需要注意的是,本币与外币的区分是相对的,一般把外汇市场所在地的货币视为本币。确定了本币和外币,就能够区分是何种标价法。而且这两种标价法并没有本质区别,只是表示的方式不同而已。

4-2 视频:
汇率及其标价法

3. 美元标价法

传统的、用于各国的直接标价法和间接标价法已经很难适应国际外汇市场的发展,全球化的外汇交易需要一种统一的汇率表示方式。于是,国际外汇市场上逐步形成了除英镑、澳元、新西兰元、欧元、南非兰特等几种货币仍沿袭习惯上的标价方法,即以本身作为基准货币,以美元作为标价货币外,大多数国家都以美元作为基准货币,即美元标价法。

在美元标价法下,美元作为基准货币,其他货币都是标价货币。当外汇市场行情显示,美元兑瑞士法郎为 0.890 5 时,即表明 1 美元＝0.890 5 瑞士法郎。如果英镑兑美元为 1.268 6 时,即表明 1 英镑＝1.268 6 美元。在统一外汇市场惯例标价法下,市场参与者不必区分直接标价法还是间接标价法,都按市场惯例进行报价和交易。货币升值或贬值可以通过汇率数字的变化直接反映出来。

 延伸阅读 4-2

在岸人民币与离岸人民币

在现实生活中,经常会看到在岸人民币汇率和离岸人民币汇率。同样都是人民币兑换外币,为什么还要分在岸汇率和离岸汇率呢?它们各自代表什么?有何区别?

"岸"即指中国大陆,在岸人民币指在中国大陆内进行交易的人民币,离岸人民币则指在中国大陆以外进行交易的人民币。在岸人民币的特点为固定型汇率,参照美元,规模大、波动较小、受政策管制较多。而离岸人民币,它的汇率变化受国际因素影响较多,与国际金融市场的联系更为紧密。因此,在国际金融市场较动荡的时候,在岸和离岸人民币汇率会出现比较明显的差价。

因为目前,我国的外汇市场尚未完全开放,人民币还不能自由兑换。所以,中国人民银行于 2003 年在香港开始提供人民币清算业务,由此开启了离岸人民币市场。随后,此项交易也逐步放开,无论是企业和机构都可自由开设人民币账户,并自由交易人民币,由此就形成了离岸人民币汇率。现在除了中国香港,新加坡、伦敦、纽约等发达的金融中心都有了离岸人民币交易市场,这也让人民币的汇率更加市场化。

资料来源:央视财经.一分钟视频秒懂:什么是离岸人民币和在岸人民币?[EB/OL].(2019-08-06)[2024-05-12]. https://baijiahao.baidu.com/s?id=1641106368226689154 7&wfr=spider&for=pc.

三、汇率的种类

汇率可以按照不同的标准,从不同角度、根据不同需要划分不同的种类。

1. 按照银行买卖外汇的角度不同,汇率可分为:买入汇率、卖出汇率、现钞汇率及中间汇率

买入汇率(buying rate),即买入价,是银行买进外汇(结汇)时所使用的汇率。**卖出汇率**(selling rate),即卖出价,是银行卖出外汇(售汇)时所使用的汇率。买入汇率与卖出汇率是站在银行角度而言的。由于银行进行外汇买卖时需要双向报价,既报买入价又报卖出价,而买入价与卖出价的差额即银行买卖外汇的利润。

由于汇率采用不同的标价法,所以不同汇率标价法下的买入价和卖出价是不同的。

在直接标价法下,前面较小的数字是买入价,而后面较大的数字是卖出价。例如,我国某银行报价 USD1＝CNY6.356 8－6.357 8。这里美元是外币,人民币是本币。这表示银行买入 1 美元支付 6.356 8 人民币,而卖出 1 美元收进 6.357 8 人民币。中间的差价就是买卖美元的利润。

在间接标价法下,前面较小的数字是卖出价,而后面较大的数字是买入价。例如,纽约某银行报价 USD1＝JPY114.95－115.05。这里美元是本币,而日元是外币。这表示银行付出 114.95 日元收进 1 美元,而收进 115.05 日元付出 1 美元。中间的差价就是买卖日元的利润。

现钞汇率即现钞价,是银行买卖外币现钞时使用的汇率。外币现钞买卖一般为外汇零售业务。外币现钞不能直接用于大宗国际贸易支付,而只能运回其发行国才能正常使用,因此可能会发生保管费、运费、保险费等费用。所以,外币现钞的买入价要比现汇买入价低,是

从外汇买入价中扣除掉相关费用后的价格,但通常情况下,现钞卖出价与现汇卖出价相同,但不同的银行报价有差异,有的银行两个卖出价不相同。

具体汇率报价举例如表 4-1 所示。

表 4-1　　　　　　　　交通银行 2024 年 6 月 14 日外汇牌价表

货币名称	交易单位	现汇买入价	现钞买入价	现汇卖出价	现钞卖出价
美元(USD/CNY)	100	724.360 0	719.060 0	727.330 0	727.330 0
欧元(EUR/CNY)	100	773.610 0	751.260 0	778.810 0	778.810 0
英镑(GBP/CNY)	100	916.860 0	890.640 0	923.760 0	923.760 0
港币(HKD/CNY)	100	92.700 0	92.050 0	93.080 0	93.080 0
日元(JPY/CNY)	100	4.597 0	4.465 5	4.632 0	4.632 0
韩元(KRW/CNY)	100	0.521 9	0.507 2	0.504 8	0.504 8
卢布(RUB/CNY)	100	7.900 0	7.780 0	8.220 0	8.360 0
澳大利亚元(AUD/CNY)	100	478.080 0	464.410 0	481.680 0	481.680 0
加拿大元(CAD/CNY)	100	525.980 0	510.940 0	529.940 0	529.940 0
瑞士法郎(CHF/CNY)	100	811.550 0	788.340 0	817.660 0	817.660 0
丹麦克朗(DKK/CNY)	100	103.670 0	100.700 0	104.450 0	104.450 0
澳门元(MOP/CNY)	100	89.950 0	86.890 0	90.310 0	93.370 0
新台币(TWD/CNY)	100	—	21.500 0	—	23.560 0
挪威克朗(NOK/CNY)	100	67.630 0	65.700 0	68.140 0	68.140 0
新西兰元(NZD/CNY)	100	443.730 0	431.040 0	447.070 0	449.740 0
瑞典克朗(SEK/CNY)	100	68.800 0	66.040 0	69.120 0	69.120 0
新加坡元(SGD/CNY)	100	534.050 0	518.780 0	538.070 0	538.070 0
泰国铢(THB/CNY)	100	19.700 0	19.090 0	19.860 0	20.520 0

中间汇率即中间价,它是外汇买入价与卖出价的算术平均数,是市场报价时所使用的汇率。通常用于分析、报道或预测某种货币的汇率走势。目前我国外汇管理局公布的对 5 种主要货币的基准汇率均为中间汇率。

2. 按照制定汇率的方法不同,汇率可分为基准汇率和套算汇率

基准汇率是一国货币与关键货币之间的汇率。关键货币是世界各国普遍接受的,而且能够迅速转化为其他资产形式的国际货币。通常是本国国际收支中使用最多、在外汇储备中所占比重最大,而且是国际上普遍接受的货币。目前主要是美元充当关键货币。

套算汇率又称为交叉汇率,是指根据本国基准汇率套算出本币兑其他外币的汇率或通过已知的汇率,套算出任意两种货币之间的汇率。

4-3　视频:
交叉汇率

【例题 4-1】

(1) 例如:USD1＝CNY 6.214 5　　USD1＝HKD 7.786 5

那么,HKD/CNY＝?

解：HKD/CNY＝6.214 5/7.786 5　→　HKD/CNY＝0.798 1
(2) 例如：USD1＝CNY6.217 5　　EUR1＝USD 1.256 4
那么，EUR/CNY＝？
解：EUR/CNY＝1.256 4×6.217 5　→　EUR/CNY＝7.811 7

如果是[例 4-1]中的第(1)种情况，则用除法套算汇率；如果是第(2)种情况，则用乘法套算汇率。需要说明的是，上述举例并没有涉及买入价和卖出价，如果同时考虑，计算将更复杂。计算套算汇率，主要是用于套汇交易或其他投机套利交易。

3. 按照外汇买卖的交割期限不同，汇率可分为即期汇率和远期汇率

即期汇率是指外汇买卖成交后在两个营业日内进行交割时所使用的汇率。一般即期外汇交易都是通过电话、电报、电传方式进行，因此即期汇率就是电汇汇率，同时是外汇市场上的基本汇率。

远期汇率是指外汇买卖成交后，按照约定在到期日进行交割时所使用的汇率。远期汇率的存在，为国际贸易中的套期保值、规避汇率风险的操作提供了工具。远期汇率和即期汇率之间的差价可以用绝对数或相对数表示。远期汇率高于即期汇率称为升水，远期汇率低于即期汇率称为贴水，两者相等称为平价。

4. 按照汇率制度不同，汇率可分为固定汇率和浮动汇率

固定汇率是指两国货币比价基本固定，其波动范围被限制在一定幅度内，并非永远固定不变。

浮动汇率是指货币当局不规定汇率波动的上下限，汇率随外汇市场的供求关系自由波动。各国中央银行只是根据需要，自由选择是否进行干预以及把汇率维持在什么样的水平上。在实际经济生活中，政府对于汇率通常或多或少会加以调节。

关于固定汇率与浮动汇率的详细解释具体见本章第三节。

5. 按照管理程度不同，汇率可分为官方汇率和市场汇率

官方汇率是指由国家外汇管理当局确定公布的汇率；**市场汇率**是指由外汇市场供求关系决定的汇率。

 延伸阅读 4-3

外 汇 黑 市

通俗地说，外汇黑市是进行非法外汇交易的场所。其表现形式一般有两种：一是街面上零散的"黄牛"。"黄牛"主要在外汇指定银行附近或涉外活动比较频繁的场所，如旅游地区、涉外宾馆附近等，其交易形式也日趋隐蔽，如通过互换银行单，或者在街上谈妥之后到其他地方交易。二是地下钱庄、黑窝点。这是一种非法组织，替代了银行的部分功能，成为地下银行。它是外汇黑市的一种重要表现形式。

由于发展中国家大多执行外汇管制政策，不允许自由外汇市场存在，所以这些国家的外汇黑市比较普遍。在我国，外汇管理制度改革之前，外汇黑市长期存在，有供求两方面的原因：

从供给方面看，由于外汇黑市价格一般高于银行价格，使黑市供给源源不断。例如，黑市美元买入价为 8.24 元人民币，而银行美元现钞买入价为 8.07 元人民币，两者相差 0.17 元人民币，如果 1 万美元通过黑市交易将比卖给银行多得 1 700 元人民币，其中差价显而易见。因此，一些手中握有美元而需兑换成人民币的个人，受市场价格因素的影响，宁愿把美元卖给黑市上的"黄牛"也不愿卖给银行。

从需求方面看，首先，社会上一些走私、洗钱、非法转移个人资产等行为本身就属于非法交易，无法从正常渠道获取外汇，转而从黑市上买入。这可能是外汇非法交易的主要需求。

外汇黑市的存在对正常的外汇交易产生了不利影响,同时会给参与外汇黑市交易的普通公众带来风险,甚至还有犯罪的危险。

资料来源:人大经济论坛.外汇黑市[EB/OL].(2009-08-31)[2024-05-12].http://wiki.pinggu.org/doc-view-26735.html.

6. 按照是否考虑两国物价水平,汇率可分为名义汇率和实际汇率

由于两国物价水平差异的存在,汇率也有名义汇率与实际汇率之别,两者的区分也是相对的。

名义汇率是指在社会经济生活中被直接公布、使用的表示两国货币之间比价关系的汇率,也称为"双边汇率"。

实际汇率是用两国价格水平对名义汇率进行调整后的汇率,即 $e^* = e \times \dfrac{P^*}{P}$(其中,$e^*$ 为实际汇率,e 为直接标价法的名义汇率,即用本币表示的外币价格,P^* 为以外币表示的外国商品价格水平,P 为以本币表示的本国商品价格水平)。实际汇率反映了以同种货币表示的两国商品的相对价格水平,从而反映了本国商品的国际竞争力。实际汇率也更真实地反映一国汇率变动情况。

如果想要考察一种货币对其他多种货币的综合对价关系,需要引进有效汇率的概念。

延伸阅读4-4

有 效 汇 率

我们知道,一国的产品出口到不同的国家可能会使用不同的汇率。另外,一国货币在对某种货币升值的同时可能在对另一种货币贬值。即使该种货币同时对其他货币贬值(或升值),其幅度也不一定完全一致。因此,从20世纪70年代末起,人们开始使用有效汇率来观察某种货币的总体波动幅度及其在国际经贸和金融领域中的总体地位。

有效汇率(effective exchange rate)是一种以某个变量为权重计算的加权平均汇率指数,它是报告期一国货币对各个样本国货币的汇率以选定的变量为权数计算出的与基期汇率之比的加权平均汇率之和。通常可以一国与样本国双边贸易额占该国对所有样本国全部对外贸易额比重为权数。有效汇率是一个非常重要的经济指标,以贸易比重为权数计算的有效汇率所反映的是一国货币汇率在国际贸易中的总体竞争力和总体波动幅度。

有效汇率计算公式通常为:$EER = \sum_{i=1}^{n} e_i x_i$。式中,$EER$ 为有效汇率,e_i 为该国货币对第 i 国的双边汇率,x_i 为第 i 个国家在该国对外贸易中的比重。

有效汇率反映报告期一国加权平均汇率与基期汇率的变动程度,通常用于度量一国商品贸易的国际竞争力,也可以用于研究货币危机的预警指标,还可以用于研究一个国家相对于另一个国家居民生活水平的高低。有效汇率通常区分为名义有效汇率和实际有效汇率。一国的名义有效汇率等于其货币与所取样本贸易国货币各双边名义汇率以及各样本国双边贸易占一国对一揽子样本国对外贸易比重为权数计算的报告期与基期加权平均数变动之和。如果以名义有效汇率为基础,剔除通货膨胀对一国和各样本国货币购买力的影响,就可以得到实际有效汇率。实际有效汇率不仅考虑了一国对各样本国双边名义汇率的相对变动情况,而且剔除了通货膨胀对货币本身价值变动的影响,能够综合地反映本国货币的对外价值和相对购买力。

资料来源:百度百科.有效汇率[EB/OL].(2023-07-04)[2024-05-09].https://baike.baidu.com/item/%E6%9C%89%E6%95%88%E6%B1%87%E7%8E%87/4358563?fr=ge_ala.有删改。

第二节 汇率的决定及影响

分析研究决定和影响汇率变动的因素,是制定对外经济政策的依据和基础,是宏观经济管理,尤其是对外关系调控的一个重要组成部分。

一、不同货币制度下汇率的决定与变动

货币具有的或代表的价值是决定汇率水平的基础,汇率在这一基础上受其他因素的影响而变动,形成现实的汇率水平。不同货币制度下,决定及影响汇率的因素不完全相同。

(一)金本位制下汇率的决定与变动

1. 金本位制下汇率的决定

金本位制是指以黄金为货币制度的基础,黄金直接参与流通的货币制度。在第一次世界大战之前,西方国家普遍实行这种金本位制。典型的金本位制是金币本位制。在金币本位制下,各国货币均以黄金铸成,金铸币有一定的重量和成色(即有法定的含金量)。金币可以自由铸造、自由流通、自由输出、自由输入。黄金作为世界货币,在国际结算中,如果输出输入金币,就按照它们的含金量计算,因为含金量是金币所具有的价值。两个实行金本位制度国家的货币单位的含金量之比,称为**铸币平价**(mint par)。两种金币含金量是决定它们汇率的物质基础。

例如,1925—1931年,英国规定1英镑的重量为123.274 47格令(grain),成色为22开(karat),即含金量为113.001 6格令(等于7.322 38克)纯金。美国规定1美元的重量为25.8格令,成色为900‰,即含金量为23.22格令(等于1.504 63克)纯金。根据含金量计算,英镑和美元之间的铸币平价是4.866 5(113.001 6/23.22)。这就是说,1英镑的含金量是1美元的含金量的4.866 5倍。因此,英镑与美元之间的汇率就可以表示为1英镑=4.866 5美元。可见,英镑与美元的汇率是建立在两国法定的含金量基础上的,作为汇率基础的铸币平价是比较稳定的。

2. 金本位制下汇率的变动

在金本位制下,汇率的决定基础是铸币平价。但在实际经济中,汇率的波动并非漫无边际,而是大致以**黄金输送点**(gold point)为其界限。**黄金输送点**是指在金本位制下,外汇汇率波动引起黄金输出和输入国境的界限,它等于铸币平价加(减)运送黄金的费用。这是因为金本位制度下黄金具有自由熔化、自由铸造、自由输出、自由输入的特点,黄金可以用于国际清偿国际债务。只是黄金的运送需要一定的费用,这样对于一国来说,用于清偿债务选择黄金还是外汇取决于外汇市场上外汇汇率是否上涨超过铸币平价加上向外国输出黄金的各种费用(或外汇汇率是否下降超过铸币平价减去从外国输入黄金的各种费用)。因此铸币平价加(减)黄金运送费用则构成黄金输出(入)点,亦即汇率波动的上下限。

例如,英镑与美元的铸币平价为GBP1=USD4.866 5,英、美两国之间运送1英镑黄金的费用为0.02美元,则汇率变动的上下限为:

上限=铸币平价+运送费用

即 GBP1 = USD4.866 5+USD0.02=USD4.886 5

因此，GBP1＝USD4.886 5 为美国的黄金输出点、英国的黄金输入点。

下限＝铸币平价－运送费用

即 GBP1 ＝ USD4.866 5－USD0.02＝USD4.846 5

因此，GBP1 ＝ USD4.846 5 为美国的黄金输入点、英国的黄金输出点。

(二) 纸币本位制下汇率的决定与变动

由于第一次世界大战的破坏，以及1929—1933年资本主义经济危机的冲击，金本位制宣告崩溃，取而代之的是纸币本位制。在纸币本位制下，纸币不再与金属挂钩，不再规定含金量。但是纸币是各国政府强制发行并强制流通的货币符号，代表一定的价值。因此，在纸币本位制下，金平价不再成为汇率决定的基础，各国货币之间的汇率也就由它们各自所代表的价值来确定。此外，在纸币本位制下，汇率无论是固定的还是浮动的，纸币本身的特点使汇率丧失了保持稳定的基础；同时，外汇市场上的汇率波动也不再受黄金输送点的制约，波动可以变得无止境，任何能够引起外汇供求关系变化的因素都会造成汇率的波动。

纸币所代表的价值是纸币本位制下决定汇率的基础。但是在现实经济生活中，由于各国劳动生产率水平的差异、国际经济交往的日益密切、金融市场的一体化、信息传递技术的进步等因素，纸币本位制下货币汇率的决定不仅受本国经济和政策等因素的影响，还会受其他诸多因素的影响。各国经济学家在探讨汇率决定及变动的基础的过程中，形成了形形色色的汇率决定理论。

二、影响汇率变动的因素

影响汇率变动的因素有很多，有经济因素、政治因素、心理因素及其他因素等。各因素之间相互联系的同时也相互制约或者抵消，并且其作用的强弱也经常发生变化。因此，汇率变动的原因是极其错综复杂的。但从根本上说，影响汇率变动的主要因素是一些基本的经济因素。它们是通过影响外汇的供求关系来影响汇率变动的。

(一) 经济增长状况

一国经济实力的强弱与该国的经济增长状况密切相关。而经济实力的强弱奠定了一国币值坚挺的基础。这也是影响汇率水平的基础性因素。

一国经济增长状况对汇率变动的影响较为复杂，可能出现以下几种情况：

对发展中国家而言，在国内经济增长的同时，往往进口多、出口少，从而出现贸易收支逆差，最终影响汇率。这主要是由于发展中国家经济增长率的提高会引起国内需求水平的提高，而发展中国家又往往依赖于增加进口以弥补国内供给的不足，从而导致其出口增长慢于进口增长，使其贸易收支出现逆差，造成本币贬值。其过程如图4-1所示。

发展中国家经济增长 → 进口增长快于出口增长 → 贸易收支逆差 → 外汇汇率上涨、本币贬值

图 4-1 发展中国家经济增长对汇率的影响

对于依赖出口的出口导向型国家来说则大有不同。出口导向型国家的经济增长主要表现为出口的增长，进而导致本国贸易收支出现顺差，推动本币升值。其过程如图4-2所示。

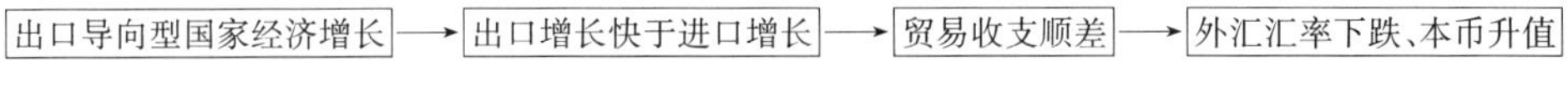

出口导向型国家经济增长 → 出口增长快于进口增长 → 贸易收支顺差 → 外汇汇率下跌、本币升值

图 4-2 出口导向型国家经济增长对汇率的影响

另外,经济增长也反映一国经济实力的变化,从市场参与者的心理角度分析,一国经济增长表明该国经济实力的提高,在外汇市场上人们对其货币的信心会增加,本币信誉会提高,导致本币汇率上升。当然,在其他经济条件不变的情况下,如果各国经济增长率同步变化,就不会对汇率产生太大的影响。

(二) 国际收支差额

在浮动汇率制下,由于汇率受市场自发作用的调节,国际收支差额尤其是贸易收支差额对一国的汇率变动会产生直接影响。其作用过程为:一国国际收支逆差可导致本国外汇供给的减少或外国对本币的需求减少,从而造成市场上的外汇供不应求或本币供过于求,引起外汇汇率上涨,本币汇率下跌;反之,一国国际收支顺差则引起外汇汇率下跌,本币汇率上升。

延伸阅读4-5

2024年一季度国际收支状况

国家外汇管理局公布了2024年一季度国际收支平衡表初步数据。根据国际收支平衡表初步数据显示,2024年一季度,我国国际收支保持基本平衡。其中,经常账户顺差392亿美元,与同期国内生产总值(GDP)之比为0.9%,继续处于合理均衡区间;双向跨境资金流动保持合理有序。

一是货物贸易保持顺差。一季度,我国国际收支口径的货物贸易顺差1211亿美元,其中,货物贸易出口7511亿美元,同比增长2%;进口6300亿美元,同比增长3%。主要是2024年以来我国经济实现良好开局,随着产业转型升级不断深入,贸易新增长点、新业态、新模式不断拓展,贸易结构不断优化。

二是服务贸易呈现逆差。一季度,服务贸易逆差610亿美元。一方面,旅行逆差538亿美元,同比扩大34%,旅行相关收入、支出规模继续向疫情前水平回归。另一方面,服务贸易主要顺差项目持续增长。其中,咨询、广告等其他商业服务顺差120亿美元,处于历史较高水平;电信、计算机和信息服务顺差48亿美元,同比增长30%。

三是双向直接投资有序开展。一季度,我国对外股权性质直接投资净流出257亿美元,企业"走出去"稳定有序;来华股权性质直接投资净流入190亿美元,其中新增资本金流入210亿美元,显示外资来华展业兴业保持总体稳定。

总体看,尽管外部环境复杂性、严峻性、不确定性明显上升,但我国加快构建新发展格局,着力推动高质量发展,经济基础稳、优势多、韧性强、潜能大,将继续为我国国际收支基本平衡提供根本支撑。

以上国际收支状况是否对2024年1季度人民币汇率持续保持贬值走势产生了影响?读者可进一步思考。

资料来源:国家外汇管理局.国家外汇管理局副局长、新闻发言人王春英就2024年一季度国际收支状况答记者问[EB/OL].(2024-05-10)[2024-05-11]. http://www.safe.gov.cn/safe/2024/0510/24354.html.

(三) 利率水平

利率对汇率变动的影响一般是短期性的,但表现较为剧烈,尤其在浮动汇率制度下。利率对汇率的影响主要通过两个方面发挥作用。

1. 通过影响国际收支经常项目发挥作用

利率的升降可以影响物价水平。一般情况下,提高本币利率往往会导致国内货币供给减少及信用紧缩,甚至引起物价下跌,从而影响进出口和国际收支并最终影响汇率。其具体作用过程表现为:

(1) 利率降低→国内货币供给增加和信用扩张→物价上涨→不利于出口,有利于进口

→贸易收支逆差→本币贬值。

（2）利率升高→国内货币供给减少和信用紧缩→物价下跌→有利于出口,不利于进口→贸易收支顺差→本币升值。

这一作用过程如图4-3所示。

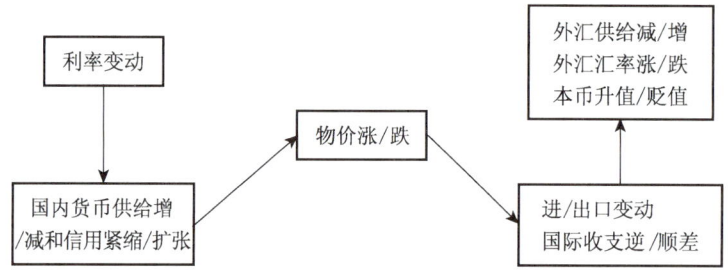

图4-3　利率通过经常项目影响汇率变动

2. 通过影响国际收支资本项目发挥作用

因为在开放经济条件下,国际间利率的差异往往会引起短期资本在国际间的流动。利率高的国家会发生资本流入,利率低的国家会发生资本流出。而资本的流入流出则会引起外汇市场的供求关系发生变化,从而对汇率变动产生影响。其具体的作用过程表现为：

（1）利率降低→资本流出增加→资本与金融账户逆差→外汇供不应求→外汇汇率上升、本币贬值。

（2）利率升高→资本流入增加→资本与金融账户顺差→外汇供大于求→外汇汇率下跌、本币升值。

这一作用过程如图4-4所示。

图4-4　利率通过资本流动影响汇率变动

（四）通货膨胀

通货膨胀对汇率变动的影响是长期性的,一般经过一段时间才显现出来。通货膨胀对汇率的影响途径一般通过两个渠道：

一是影响进出口贸易。当一国出现通胀时,该国内物价水平普遍上升。若汇率不变,则出口商品价格上升,国际竞争力下降,该国出口受到抑制。同时,由于外国商品价格显得相对便宜而使该国进口增加,因此该国的经常账户易出现逆差,从而导致本币汇率下跌。

二是影响实际利率。当一国发生通胀时,往往会使该国实际利率降低,用该国货币所表示的各种金融资产的实际收益下降,从而引起投资者大量抛售贬值货币计价的资产,导致资本外流,资本和金融账户出现逆差,从而引起本币贬值。

同时,一国货币的对内贬值,将会降低其在国际上的信誉,不可避免地影响其对外价值,导致本币汇率下跌。另外,两国若同时发生通胀,通胀率高的国家,其货币往往具有贬值趋势。

（五）政府的干预政策

政府机构是外汇市场的交易主体之一,因此政府可直接通过外汇买卖来影响汇率。如中央银行参与外汇市场交易,直接买进某种货币,则对该货币汇率在短期内产生直接影响。当中央银行参与的外汇市场操作不足以实现政府的汇率政策目标时,政府可借助于宏观调控政策、外汇管制等措施,从而使汇率在可以接受的范围之内变动。

作为宏观调控的两种主要政策,财政政策与货币政策对汇率的影响表现在以下两个方面:

从长期影响看,如果一国经济过热,会导致通货膨胀,使出口成本增加,出口商品的竞争能力被削弱,不利于国际收支的平衡,则该国实行紧缩的财政、货币政策,在一定时期内,使宏观经济形势得以改善,从而有助于汇率的稳定;反之,如果一国经济停滞不振,汇率下跌,则该国实行扩张的财政、货币政策,最终会改善汇率的疲软状况。长期影响在相对长的时间段内才能实现。

从短期影响看,当一国实行紧缩财政、货币政策,如提高利率,则会迅速引起汇率上升。因为利率提高会与其他国家形成利率差异,从而吸引国际资金流入,外汇供给增加,外汇汇率下降,造成本币对外币汇率上涨。而实行扩张性财政、货币政策,如降低利率,在短期内,会引起本币对外币汇率的下跌。因为,利率调低会与其他国家形成利率差,外资为追求更高收益而流出,从而引起外汇需求的扩大,外汇汇率上涨,使本币对外汇率下跌。

政府的宏观调控政策对汇率的影响一般是间接性的。另外,政府的其他经济政策,如贸易政策既可能刺激出口,如出口退税;又可以限制进口,如非关税壁垒,对汇率也有较长期的影响。

在现实经济生活中,政策因素往往通过改变市场心理预期而影响汇率。政府是外汇市场上最具有实力的交易者,因此政府的意图具有特别强的影响力。在很多情况下,政府领导人发布公开讲话之后,无须政府采取实际干预行为,市场汇率的变化已经能够达到政府期待的目标值。

(六) 市场预期及投机活动

根据各种基本因素的变化对汇率走势进行预测是一种市场预期行为,其中包括市场参与者的心理因素。市场参与者根据各自的预期作出反应,又进一步推动汇率走势的起伏变化。市场预期行为使各种基本因素的变化迅速及时地反映在汇率走势中。

例如,市场参与者会根据一国官方公布的经济数据如采购经理指数(PMI)、国内生产总值(GDP)、居民消费价格指数(CPI)、生产价格指数(PPI)、存贷款余额、进出口总额、零售商品总额等指标作出判断,如果认为当前经济形势不够理想,预期资本可能会流出而使本币贬值,则会大量抛售该货币,进而导致货币有贬值走势。

投机活动的出现也是基于投机者对市场各方面的预期而作出的行为。一般来说,投机会使汇率不稳定,甚至有时候大规模的投机起到推波助澜的作用。

(七) 突发因素

突发因素主要包括政治、经济、军事、自然灾害等事件的发生。如重大的国际、国内政治事件是影响汇率变化的因素。因为政治事件对经济因素会发生直接或间接影响,而汇率变化对政治事件尤为敏感。国际上的军事行动,如2001年美国的"9.11"恐怖袭击事件,2003年3月21日美英联军发动的对伊拉克的战争,都对美元汇率产生重大影响。

事实上,汇率的变化是十分敏感的,诸如黄金市场、股票市场、石油市场等市场价格发生变化也会引起外汇市场汇率的波动。国际金融市场的一体化,资金在国际间的自由流动使得各个市场间的联系十分密切,价格的相互传递成为可能和必然。

延伸阅读4-6

购买力平价理论

购买力平价理论(theory of purchasing power parity, PPP)由瑞典经济学家卡塞尔于1922年提出。其主要观点:本国人之所以需要外国货币或外国人之所以需要本国货币,是因为这两种货币在各自发行国均具有对商品的购买力;两国货币购买力之比就是决定汇率的"首先的最基本的依据";汇率的变化也是由两国货币购买力之比的变化而决定的,即汇率的涨落是货币购买力变化的结果。该理论具体可以分为绝对购买力平价及相对购买力平价。

绝对购买力平价是指某一时点上,两国货币之间的比率取决于两国货币的购买力对比。而货币的购买力是某一时点上物价水平的倒数,所以可将汇率表示为:$e = \dfrac{P_A}{P_B}$。其中:e 为 A 国直接标价法的汇率;P_A、P_B 分别为 A 国和 B 国的物价总指数。

相对购买力平价是指两国货币间的汇率应取决于两国物价变动率之比。以公式表示:$e_1 = e_0 \times \dfrac{P_{A1}}{P_{B1}} \cdot \dfrac{P_{B0}}{P_{A0}}$。其中:$e_1$ 为某一时期汇率,e_0 为基期汇率;P_{A1}、P_{A0} 分别为 A 国某一时期物价指数和基期物价指数;P_{B1}、P_{B0} 分别为 B 国某一时期物价指数和基期物价指数。

资料来源:李健.金融学(精要版)[M].2版.北京:高等教育出版社,2021:46-47.

三、汇率变动的影响

在浮动汇率制度下,汇率变动频繁而剧烈。汇率变动对一国国内经济、金融甚至整个世界经济都有重大影响。

(一)汇率变动对一国经济的影响

1. 影响国际收支

汇率变动对一国国际收支的不同方面都会产生直接的影响,尤其是对贸易收支的影响非常突出。一般情况下,本币贬值有利于本国出口,但不利于本国进口。本币升值不利于本国出口,有利于本国进口。

一国货币汇率变动,会使该国进出口商品价格相应涨跌,抑制或刺激国内外企业、居民对进出口商品的需求,从而影响进出口规模和贸易收支。例如,一国货币汇率下跌,则以本币表示的出口商品价格上升,出口收汇兑换成本币后的数额增多。出口商为了扩大销售,增加出口,有可能降低出口商品的外币售价,而获得本币收入的数额不会减少。同时,一国货币汇率下跌,以本币表示的进口商品的价格上涨,从而抑制本国企业、居民对进口商品的需求。

其影响过程可举例说明:

【例题 4-2】 假设现在我国某出口商生产一种水杯,在我国的出口成本是 6 元人民币;出口到美国,可卖 1 美元。按照 1 美元兑换 6.5 元人民币,可把在美国销售的 1 美元换成国内的 6.5 元人民币。这就说明每出口一件这种水杯可赚 0.5 元人民币(6.5−6),利润率是 8.33%。如果人民币相对美元贬值了,1 美元不是换 6.5 元人民币,而是换 6.8 元人民币。那么,出口一件这种水杯则可赚 0.8 元人民币(6.8−6),利润率升至 13.33%。利润率提高了,自然就会调动出口商的积极性。如果人民币升值,则会打击出口商的积极性。

在一般情况下,出口的扩大,进口的减少,有利于汇率下跌国家贸易收支的改善。如果一国货币汇率上升,其结果则与上述情况相反。

然而,汇率变化对进出口的影响是有条件的,即进出口商品有价格弹性——进出口商品价格的变动对进出口商品的需求会有所影响。

在[例题 4-2]中,当美元兑人民币的汇率从 6.5 变成 6.8 时,中国的出口商有了扩大出口的积极性,但是美国进口商同时要有增加进口的积极性,其条件就是这种水杯在美国的销路可以因销售价格的降低而扩大,即在美国降低销售价格的空间是存在的。假如降到 0.97 美元,可换回人民币 6.596 元,去掉成本,每个水杯能赚 0.596 元。这对于出口商而言至少还有利润。但是如果为了增加销路,降价幅度过大,则出口商就不一定有利可图。而且对于有的商品来说,即使降价也不一定能引起销量的大幅增加,这与商品的需求价格弹性有关。因此,本币贬值能否促进本国商品的出口并进而改善国际收支逆差,是需要满足一定条件的。

延伸阅读 4-7

马歇尔-勒纳条件

马歇尔-勒纳条件是西方汇率理论中的一项重要内容。它表明:如果一国处于贸易逆差中,会引起本币贬值。本币贬值会改善贸易逆差,但需要的具体条件是进出口需求弹性之和必须大于1,即$(Dx+Dm)>1$(Dx、Dm 分别代表出口和进口的需求弹性)。这是由英国经济学家 A·马歇尔和美国经济学家 A·P·勒纳揭示的关于一国货币的贬值与该国贸易收支改善程度的关系。

一国货币相对于他国货币贬值,能否改善该国的贸易收支状况,主要取决于贸易商品的需求和供给弹性。这里要考虑 4 个弹性:①他国对该国出口商品的需求弹性;②出口商品的供给弹性;③进口商品的需求弹性;④进口商品的供给弹性(指他国对贬值国出口的商品的供给弹性)。假定一国非充分就业,因而拥有足够的闲置生产资源使出口商品的供给具有完全弹性的前提下,贬值效果便取决于需求弹性。需求弹性是指价格变动所引起的进出口需求数量的变动程度。

如果数量变动大于价格变动,需求弹性便大于 1;反之,数量变动小于价格变动,需求弹性便小于 1。只有当贬值国进口需求弹性大于 0(进口减少)与出口需求弹性大于 1(出口增加)时,贬值才能改善贸易收支。如果用 Dx 表示他国对贬值国的出口商品的需求弹性,Dm 表示进口需求弹性,则当 $Dx+Dm>1$ 时,即出口需求弹性与进口需求弹性的总和大于 1 时贬值可以改善贸易收支。

资料来源:百度百科. 马歇尔-勒纳条件[EB/OL]. (2023-08-16)[2024-05-09]. https://baike.baidu.com/item/%E9%A9%AC%E6%AD%87%E5%B0%94-%E5%8B%92%E7%BA%B3%E6%9D%A1%E4%BB%B6/11000215?fr=ge_ala. 有删改.

另外,汇率变动对无形贸易收支也有影响。一国货币汇率下跌,则外国货币的购买力相对提高,本国商品和劳务相对低廉。与此同时,由于本国货币兑换外币的数量减少,意味着本币购买力相对降低,国外商品和劳务价格也变得昂贵了。这有利于该国旅游与其他劳务收支的改善。如一国货币汇率上升,其作用则与此相反。当然,汇率变动的这一作用,须以货币贬值国国内物价不变或上涨相对缓慢为前提。

2. 影响物价水平

汇率变动对一国物价水平的影响,主要通过对该国的进口和出口两方面产生影响。

从进口消费品和原材料来看,汇率下降会引起进口商品在国内的价格上涨。至于它对物价总水平的影响程度则取决于进口商品和原材料在国民生产总值中所占的比重;反之,本币升值,其他条件不变,进口品的价格有可能降低,从而可以起到抑制物价总水平的作用。

从出口商品看,汇率下降有利于扩大出口。但在出口商品供给弹性小的情况下,出口扩大而国内市场供应减少则会引发国内市场抢购出口商品,从而抬高出口商品的国内收购价格;甚至有可能进而波及物价总水平。

需要注意的是,汇率变动导致物价总水平的波动,其后果不仅限于进出口,而是将影响整个经济进程。比如一个依靠进口粮食的国家,如果进口粮价因本币贬值而上涨,那不仅会引起物价总水平的提高,而且会增加社会矛盾。

3. 影响资本流动

资本从一国流向国外,主要是追求利润或避免损失,因此汇率变动会影响资本的流出流入。汇率的频繁变动会使国际资本流动的风险增大,从而影响国际资本流动的正常运行;汇率波动还会刺激投机活动,引起短期资本在各国间的频繁流动,不但冲击各国正常的经济秩序,不利于一国经济的平稳发展,而且也影响国际资本流动的正常流动。

短期资本与长期资本由于特点的不同,汇率变动对其影响不同。一般来说,汇率的变动对长期资本流动的影响较小,因为长期资本的流动主要以利润和风险为转移。

短期资本流动则常常受到汇率的较大影响。当存在本币对外贬值的趋势下,本国投资者和外国投资者就不愿持有以本币计值的各种金融资产,并会将其转兑换成外汇,发生资本外流现象。同时,由于纷纷转兑外汇,加剧外汇供求紧张(供不应求),会促使本币汇率进一步下跌;反之,当存在本币对外币升值的趋势下,本国投资者和外国投资者就力求持有以本币计值的各种金融资产,并引发资本内流。同时,由于外汇纷纷转兑本币,外汇供过于求,会促使本币汇率进一步上升。

4. 影响金融市场

由于汇率变动会引起资本流动,因此对一国的金融市场也有影响。如本币升值会吸引短期资本流入,更多资金将会进入一国的金融市场,尤其是资本市场,从而导致本国资本市场需求旺盛,并推动相关资产价格上涨。

相关思考4-2

人民币升值会产生哪些影响?热钱流入还是资本外逃?

当人民币对外升值时,对资本流动会产生明显的影响。那么若人民币升值到底会吸引资金进入还是引起资本外逃呢?大部分人都认同随着人民币的升值,会吸引大量国际资本流入中国资本市场,这部分资金规模大、流动快、趋利性强,是造成金融市场动荡的潜在因素。在我国金融监管体系有待进一步健全、金融业发展相对滞后的情况下,大量短期资本通过各种渠道流入资本市场的逐利行为,易引发货币和金融危机,将对我国经济持续健康发展造成不利影响。特别是大量游资涌入,往往会推高房地产等资产价格。相反,如果人民币贬值则可能会引发大量资本流出,不利于我国楼市或股市。

假设现在1美元兑换6.25元人民币,用10 000美元兑换62 500元人民币,若人民币升值到1美元兑换6.20元人民币的话,再用人民币兑换美元的话,只需要花62 000元人民币,500元人民币就是赚的利润。从这个角度,人民币升值会吸引大量短期资本流入以赚取人民币升值的好处——汇差。

但是不同的观点认为,自2005年以后人民币汇率呈现单边上扬,国际热钱其实早就已经潜伏进来。人民币升值后,由于有获利的机会,持有人民币资产的外资会出逃。这样,以房地产为代表的资产价格必然下降。对已经在华持有物业多年的外商来说,他们已获得暴利,肯定要抛售人民币及人民币资产,以求入袋为安。

5. 影响国民收入及就业

一国货币汇率下跌,有利于出口不利于进口,因而将会使闲置资源向出口生产部门转移,并促使进口替代品生产部门的发展。这将使生产扩大,国民收入和就业增加。这一影响是以该国有闲置资源为前提的。如果一国货币汇率上升,则会抑制生产,减少国民收入和就业。

(二)汇率变动对国际经济的影响

当一种货币在世界经济中占有重要地位时,该货币汇率的升降甚至会对国际经济产生影响。主要表现在以下几方面。

1. 汇率不稳,加剧西方国家争夺销售市场的竞争,影响国际贸易的正常发展

某些发达国家汇率不稳,利用汇率下跌,扩大出口,争夺市场,引起其他国家采取报复性措施,或实行货币对外贬值,或采取保护性贸易措施,从而产生贸易战和货币战,破坏了国际贸易的正常发展,对世界经济的景气产生不利影响。

2. 汇率不稳,影响某些储备货币的地位和作用,促进国际储备货币多元化的形成

由于某些储备货币国家的国际收支恶化,通货不断贬值,汇率不断下跌,影响其储备货币的地位和作用,如英镑、美元;而有些国家的情况则相反,其货币在国际结算领域的地位和作用日益加强,如日元、欧元、人民币,因而促进国际储备货币多元化的形成。

 延伸阅读 4-8

新 SDR 货币篮子生效一年!人民币权重提升,带来哪些影响?

8 月 1 日,新 SDR(特别提款权)货币篮子生效满一周年。2022 年 5 月 11 日,国际货币基金组织(IMF)执董会完成了五年一次的 SDR 定值审查,将人民币在 SDR 货币篮子中的权重由 10.92% 上调至 12.28%,新 SDR 货币篮子在去年 8 月 1 日正式生效。

人民币资产对全球资金吸引力如何?人民币在 SDR 货币篮子中的权重提升有何重要意义?未来人民币权重会不会进一步提升?一起来看本期快问快答。

问:什么是 SDR? 人民币在 SDR 货币篮子中的权重是多少?

答:特别提款权(SDR)是国际货币基金组织(IMF)于 1969 年创设的一种补充性储备资产,与黄金、外汇等其他储备资产一起构成国际储备。

2016 年 10 月 1 日,人民币正式加入 SDR 货币篮子。人民币"入篮"后,SDR 货币篮子正式扩大至美元、欧元、人民币、日元、英镑等五种货币,权重分别为 41.73%、30.93%、10.92%、8.33% 和 8.09%。

2022 年 5 月 11 日,IMF 执董会完成了 5 年一次的 SDR 定值审查,维持现有 SDR 篮子货币构成不变,并将人民币权重由 10.92% 上调至 12.28%,将美元权重由 41.73% 上调至 43.38%,同时欧元、日元和英镑权重分别由 30.93%、8.33% 和 8.09% 下调至 29.31%、7.59% 和 7.44%,人民币权重仍保持第 3 位。新 SDR 货币篮子在去年 8 月 1 日正式生效,并于 2027 年开展下一次 SDR 定值审查。

问:人民币资产对全球资金吸引力如何?

答:一年来,人民币资产对全球资金的吸引力持续提升。一方面表现在境外央行和追踪国际指数的相关资金对人民币资产的配置明显上升。据国际货币基金组织(IMF)日前发布的"官方外汇储备货币构成(COFER)"数据显示,截至 2023 年一季度末,人民币在 COFER 中占比为 2.58%,位居全球第五位。中国人民银行数据显示,截至 3 月末,境外机构和个人持有境内股票规模为 34 905.38 亿元,较去年 7 月末的 33 434.27 亿元增长 1 471.11 亿元。

另一方面表现在人民币在全球支付领域的活跃度不断提升,成为越来越多国际交易的首选货币之一。环球银行金融电信协会(SWIFT)7 月 20 日发布人民币月度报告和数据统计显示,2023 年 6 月份,在基于全额统计的全球支付货币排名中,人民币保持全球第五大最活跃货币的位置,占比2.77%。今年以来人民币国际支付份额处于持续增长的态势。

问:人民币在SDR货币篮子中的权重提升有何重要意义?

答:专家表示,人民币在SDR货币篮子中的权重由10.92%上调至12.28%,意味着人民币在国际贸易、外汇储备、全球外汇交易、投融资中的使用更加广泛,人民币更加受欢迎,人民币在国际支付结算、储备与投融资方面发挥的作用越来越大,人民币国际化进程加快。同时,也反映出国际市场对人民币市场化改革与我国金融改革开放成就的高度认可。

问:未来人民币权重会不会进一步提升?

答:对于未来人民币在SDR货币篮子中的权重是否还将进一步提升,专家认为,随着市场认可度提高,在被动式交易策略下更多全球资金将增配人民币资产,相应的衍生交易也将增加,人民币国际化将进入良性发展阶段,人民币在多边使用、国际支付、国际投融资、跨境资产配置、外汇交易、国际储备等领域的使用将继续稳步增加。在市场力量推动下,未来人民币在SDR货币篮子中的权重有望继续提升。

资料来源:经济日报.新SDR货币篮子生效一年!人民币权重提升,带来哪些影响?[EB/OL].(2023-08-02)[2024-04-18].http://www.ce.cn/xwzx/gnsz/gdxw/202308/02/t20230802_38656666.shtml.

3. 汇率不稳,加剧投机和国际金融市场动荡,促进国际金融业务的不断创新

汇率不稳,促进了外汇投机的发展,造成了国际金融市场的动荡和混乱,还加剧了国际贸易和汇率风险,又进一步促进期权、货币互换和欧洲债券等业务的出现,使国际金融业务形式与市场机制不断地创新。

相关思考4-3

人民币贬值好还是升值好?

近两年,人民币兑美元、英镑、日元等主要货币,整体上处于贬值状态,尤其是美元兑人民币汇率在2024年上半年一直维持在7.2左右。相比2020—2021年的情况,人民币对外币值发生了明显的变化,从升值转为贬值状态。那么,人民币是贬值好还是升值好?人民币升贬值会带来哪些影响?有兴趣的读者可以进一步思考。

四、汇率风险

从事进出口贸易、国际投资、国际信贷、国际支付活动的企业、银行、个人以及国家外汇储备的管理与营运等,通常在国际范围内收付大量外汇或拥有以外币表示的债权债务,或以外币表示其资产和负债的价值。各国使用的货币不同,加上各国间汇率频繁波动,给外汇持有者或外汇使用者带来不确定性,这就是汇率风险。

汇率风险主要表现在以下方面。

1. 进出口贸易风险

该风险是指在进出口贸易中因汇率变动而引起的外汇收付损失。例如,商品出口后到结算收入外汇往往有一段时间,在这段时间内,如果外汇汇率下跌,则出口商品成本和售价虽然未变,但实际收入却相应减少。同理,进口商品到货款支付时,如果遇到外币汇率上浮,则进口商需要支付更多本币,从而增加成本,蒙受损失。

2. 外汇储备风险

一国为应付日常外汇支付以及平衡国际收支,常常需要保持一定数量的外汇储备。如果持有的那些外币资产的汇率下跌,就会蒙受损失。

3. 外债风险

外债风险是指对外举债因汇率变动而引起的损失。例如,借入日元,折换成美元进口设备,但到期还债时如果日元升值,美元贬值,则需要以更多的美元折换成日元才能够清偿外债。

为了规避或减轻汇率风险损失,在对外交易中需要采取一些防范措施。例如,选择好贸易结算使用的货币,运用远期外汇买卖、外汇期货或外汇期权等,从而减少风险和损失。

第三节 汇率制度

汇率制度是指一国对本币与外币的比价所作出的安排与规定。安排的情况与规定的内容不同,就有不同的汇率制度。第二次世界大战后,主要发达国家所建立起来的汇率制度经历了两个阶段:从 1945 年到 1973 年春,它们建立的是固定汇率制度;1973 年春以后,它们又建立起浮动汇率制度。但广大的发展国家仍实行不同形式的固定汇率制度。

一、固定汇率制度

(一) 固定汇率制度的概念

固定汇率制度(fixed exchange rate system)是指两国货币比价基本固定,并把两国货币比价的波动幅度控制在一定的范围之内。可以分为 1880—1914 年金本位体系下的固定汇率制和 1944—1973 年布雷顿森林体系下的固定汇率制(也称为以美元为中心的固定汇率制)两个阶段。

1. 金本位体系下的固定汇率制

1880—1914 年的 35 年间,由于主要西方国家通行金本位制,只要两国货币的含金量不变,两国货币的汇率就保持稳定。当然,这种固定汇率也要受外汇供求、国际收支的影响,但是汇率的波动界限仅限于黄金输送点。黄金输送点和物价的机能作用,把汇率波动限制在有限的范围内,对汇率起到自动调节的作用,从而保持汇率的相对稳定。在第一次世界大战前的 35 年间,美国、英国、法国、德国等国家的汇率从未发生过升值或贬值的波动。

金本位体系的 35 年是自由资本主义繁荣昌盛的"黄金时代",固定汇率制保障了这一时期国际贸易和信贷的安全,方便了生产成本的核算,避免了国际投资的汇率风险,推动了国际贸易和国际投资的发展。但是,严格的固定汇率制使各国难以根据本国经济发展的需要执行有利的货币政策,经济增长受到较大制约。1914 年第一次世界大战爆发,各国停止黄金输出和输入,金本位体系即告解体。一直到第二次世界大战结束前,各国间没有形成统一的汇率规则。

2. 布雷顿森林体系下的固定汇率制

布雷顿森林体系下的固定汇率制也称为以美元为中心的固定汇率制。1944 年 7 月,44 个同盟国在美国新罕布什尔州的布雷顿森林召开了"联合和联盟国家国际货币金融会议",通过了以美国财长助理怀特提出的以"怀特计划"为基础的《国际货币基金协定》和《国际复兴开发银行协定》,总称布雷顿森林协定,以此形成了布雷顿森林体系。布雷顿森林体系建立了国际货币合作机构(国际货币基金组织和国际复兴开发银行,后者又称"世界银行"),规定了各国必须遵守的汇率制度以及解决各国国际收支不平衡的措施,从而确定了以美元为中心的国际货币体系。

布雷顿森林体系下的汇率制度,简单说就是美元与黄金挂钩、其他货币与美元挂钩的"双挂钩"制度。具体内容为:美国公布美元的含金量,1美元的含金量为0.888 671克,美元与黄金的兑换比例为1盎司黄金=35美元。其他货币按各自的含金量与美元挂钩,确定各自与美元的汇率。这就意味着其他国家货币都钉住美元,美元成了各国货币围绕的中心。各国货币与美元的汇率只能在平价上下1%的限度内波动。超过这个限度,各国央行有义务对外汇市场进行干预,以保持汇率的稳定。只有在一国国际收支发生"根本性不平衡"时才允许贬值或升值。

布雷顿森林体系下的固定汇率制,实质上是一种可调整的钉住汇率制度,它兼有固定汇率与弹性汇率的特点,即在短期内汇率要保持稳定,这类似金本位制度下的固定汇率制;但它又允许在一国国际收支发生根本性不平衡时可以随时调整,这一点类似于弹性汇率制。

1971年8月15日,美国总统尼克松宣布美元贬值和美元停兑黄金,布雷顿森林体系开始崩溃。1盎司黄金等于35美元调整到38美元,汇兑平价的幅度从1%扩大到2.25%,但到1973年2月美元第二次贬值,欧洲国家及其他资本主义国家纷纷退出固定汇率制,布雷顿森林体系彻底瓦解。

(二) 固定汇率制度的作用

1. 固定汇率制对国际贸易与投资的作用

与浮动汇率制比较,固定汇率制为国际贸易和投资提供了较为稳定的环境,减少了汇率的风险,便于进出口成本核算以及国际投资项目的利润评估,从而有利于对外贸易的发展,对某些西方国家的对外经济扩张与资本输出有一定的促进作用。

但是在外汇市场动荡时期,固定汇率制度也易于招致国际游资的冲击,引起国际外汇制度的动荡与混乱。当一国国际收支恶化,国际游资突然从该国转移换取外国货币时,该国为了维持汇率的波动,不得不拿出黄金外汇储备在市场供应,从而引起黄金的大量流失和外汇储备的急剧缩减。如果黄金外汇储备急剧流失仍不能平抑汇价,该国最后有可能采取法定贬值的措施。一国的法定贬值又会引起与其经济关系密切的国家同时采取贬值措施,从而导致整个汇率制度与货币的极度混乱与动荡。经过一定时期后,外汇市场与各国的货币制度才能恢复相对平静。未恢复平静之前,进出口商对接单订货抱观望态度,从而使国际间的贸易往来在某种程度上出现中止停顿的现象。

2. 固定汇率制对国内经济政策的影响

在固定汇率制下,一国很难执行独立的国内经济政策。这是因为:

(1) 固定汇率制下,一国的货币政策很难奏效。例如,一国为减少投资、治理通胀而采取提高利率的货币政策,却会因为利率的提高吸引外资的流入,从而达不到减少投资的目的。相反,为刺激投资而降低利率,却又可能造成资金的外流。

(2) 固定汇率制下,为维护固定汇率,一国往往需以牺牲国内经济目标为代价。例如,一国国内通胀严重,该国为治理通胀,实行紧缩的货币政策和财政政策,提高贴现率,增加税收等。但由于本国利率的提高,势必会引起资本流入,造成资本项目顺差;由于增加税收,势必造成总需求减少,进口减少,出口增加,造成贸易收支顺差。这就使本币汇率上升,不利于固定汇率的维持。因此,该国政府为维持固定汇率,不得不放弃为实现国内经济目标所需采取的国内经济政策。

(3)固定汇率制使一国国内经济暴露在国际经济动荡之中。由于一国有维持固定汇率的义务,因此当其他国家的经济出现各种问题而导致汇率波动时,该国就须进行干预,从而也就会受到相应的影响。例如,外国出现通货膨胀而导致其汇率下跌,本国为维持固定汇率而抛出本币购买该贬值货币,从而增加本国货币供给,诱发了本国的通货膨胀。

总之,固定汇率制使各成员国的经济紧密相连,互相影响,一国出现经济动荡,必然波及他国。同时,也使一国很难实行独立的国内经济政策。

二、浮动汇率制度

(一)浮动汇率制度的概念

浮动汇率制度(floating exchange rate system)是指对本国货币与外国货币的比价不加以固定,也不规定汇率波动的界限,而由外汇市场根据供求状况的变化自由决定汇率的高低。在这种汇率制度下,外汇供过于求时,外汇汇率就下跌;外汇供不应求时,外汇汇率就上升。

在实行浮动汇率制后,各国汇率体系趋向复杂化、市场化。在浮动汇率制下,各国不再规定汇率上下波动的幅度,各国央行也不再承担维持汇率波动上下限的义务。各国汇率根据外汇市场中的外汇供求状况,自行浮动和调整。各国央行可以根据本国经济的需要,对外汇市场进行直接或间接地干预,从而使本国汇率有利于本国经济发展。

(二)浮动汇率制度的类型

全球金融体系自1973年以后,以美元为中心的固定汇率制度不复存在,取而代之的是浮动汇率制度。实行浮动汇率制度的国家大都是世界主要工业国,其他大多数国家和地区仍然实行钉住的汇率制度,其货币大多钉住美元、日元等。

随着全球国际货币制度的不断改革,国际货币基金组织于1978年4月1日修改"国际货币基金组织条文"并正式生效,实行"有管理的浮动汇率制"。新的汇率协议使各国在汇率制度的选择上具有很强的自由度,所以现在各国实行的浮动汇率制度多种多样。有自由浮动、管理浮动、单独浮动、联合浮动、钉住浮动等。

浮动汇率制度从理论上说,可以分为不同的类型。具体可以如表4-2所示。

表4-2　　　　　　　　　　　　　　浮动汇率制度类型

分类依据	浮动汇率类型	具 体 含 义
政府是否干预外汇市场	自由浮动	政府实行完全不干预外汇市场的汇率制度,也称为"清洁浮动"
	管理浮动	政府按照本国经济需要,不时地干涉外汇市场,使本币汇率的升降有利于本国的方向发展,也称为"肮脏浮动"
是否组成国家集团	单独浮动	一国不与其他国家组成集团而单独实行浮动汇率制,如美国、日本、加拿大、瑞士等
	联合浮动	某些国家组成集团,对集团内的成员国之间实行固定汇率制度,而对集团外的非成员国实行同升同降的浮动汇率制度

(三)浮动汇率制度的作用

1. 浮动汇率制对金融和外贸的影响

一般来说,实行浮动汇率在国际金融市场上可防止国际游资对某些主要国家货币的冲击,防止外汇储备的流失,使货币公开贬值或升值的危机得以避免。从这个角度看,它在一定程度上可保持西方国家货币制度的相对稳定。当一国货币在国际市场上被大量抛售时,由于没有维持固定比价的义务,该国一般无需立即动用外汇储备大量购进本国货币,这样本国的外汇储备就不致急剧流失,而其他国家的货币也不致发生重大的动荡。

在浮动汇率制下,汇率的自由升降虽可阻挡国际游资的冲击,但却容易因投机或谣言引起汇率的暴涨暴跌,造成汇率波动频繁和波幅较大的局面。在固定汇率制度下,因国家的干预,汇率波动并不频繁,其波动幅度也不过是平价上下1%。但在浮动汇率制下,汇率波动则极为频繁和剧烈,有时一周内汇率波动幅度能达10%,甚至一天都能达5%。这进一步促使投机者利用汇率差价进行投机活动,来获取投机利润。但汇率剧跌,也会使他们遭受巨大损失。因投机亏损而引起的银行倒闭之风,在20世纪80年代至90年代曾严重威胁着西方金融市场,银行因投机亏损而倒闭的事件时有发生。

浮动汇率波动的频繁与剧烈,也会增加国际贸易的风险,使进出口贸易的成本加重或不易核算,影响对外贸易的开展。同时,这也促进了外汇期权、外汇期货、远期合同等业务的创新与发展。

2. 浮动汇率制对国内经济和国内经济政策的影响

与固定汇率制相比,浮动汇率制下一国无义务维持本国货币的固定比价,因而可以根据本国国情,独立自主地采取各项经济政策。同时,由于在浮动汇率制下,为追求高利润的投机资本往往受到汇率波动的打击,因而减缓了国际游资对一国的冲击,从而使其货币政策能产生一定的预期效果。也正因为各国没有义务维持固定汇率的界限,因此,在浮动汇率制下,一国国内经济受到他国经济动荡的影响一般相对较小。

> **相关思考4-4**

固定汇率制与浮动汇率制孰优孰劣?

固定汇率制与浮动汇率制是各国经历过的两种主要的汇率制度。不同的汇率制度都会产生不同的影响。那么,到底哪种汇率制度更好呢?可以看到的是,当前各国纷纷实行的是不同模式的浮动汇率制。从固定汇率制发展到浮动汇率制,与固定汇率制的缺陷有密切关系。而浮动汇率制尽管有很多优点,但同样存在缺陷,它加剧了国际金融市场的动荡和混乱。

三、我国的人民币汇率制度

一国不同时期的汇率制度选择与该国经济金融状况等因素有关,我国人民币汇率制度在不同的历史时期采取了不同的表现形式。

目前我国实行的是以市场供求为基础、参考一篮子货币进行调节、有管理的浮动汇率制度。这主要包括三方面的内容:一是以市场供求为基础的汇率浮动,发挥汇率的价格信号作用;二是根据经常项目主要是贸易平衡状况动态调节浮动幅度,发挥"有管理"的优势;三是参考一篮子货币,即从一篮子货币的角度看汇率,不片面地关注人民币与某个单一货币的双边汇率。

一直以来,人民币汇率形成机制在不断地改革。近几年来,根据国内外经济金融形势和我国国际收支状况,人民币汇率形成机制改革一直在有序推进。1994年实现汇率并轨后,我国即开始实行以市场供求为基础,有管理的浮动汇率制度,只是在亚洲金融危机爆发后收窄了人民币汇率浮动区间。2005年7月,经过充分论证和准备,我国实施了人民币汇率形成机制改革,实行了以市场供求为基础、参考一篮子货币进行调节、有管理的浮动汇率制度。2008年下半年国际金融危机进一步深化后,许多国家货币对美元大幅贬值,人民币汇率保持了基本稳定,为亚洲乃至全球经济复苏作出了贡献,展示了我国促进全球经济平衡的努力。2010年6月19日,中国人民银行宣布进一步推进人民币汇率形成机制改革,重在坚持以市场供求为基础,参考一篮子货币进行调节。2012年4月14日,中国人民银行宣布自4月16日起,银行间即期外汇市场人民币兑美元交易价浮动幅度由5‰扩大至1%,人民币汇率双向浮动弹性进一步增强。

与此同时,人民币汇率形成机制的其他配套工作也在稳步推进。一是大力推进外汇市场建设,为以市场供求为基础的人民币汇率形成机制提供制度支持。引入询价交易方式和做市商制度,改进人民币汇率中间价形成方式,同时大力发展银行间人民币远期、掉期、期权市场,创新汇率避险工具,增强企业管理风险的能力。二是加强和改进外汇管理,不断扩展对外投资渠道,陆续出台了一系列政策,放宽企业、居民持有外汇的限制,加快"走出去"步伐。同时还加强了跨境资金监管,防范短期套利资本大规模流动。三是密切监测经济运行状况,注意观察企业承受能力,在保持经济平稳较快增长的同时,积极稳妥地推进人民币汇率形成机制改革。

本 章 小 结

本章主要学习了外汇的基本含义及其特征、作用,汇率的含义及其标价法、汇率的种类、汇率的决定因素及其产生的影响(作用)、汇率制度、汇率风险等内容。本章重点为汇率的标价法、汇率的种类、套算汇率的计算、汇率的决定及其影响;难点为套算汇率的计算、汇率的决定及其影响、汇率制度。

本章重要概念

外汇　特别提款权　外汇储备　直接标价法　间接标价法　买入汇率　卖出汇率　现钞汇率　中间汇率　基准汇率　套算汇率　名义汇率　实际汇率　有效汇率　即期汇率　远期汇率　固定汇率制度　浮动汇率制度　布雷顿森林体系　铸币平价　汇率风险

第五章　金融机构体系

- 内容提要
- 重点难点
- 学习目标
- 知识框架
- 思政育人
- 第一节　金融机构及其体系构成
- 第二节　中国金融机构体系
- 第三节　国际金融机构体系
- 本章小结
- 本章重要概念

内容提要

本章主要讲述了金融机构的含义、分类及作用；现代金融机构体系的构成；我国金融机构体系的发展与变迁、目前的构成；国际金融机构体系的形成、发展及主要金融机构。

重点难点

本章重点为金融机构的分类、金融机构的作用、中国当前的金融机构体系；难点为金融机构的作用发挥机制。

学习目标

通过本章学习，学生应了解金融机构的含义及分类，掌握金融机构的作用，熟悉金融机构体系的构成并掌握我国金融机构体系构成现状，理解不同金融机构的基本情况，了解国内外金融机构体系。

知识框架

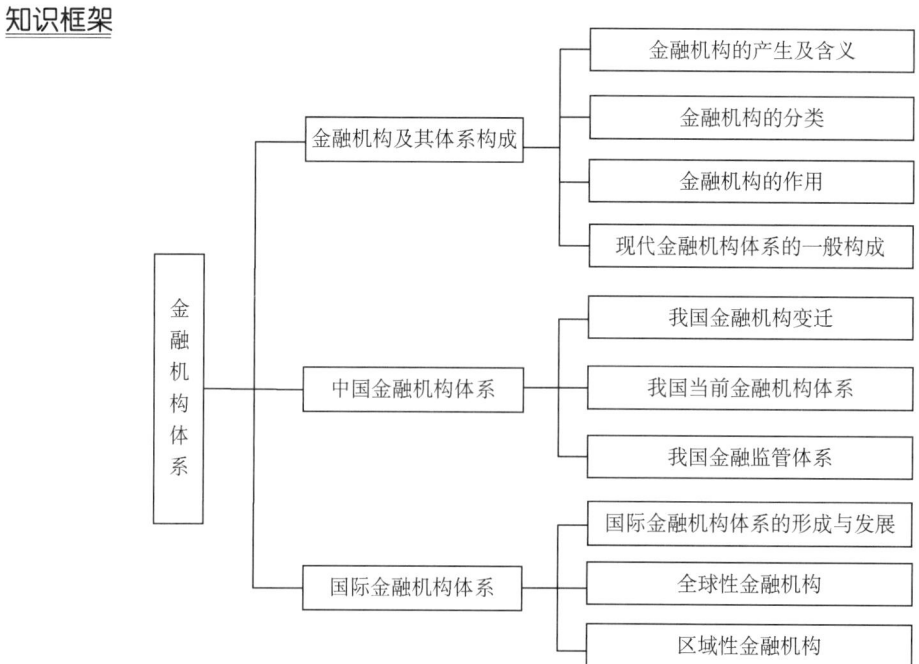

思政育人 　　　　　金融改革顺势来袭!

近日,人民日报头版刊发题为《如何加快建设中国特色现代金融体系》的文章,为中国金融体系改革指明了方向。

一、健全金融调控体系,防范系统性金融风险

作为国家宏观调控的重要抓手,金融调控事关经济社会发展全局。中国人民银行将健全货币政策和宏观审慎政策双支柱调控框架,深化利率汇率市场化改革,并完善现代支付体系,健全覆盖全社会的征信体系。与此同时,将落实中央银行独立财务预算管理制度,增强货币政策的前瞻性、针对性和有效性。这一系列务实举措将有效防范化解重大金融风险隐患,为经济平稳运行筑牢防火墙。

二、强化资本市场监管,推动金融供给侧结构性改革

资本市场是现代金融体系的重要组成部分,在优化资源配置、支持实体经济中发挥关键作用。证监会将加快构建全方位、立体化的资本市场监管体系,对资本市场进行全面监管,让监管"长牙带刺"、有棱有角。通过强化大型商业银行主力军作用,深化政策性银行改革,推动中小银行回归本源,优化金融机构的规模、结构、区域布局,提高资本市场韧性。同时,充分发挥资产证券化盘活存量资产作用,增强货币市场稳健性,优化融资结构,推动金融供给侧结构性改革不断深入。

此轮金融改革由人民银行、证监会、金融监管总局等部门协同发力,措施涵盖金融调控、金融市场、金融机构、金融监管、金融服务等各个层面,将极大提升金融体系的稳健性和竞争力。在"强监管、防风险、促发展"的改革主线下,中国特色现代金融体系将加速构建,为实体经济插上腾飞的翅膀。金融业必将在新一轮改革中焕发新的生机与活力,成为中国经济行稳致远的压舱石。

资料来源:金融界.金融改革顺势来袭!人民银行、证监会、金融监管总局齐发力[EB/OL].(2024-06-13)[2024-06-14]. https://finance.jrj.com.cn/2024/06/13092341000226.shtml.

第一节　金融机构及其体系构成

一、金融机构的产生及含义

(一)金融机构的产生

金融机构是人类金融活动的产物。我们知道,货币充当财富的代表,既可以参与交换过程,也可以独立地保存起来。随着商品交换在区域范围上的扩展,以及人类经济生活的复杂性提高,人们需要经常将货币保存起来,就会发生货币的转移及兑换。为了适应这一客观需要,一些专门机构成立起来,专门为人们办理货币的保管、运输、兑换等业务。

另外,人们在各自生产、生活中,出现了货币及财富分配的不均衡性。一部分出现了货币资金的剩余,而一部分又出现了短缺。如何将双方通过一定的渠道和方式结合,从而实现双方之间的余缺调剂,这就需要专门的机构提供中介服务,而金融机构就是实现资金融通的桥梁。

(二)金融机构的含义

一般来说,凡专门从事各种金融活动的组织均称为**金融机构**。它通常以一定量的自有资本金为运营资本,通过吸收存款、发行各种证券、接受他人的财产委托等形式形成资金来源,通过贷款、投资等形式运营资金,并且从提供金融产品和金融服务过程中取得收益。但中央银行除外,它不以营利为目的。

二、金融机构的分类

按照不同的标准,金融机构可划分为不同的类型。

(一)监管类金融机构和非监管类金融机构

按照金融机构的管理地位,金融机构可划分为监管类金融机构和非监管类金融机构。

监管类金融机构是根据法律规定对一国的金融体系进行监督管理的机构。其职责包括按照规定监督管理金融市场;发布有关金融监督管理和业务的命令和规章;监督管理金融机构的合法合规运作等。我国目前的金融监管机构主要包括"一行一总局一会",即中国人民银行、国家金融监督管理总局、中国证券管理监督委员会。另外,组建了中央金融委员会,加强党中央对金融工作的集中统一领导。

非监管类金融机构是指从事商业性或政策性金融业务,不具有管理职能和管理地位的金融机构,包括一般的商业性金融机构和政策性金融机构。非监管类金融机构具体是指除了中央银行及银行业、证券业、保险业等专门的行业监管机构之外的所有金融机构。

(二)存款类金融机构和非存款类金融机构

按照是否能够吸收存款,金融机构可划分为存款类金融机构与非存款类金融机构。

存款类金融机构是指通过吸收存款为主要资金来源,以发放贷款为主要的资金运营方式,办理转账结算等业务,并参与存款创造的金融机构,也称为银行类金融机构,是金融市场的重要中介。存款类金融机构主要包括商业银行、储蓄贷款协会、合作储蓄银行和信用合作社等。

非存款类金融机构的资金来源和存款类金融机构吸收存款不一样,主要是通过发行金融工具或签订契约的方式聚集社会闲散资金,并通过特定的方式运营这些资金。又称为非银行类金融机构。非存款类金融机构要包括保险公司、证券公司、信托公司、证券投资基金公司、金融租赁公司等。

(三)政策性金融机构和非政策性金融机构

按照是否担负国家政策性融资任务,金融机构可划分为政策性金融机构和非政策性金融机构。

政策性金融机构是指那些由政府或政府机构发起、出资创立、参股或保证的,不以利润最大化为经营目的,在特定的业务领域内从事政策性融资活动,以贯彻和配合政府的社会经济政策或意图的金融机构。

非政策性金融机构是以追求利润最大化为目的,自主经营、自负盈亏、自我约束、自我发展的金融机构,也是金融企业。非政策性金融机构主要包括商业银行、保险公司、证券公司、信托公司、金融租赁公司、财务公司等,经营目的是获得更高的企业利润,不承担国家的政策性融资任务。

(四)直接金融机构和间接金融机构

按照融资方式不同,金融机构可划分为直接金融机构和间接金融机构。

直接金融机构是在直接融资方式中为投资者和筹资者提供服务的金融机构,一般不发行以自己为债务人的融资工具,只是协助筹资者将发行的金融工具销售给投资者。其主要业务包括证券的发行、经纪、保管、登记、清算、资信评估、财务顾问等。投资银行、证券公司等属于直接金融机构。

间接金融机构是在间接融资方式中提供中介服务的金融机构,一方面以债务人的身份从资金盈余者的手中筹集资金,一方面又以债权人的身份向资金短缺者提供资金,充当信用中介。商业银行是最典型的间接金融机构。

> **相关思考 5-1**
>
> **金融机构与一般经济组织有何区别?**
>
> 金融机构大多数都是以营利为目的的企业。作为一种经济组织,金融机构与一般的经济组织存在哪些共性?它们之间又存在哪些区别呢?

三、金融机构的作用

现代金融机构大多数是以追求利润为目标,以经营货币资金为对象的特殊企业组织,具有一般企业的基本特征,但又与一般工商企业有所不同。工商企业经营的是具有一定使用价值的商品,从事商品生产与流通活动;而金融机构是以货币资金这种特殊商品为经营对象,经营内容包括货币的收付、借贷以及各种与货币运动有关的或与之相联系的金融业务。金融机构的作用主要体现在以下方面。

(一) 促进资金融通

促进资金融通是金融机构最基本的功能。它是指金融机构通过各种方式,把社会上的各种闲散货币资金集中起来,再通过不同的方式将资金运用出去,把它投向各个部门。金融机构是作为货币资金的贷出者和借入者的中介人,来实现资金的融通,并从吸收资金的成本与发放贷款的利息、投资收益的差额中获取利差收入,形成其收益。这对社会经济发展具有重要的意义,使资金得到了充分、有效运用,大大提高了全社会对资金的使用效率,从而促进了生产的发展。而且,通过发挥金融机构的中介作用,还可以降低交易成本,改善信息不对称。

金融机构通过充当信用中介实现资金盈余与资金短缺之间的融通。商业银行是最典型的信用中介及融通资金的桥梁。因为商业银行以吸收存款的形式动员了不同数量和不同期限的闲置货币资金,这些资金集中起来就是一个很大的量,可以满足各种需要。不同时间的存款,可以满足不同期限的借款;若干个短期存款,便能满足一个相对长期的需要。当然,这种集中并不是简单的数量相加。此外,由于金融机构专门经营信用业务,不但自身信誉较一般企业高,而且通过各种业务也能确切了解借贷者的经济状况和信用能力。

(二) 便利支付清算

金融机构提供有效的支付结算服务是其适应经济发展需求而较早产生的功能。商业银行为社会提供的支付结算服务,对商品交易的顺利实现、货币支付与清算和社会交易成本的节约具有重要的意义。

由于银行等金融机构的信誉好,拥有大量的分支机构和代理行关系,企业一般都在银行等金融机构开立账户,委托银行办理转账结算和现金收付,从而使银行等金融机构成为企业之间的支付中介人。银行还在存款的基础上,为客户兑付现款等,成为工商企业、团体和个人的货币保管者、出纳者。金融机构充当支付中介的功能有利于加速结算过程和货币资金的周转,促进再生产的顺利进行。

(三) 创造信用和存款货币

金融机构创造的信用工具主要是指支票和银行券,它们都是银行的债务凭证。银行券代替商业票据,用来扩大信用范围,满足流通中对现金的需要。支票是在银行存款业务的基础上产生的,往往用作转账,这样银行便可以借助支票流通,扩大自己的信用业务。

另外,在准备金制度下,银行通过其资产负债业务不仅可以扩张或收缩信用,还可以创造存款货币。中央银行的资产业务可以直接授信给金融机构,负债业务可以直接发行信用货币。因此,金融机构的业务活动对于整个社会的信用和货币具有决定性作用。

(四) 转移分散风险

转移分散风险是指金融机构通过各种业务、技术和管理,分散、转移、控制或减轻金融、经济和社会活动中的各种风险。该作用主要体现在金融机构作为金融中介,通过各种业务为投资者分散转移风险。例如,商业银行的理财业务和信贷资产证券化、保险机构开展各类保险业务、投资基金的组合投资等。尤其是保险类金融机构,具有一定的社会管理功能,将形成的保险资金中的闲置部分重新投入社会再生产中去,是对整个社会及其各个环节进行调节和控制的过程。其目的在于正常发挥各系统、各部门、各环节的作用,从而实现社会关系和谐、整个社会良性运行和有效管理。

(五) 调节宏观经济

市场机制也会失灵,因此宏观经济在运行中总会出现各种问题。此时就需要政府介入,通过采取各种措施对宏观经济进行调节。而中央银行作为政府的银行,代表政府调节经济是其职责之一。中央银行通过制定实施货币政策来应对经济中的不同问题。在这个过程中,货币政策的推行还要借助于商业银行等金融机构的配合。此外,中央银行对金融机构和金融市场的运行也具有监管作用,从而保证一国经济健康、有序、稳定运行。这些都体现出金融机构在国民经济中具有重要的地位和作用。

四、现代金融机构体系的一般构成

各国的金融机构体系因国情和经济金融发展水平的差异而各有特点,但在机构种类和构成上大致相同。目前按国际货币基金组织的统计分类,各国金融机构体系主要分为存款类金融机构和非存款类金融机构两大类。

(一) 存款类金融机构体系

存款类金融机构是能够吸收存款并以存款作为其营运资金主要来源的金融机构。存款类金融机构包括以下几种。

1. 中央银行

中央银行是货币金融管理机关,具有管理金融机构的职能。它能发挥国家的银行和银行的银行职能,保管政府、公共机构以及金融机构的存款,这既是其主要的负债业务,也是其资金的主要来源,故属于存款类金融机构。

2. 商业银行

商业银行是以经营企业和居民的存、贷款为主要业务,为客户提供多种金融服务的金融机构。由于商业银行以吸收存款为其主要负债,可签发支票的活期存款占其总存款的比率高,同时这类银行还具有派生和结转存款货币的功能,故又被称为存款货币银行。商业银行因其机构数量多,业务涵盖面广和资产规模庞大而成为金融机构体系的主体。

3. 专业银行

专业银行是指专门从事指定范围内的业务或提供专门服务的金融机构。它是银行业内部专业化发展的产物,有助于提高金融服务的水平与效率,促进国民经济各行业领域均衡发展。例如,不动产抵押银行、储蓄银行等。

4. 信用合作社

信用合作社是以社员认缴股金和存款为主要负债、以向社员发放的贷款为主要资产并为社员提供结算等中间业务服务的合作性金融机构。由于信用合作社以存贷款业务为主，所以它也列入存款类金融机构中。

5. 政策性银行

政策性银行是指由政府发起、出资成立，为贯彻和配合政府特定经济政策和意图而进行金融活动的机构。政策性银行的资本金多由政府财政拨付，经营时主要考虑国家的整体利益、社会效益，不以营利为目标。但政策性银行的资金并不是财政资金，主要依靠发行金融债券或向中央银行举债，所以政策性银行也必须考虑盈亏，坚持银行管理的基本原则，力争保本微利。它不与商业银行竞争，有特定的业务领域，通常是对国民经济发展、社会稳定具有重要意义，投资规模大、周期长、经济效益见效慢、资金回收时间长的项目，如农业开发项目、重要基础设施建设项目等。

 延伸阅读 5-1

互联网金融机构

互联网金融是一种金融业务模式的创新。它是为适应新的需求而产生的新模式及新业务，是传统金融行业与互联网技术相结合的新兴领域。

互联网金融机构就是利用互联网从事资金融通业务的机构。当前互联网＋金融格局，由传统金融机构和非金融机构组成。传统金融机构以传统金融业务的互联网创新、APP 软件以及电商化创新等方式加入互联网金融，如当前商业银行普遍推广的电子银行、网上银行、手机银行就属于此类。非金融机构则主要是指利用互联网技术进行金融运作的电商企业，众筹模式的网络投资平台，手机理财 APP（理财宝类），以及第三方支付平台等，如阿里的支付宝、腾讯的财付通等。

互联网与金融深度融合是大势所趋，对金融产品、业务、组织和服务等方面产生了深刻的影响。互联网金融机构对于促进小微企业发展和扩大就业发挥了现有金融机构难以替代的积极作用，为大众创业、万众创新打开了大门。促进互联网金融机构健康发展，有利于提升金融服务质量和效率，深化金融改革，促进金融创新发展。但是，目前一些互联网金融机构通过各类消费场景，过度营销贷款或类信用卡透支等金融产品，诱导过度消费，有的机构甚至给缺乏还款能力的学生过度放贷，出现违约之后进行强制性催收，引发一系列社会问题。因此互联网金融机构必须审慎经营，监管机构对其的监管也应坚持对同类业务统一监管标准，坚决制止监管套利。

资料来源：360 百科。

（二）非存款类金融机构体系

非存款类金融机构是指不以吸收存款为主要资金来源的金融机构。其类别庞杂，主营业务各异，比较有代表性的有以下几种。

1. 保险公司

保险公司是根据合同约定、向投保人收取保险费并承担投保人出险后的风险补偿责任、拥有专业化风险管理技术的经济组织。保险公司按其从事的业务险种或业务层级可以划分为人寿保险公司、财产保险公司、存款保险公司、再保险公司等类型。

2. 信托投资公司

信托投资公司是以收取报酬为目的，接受他人委托以受托人身份专门从事信托或信托投资业务的金融机构。

3. 证券机构

证券机构是专门从事证券业务的金融机构,包括证券公司、证券交易所、基金管理公司、证券登记结算公司、证券评估公司、证券投资咨询公司、证券投资者保护基金公司等组织。按能否从事证券自营业务,证券公司分为综合类证券公司和经纪类证券公司。这些证券机构各司其职,分工协作,共同支撑证券市场的日常运作。

4. 金融资产管理公司

金融资产管理公司是指处理不良资产的金融机构。在我国,金融资产管理公司是指经国务院决定设立的收购国有银行不良贷款、管理和处置因收购国有银行不良贷款形成的资产的国有独资非银行金融机构。

5. 专业融资公司

专业融资公司指为特定用途提供融资业务的机构。它们以自有资金为资本,从市场上融入资金,多以动产、不动产为抵押发放贷款或提供资金,主要有不动产抵押公司、汽车金融机构、典当行等。

6. 财务公司

财务公司是兼有部分商业银行和投资银行业务的非银行金融机构,但国内外财务公司的业务内容有较大差异。国外财务公司是办理长期债券的发售、进行短期借款、发放消费信贷的非银行金融机构;而国内财务公司是由大型企业集团成员单位出资组建,为成员单位提供存款、放款、投资、结算、票据贴现、融资租赁服务的非银行金融机构。

除上述机构之外,还有从事期货交易、黄金投融资及信用服务等方面的机构,如期货交易所、期货公司、黄金交易所、黄金经纪公司、金融担保公司、征信公司、信息咨询公司等。

需要注意的是,目前存在很多非存款类金融机构类似于银行,变相吸收存款融资,这对金融秩序的正常运行产生了冲击,它对金融的稳定性都产生了不利影响,"影子银行"的问题不可忽视。

延伸阅读 5-2

影 子 银 行

5-1 非银机构如何服务高质量发展

一、什么是影子银行

影子银行又称为影子金融体系或者影子银行系统(shadow banking system),是指银行贷款被加工成有价证券,交易到资本市场,房地产业传统上由银行系统承担的融资功能逐渐被投资所替代,属于银行的证券化活动。影子银行系统的概念由美国太平洋投资管理公司执行董事麦卡首次提出并被广泛采用,又称为平行银行系统,它包括投资银行、对冲基金、货币市场基金、债券保险公司、结构性投资工具等非银行金融机构。这些机构通常从事放款,也接受抵押,是通过杠杆操作持有大量证券、债券和复杂金融工具的金融机构。在带来金融市场繁荣的同时,影子银行的快速发展和高杠杆操作给整个金融体系带来了巨大的脆弱性,并成为全球金融危机的主要推手。

目前,影子银行系统正在去杠杆化的过程中持续萎缩,然而,作为金融市场上的重要一环,影子银行系统并不会就此消亡,而是逐步走出监管的真空地带,在新的、更加严格的监管环境下发展。未来,对影子银行系统的信息披露和适度的资本要求将是金融监管改进的重要内容。目前,美国已提出要求所有达到一定规模的对冲基金、私募机构和风险资本基金实行注册,并对投资者和交易对手披露部分信息。

二、影子银行系统累积的金融风险

影子银行虽然是非银行机构,但是又确实在发挥着事实上的银行功能。它们为次级贷款者和市场富余资金搭建了桥梁,成为次级贷款者融资的主要中间媒介。影子银行通过在金融市场发行各种复杂的金融衍生产品,大规模地扩张其负债和资产业务。所有影子银行相互作用,便形成了彼此之间具有信用和派生关系的影子银行系统。

影子银行的基本特点可以归纳为以下三个。其一,交易模式采用批发形式,有别于商业银行的零售模式。其二,进行不透明的场外交易。影子银行的产品结构设计非常复杂,而且鲜有公开的、可以披露的信息。这些金融衍生品交易大都在柜台交易市场进行,信息披露制度很不完善。其三,杠杆率非常高。由于没有商业银行那样丰厚的资本金,影子银行大量利用财务杠杆举债经营。

在过去20年中,伴随着美国经济的不断增长,人们对于信贷的需求与日俱增,美国的影子银行也相应地迅猛发展,并与商业银行一起成为金融体系中重要的参与主体。影子银行的发展壮大,使得美国和全球金融体系的结构发生了根本性变化,传统银行体系的作用不断下降。影子银行比传统银行增长更加快速,并游离于现有的监管体系之外,同时在最后贷款人的保护伞之外,累积了相当大的金融风险。

资料来源:MBA智库.影子银行[EB/OL].(2024-05-07)[2024-05-07]. https://wiki.mbalib.com/wiki/%E5%BD%B1%E5%AD%90%E9%93%B6%E8%A1%8C.

第二节 | 中国金融机构体系

一、我国金融机构变迁

我国金融机构的发展历史源远流长,最早可追溯到西周的"泉府"。历史上曾出现过"质库""柜坊""进奏院""当铺""钱庄""票号"等经营保管存款、货币兑换或放贷业务的机构。但数千年的封建社会,使我国的商品经济发展十分缓慢,内生的金融需求少,金融机构长期处于分散、落后的状态。当西方资本主义国家先后建立起现代金融体系的时候,我国的典当行、钱庄、票号等仍是具有高利贷性质的旧式金融机构。中国民族资本的现代银行在19世纪末才开始出现。

1948年12月1日中国人民银行的建立,标志着中华人民共和国金融体系的诞生,该体系是通过组建中国人民银行、合并解放区银行、没收官僚资本银行、改造私人银行与钱庄以及建立农村信用合作社等途径实现的。我国在改革开放之前的相当长时期,一直实行"大一统"的金融体系,是中央银行和商业银行合二为一的体制,属于高度集中的金融体系模式,全国只有中国人民银行一家办理各项银行业务,它既是中央银行,承担金融宏观调控的任务,又是经营货币存款、贷款、结算的银行实体。这种金融体系完全按行政指令管理金融活动,忽视了市场本身的规律,无法根据资金市场的供求情况来调节货币与金融,使金融体系的宏观调控功能难以发挥。"大一统"的金融体系一直持续到1978年,随着商业银行的不断建立,商业银行功能才逐渐从中央银行脱离出来。

延伸阅读5-3

日昇昌票号的兴衰

创设于道光三年(1823年)的山西平遥"日昇昌"票号是中国第一家专营存放款业务、汇兑业务的私人金融机构。由山西省平遥县西达蒲村富商李大全出资与掌柜雷履泰共同创办,总号设于平遥县城内繁华街市的西大街,它消失于1932年,在中国金融界活跃了一个多世纪。"日昇昌"票号不仅开创了中国汇兑业的先河,而且带动了平遥其他票号及祁县票号、太谷票号的形成与发展,进而形成了中国金融史上阵容庞大的祁、太、平三票帮,被中国金融界称为"山西票号"。在其产生之后,曾一度繁荣昌盛,分号曾经达到35处之多,遍布中国各个大中城市。"日昇昌"票号以"汇通天下"闻名于世。

任何事物皆有盛有衰,"日昇昌"票号在经过百余年后,终于还是走向了衰亡。在票号发展的后期由于无法适应社会发展的需要而逐步退出了历史舞台。总之,代表商界百余年辉煌的晋商,票号文化在好多方面都值得我们去借鉴,在当今共筑和谐社会的市场经济时代,希望通过"日昇昌"票号之兴衰带给我们新的启迪。

资料来源:360百科.日昇昌票号[EB/OL].(2024-05-07)[2024-05-07]. https://baike.so.com/doc/6298939-32337575.html.

二、我国当前金融机构体系

我国当前金融机构体系是以中国人民银行为核心,政策性银行与商业性银行相分离,国有商业银行为主体,多种金融机构并存的现代金融体系,且形成了严格分工,相互协作的格局。

(一) 中国人民银行

中国人民银行是我国的中央银行,处在全国金融机构体系的核心地位。中国人民银行在国务院领导下,制定和实施货币政策,对金融业实施监督管理。

中国人民银行的性质决定了它的特殊地位。根据法律规定,它在国务院的领导下依法独立执行货币政策,履行职责,开展业务,不受各级政府部门、社会团体和个人行为干涉。中国人民银行所属的分支机构是其派出机构,执行全国统一的货币政策,维护本辖区的金融稳定,其职责的履行也不受地方政府干预。

(二) 商业银行

商业银行在我国当前金融机构体系中处于主体地位,商业银行不同于中央银行和政策性银行,是一个以营利为目的,以多种金融负债筹集资金,多种金融资产为经营对象,具有信用创造功能的金融机构。主要由以下几部分构成。

1. 国有控股商业银行

国有控股商业银行是指由国家(财政部、中央汇金公司)直接控股的商业银行,其特点体现在所有的资本都是由国家投资的,是国有金融企业。目前主要有中国工商银行、中国农业银行、中国银行、中国建设银行、交通银行、中国邮政储蓄银行共6家商业银行。前4家商业银行从2003年起进行股份制改革,从原来的国有独资银行转变为股份制形式,完善了公司治理结构。中国邮政储蓄银行由原邮政储蓄系统分立出来,于2007年3月20日正式成立。目前六大行积极开展数字化转型,迎接金融科技的挑战。

2. 股份制商业银行

全国性的股份制商业银行包括:招商银行、上海浦东发展银行、中信银行、华夏银行、中国光大银行、兴业银行、广发银行、中国民生银行、平安银行(原深圳发展银行)、恒丰银行、浙商银行、渤海银行等。

股份制商业银行已经成为我国商业银行体系中一支富有活力的生力军,成为银行业乃至国民经济发展不可缺少的重要组成部分。在很多方面,部分股份制商业银行排名已逐步超过历史久、规模大的国有控股商业银行,当然整个银行之间的竞争相当激烈。

3. 城市商业银行

城市商业银行是中国银行业的重要组成和特殊群体,其前身是20世纪80年代设立的城市信用社,当时的业务定位是:为中小企业提供金融支持,为地方经济搭桥铺路。从20世纪80年代初到20世纪90年代,全国各地的城市信用社发展到了5 000多家。然而,随着中国金融事业的发展,城市信用社在发展过程中逐渐暴露出许多风险管理方面的问题。很多城市信用社也逐步转变为城市商业银行,为地方经济及地方居民提供金融服务。另外,城市商业银行近几年扩张的步伐不断加快,很多寻求上市从而谋求发展壮大。其中最早在 A 股市场上市的是北京银行、南京银行、宁波银行,这三家城市商业银行都于 2007 年上市。

4. 农村商业银行

农村商业银行是由辖内农民、农村工商户、企业法人和其他经济组织共同入股组成的股份制的地方性金融机构。农村商业银行的前身是农村信用合作社。在经济比较发达、城乡一体化程度较高的地区,"三农"的概念已经发生很大的变化,农业比重很低,有些只占 5% 以下,作为信用社服务对象的农民,虽然身份没有变化,但大都已不再从事以传统种养耕作为主的农业生产和劳动,对支农服务的要求较少,信用社实际也已经实行商业化经营。对这些地区的信用社,可以实行股份制改造,组建农村商业银行。

5. 村镇银行

村镇银行是指依据有关法律、法规批准,由境内外金融机构、境内非金融机构企业法人、境内自然人出资,在农村地区设立的主要为当地农民、农业和农村经济发展提供金融服务的银行业金融机构。如汇丰村镇银行、山东东营莱商村镇银行。村镇银行的建立,有效地填补了农村地区金融服务的空白,增加了农村地区的金融支持力度。但是存在很多现实问题制约其发展。

5-2 视频:商业银行的构成

 相关思考 5-2

直销银行与互联网银行

随着经济金融的发展、互联网金融新模式的出现,在金融领域中不断出现了新型的银行机构:直销银行与互联网银行。

(一) 直销银行

直销银行是指不设线下网点,由银行搭建"纯互联网平台",在此平台上整合自身存贷汇业务、投资理财产品等银行业务。绝大多数的直销银行是作为传统银行的一个部门或事业部存在的,不是一家独立的银行。与个人网银相比,直销银行突破了本行账户局限,可向他行用户开放。这一经营模式下,银行没有营业网点,不发放实体银行卡,客户主要通过电脑、电子邮件、手机、电话等远程渠道获取银行产品和服务,因为没有网点经营费用和管理费用,直销银行可以为客户提供更有竞争力的存贷款价格及更低的手续费率。2014 年,国内首家直销银行民生银行直销银行正式上线。2017 年中信银行和百度共同发起成立的百信银行正式营业,它是国内首家独立法人模式的直销银行。2017 年已有 60 余家银行推出了直销银行。

(二) 互联网银行

互联网银行是指借助现代数字通信、互联网、移动通信及物联网技术,通过云计算、大数据等方式实现在线为客户提供存款、贷款、支付、结算、汇转、电子票证、电子信用、账户管理、货币互换、投资理财、金融信息等全方位无缝、快捷、安全和高效的互联网金融服务机构。它是由银保监会批准的首批试点民营银行,是独立的银行,而且可以通过互联网实现传统银行的业务操作,服务全球,既能节约成本,又给客户带来便利。这类银行由于没有传统银行的物理网点、没有柜台,更没有银行要求的抵押担保,被称为"三无银行"。例如,腾讯出资设立的深圳前海微众银行,阿里巴巴出资设立的浙江网商银行都属于互联网银行。

(三) 政策性银行

政策性银行是由政府投资设立的、根据政府的决策和意向专门从事政策性金融业务的银行。它们的活动不以营利为目的，并且根据具体分工的不同，服务于特定的领域，所以，也有"政策性专业银行"之称。

1994年以前，我国没有专门的政策性金融机构，国家的政策性金融业务分别由4家国有专业银行承担。1994年，为了适应经济发展的需要，根据把政策性金融与商业性金融相分离的原则，相继建立了国家开发银行、中国进出口银行和中国农业发展银行3家政策性银行。随着经济社会发展，部分机构定位功能有变化。

1. 国家开发银行

国家开发银行成立于1994年，最初是直属中国国务院的政策性金融机构。经过多年发展，该机构经历了多次调整，定位发生了变化。2015年3月，国务院明确国家开发银行定位为开发性金融机构。国家开发银行是目前全球最大的开发性金融机构。

开发性金融是政策性金融的深化和发展，以服务国家发展战略为宗旨，以国家信用为依托，以市场运作为基本模式，以保本微利为经营原则，以中长期投融资为载体，在实现政府发展目标、弥补市场失灵、提供公共产品、提高社会资源配置效率、熨平经济周期性波动等方面具有独特优势和作用，是经济金融体系中不可替代的重要组成部分。

开发性金融的基本内涵包括以下方面：①以服务国家战略为宗旨，始终把国家利益放在首位，致力于缓解经济社会发展的瓶颈制约，努力实现服务国家战略与自身发展的有机统一；②以国家信用为依托，通过市场化发债把商业银行储蓄资金和社会零散资金转化为集中、长期大额资金，支持国家建设；③以市场运作为基本模式，发挥政府与市场之间的桥梁纽带作用，规划先行，主动建设市场、信用、制度，促进项目的商业可持续运作；④以保本微利为经营原则，不追求机构利益最大化，严格管控风险，兼顾一定的收益目标，实现整体财务平衡；⑤以中长期投融资为载体，发挥专业优势，支持重大项目建设，避免期限错配风险，同时发挥中长期资金的引领带动作用，引导社会资金共同支持项目发展。

国家开发银行的业务范围主要包括：①管理和运用国家核拨的预算内经营性建设基金和贴息资金；②向国内金融机构发行金融债券，向社会发行财政担保建设债券；③办理有关外国政府和国际金融机构贷款的转贷，经国家批准在国外发行债券，根据国家利用外资计划筹措国际商业贷款等；④向国家基础设施、基础产业和支柱产业的大中型基建和技改等政策性项目及其配套工作发放政策性贷款；⑤办理建设项目贷款条件评审、咨询和担保等业务，为重点建设项目物色国内外合资伙伴，提供投资机会和投资信息。

2. 中国进出口银行

中国进出口银行的主要任务是：执行国家的产业政策和外贸政策，为扩大机电产品和成套设备等资本性货物的出口提供政策性金融支持。中国进出口银行经办的主要业务包括：①办理与机电产品和成套设备有关的出口信贷业务（卖方信贷和买方信贷）；②办理与机电产品和成套设备有关的政府贷款、混合贷款、出口信贷的转贷、国际银行间及银团贷款业务；③办理短期、中长期出口信用保险、进出口保险、出口信贷担保、国际保理等业务；④经国家批准，在境外发行金融债券；⑤办理本行承担的各类贷款、担保、对外经济技术合作等项目的评审，为境内外客户提供有关本行筹资、信贷、担保、保险、保理等业务的咨询服务。

3. 中国农业发展银行

中国农业发展银行的主要任务是：按照国家的法律、法规和方针、政策，以国家信用为基础，筹集农业政策性信贷资金，承担国家规定的农业政策性金融业务，代理财政性支农资金的拨付,为农业和农村经济发展服务。中国农业发展银行的业务范围主要包括:①办理粮、棉、油等主要农副产品的国家专项储备贷款;②办理粮、棉、油等主要农副产品的收购、调拨、加工贷款;③办理国务院确定的扶贫和农业综合开发贷款;④办理国家确定的小型农、林、牧、水利基本建设和技术改造贷款;⑤办理业务范围内开户企事业单位的存款和结算;⑥发行金融债券;⑦办理境外筹资。

以上三家机构在从事业务活动中,均贯彻不与商业性金融机构竞争、自主经营与保本微利的基本原则。贷款拨付等业务的具体经办,国家开发银行、中国进出口银行主要委托国有商业银行为其代理,故除个别情况外,一般不再设经营性分支机构。中国农业发展银行的业务经办则是以自营为主、代理为辅,所以,除在北京设总行外,还在各省、自治区、直辖市设立分行,在计划单列市和农业大省的地区(市)设立分行的派出机构,在农业政策性金融业务量大的县(市)设立支行。

(四) 外资银行

外资银行是指在本国境内由外国独资创办的银行。外资银行的经营范围根据各国银行法律和管理制度的不同而有所不同。有的国家为稳定本国货币,对外资银行的经营范围加以限制;也有些国家对外资银行的业务管理与本国银行一视同仁。它主要凭借其对国际金融市场的了解和广泛的国际网点等有利条件,为在其他国家的本国企业和跨国公司提供贷款,支持其向外扩张和直接投资。外资银行有的是由一个国家的银行创办的,也有的是几个国家的银行共同投资创办的。

(五) 非银行类金融机构

非银行类金融机构以发行股票和债券、接受信用委托、提供保险等形式筹集资金,并将所筹资金运用于长期性投资的金融机构。

非银行类金融机构与银行的区别在于信用业务形式不同,其业务活动范围的划分取决于国家金融法规的规定。我国非银行类金融机构主要有信托投资公司、证券公司和保险公司等。

三、我国金融监管体系

我国当前的金融监管体系是"一行一总局一会",即中国人民银行、国家金融监督管理总局和中国证券监督管理委员会(以下简称证监会)组成。同时设立中央金融委员会负责顶层设计及整体协调,中国人民银行主要负责货币政策和宏观审慎政策制定,国家金融监督管理总局和证监会主要负责微观审慎监管和消费者保护等行为监管。

(一) 中央金融委员会

2023年3月,中共中央、国务院印发了《党和国家机构改革方案》,组建中央金融委员会,不再保留国务院金融稳定发展委员会及其办事机构。设立中央金融委员会办公室,作为中央金融委员会的办事机构,列入党中央机构序列。将国务院金融稳定发展委员会办公室职责划入中央金融委员会办公室。

中央金融委员会的主要职责是:①加强党中央对金融工作的集中统一领导;②负责金融稳定和发展的顶层设计、统筹协调、整体推进、督促落实;③研究审议金融领域重大政策、重大问题等;④作为党中央决策议事协调机构。

(二)中国人民银行

中国人民银行是国务院组成部门,是中华人民共和国的中央银行,是在国务院领导下制定和执行货币政策、维护金融稳定、提供金融服务的宏观调控部门。

中国人民银行作为我国的中央银行在实施金融宏观调控、保持币值稳定、促进经济可持续增长和防范化解系统性金融风险中发挥着重要作用。中国人民银行要从维护国家经济金融安全,实现和维护国家利益的高度,研究、规划关系我国整个金融业改革、发展、稳定方面的重大战略问题。尤其对于金融市场的规范、监督与监测,中国人民银行要从金融市场体系有机关联的角度,密切关注其他各类金融市场的运行情况和风险状况,综合、灵活运用利率、汇率等各种货币政策工具实施金融宏观调控。

(三)国家金融监督管理总局

2023年3月,中共中央、国务院印发了《党和国家机构改革方案》,决定在原中国银行保险监督管理委员会的基础上组建国家金融监督管理总局。不再保留中国银行保险监督管理委员会。2023年5月18日,国家金融监督管理总局正式揭牌。这意味着,运行了5年的银保监会正式退出历史舞台。至此,我国金融监管体系从"一行两会"迈入"一行一总局一会"新格局。

国家金融监督管理总局主要职责是:①依法对除证券业之外的金融业实行统一监督管理,强化机构监管、行为监管、功能监管、穿透式监管、持续监管,维护金融业合法、稳健运行;②对金融业改革开放和监管有效性相关问题开展系统性研究,参与拟订金融业改革发展战略规划。拟订银行业、保险业、金融控股公司等有关法律法规草案,提出制定和修改建议。制定银行业机构、保险业机构、金融控股公司等有关监管制度;③统筹金融消费者权益保护工作。制定金融消费者权益保护发展规划,建立健全金融消费者权益保护制度,研究金融消费者权益保护重大问题,开展金融消费者教育工作,构建金融消费者投诉处理机制和金融消费纠纷多元化解机制。④依法对银行业机构、保险业机构、金融控股公司等实行准入管理,对其公司治理、风险管理、内部控制、资本充足状况、偿付能力、经营行为、信息披露等实施监管;⑤依法对银行业机构、保险业机构、金融控股公司等实行现场检查与非现场监管,开展风险与合规评估,查处违法违规行为;⑥统一编制银行业机构、保险业机构、金融控股公司等的监管数据报表,按照国家有关规定予以发布,履行金融业综合统计相关工作职责;⑦负责银行业机构、保险业机构、金融控股公司等的科技监管,建立科技监管体系,制定科技监管政策,构建监管大数据平台,开展风险监测、分析、评价、预警,充分利用科技手段加强监督,防范风险;⑧对银行业机构、保险业机构、金融控股公司等实行穿透式监管,制定股权监管制度,依法审查批准股东、实际控制人及股权变更,依法对股东、实际控制人以及一致行动人、最终受益人等开展调查,对违法违规行为采取相关措施或进行处罚;⑨建立除货币、支付、征信、反洗钱、外汇和证券期货等领域之外的金融稽查体系,建立行政执法与刑事司法衔接机制,依法对违法违规金融活动相关主体进行调查、取证、处理,涉嫌犯罪的,移送司法机关;⑩建立银行业机构、保险业机构、金融控股公司等的恢复和处置制度,会同相关部门研究提出有关金融机构恢复和处置意见建议并组织实施;⑪牵头打击非法金融活动,组织建立非法金融活动监测预警体系,组织协调、指导督促有关部门和地方政府依法开展非法金融活动防范和处置工作。对涉及跨部门跨地区和新业态新产品等非法金融活动研究提出相关工作建议,按要求组织实施;⑫按照建立以中央金融管理部门地方派出机构为主的地方金融监管体制要求,指导和监督地方金融监管相关业务工作,指导协调地方政府履行相关金融风险处置属地责任;⑬负责对银行业机构、保险业机构、金融控股公司等与信息技术服务机构等中介机构的信息科技外包等合作行为进行监管,依法对违法违规行为开展调查,并对金融机构采取相关措施;⑭参加金融业相关国际组织与国际监管规则制定,开展对外交流与国际合作;⑮完成党中央、国务院交办的其他任务。

(四)中国证券监督管理委员会

中国证券监督管理委员会成立于1992年,是国务院直属机构,依照法律、法规和国务院授权,统一监督管理全国证券期货市场,维护证券期货市场秩序,保障其合法运行。

中国证券监督管理委员会应履行的主要职责是:①依法对证券业实行统一监督管理,强化资本市场监管职责;②研究拟订证券期货基金市场的方针政策、发展规划。起草证券期货基金市场有关法律法规草案,提出制定和修改建议。制定证券期货基金市场有关监管规章、规则;③监管股票、可转换债券、存托凭证和国务院确定由中国证券监督管理委员会负责的其他权益类证券的发行、上市、交易、托管和结算,监管证券、股权、私募及基础设施领域不动产投资信托等投资基金活动;④监管公司(企业)债券、资产支持证券和国务院确定由中国证券监督管理委员会负责的其他固定收益类证券在交易所市场的发行、上市、挂牌、交易、托管和结算等工作,监管政府债券在交易所市场的上市交易活动,负责债券市场统一执法工作;⑤监管上市公司、非上市公众公司、债券发行人及其按法律法规必须履行有关义务的股东、实际控制人、一致行动人等的证券市场行为;⑥按分工监管境内期货合约和标准化期权合约的上市、交易、结算和交割,依法对证券期货基金经营机构开展的衍生品业务实施监督管理;⑦监管证券期货交易所和国务院确定由中国证券监督管理委员会负责的其他全国性证券交易场所,按规定管理证券期货交易所和有关全国性证券交易场所的高级管理人员;⑧监管证券期货基金经营机构、证券登记结算公司、期货结算机构、证券金融公司、证券期货投资咨询机构、证券资信评级机构、基金托管机构、基金服务机构,制定有关机构董事、监事、高级管理人员及从业人员任职、执业的管理办法并组织实施;⑨监管境内企业到境外发行股票、存托凭证、可转换债券等证券及上市活动,监管在境外上市的公司到境外发行可转换债券和境内证券期货基金经营机构到境外设立分支机构。监管境外机构到境内设立证券期货基金机构及从事相关业务,境外企业到境内交易所市场发行证券上市,合格境外投资者的境内证券期货投资行为;⑩监管证券期货基金市场信息传播活动,负责证券期货基金市场的统计与信息资源管理;⑪与有关部门共同依法对会计师事务所、律师事务所以及从事资产评估、资信评级、财务顾问、信息技术系统服务等机构从事证券服务业务实施备案管理和持续监管;⑫负责证券期货基金业的科技监管,建立科技监管体系,制定科技监管政策,构建监管大数据平台,开展科技应用和安全等风险监测、分析、评价、预警、检查、处置;⑬依法对证券期货基金市场违法违规行为进行调查,采取相关措施或进行处罚。依法打击非法证券期货基金金融活动,组织风险监测分析,依法处置或协调推动处置证券期货基金市场风险。组织协调清理整顿各类交易场所,指导开展风险处置相关工作;⑭按照建立以中央金融管理部门地方派出机构为主的地方金融监管体制要求,指导和监督与证券期货基金相关的地方金融监管工作,指导协调地方政府履行相关金融风险处置属地责任;⑮开展证券期货基金业的对外交流和国际合作;⑯完成党中央、国务院交办的其他任务。

我国目前的金融机构体系构成,具体如图5-1所示。

5-3 金融监管总局做好金融"五篇大文章"路线图出炉

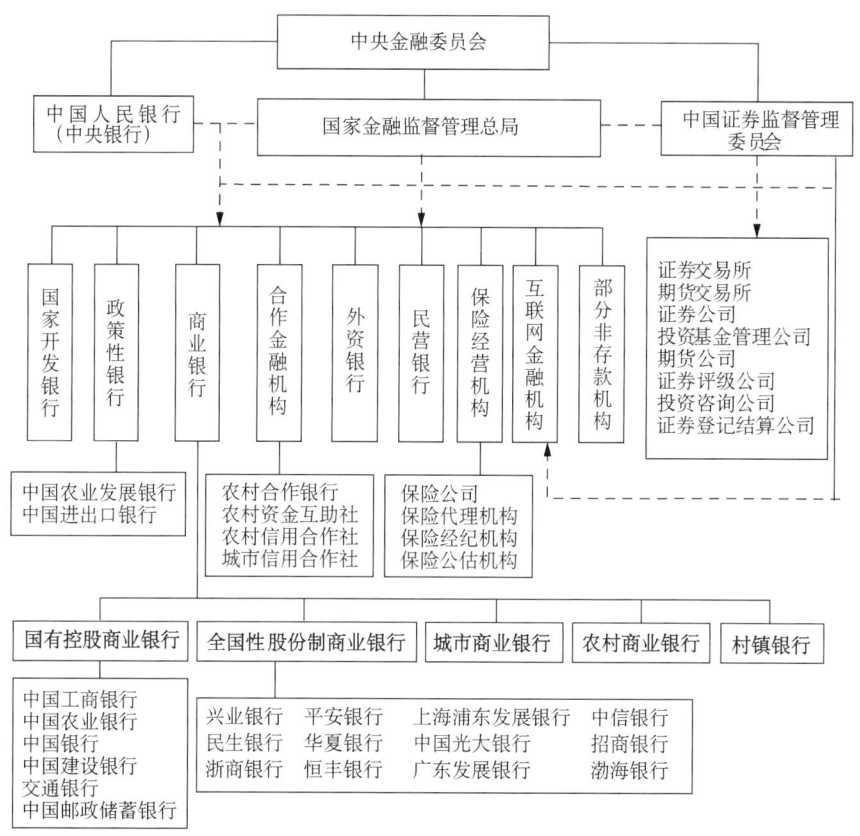

图 5-1 我国金融机构体系构成

第三节 国际金融机构体系

国际金融机构有广义和狭义之分。广义的国际金融机构包括政府间国际金融机构、跨国银行、多国银行集团等。狭义的国际金融机构主要指各国政府或联合国建立的国际金融机构组织,分为全球性国际金融机构和区域性国际金融机构。此处介绍的国际金融机构主要指后者。

一、国际金融机构体系的形成与发展

进行国际金融活动的政府间国际金融机构,其发端可以追溯到1930年5月在瑞士巴塞尔成立的国际清算银行。

第二次世界大战之后建立了布雷顿森林国际货币体系,并相应地建立起几个全球性国际金融机构,作为实施这一国际货币体系的组织保证。它们是国际货币基金组织、国际复兴开发银行(简称世界银行)、国际开发协会和国际金融公司。

从1957年到20世纪70年代,欧洲、亚洲、非洲、拉丁美洲、中东等地区的国家先后建立起区域性的国际金融机构,如泛美开发银行、亚洲开发银行、非洲开发银行和阿拉伯货币基金组织等。

国际金融机构在发展世界经济和区域经济方面发挥了积极作用。例如，组织商讨国际经济和金融领域中的重大事件，协调各国间的活动；提供短期资金，缓解国际收支逆差，稳定汇率；提供长期资金，促进许多国家的经济发展。不过，这些机构的领导权大都被西方发达国家所控制，发展中国家的呼声和建议往往得不到重视和反馈。

二、全球性金融机构

目前，全球性的国际金融机构主要有国际货币基金组织、世界银行集团、国际清算银行等。

（一）国际货币基金组织

第二次世界大战后，各国都面临着战后恢复经济和遏制通货膨胀等问题，各国政府都希望加强彼此间的货币合作和金融政策的协调。为此，在以美国等西方国家为首召开的布雷顿森林会议上，通过了《国际货币基金协定》，并于1945年12月成立国际货币基金组织(international monetary fund，IMF)，总部设在华盛顿。1947年，国际货币基金组织成为联合国的专门机构，在国际金融舞台上发挥着极其重要的作用。

国际货币基金组织成立之初只有39个成员，我国曾是创始国之一。1949年后，我国一直被排斥在成员国之外，到1980年4月才正式恢复我国的合法席位。截至2015年12月，国际货币基金组织有188个成员。最高权力机构是理事会，由各成员国选派理事或副理事各一人组成，它对国际金融重大事务的方针政策作出决策。理事会的常设机构是执行董事会，它由24名执行董事组成，执行董事由出资份额最大的国家或地区任命，我国也单独指派了执行董事，执行会负责处理理事会的日常事务和重大国际金融事务。

国际货币基金组织工作的宗旨是：通过成员国的共同研讨和磋商，促进国际货币合作；促进国际贸易的扩大和平衡发展，开发成员国的生产资源；促进汇率稳定和成员国有条件的汇率安排，避免竞争性的货币贬值；协助成员国建立多边支付制度，清除妨碍世界贸易扩大的外汇管制；协助成员克服国际收支困难。

国际货币基金组织的资金来源主要是：①各成员国认缴的份额，它是最主要的资金来源；②捐赠及特种基金；③贷款利息及其他收入；④向政府及其他金融机构的借款。各国所认缴的份额的大小决定了该国在工作中的决策权。国际货币基金组织在重大决策中采用投票制，各国的票数就由认缴的份额的大小来决定，如美国认缴份额占总份额的16.83%，因此美国就占用16.83%的投票权，它在国际货币基金组织的决策中起着最重要的影响作用。

国际货币基金组织对成员国发放贷款。贷款的最主要目的是调整成员国国际收支的不平衡，弥补成员国国际收支逆差或用于经常项目的国际支付。贷款的对象只限于成员国政府(中央银行、财政部等代表国家的机构或组织)，而不与任何私营机构发生业务往来。贷款额度与成员所认缴份额有关，最高额限定在所认缴份额的125%。贷款一般为中期贷款，期限常在1～5年，贷款利率一般较低，远低于一般的国际商业贷款。

（二）世界银行

世界银行全称为国际复兴开发银行，它是1945年12月与国际货币基金组织同时成立的政府间国际性金融组织，总部也设在华盛顿。世界银行有两个附属机构：国际开发协会和国际金融公司。世界银行与这两个附属机构合称世界银行集团。

世界银行的宗旨是帮助成员国特别是发展中国家恢复生产和开发基础建设工程，促进成员国经济的发展。

世界银行的资金来源与国际货币基金组织一样,最基本的是各成员国认缴的份额,另外还有捐赠、特别基金、贷款利息及其他所得、国际金融市场借款等。不同的是,世界银行有很大一部分资金来源于国际金融市场的借款,而国际货币基金组织的借款比例很低。

世界银行主要对成员提供长期建设项目开发贷款,贷款对象除成员国政府外,也包括成员企业,但必须由政府出面担保,贷款用途广泛,包括农业、工业、能源、交通、教育等的开发性项目。贷款期限较长,常为10年、10~20年,最长可达30年。贷款利率随国际市场利率变化而定期调整,但总体水平比国际商业贷款利率要低,贷款额度一般为该开发项目投资总额的30%~40%,其余资金需由开发商自行筹集。世界银行对其贷款的审批较为严格,贷款发放后一直受到世界银行的严格监督,加上贷款给私营企业需要政府担保,因此世界银行的贷款安全度是较高的。世界银行一般都贷给政治稳定、经济发展前景看好、国内经济已经具有一定实力的发展中国家。我国是世界银行的最大贷款对象国,世界银行对我国的基础建设发挥了非常积极的作用。

(三) 国际清算银行

国际清算银行(bank for international settlement,BIS)是西方主要发达国家中央银行与若干大商业银行合办的国际金融机构,成立于1930年5月17日,总部设在瑞士巴塞尔。它初建时成员国只有7个,现已发展至41个,遍布世界五大洲。国际清算银行最初创办的目的是处理第一次世界大战后德国的赔偿支付及其有关的清算等业务问题。第二次世界大战后,它成为经济合作与发展组织成员国之间的结算机构,该行的宗旨也逐渐转变为促进各国中央银行之间的合作,为国际金融业务提供便利,并接受委托或作为代理人办理国际清算业务等。国际清算银行不是政府间的金融决策机构,亦非发展援助机构,实际上是西方中央银行的银行。

该行的宗旨是促进各国中央银行之间的合作;为国际金融活动提供更多的便利;在国际金融清算中充当受托人或代理人。它是各国"中央银行的银行",向各国中央银行并通过各国中央银行向整个国际金融体系提供一系列高度专业化的服务,办理多种国际清算业务。国际清算银行的主要任务是"促进各国中央银行之间合作并为国际金融业务提供新的便利"。因为扩大各国中央银行之间的合作始终是促进国际金融稳定的重要因素之一,所以随着国际金融市场一体化的迅速推进,这类合作的重要性显得更为突出。因此,国际清算银行便成了各国央行进行合作的理想场所,也是中央银行家的会晤场所。

三、区域性金融机构

区域性的金融机构主要是为本区域内、几个相关区域内或为某种联盟的成员国的社会经济发展提供金融服务的组织。区域性金融机构在亚洲、欧洲、非洲、拉丁美洲等都存在,下面主要介绍亚洲开发银行、非洲开发银行、泛美开发银行、亚洲基础设施投资银行和金砖国家新开发银行。

(一) 亚洲开发银行

亚洲开发银行(asian development bank,ADB)是亚洲和太平洋地区的区域性多边开发机构。它不是联合国下属机构,但它是联合国亚洲及太平洋经济社会委员会(联合国亚太经社会)赞助建立的机构,同联合国及其区域和专门机构有密切的联系。它于1966年在东京成立,同年12月开始营业,地址在菲律宾首都马尼拉,最初成员国有34个,目前有成员国67个,它是目前亚洲和太平洋地区最大的区域性金融机构。

亚洲开发银行的宗旨是促进亚太地区经济和社会发展。它主要通过开展政策对话、提供贷款、担保、技术援助和赠款等方式支持其成员在基础设施、能源、环保、教育和卫生等领域的发展。

亚洲开发银行的资金来源是成员国认缴的股本、借款、发行债券收入,营业收入积累和各种捐赠款。亚洲开发银行的贷款分为普通贷款和特别基金贷款两种。普通贷款的对象是比较富裕的发展中国家,利率随金融市场调整,贷款期限一般为12~25年。特别基金贷款的对象主要是人均国内生产总值在400美元以下的贫困国家,利率极其优惠,常在1%~3%,贷款期限较长,常为25~30年,有时可达40年。

(二) 非洲开发银行

非洲开发银行(african development bank,ADB)是非洲国家合作成立的互助性区域性金融机构,它成立于1964年9月,1966年7月开始营业,行址设在科特迪瓦经济首都阿比让。最初,只有除南非以外的非洲国家才能加入该组织,为了广泛吸收资金和扩大该行的贷款能力,该行理事会在1980年5月召开的第15届年会上,通过决议欢迎非洲以外的国家加入。目前该行除了53个非洲成员国以外,还有24个区外的成员国。我国于1985年5月加入非洲开发银行。

非洲开发银行的宗旨是:通过贷款为成员国的经济和社会发展提供资金,帮助非洲大陆制定发展的总体规划,协调各国的发展计划,以期达到非洲经济一体化的目标。

非洲开发银行的资金来源主要是成员国认缴的股本。其主要业务是向成员国提供贷款,包括普通贷款和特别贷款两种形式。普通贷款主要是为成员国的经济发展提供一般开发性贷款,贷款期限一般较长,常为10~25年,贷款利率较为优惠。特别贷款主要是向成员国提供用于大型工程建设的贷款,这种贷款期限长,最长可达50年,贷款不计利息,只收取一定的手续费。

(三) 泛美开发银行

泛美开发银行(inter-american development bank,IDB)是由美洲国家及其他一些西方国家联合设立的区域性金融机构,它主要是向拉丁美洲国家提供贷款。该行成立于1959年4月,1960年10月开始正式营业,行址设在华盛顿。1963年创建拉丁美洲一体化研究所,作为泛美开发银行的常设机构,主要研究区域经济一体化问题。

泛美开发银行的宗旨是:集中美洲各国及其他一些国家的资金,对成员国的经济和社会发展提供资金和技术援助,以发展成员国经济,并协调成员国之间的政策,实现平衡发展和推动一体化进程。

泛美开发银行的资金来源主要是成员国认缴的股本,此外还有借款形式。它的主要业务是对成员国提供贷款,包括普通贷款和"特别业务基金贷款"两种。普通贷款向政府及公、私团体的特定经济项目发放,贷款期限为10~25年,贷款利率稍优惠于商业贷款。"特别业务基金贷款"主要对公共设施工程项目提供,贷款期限长,常为10~30年,贷款利率低于普通贷款,借款者可用本国货币来偿还贷款本息。

(四) 亚洲基础设施投资银行

亚洲基础设施投资银行(asian infrastructure investment bank,AIIB),简称亚投行,是

一个政府间区域多边开发机构,重点支持基础设施建设。它是首个由中国倡议设立的多边金融机构,总部设在北京,法定资本1 000亿美元。2015年12月25日,亚洲基础设施投资银行正式成立,于2016年1月16至18日在北京举行开业仪式,并启动吸收新会员。截至2023年12月,亚投行已从最初的57个创始成员国扩大到109个成员国。

亚洲基础设施投资银行的主要职能是援助亚太地区国家的基础设施建设,运用一系列支持方式为亚洲各国的基础设施项目提供融资支持,包括贷款、股权投资以及提供担保等。亚洲基础设施投资银行初期投资重点领域涵盖交通和电信、能源与电力、供水与污水处理、环境保护、农村和农业基础设施、城市发展以及物流等。亚洲基础设施投资银行的建立,对弥补亚洲发展中国家在基础设施投资领域存在的巨大缺口,减少亚洲区内资金外流,投资于亚洲的"活力与增长"起到重要作用。

(五) 金砖国家新开发银行

金砖国家新开发银行(new development bank,NDB)又名金砖银行,由中国、俄罗斯、巴西、印度、南非五国作为创始成员国共同出资设立,总部设在中国上海。该机构于2012年提出,在国际金融危机的背景下,金砖国家领导人共同决定建立金砖国家新开发银行。2014年7月15日该银行正式成立。2015年7月21日,该银行在上海正式开业。

金砖国家新开发银行的宗旨是为金砖国家及其他新兴经济体和发展中国家基础设施建设和可持续发展项目动员资源,作为现有多边和区域金融机构的补充,促进全球增长与发展。

金砖国家新开发银行不只面向五个金砖国家,而是面向全部发展中国家,主要资助这些国家的基础设施建设,对资助国家具有非常重要的战略意义。该银行通过贷款、担保、股权投资和其他金融工具为公共或者私人项目提供支持,还与国际组织、其他金融实体开展合作,并为银行支持的项目提供技术援助。

 延伸阅读5-4

亚投行与世界银行签署合作协议 将深化关键领域合作

日前,在美国华盛顿特区举办的2024年国际货币基金组织和世界银行春季会议期间,亚投行与世界银行签署合作协议,双方承诺将在关键领域深化业务合作、促进成员经济可持续发展,更好地应对全球挑战并推动联合国2030可持续发展目标的落实。

据了解,协议进一步规划了双方加强合作的领域,包括气候变化、社会基础设施、生物多样性等领域。双方旨在通过深化的合作伙伴关系,充分利用各自的优势与资源,调动私营资本以及探索多样的联合融资方式进行资源整合,为可持续的和富有韧性的基础设施项目建设提供有力支持,扩大合作影响力。

根据此次协议,亚投行与世界银行计划继续共享知识以及分享最佳实践经验,同时扩展联合活动,探索多元化的联合融资方式。此外,双方还将致力于各项标准的协调统一,展开合作对话,并定期评估合作成果。

资料来源:新浪财经. 亚投行与世界银行签署合作协议 将深化关键领域合作[EB/OL]. (2024-04-23)[2024-05-07]. https://finance.sina.com.cn/jjxw/2024-04-23/doc-inasuzcx2226746.shtml.

本 章 小 结

本章主要学习了金融机构的含义、分类、作用及现代金融机构体系的一般构成;中国金融机构体系,包括中国人民银行、政策性银行、商业银行、非存款金融机构;国际金融机构体系的形成与发展、全球性金融机构、区域性金融机构、国际货币基金组织、世界银行、国际清算银行。

本章重要概念

金融机构　中央银行　商业银行　政策性银行　存款类金融机构　国际金融机构　全球性金融机构　区域性金融机构　国际货币基金组织　世界银行　国际清算银行　亚洲基础设施投资银行　金砖国家新开发银行

第六章 中央银行

- ➢ 内容提要
- ➢ 重点难点
- ➢ 学习目标
- ➢ 知识框架
- ➢ 思政育人
- ➢ 第一节 中央银行的产生与类型
- ➢ 第二节 中央银行性质与职能
- ➢ 第三节 中央银行业务
- ➢ 本章小结
- ➢ 本章重要概念

内容提要

本章主要讲述了中央银行产生的客观要求、中央银行制度的建立与发展、中央银行的组织类型、中央银行的性质、中央银行的职能、中央银行的业务以及我国的中央银行。

重点难点

本章重点为中央银行的组织类型、中央银行的性质和职能；难点为中央银行的资产负债表、中央银行的资产、负债和清算业务。

学习目标

通过本章学习，学生应掌握中央银行的产生及发展，中央银行的组织类型、性质及职能，重点掌握中央银行的资产、负债、清算业务；了解其他国家的中央银行，中央银行的独立性等问题。要求学生对中央银行有一个全面的认识，深入思考各国中央银行的异同以及中央银行应如何更好地发挥其经济调控者的作用来满足各国经济金融发展的要求。

知识框架

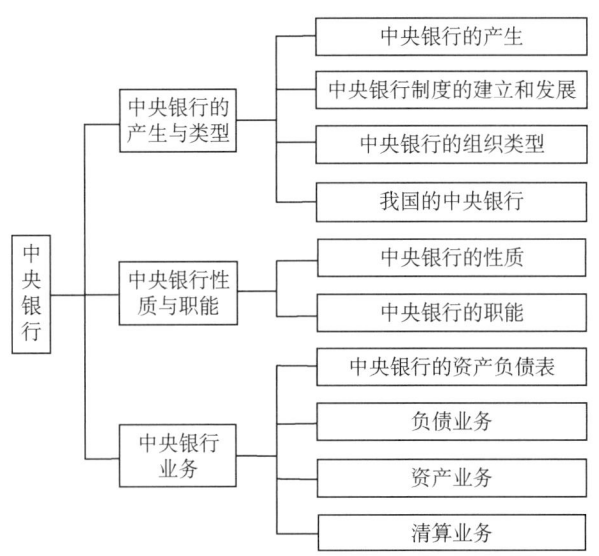

思政育人　　　　中国人民银行分支机构改革

2023年3月7日,国务院机构改革方案提请审议。其中,涉及央行的内容是"统筹推进中国人民银行分支机构改革"。根据方案,撤销中国人民银行大区分行及分行营业管理部、总行直属营业管理部和省会城市中心支行,在31个省(自治区、直辖市)设立省级分行,在深圳、大连、宁波、青岛、厦门设立计划单列市分行。中国人民银行北京分行保留中国人民银行营业管理部牌子,中国人民银行上海分行与中国人民银行上海总部合署办公。同时,不再保留中国人民银行县(市)支行,相关职能上收至中国人民银行地(市)中心支行。对边境或外贸结售汇业务量大的地区,可根据工作需要,采取中国人民银行地(市)中心支行派出机构方式履行相关管理服务职能。

植信投资研究院解读称,此次人行分支机构改革结合基本国情,撤销大区分行、恢复设立省级分行、取消县级支行等改革措施较好地实现了与我国行政区划之间的匹配,加强与地方之间的协调配合,有助于增强货币政策的传导性,更好地支持金融服务实体经济功能,有助于进一步完善中国特色金融监管体系。

深化党和国家机构改革,是贯彻落实党的二十大精神的重要举措,是推进国家治理体系和治理能力现代化的集中部署。金融机构改革的目的是要让金融回归本源,更好支持实体经济,防控金融风险,有助于金融大国和金融强国的建设。

中央银行的发展需要改革和创新,同学们在日常的生活和学习中也要培养创新精神,开发创造能力,努力学习先进的知识和技术,为适应未来社会的发展打下坚实的基础。

资料来源:新浪财经.解码国务院机构改革|央行分支机构改革:设立省级分行,不再保留县(市)支行[EB/OL].(2023-03-07)[2024-04-04].https://finance.sina.com.cn/roll/2023-03-07/doc-imykaiyt0534035.shtml.

6-1 机构改革方案出炉、金融监管体系优化

第一节 中央银行的产生与类型

一、中央银行的产生

(一) 中央银行产生的经济背景

中央银行产生于17世纪后半期,形成于19世纪初,它产生的经济背景如下:

(1) 商品经济的迅速发展。18世纪初,西方国家开始了工业革命,社会生产力的快速发展和商品经济的迅速扩大,促使货币经营业越来越普遍,而且日益有利可图,由此产生了对货币财富进行控制的欲望。

(2) 资本主义经济危机的频繁出现,资本主义经济自身的固有矛盾必然导致连续不断的经济危机。面对当时状况,资产阶级政府开始从货币制度上寻找原因,企图通过发行银行券来控制、避免和挽救频繁的经济危机。

(3) 商业银行的普遍设立,伴随着商品经济的快速发展,银行业也逐步兴盛起来。商品经济的迅速发展和资本主义生产方式的兴起在推动欧洲大陆的货币兑换商转变成商业银行的同时也加速了新银行的涌现。

(4) 货币信用与经济关系普遍化。资本主义产业革命促使生产力空前提高,生产力的提高又促使资本主义银行信用业蓬勃发展。其主要表现在:一是银行经营机构不断增加;二是银行业逐步走向联合、集中和垄断。

资本主义商品经济的迅速发展,经济危机的频繁发生,银行信用的普遍化和集中化,既为中央银行的产生奠定了经济基础,又为中央银行的产生提供了客观要求。

（二）中央银行产生的客观要求

现代银行出现后的一个相当长的时期并没有中央银行，中央银行建立的客观要求有以下几个方面。

1. 统一货币发行

在银行业发展初期，差不多每家银行都发行银行券。银行券本质上是一种信用货币，它的流通支付能力取决于发行银行的信誉以及兑换金属货币的能力。随着经济的发展、市场的扩大和银行机构增多，银行券分散发行的弊病就越来越明显：一是随着银行数量的不断增加和银行竞争的加剧，银行因经营不善而无法保证自己所发行银行券及时兑现的情况时有发生，这使银行券的信誉大大受损，也给社会经济的发展带来混乱；二是一些银行限于资历、信用和分支机构等问题，其信用活动的领域受到限制，所发行的银行券只能在有限的地区流通，从而给生产和流通带来困难。货币分散发行、多种信用货币同时流通与"一般等价物"这一货币的本质属性产生矛盾，也不利于商品生产和流通的扩大，不利于统一市场的形成。由此，客观上要求信用货币的发行权应该走向集中统一，由资金雄厚并且有权威的银行发行能够在全社会流通的统一信用货币。

2. 解决政府融资

随着政府职能的强化，政府融资便成为一个重要问题。在各自独立发展的银行体系中，政府融资要与多家银行建立联系，且这种联系也是极其松散的，这就为政府融资带来不便。为了保证和方便政府融资，建立一家与政府有密切联系，能够直接为政府筹资或提供融资帮助的银行逐步成为政府要着力解决的重要问题。

3. 充当最后贷款人

随着银行业务规模的扩大和业务活动的复杂化，银行的经营风险不断增加，银行资金调度困难和支付能力不足的情况经常出现。而某家银行支付困难而波及其他银行甚至整个金融业支付危机的现象也时有发生。为了保护存款人的利益乃至整个金融业的稳定，客观上需要有一家权威性机构，适当集中各银行的一部分现金准备作为后盾，在银行出现难以克服的支付困难时，集中给予必要的贷款支付，充当银行的"最后贷款人"。

4. 建立票据清算中心

随着商品经济的发展和银行业务的不断扩大，银行收受票据的数量也急速增长，各银行之间的债权债务关系日趋复杂，票据的交换业务变得繁重起来，由各个银行自行轧差进行当日清算已发生困难。不断增长的票据交换和清算业务与原有的票据交换和清算方式产生较大矛盾，不仅异地结算的时间延长，即使同城结算也遇到很大困难。这在客观上要求建立一个全国统一的、有权威的、公正的清算机构，作为金融支付体系的核心，能够快速清算银行间各种票据从而使资金顺畅流通，而这个中心只能由中央银行来承担。

5. 统一金融监管

为了保证银行和金融业的公平有序竞争，保证各类金融业务和金融市场的健康发展，减少金融运行的风险，需要政府出面进行必要的管理，有效的方法是政府通过一个专门的机构来实施，而这个机构要有一定的技术能力和操作手段，还要在业务上与银行建立密切联系，还能依据政府的意图制定一系列金融政策和管理规则，以此来统筹、管理和监督全国的货币金融活动。历史上，各国金融监管机构没有独立之前，主要的金融监管职能都是由中央银行行使的，而在实行分业监管体制的国家当中，中央银行依然承担着一部分金融监管职能。

最早的中央银行是1668年成立的瑞典国家银行,而对当代中央银行发展具有划时代影响的则为英格兰银行——英国中央银行。该银行1694年创办,1844年取得集中发行货币和管理准备金的特权,1854年成为票据交换中心,1872年担负最后贷款人角色,在此期间逐渐放弃商业银行业务,成为完整意义上的现代中央银行。

二、中央银行制度的建立和发展

(一) 中央银行制度的初步形成

从1668年瑞典国家银行的成立到1913年美国联邦储备体系诞生,先后共经历了250多年的漫长时期,此为中央银行制度的初创期。在这期间,世界上大约有29个国家建立了中央银行,其中欧洲有19家,美洲5家,亚洲4家,非洲1家。

初创期中央银行的产生通常有两个途径:一是由信誉好、实力强的商业银行逐步演变而来,在演变过程中,政府根据客观需要赋予商业银行某些特权;二是政府直接组建中央银行。

这时期比较重要的中央银行有以下几个。

1. 瑞典国家银行

瑞典国家银行被公认为是历史上最早形成的中央银行,享有货币发行特权,最先由国家经营。然而它未能成为现代央行的鼻祖,原因有以下2点:一是早期的业务大部分属于商业性业务;二是虽然最先享有货币发行权,但1830年后,瑞典各商业银行也可以发行货币,直到1897年,发行特权重归瑞典国家银行。由此可见,瑞典国家银行成为真正意义上的中央银行应从1897年开始。

2. 英格兰银行

英格兰银行成立晚于瑞典银行,但却是最早(1844年)全面行使中央银行职能的银行。英格兰银行是英国的中央银行,它通过货币政策委员会对英国国家的货币政策负责。英格兰银行是伦敦城区最重要的机构之一,是全世界最大、最繁忙的金融机构。英格兰银行总行设于伦敦,职能机构分政策和市场、金融结构和监督、业务和服务三个部分,设15个局(部)。同时英格兰银行还在伯明翰、布里斯托、利兹、利物浦、曼彻斯特、南安普顿、纽卡斯尔及伦敦法院区设有8个分行。

英格兰银行享有在英格兰、威尔士发钞的特权,苏格兰和北爱尔兰由一般商业银行发钞,但以英格兰发行的钞票作准备;作为银行的最后贷款人,保管商业银行的存款准备金,并作为票据的结算银行,对英国的商业银行及其他金融机构进行监管;作为政府的银行,代理国库,稳定英镑币值及代表政府参加一切国际性财政金融活动。因此,英格兰银行具有典型的中央银行的"发行的银行、银行的银行、政府的银行"的特点。

3. 美国联邦储备体系

美国联邦储备系统(the federal reserve system),简称美联储,负责履行美国的中央银行的职责,于1914年11月16日成立。联邦储备系统由位于华盛顿特区的联邦储备委员会和12家分布全国主要城市的地区性的联邦储备银行组成。作为美国的中央银行,美联储从美国国会获得权力,行使制定货币政策和对美国金融机构进行监管等职责。

在组织形式上,美联储采用的是联邦政府机构加非营利性机构的双重组织结构,从而避免了货币政策完全集中在联邦政府手里。美联储把12个联邦储备银行设立成非营利机构而非政府机构的一个初衷就是希望制定货币政策时能同时考虑政府和私营部门的声音。虽然位于华盛顿的联邦储备局是美国联邦政府的一部分,但12家联邦储备银行不属于联邦政府机构,而是非营利性私营组织。但需要强调,联邦储备银行不同于一般的私营组织。联邦储备银行并不以营利为目的,而与联邦储备局一起承担美国中央银行的公共职能。

作为美国的中央银行,美联储从美国国会获得权力。它被看作是独立的中央银行因其决议无需获得美国总统或者立法机关的任何高层的批准,它不接受美国国会的拨款,其成员任期也跨越多届总统及国会任期。其财政独立是由其巨大的盈利性保证的,主要归功于其对政府公债的所有权。它每年向政府返还几十亿元。当然,美联储服从于美国国会的监督,后者定期观察其活动并通过法令来改变其职能。同时,美联储必须在政府建立的经济和金融政策的总体框架下工作。

(二) 中央银行制度的推广期

中央银行制度的推广期是从第一次世界大战开始到第二次世界大战结束。在此30多年间,世界各国的政治结构和国家间的版图划分发生了很大变化,一些殖民地国家走向独立,也有一些国家连为一体,因此中央银行的建立和重组也随之变动较大。中央银行制度的发展主要表现在两个方面:一是欧美国家中央银行以国有化为主要内容的改组和加强;二是亚洲、欧洲等新独立的国家普遍设立中央银行。

(三) 中央银行制度的强化期

第二次世界大战结束后,欧美国家的中央银行发展主要体现在改组和加强上。美洲少数前期未设立中央银行的国家在这一时期也都建立了自己的中央银行。亚洲和非洲除少数几个国家如日本、朝鲜、埃及在19世纪末20世纪初成立了中央银行,以及伊朗、印度、土耳其、阿富汗、泰国、南非和埃塞俄比亚等在1921—1945年间也成立了自己的中央银行外,其余的绝大多数亚洲和非洲国家的中央银行是由政府直接组建的,并借鉴了欧美中央银行发展的经验,使中央银行直接具备了比较全面的现代中央银行特征。

三、中央银行的组织类型

目前世界各国和地区基本都实行中央银行制度,但其类型与组织形式却存在差异。归纳起来看,大致有单一式、跨国式、准中央银行式三种。

中央银行组织制度类型可分为以下三种。

1. 单一中央银行制

单一中央银行制是指在一国国内单独设立一家中央银行,行使职能,领导并监督全国金融机构及金融市场的制度。具体又可以分为一元式和二元式两种形式:

(1) **一元式**是指在一个国家内只建立一家统一的中央银行,机构设置一般采取总分行制,逐级垂直隶属。目前,世界上绝大部分国家都实行这种制度,包括我国的中国人民银行。

(2) **二元式**是指一国在中央和地方设立两级相对独立的中央银行机构,中央一级机构享有制定货币政策与指导地方一级机构的权力,地方一级机构要接受中央一级机构的监管和指导,但它可在本地区内行使中央银行的职能,享有较大的独立性和自主权。这是一种带有联邦式特点的中央银行制度,典型代表有美国、德国等。

2. 跨国中央银行制

跨国中央银行制是指由若干国家联合组建一家中央银行,并由该中央银行在其成员国范围内行使全部或部分中央银行职能的中央银行制度。

这种类型主要存在于参与货币联盟的所有成员国之间。跨国中央银行为成员国发行共同使用的货币,制定统一的货币金融政策,监督各成员国的金融机构和金融市场,对成员国政府实施融资,办理成员国共同商定并授权的金融事项等。典型代表有欧洲中央银行、西非货币联盟所设的"西非国家中央银行"、中非货币联盟所设的"中非国家银行"等。

 延伸阅读6-1

欧洲中央银行

欧洲中央银行(european central bank)简称欧洲央行,总部位于德国法兰克福,成立于1998年7月1日,其负责欧盟欧元区的金融及货币政策。欧洲中央银行是根据1992年《马斯特里赫特条约》的规定成立的,是为了适应欧元发行流通而设立的金融机构,同时是欧洲经济一体化的产物。欧洲央行的职能是维护货币的稳定,管理主导利率、货币的储备和发行以及制定欧洲货币政策;其职责和结构以德国联邦银行为模式,独立于欧盟机构和各国政府之外。

欧洲中央银行具有法人资格,可在各成员国以独立的法人资格处理其动产和不动产,并参与有关的法律事务活动。欧洲中央银行的决策机构是管理委员会和执行委员会,管理委员会由执行委员会所有成员和参加欧元区的成员国中央银行行长组成。管理委员会是欧洲中央银行的最高决策机构,负责制定欧元区的货币政策,并且就涉及货币政策的中介目标、指导利率以及法定准备金等作出决策,同时确定其实施的行动指南。执行委员会由欧洲中央银行行长、副行长和其他四个成员组成。只有成员国公民可担任执行董事。这些人员必须是公认的在货币和银行事务中具有丰富的专业经验,由欧盟委员会咨询欧洲议会和欧洲中央银行管理委员会后提议,经成员国首脑会议一致通过加以任命。执行委员会的表决采取一人一票制,在没有特别规定的情况下,实行简单多数。

资料来源:360百科.欧洲中央银行[EB/OL].(2023-03-07)[2024-04-24]. https://baike.so.com/doc/5881444-6094321.html.

3. 准中央银行制

准中央银行制是指一国或地区并没有设立完整意义上的中央银行,而是由政府授权某个或某几个商业银行,或设置类似中央银行的机构,部分行使中央银行职能的体制。新加坡、中国香港、斐济、马尔代夫等都属于这种类型。例如,新加坡不设中央银行,由货币管理局发行货币,负责银行管理、收缴存款准备金等业务。而中国香港设立金融管理局,港元由汇丰银行、渣打银行、中国银行3家银行分别发行。中国香港的金融稳定则主要由金融管理局各个部门履行职能。

四、我国的中央银行

(一)中国人民银行的成立和发展

中国人民银行(the people's bank of china),是中华人民共和国的中央银行,中华人民共和国国务院组成部门。在国务院领导下,依法独立执行货币政策,履行职责,开展业务,不受地方政府、社会团体和个人的干涉。其主要职能是制定和执行货币政策,防范和化解金融风险,维护金融稳定。

1948年12月1日,在合并华北银行、北海银行、西北农民银行的基础上,在石家庄成立了中国人民银行,并于当日统一发行了第一套人民币。1949年2月,中国人民银行总行迁至北京。中国人民银行成立后,各解放区的银行逐步合并改组为中国人民银行的分行。中国人民银行的发展可分为以下几个阶段:

（1）第一阶段。1978年以前，全国实际上只有中国人民银行一家银行，同时具有中央银行和商业银行的双重职能，既行使货币发行、经理国库和金融管理等中央银行职能，又从事信贷、储蓄、结算、外汇等商业银行业务，并在金融业中具有高度垄断性。总的来看，这一时期的中央银行基本上是"大一统"的银行体系。

（2）第二阶段。1979—1983年，中国人民银行的双重职能开始逐步剥离，中央银行的职能逐步增强。这一期间随着中国经济体制改革和对外开放的推进，银行体系也加大了调整，先后恢复、分设了中国农业银行、中国建设银行和中国人民保险公司，中国银行的机构和业务也从中国人民银行独立出来，并成立了信托投资公司和城市信用社等其他金融机构，中国人民银行的经营业务逐渐减少，开始了向专司中央银行职能的过渡。

（3）第三阶段。1983年9月17日，国务院发布《关于中国人民银行专门行使中央银行职能的决定》，对中国人民银行的基本职能、组织结构、资金来源以及与其他金融机构的关系等都作出了比较系统的规定。1984年1月1日，中国工商银行成立，中国人民银行开始专门行使中央银行的职能。1986年1月7日，国务院发布《中华人民共和国银行管理暂行条例》，首次以法规形式规定了中国人民银行作为中央银行的性质、地位和职能。1995年3月18日，第八届全国人民代表大会第三次会议通过了《中华人民共和国中国人民银行法》，这是新中国第一部金融大法，该法的颁布实施，标志着中国人民银行作为中央银行以法律形式被确定下来。

（4）第四阶段。2003年修改了《中华人民共和国中国人民银行法》，实行货币政策和金融监管职能的适当分离，中国人民银行作为国家的中央银行和宏观调控部门，承担"制定和执行货币政策、维护金融稳定、提供金融服务"三大职能。2005年8月10日，中国人民银行成立上海总部，承担部分总行职能。2020年10月，中国人民银行发布了关于《中华人民共和国中国人民银行法（修订草案征求意见稿）》（以下简称《征求意见稿》）公开征求意见的通知。将"促进金融服务实体经济"明确写入立法目的，建立货币政策和宏观审慎政策双支柱调控框架。完善人民币管理规定。《征求意见稿》规定人民币包括实物形式和数字形式，为发行数字货币提供法律依据；防范虚拟货币风险，明确任何单位和个人禁止制作和发售数字代币。

2023年8月18日，按照《党和国家机构改革方案》关于"统筹推进中国人民银行分支机构改革"的部署，中国人民银行31个省（自治区、直辖市）分行，深圳、大连、宁波、青岛、厦门5个计划单列市分行和317个地（市）分行挂牌。人民银行各分行加挂国家外汇管理局分局牌子，各省、自治区分行加挂分行营业管理部牌子。至此，实行25年的人民银行跨省大区分行制度正式宣告结束，人民银行分支机构正式恢复按行政区划的省级分行体制。

延伸阅读6-2

中国人民银行名字的由来

中国人民银行的名字来自一段新中国金融业创立之初的故事。

南汉宸："张（鼎丞）、邓（子恢）提出的'联合银行'或'解放银行'名称，董老（必武）都不满意。如今，人民对国民党的通货膨胀，已是怨声载道，国民党的中央银行，早已令老百姓谈虎色变。我们若叫'中央银行'，恐怕人们很难区别此'中央银行'非彼'中央银行'。"

何松亭："如今我们的军队称'人民军队'，我们的政府称'人民政府'，何不将我们的银行也称'人民银行'!"

南汉宸:"胖子,真有你的!现在蒋介石的大势已去,新中国的曙光即将来临。我们就叫它'中国人民银行'吧!"

发生在 1947 年的这段对话,至今听起来还是那么激情澎湃。这是两个人在商议新中国国家银行的名称。

当时,南汉宸任华北财经办事处副主任,主要负责筹建新中国的中央财政部门和中央银行,而何松亭时任晋察冀边区银行副行长。张鼎丞时任中共华中军区司令员、邓子恢任中共中央华东局代理书记。

1947 年 9 月 14 日,张鼎丞、邓子恢致电中央工委,指出"为适应前线作战,中央应立即创办联合银行或解放银行,越快越好。"董必武接到张、邓电报后,立即找南汉宸商议。南汉宸指出,钞票制版要花费很长时间,因此确定银行名称是当务之急。

1947 年 10 月 2 日,中央工作委员会书记刘少奇、常委董必武,在西柏坡发电报请示中央,建议新中国国家银行的名称为"中国人民银行"。

在解放战争即将取得全国性胜利的前夕,中国人民银行于 1948 年 12 月 1 日宣告成立。中国人民银行的成立和人民币的发行,在中国金融史上占有重要地位,它标志着旧中国金融即将结束,新中国金融即将开始。

资料来源:浙江日报. 何不叫中国人民银行[EB/OL]. (2009-01-07)[2024-04-24]. http://zjrb.zjol.com.cn/html/2009-01/07/node_8.htm.

(二) 中国人民银行的职责

随着社会主义市场经济体制的不断完善,中国人民银行作为中央银行在宏观调控体系中的作用将更加突出。根据 2003 年 12 月 27 日第十届全国人民代表大会常务委员会第六次会议修正后的《中华人民共和国中国人民银行法》规定,中国人民银行的主要职责为:

(1) 发布与履行其职责有关的命令和规章。
(2) 依法制定和执行货币政策。
(3) 发行人民币,管理人民币流通。
(4) 监督管理银行间同业拆借市场和银行间债券市场。
(5) 实施外汇管理,监督管理银行间外汇市场。
(6) 监督管理黄金市场。
(7) 持有、管理、经营国家外汇储备、黄金储备。
(8) 经理国库。
(9) 维护支付、清算系统的正常运行。
(10) 指导、部署金融业反洗钱工作,负责反洗钱的资金监测。
(11) 负责金融业的统计、调查、分析和预测。
(12) 作为国家的中央银行,从事有关的国际金融活动。
(13) 国务院规定的其他职责。

6-2 中国人民银行定位仍然不够清晰

现行《中国人民银行法》于 1995 年公布实施,2003 年修订,20 余年来,中央银行的履职环境、政策目标、工具手段在适应经济转型发展过程中已发生较大变化,人民银行职责也在不断拓展深化。党的二十大报告提出,要"建设现代中央银行制度"。2023 年中央金融会议强调坚持走中国特色金融发展之路,加快建设金融强国等战略任务和重大举措,赋予了人民银行新的历史使命。2023 年 9 月发布的《中共中央办公厅国务院办公厅关于调整中国人民银行职责机构编制的通知》对人民银行的体制和职责进行了调整。因此,尽快完成《中国人民银行法》修订,有利于推进强大中央银行建设,从而为金融强国建设提供有力法治保障。

延伸阅读6-3

中央银行的资本金

中央银行的资本金一般由实收资本、在经营活动中的留存利润、财政拨款等构成。中央银行资本金构成的结构形式主要有五种类型。

(1) 全部资本为国家所有的资本结构。这是指中央银行的资本是由政府拨款形成，或是政府通过收购股份的方式将私营商业银行改组成为中央银行，因而中央银行的资本金全部属于国家，是国有化性质的中央银行。目前大多数国家中央银行的资本结构都是国有形式，如英国、法国、德国、加拿大、中国、印度、俄罗斯、印度尼西亚等。

一般来说，形成历史较长的中央银行多由私营银行或股份银行转变而来，它们最初的资本金为私人投资或股份合作资本。随着中央银行作用的增强和地位的上升，为了更好地发挥中央银行职能，许多国家通过购买私人股本的办法实行中央银行的国有化。鉴于中央银行的地位与职能作用，第二次世界大战之后新建立的中央银行大多数都是由国家财政直接拨款投资创建。全部资本为国家所有的资本结构形式成为中央银行资本结构的主要形式。

(2) 国家和民间股份混合所有的资本结构。这是指中央银行的资本一部分是由国家投资所形成的国家资本，另一部分是由私人投资所形成的私人资本共同构成。法律规定国家资本一般占资本总额的50%以上，有的国家则实行国家资本和民间资本各占50%的资本构成，国家拥有中央银行的经营管理权和决策权。私人股东则一般没有经营管理权和决策权，而只具有分取红利的权利，并且其股权转让也必须经中央银行同意后方可进行等，所以私人股份对中央银行的政策一般没有影响。采用这种中央银行资本结构的国家有日本、墨西哥、巴基斯坦、比利时、卡塔尔等。

(3) 全部资本非国家所有的资本结构。此种资本结构是指中央银行的资本全部由民间资本形成，政府不持有股份的中央银行资本构成形式。美国等少数国家的中央银行实行此类资本结构。美国联邦储备银行的股份全部由参加联邦储备体系的会员银行所持有，会员银行按自己实收资本和公积金的6%认购所参加的联邦储备银行的股份。会员银行按实缴股本享受一定年率的股息。

(4) 无资本金的资本结构。这是指中央银行自身无资本金，中央银行的运行是由政府授权，依照国家法律履行中央银行各项职责的资本构成形式。韩国的中央银行是目前唯一没有资本金的中央银行。1950年韩国银行成立时注册资本为15亿韩元，全部由政府出资。1962年修改后的《韩国银行法》确定韩国银行为"无资本的特殊法人"。该行每年的净利润按规定留存准备之后，全部汇入政府的"总收入账户"。如发生亏损，首先用提存的准备弥补，不足部分由政府的支出账户拨补。

(5) 资本为多国共有的资本结构。这是指在跨国的中央银行制度下，中央银行的资本金由货币联盟成员国共同出资构成的形式。货币联盟各成员国一般按商定比例认缴资本，并以认缴比例拥有对中央银行的所有权。

资料来源：东奥会计在线.中央银行的资本金[EB/OL].(2017-09-13)[2024-04-24].https://www.dongao.com/c/2017-09-13/794759.shtml.

第二节 中央银行性质与职能

一、中央银行的性质

中央银行是垄断货币发行，代表政府制定和实施货币政策，进行金融监管，调节宏观经济运行的宏观管理部门，同时也是为商业银行等普通金融机构和政府提供金融服务的特殊金融机构。中央银行特殊性表现如下。

(一) 地位的特殊性

尽管各国中央银行的名称不尽一致,但就其地位来说,中央银行都是居于一国经济金融体系中心地位的金融机构。

(1) 从一国经济体系的运行方面来看,中央银行为经济增长创造了基本的货币和信用条件,并为经济稳定运行提供了制度上的保障。

(2) 从国家对宏观经济的调控来看,中央银行是一国货币金融体系中的最高权力机构,也是全国货币信用制度的中心枢纽和金融监督管理的最高机构。

(3) 从一国对外金融关系方面来看,中央银行是国家对外进行经济金融往来与合作的桥梁和纽带,同时肩负干预外汇市场,平抑市场汇价波动的职责。

(二) 业务的特殊性

中央银行的业务活动在经营目标、服务对象、业务经营上与其他金融机构均有不同。首先是其业务经营的目的不同。中央银行原则上不经营具体的货币信用业务,不以营利为目标。而是代表国家政府干预经济,为实现国家经济政策目标服务。其次,其服务对象不同。中央银行的服务对象主要是各商业银行、其他金融机构和政府部门,不与企业、居民个人发生业务关系。再次,其业务经营的特征不同。中央银行独享货币发行权,这是商业银行及其他行政管理部门所不能享有的特权。中央银行可以发行货币,同时接受商业银行及其他金融机构存款。

(三) 管理的特殊性

中央银行虽然经过一国的政府授权享有各种金融管辖权,但与一般政府行政管理机关有区别:

(1) 中央银行在履行各项管理职能时,都是以"银行"的身份出现,而且管理手段也更多地具有银行业务操作的特征。

(2) 中央银行主要通过经济手段(如信贷、利率、存款准备金率、汇率、公开市场业务等)和有关法律,分层次实施监督管理职能,行政手段居于次要地位。

(3) 中央银行在行使管理职能时,具备较大的独立性。所谓独立性,是指中央银行在履行职责时,法律赋予或实际拥有的权力、决策和行动的自主程度。中央银行的独立性问题,实质是中央银行与政府的关系问题。相对政府而言,包括两层关系:第一,中央银行应对政府保持一定的独立性;第二,中央银行对政府的独立性是相对的。保持独立性内容包括:一是建立独立的货币发行制度,以维持货币的稳定;二是独立地制定或执行货币金融政策;三是独立地管理和控制金融体系和金融市场。

延伸阅读6-4

中央银行保持独立性的原因及模式

中央银行之所以保持独立性,原因主要在于:第一,中央银行和政府在国民经济中所处的地位、关注问题的重点和解决问题的方式,追求的行为目标存在差异。第二,避免政治对经济波动产生的干扰。第三,避免财政赤字货币化。第四,中央银行业务的特殊性。中央银行保持独立性的具体模式有如下四种:

(1) 美国模式。中央银行直接对国会负责,较强的独立性。美国1913年《联邦储备法》建立的联邦储备系统行使制定货币政策和实施金融监管的双重职能。美联储实际拥有不受国会约束的自由裁量权,成为立法、司法、行政之外的"第四部门"。

(2) 英国模式。中央银行名义上隶属财政部,相对独立性。尽管法律上英格兰银行隶属于财政部,但实践中财政部一般尊重英格兰银行的决定,英格兰银行也主动寻求财政部支持而相互配合。1997 年英格兰银行事实上的独立地位向第一种模式转化。

(3) 日本模式。中央银行隶属财政部,独立性较小。大藏大臣对日本银行享有业务指令权、监督命令权、官员任命权以及具体业务操作监督权,但是 1998 年 4 月日本国会通过了新的《日本银行法》,以法律形式确认中央银行的独立地位,实现向第一种模式转化。

(4) 中国模式。中央银行隶属于政府,与财政部并列。《中华人民共和国人民银行法》规定:"中国人民银行是中央银行,中国人民银行在国务院领导下,制定和实施货币政策,对金融业实施监督管理。"

资料来源:360 问答. 中央银行独立性的原因及模式[EB/OL]. (2018-03-02)[2024-04-24]. https://wenda. so. com/q/1467482337726905.

二、中央银行的职能

中央银行的职能是其性质的具体体现,常见的中央银行职能一般表述为:发行的银行、银行的银行、政府的银行。中央银行的职能并非一成不变,随着历史的演进和社会的发展,其职能也不断被赋予新的内容。

1. 发行的银行

发行的银行是指中央银行垄断货币发行权,是国家唯一的现钞货币发行机构(在有些国家,硬辅币的铸造与发行由财政部门负责)。这是中央银行首要的和基本的职能,也是其自身成为央行最基本最重要的标志,是央行发挥其全部职能的基础。

中央银行成为发行的银行是在银行业发展过程中逐步形成的,是历史的必然选择。中央银行垄断货币发行权是统一货币发行,稳定币值和流通的基本保证。中央银行根据经济运行需要适时有序发行货币,并承担保持币值稳定的重任。

延伸阅读6-5

中国印钞造币总公司

中国印钞造币总公司是国家法定货币生产企业,下辖 22 家大中型企业和 1 个技术中心,从事印钞、造币、钞票纸、银行信用卡的研制生产、印钞造币专用机械和银行机具制造、高纯度金银精炼和印制增值税专用发票、有价证券、银行专用票据、高级防伪证书等安全印务方面的生产经营活动。公司员工近 3 万人,净资产总额 300 亿元。历经半个世纪的不懈努力,中国印钞造币总公司已发展成为印制实力雄厚、门类配套齐全、装备水平先进、工艺技术独特的现代化大型企业集团,研制出众多具有精美印制质量、高防伪性能、融民族优秀传统工艺技术和当代高科技成果于一体的新产品,其生产规模和专业门类雄居世界同行业之首。公司将继续以"优质安全保发行、科学高效谋发展"为宗旨,始终坚持"厚德广行、敬业报国"的行业精神,以"建设国际一流的印钞造币集团"为目标,一如既往地致力于提高科研、设计、印制和管理水平,积极拓展国内外市场,加强与世界各国同行的合作与交流,为中国乃至世界的货币印制和钱币文化发展作出新的贡献。

资料来源:中国印钞造币官网. 中国印钞造币[EB/OL]. (2022-07-15)[2024-04-24]. http://www.cbpm. cn/cn/aboutus/aboutus/.

6-3 视频:中国印钞造币总公司宣传片

2. 银行的银行

银行的银行是指中央银行面向商业银行及其他金融机构办理金融业务,为其提供相应服务。这一职能最能体现中央银行的特殊性。办理"存、贷、汇",仍是中央银行的主要业务内容,但业务对象不是一般企业和个人,而是商业银行与其他金融机构。该职能具体体现在以下方面:

(1) 集中存款准备金。法律规定,商业银行及有关金融机构必须向中央银行存入一部分存款准备金。其目的在于:一方面保证存款机构的清偿能力;另一方面有利于中央银行调节信用规模和控制货币供给量。存入准备金的多少,通常是对商业银行及有关金融机构所吸收的存款确定一个法定比例,有时还根据不同种类的存款确定几个比例。中央银行有权根据宏观调节的需要,变更、调整存款准备金的存入比率。

(2) 充当"最后贷款人"。充当最后贷款人是指在商业银行发生资金困难而无法从其他银行或金融市场筹措时,向中央银行融资是最后的办法。中央银行对其提供资金支持则是承担最后贷款人的角色。其具体表现为:①当商业银行或其他金融机构发生资金周转困难时,中央银行为其提供全力支持,以防银行挤提风潮的扩大导致支付链条中断以至引起金融恐慌或整个银行业的崩溃;②为商业银行办理资金融通,使其在同业拆借方式以外,增加银行短期调剂资金头寸的渠道;③对商业银行等金融机构提供多种资金支持方式,调节银行信用和货币供应量,传递和实施金融调控的意图。

(3) 组织、参与和管理全国的清算。商业银行相互间因为业务关系,每天都发生大量的资金往来,必须及时清算。与集中存款准备金制度相联系,由于各家银行都在中央银行开有存款账户,各银行间的票据交换和资金清算业务就可以通过这些账户转账和划拨,整个过程经济且简便。

(4) 监督管理金融业。监督管理金融业既是中央银行"银行的银行"职能的延伸,是中央银行对金融业服务与管理的统一,又是中央银行作为"政府的银行"的基本职能。在很多国家,中央银行与其他监管部门共同监督金融业。

3. 政府的银行

政府的银行也称国家的银行,是指中央银行代表政府贯彻执行财政金融政策,代理国库收支及为政府提供各种金融服务。

该职能具体体现在:

(1) 代理国库,包括收受国库的存款,为国库办理支付和结算,为国库办理代收税款等。

(2) 代理政府债券的发行,为政府代办债券发行、认购和推销、还本付息等业务。

(3) 为政府融通资金,主要是通过购买政府债券和在法律限度内提供短期贷款或透支。

(4) 保管和经营管理一国的外汇储备和黄金储备。外汇、黄金、特别提款权和在国际货币基金组织的头寸都是一国的储备资产,主要由中央银行负责保管和经营。

(5) 制定和实施货币政策。具体见第十二章。

(6) 对金融业和金融市场实施金融监督管理,维护金融稳定,具体包括对金融机构的设立、业务活动、清偿能力等方面进行审查批准、督促、指导;对货币市场、资本市场、外汇市场等各类金融市场的运行进行监督管理。

(7) 代表国家政府参加国际金融组织和各项国际金融活动。

(8) 为政府提供经济金融情报和决策建议,向社会公众发布经济金融信息。

6-4 视频:中央银行的职能

> **相关思考 6-1**
>
> 中央银行的地位及其与商业银行之间的关系
>
> 从上文对中央银行职能的阐述,可以看到经济的运行离不开中央银行。那么中央银行在整个经济体系中的地位如何？商业银行同样是经济、金融体系的重要组成部分,中央银行与商业银行之间是怎样的关系？

第三节 中央银行业务

一、中央银行的资产负债表

中央银行首先是银行机构,有其业务活动,并主要体现在其资产负债表上。但中央银行又是特殊的金融机构,其职能都要通过业务活动来履行。因此要理解央行的业务和资产负债情况,有必要先了解中央银行的资产负债表及其构成。

中央银行的资产负债表是指中央银行在履行职能时业务活动所形成的综合记录。中央银行资产负债业务的种类、规模和结构都综合地反映在资产负债表上。现代各国中央银行的任务和职责基本相同,其业务活动大同小异,资产负债表的内容也基本相近。在经济全球化的背景下,为了使各国之间相互了解彼此的货币金融运行状况及分析他们之间的相互作用,对金融统计数据按相对统一的标准进行适当规范是很有必要的。为此,国际货币基金组织定期编印《货币与金融统计手册》刊物,以相对统一的口径向人们提供各成员国有关货币金融和经济发展的主要统计数据,中央银行的资产负债表就是其中之一,称作"货币当局资产负债表"。各国中央银行一般在编制资产负债表时主要参照国际货币基金组织的格式和口径,从而使各国中央银行资产负债表的主要项目与结构基本相同,具有很强的可比性。中国人民银行从 1994 年起根据国际货币基金组织《货币与金融统计手册》规定的基本格式,编制中国货币当局资产负债表,并定期向社会公布。

下面根据国际货币基金组织编制的《货币与金融统计手册》,中央银行资产负债表的最主要项目简化成表 6-1。

表 6-1　　　　　　　　简化的中央银行资产负债表

资产	负债和资本
贴现及放款	流通中的货币
各种证券及财政借款	政府和公共机构存款
黄金外汇储备	商业银行等金融机构存款
其他资产	其他负债
	资本账户
资产合计	负债和资本合计

二、负债业务

中央银行的负债业务是指金融机构、政府、个人和其他部门持有的对中央银行的债权。主要包括货币发行业务、存款业务,其他负债业务和资本业务。中央银行的负债业务具体如下。

1. 货币发行

货币发行是中央银行最重要的负债业务。当今各国的货币发行,都由各国的中央银行所垄断。中央银行的货币是通过再贴现、再贷款、购买证券、收购金银外汇等方式投入市场,从而形成流通中的货币,以满足经济发展对货币的需要。具体过程如图 6-1 所示。

6-5 新版第五套人民币来了!

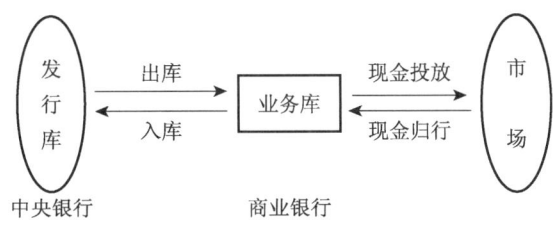

图 6-1 中央银行货币发行过程

2. 代理国库和吸收财政性存款

中央银行作为政府的银行,代理国库和吸收财政性存款是它的主要负债业务之一。中央银行为政府融资提供条件,对国库存款不支付利息。

3. 集中管理存款准备金

中央银行集中保管各商业银行的法定存款准备金,并对存放的这些准备金不支付利息。中央银行将这些准备金用于商业银行资金周转不灵时对其贷款,这便节省了各商业银行本应保留的存款准备金,充分发挥了资金的作用。中央银行负责规定商业银行的存款准备金率,并督促各商业银行按期如数上交存款准备金。

4. 其他负债业务

除了上述三种负债业务外,中央银行还有发行中央银行票据、对外负债(如对国际金融机构负债业务)、资本业务等其他负债业务。其中,中央银行票据实质是央行发行的短期债券。

三、资产业务

中央银行的资产业务是指中央银行通过对银行资产的处理,以履行中央银行的职能。其主要包括再贴现业务和再贷款业务、证券买卖业务、国际储备业务及其他一些资产业务。

1. 再贴现及再贷款

该项业务主要包括中央银行对商业银行的再贴现和再贷款,还有对政府部门的贷款和对外国政府、金融机构的贷款。其中,以再贴现和再贷款方式向商业银行等金融机构融通资金,既是中央银行履行"最后贷款人"职能的具体手段,也是其提供基础货币的重要渠道。

2. 证券买卖业务

证券买卖业务是指中央银行在公开市场上买卖证券的操作,是中央银行货币政策三大工具之一。此项业务在调控货币供给量的同时,也为中央银行调整自己的资产结构提供了手段。

中央银行持有证券和从事公开市场业务的目的不是营利,而是通过证券买卖对货币供应量进行调节,从而实现货币政策目标。操作的证券一般都是信用等级比较高的政府债券、央行票据、回购协议等。

3. 黄金和外汇储备

黄金和外汇储备是稳定币值的重要手段,也是国际间支付的重要储备。中央银行承担为国家管理黄金和外汇储备的责任,也是中央银行的重要资金运用。

4. 其他资产

除以上三项资产外,未列入的所有项目都可列入其他资产,主要包括待收款项和固定资产等。

四、清算业务

中央银行的清算业务是指中央银行为商业银行及其他金融机构办理资金划拨清算和资金转移的业务。中央银行作为一国支付清算体系的参与者和管理者,通过一定的方式、途径,使金融机构之间的债权债务清偿及资金转移顺利完成并维护支付系统的平稳运行,从而保证经济活动和社会生活的正常运行。

现代经济条件下,银行间债权债务关系错综交织,结算和清算业务纷繁复杂,银行间结算和清算金额巨大,仅依靠银行间自身的双边或多边清算安排已无法实现巨额资金的划转。中央银行作为银行的银行,各商业银行等其他金融机构都在中央银行开立账户,因此由中央银行来负责清算它们之间的资金往来和债权债务关系具有客观的便利条件。各国中央银行不仅直接提供行间清算服务,还被赋予组织、监督、管理银行间清算的职责,主持制定银行间清算制度、设计银行间支付安排、审核支付系统操作规程等。

中央银行的支付清算业务的主要内容如下。

1. 组织同城票据交换和清算

同城票据交换是指同一城市(或区域)范围内,各商业银行之间将相互代收、代付的票据,定时、定点集中相互交换并清算资金存欠的方法。同城票据交换由中央银行集中监督并清算资金。不同国家的票据交换所运作方式有所不同,有的是各银行联合举办的,有的是中央银行直接主办的,但无论如何,票据交换之后的应收款、应付款总额最终都必须通过中央银行集中清算交换才能实现轧差。

2. 办理异地跨行清算

银行间的异地债权债务形成各行间的异地汇兑,引起资金头寸的跨行、跨地区划转,划转的速度及准确度关系资金的使用效率和金融安全,因而各国中央银行通过各种方式和途径,对清算账户进行集中处理,以提高清算效率,减少资金消耗,并保证异地跨行清算的顺利进行。

3. 提供证券和金融衍生工具交易清算服务

证券和金融衍生工具交易的主要程序包括:一是交易执行,根据不同的市场类型(公开报价或电话报价市场),可以采取不同的形式进行交易;二是交易撮合,保证交易双方在价格、数量等相关条件约束下达成一致;三是交易清算,交易双方进行支付的计算过程;四是转账指令,证券和资金的交割指令必须发送到清算系统;五是清算,包括证券与资金的双向交割。

近年来,越来越多的交割通过中央银行簿记系统进行,即不再进行证券实物交割,而是把所有的证券(主要指政府债券)保留在中央银行证券托管机构,中央银行证券托管机构一般包括资金转账系统,并直接连接支付系统。

4. 提供跨国支付清算服务

跨国支付清算又称国际结算,是按照一定规则和程序并借助结算工具及清算系统,清偿国际间的债权债务和实现资金跨国转移的行为。跨国支付清算比国内支付清算更为复杂,具有国际性、涉及多种货币、多种支付清算安排及需要借助跨国支付系统和银行账户实现跨国银行间清算等特征。

 延伸阅读6-6

我国的支付清算系统

中国人民银行作为中央银行,支付结算的管理和服务是其一项重要职责。根据支付结算体系的统一规划和发展方向,中国人民银行不断改进支付清算系统,组织规范了各地同城票据交换系统、各商业银行的行内资金划拨系统,建立了全国电子联行系统,并且正在抓紧建设推广现代化支付系统,这些系统覆盖所有支付工具的应用,提供了社会资金快速运动的重要渠道。

中国的支付清算体系已步入适应现行银行体制、为市场经济和对外开放条件下的经济及社会活动提供现代化支付清算服务的阶段。目前运行的主要支付系统有:

(1) 同城清算系统。同城清算是指同一城市(区域)内交易者间的经济往来,通过开户金融机构的同城票据交换实现债权债务清偿及资金转移。

(2) 全国电子联行清算系统。全国电子联行清算系统是中国人民银行处理异地清算业务的行间处理系统。全国电子联行系统通过中国人民银行联合各商业银行设立的国家金融清算总中心和在各地设立的资金清算分中心运行。

(3) 电子资金汇兑系统。电子资金汇兑系统是商业银行系统内的电子支付系统。目前我国国有商业银行和其他商业银行均以电子资金汇兑系统取代原有的手工操作系统,即通过电子支付指令的集中交换代替了原有的实物票据交换。

(4) 银行卡支付系统。中国人民银行在组织各商业银行联合共建银行卡支付系统、制定相关标准等方面发挥了积极作用,目前已形成了覆盖全国的银行卡信息交换系统。

资料来源:360百科.央行支付清算系统[EB/OL].(2022-07-15)[2024-04-24]. https://baike.so.com/doc/4011605-4208600.html.

本章小结

本章主要学习了中央银行的产生和发展的背景、客观要求、产生和发展过程、中央银行的主要组织类型;重点讲述了中央银行的性质、职能以及中央银行的资产、负债和清算业务,需结合实际着重理解中国人民银行的相关问题。

本章重要概念

中央银行　最后贷款人　发行的银行　银行的银行　政府的银行　存款准备金
单一中央银行制　跨国中央银行制　准中央银行制　中央银行资产业务　中央银行负债业务
中央银行清算业务

第七章 商业银行

- 内容提要
- 重点难点
- 学习目标
- 知识框架
- 思政育人
- 第一节 商业银行概述
- 第二节 商业银行业务
- 第三节 商业银行经营管理
- 本章小结
- 本章重要概念

内容提要

本章主要讲述了商业银行的产生及发展、组织类型、性质与职能、经营模式及发展趋势；商业银行的负债业务、资产业务和表外业务；商业银行的经营原则、管理创新、风险管理以及商业银行的发展趋势。

重点难点

本章的重点为商业银行的组织类型、性质和职能、商业银行的负债业务、资产业务和表外业务；本章的难点为商业银行的经营原则、管理创新及风险管理。

学习目标

通过本章学习，学生应掌握商业银行组织类型、性质与职能，商业银行的负债业务、资产业务、表外业务及商业银行的经营原则。了解商业银行的组织类型、业务特点及发展趋势。要求学生对商业银行有一个全面的认识，深入思考商业银行应如何更好地创新发展从而应对金融科技等各种挑战，满足未来经济金融发展的需求。

知识框架

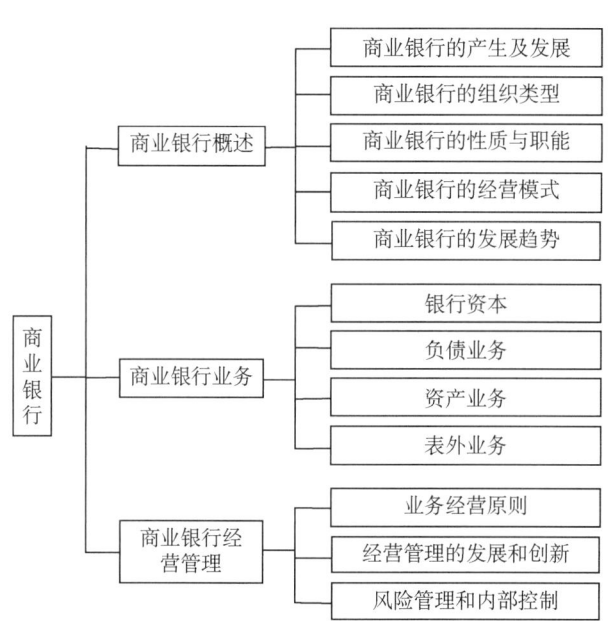

思政育人　　　**2020 年我国《商业银行法》修订**

7-1 2020年我国商业银行法修订

作为金融领域的重要法律,《商业银行法》在1995年通过后,分别经历了2003年较大改动和2015年细微改动,时至今日已表现出很多与金融形势和银行业发展实践不相匹配的问题。

2018年9月,十三届全国人大常委会将《商业银行法》修改纳入立法规划。今年1月16日,人民银行召开的2020年金融法治工作电视电话会议认为,金融法治工作的重要性日益凸显,要不断加强金融立法,完善法律规则体系。2020年要加快推进《商业银行法》等重点立法。10月16日,央行公布《商业银行法(修改建议稿)》(以下简称《修改建议稿》)。现行《商业银行法》共九章九十五条,《修改建议稿》共十一章一百二十七条,其中整合后新设或充实了四个章节,分别涵盖公司治理、资本与风险管理、客户权益保护、风险处置与市场退出。

和2015年的版本相比,这次修改意见稿主要有以下几大变化:

1. 明确村镇银行法律地位,引入功能监管原则
2. 引入薪酬追索扣回措施
3. 持有商业银行5%以上股份需事先报备获批
4. 明确商业银行接管的六大条件
5. 增设对商业银行股东、实际控制人以及风险事件直接责任人员的罚则
6. 增加对股东资质和禁入情形的规定

资料来源:新浪财经.商业银行法修改建议稿解读来了:一个不变和六大变化[EB/OL].(2020-10-16)[2024-04-06].https://news.sina.com.cn/o/2020-10-16/doc-iizncktc5983382.shtml.

第一节　商业银行概述

一、商业银行的产生及发展

"银行"(bank)一词起源于意大利语"banco",是指早期货币兑换商借以办理业务所使用的长凳。早期的银行起源于意大利的铸币兑换业,早在12世纪,当时的意大利是欧洲各国商业贸易的中心,在威尼斯云集了来自地中海沿岸各国及其他地区的商人进行买卖交易。后来,随着欧洲各国和各地区的商业往来不断扩大,不同国家和地区所使用的货币在名称、重量和成色等方面存在较大的差异,货币兑换业务和货币兑换商便应运而生。随着商品交换的扩大,往来于各地的商人为了避免长途携带和保存货币的风险,便把货币交给兑换商保存或委托他们办理汇兑和支付。由于兑换商手中储存了大量货币现金,这就为放款业务奠定了基础,通过放款,可以收取利息。为了获得更多的资金用来发放贷款,他们开始向货币所有者支付利息,而不是索要保管费,存贷利差成为其主要利润来源。至此,货币兑换商逐渐开始从事信用活动,商业银行的萌芽开始出现。

早期的商业银行主要从事高利贷放款,规模小、风险大、经营成本高,不能满足工商企业发展的需要,因而还不是现代意义上的商业银行。现代商业银行起始于资本主义社会。在资本主义社会,商品经济高度发展,要求有相应的多种支付方式和灵活融通资金的机构,而早期银行的高利贷性质,使资本家无利可图。因此,在资本主义发展的基础上,现代商业银行开始形成和发展。

现代商业银行主要通过下列两条途径产生。

1. 从旧的高利贷性质的银行转变而来

这种转变是早期商业银行形成的主要途径。17世纪中叶之前的银行,都属于高利贷性质,随着资本主义生产关系的产生和发展,这些高利贷性质的银行都面临着贷款需求锐减的困境,走到了关闭的边缘。为了适应新的生产方式,降低贷款利率,转变为资本主义性质的商业银行,成为早期高利贷银行的主要选择。

2. 按照资本主义生产方式的要求组建股份制商业银行

最早建立的资本主义的股份制商业银行是1694年成立的英格兰银行。英格兰银行的成立,标志着现代商业银行制度的建立。

我国的商业银行出现较晚,直到1845年才出现第一家由英国人开设的现代商业银行——丽如银行。我国自行开办的最早的现代商业银行,是1897年在上海设立的中国通商银行。

 延伸阅读7-1

西方早期的金匠银行

在西方,早期的银行为金匠银行。现以英国为例,来说明一下西方国家早期的金匠银行。

英国银行业的产生和中国不太一样,在18世纪之前,英国的银行业为不具规模的私人金匠银行,它主要是源自金匠家族。一些和金匠们相熟的商家手上有一定数量的金子,他们把自己的金子存在一些大的有信誉的金匠的仓库里求得安全,这是要交保管费的。金匠们开始也是只收一些数量比较大的金子,太小的数量是不接受的,因为管理起来麻烦。当金匠家里的金子多了,金匠们也不再满足只赚一点保管费了,于是就开始打这些金子的主意。他们首先是把这些金子用在自己的生产周转上,而不是去放贷。比方说,他们接到了一宗订单,不再是先去买金子进行生产而是直接使用仓库中的金子进行生产,交货后有了收入,再去买金子来补回仓库中的亏空,这样赚钱就不用本钱了,他们就可以做更多的生意。

一开始,他们和中国同行一样,一边做着他们的主业——金匠,一边做着这种无本生利的好事。但随着时间的推移,财富的积累,他们也不再满足于利用别人的金子为自己周转,而要用它赚更多的钱。他们的存户不再局限在少数的几个人,也不再局限于数量的多少。他们把部分金子转换成金币在社会流通,并且不收存款人保管费甚至发利息,向借款人收利息。这时候,银行家就出现了,因为这些人很多是出身金匠,所以后人把那一时期的这一类人叫金匠银行家。无论是中国还是外国,这一时期都可以说是银行业的奠基时期。

金匠银行家最有利可图的就是发行银行券,这些银行券其实就是储户存放在金匠那里保管的金币的收据。由于携带大量金币非常不便,大家就开始用金币的收据进行交易,然后再从金匠那里兑换相应的金币。时间长了,人们觉得没必要总是到金匠那里存取金币,后来这些收据逐渐成了货币。聪明的金匠银行家们渐渐发现每天只有很少的人来取金币,他们就开始悄悄地增发一些收据来放贷给需要钱的人并收取利息,当借债的人连本带息地还清借据上的欠款,金匠银行家们就收回借据再悄悄地销毁,好像一切都没发生过,但利息却稳稳地装进了自己的钱袋。一个金匠银行的收据流通范围越广,接受程度越高,利润就越大。

在那个时期,从理论上来讲银行家开具的银行券(货币)的总额与所存有的金币是等值的,但事实上因为利益的诱惑,不少金匠们总是私下增印银行券。中国那个时代的钱庄、票号的也是这样做的。

资料来源:知乎."长板凳"与金匠业——西方商业银行的起源与发展[EB/OL].(2020-11-13)[2024-04-26].https://zhuanlan.zhihu.com/p/290646430.

二、商业银行的组织类型

商业银行的组织形式因各国的政治经济制度不同而有所不同,归纳起来有以下几种。

(一)单一银行制

单一银行制又称单元银行制,是指商业银行只设一个独立的机构从事业务经营活动,不设分支机构的一种组织形式。长期以来,美国的商业银行在组织形式上一直采用单一银行制,各州通过立法,不允许银行跨州经营和设立分支机构。单一银行制导致美国境内的商业银行数量众多,虽然维护了银行业自由竞争的环境,但随着金融深化和发展,该制度也限制了银行的规模扩大、业务发展和创新。单一制银行的优缺点如下:

1. 优点:

(1) 由于禁止或限制设立分支机构,商业银行业务规模的扩大受到制约,可防止银行业的过度集中和垄断。

(2) 只限于地区营业,有利于地区经济的发展,同样也利于地方政府协调。

(3) 管理层次少,具有独立和自主性,业务经营具有较大灵活性。

2. 缺点:

(1) 银行规模小,经营成本大,难以取得规模经济。

(2) 组织和运用资金的能力有限,业务相对集中,风险较大。

(3) 没有设立于各地的分支机构,与经济的外向发展,商品交换范围不断扩大存在矛盾。

(4) 在电子化时代,业务发展和金融创新受到限制。

(二)总分行制

总分行制是指允许银行在总行之外,在国内外各地普遍设立分支银行的一种组织形式。这种体制按总行管理方式不同还可以分为总行制和总行管理处制。总行制是指总行除管理各分支银行外,本身也对外营业,办理业务;总行管理处制是指总行作为管理处,只负责管理分支银行,本身不对外办理银行业务。实行这一制度的商业银行可以在总行以外,普遍设立分支机构,分支银行的各项业务统一遵照总行的指示办理。采用这种银行组织形式最为典型的是英国、德国、日本等国。我国的商业银行也都采取总分行制度。总分行制的优缺点如下:

1. 优点:

(1) 分支银行遍布各地,有利于迅速发展各种银行业务。

(2) 其规模可按业务发展的需要而扩张,使银行经营取得较好的规模经济效益。

(3) 分支机构多,业务范围较大,易于组织资金,实力强,可以相互之间调剂资金,分担风险。

(4) 可实施高度专业化的分工,以提高工作效率。

(5) 一定程度地克服地方干预,促进银行业的竞争。

(6) 银行数量少,便于国家管理和控制。

2. 缺点:

(1) 容易形成金融垄断。

(2) 层次多,较难管理。

(3) 经营状况依赖总行,对地方经济缺少关切,且大规模调动资金不利于地方经济发展。

(三) 集团银行制

集团银行制又称持股公司制,是指由少数大企业或大财团设立控股公司,再由控股公司控制或收购若干家商业银行。这种控股公司既可以由非银行的大企业组建,也可以由大银行组建。持股公司所拥有的银行在法律上是独立的,保持其自身的董事会,对股东负责,接受管理机构的监督。

(四) 连锁银行制

连锁银行制是指由某个人或某集团拥有若干银行的股权,以取得对这些银行的控制权的一种组织形式。它和持股公司制相似,但它不需设立控股公司。它与持股公司制银行一样,都是为了弥补单一银行制的不足、规避对设立分支行的限制而实行的。但连锁银行制与持股公司制相比,由于受个人或某一集团的控制,因而不易获得银行所需要的大量资本,因此许多连锁银行相继转为银行分支机构或组成持股公司。

延伸阅读7-2

金融控股公司

金融控股公司是指在同一控制权下,所属的受监管实体至少明显地在从事两种以上的银行、证券和保险业务,同时每类业务的资本要求不同。金融控股公司是金融业实现综合经营的一种组织形式,也是一种追求资本投资最优化、资本利润最大化的资本运作形式。在金控集团中,控股公司可视为集团公司,其他金融企业可视为成员企业。集团公司与成员企业间通过产权关系或管理关系相互联系。各成员企业虽受集团公司的控制和影响,但要承担独立的民事责任。

金融控股公司的特点是母公司是主要经营某种金融业务的银行、信托、证券或保险公司,通过子公司或直接由母公司参与另一种或多种金融业务。这类公司可分为三类:第一类是国有商业银行通过独资或合资而成立的金融控股公司;第二类是以信托投资公司为主体,从事信托、证券、银行和实业的金融控股公司;第三类是以保险公司为主体的从事保险、证券和信托的金融控股公司。

1. 国有商业银行通过独资或合资而成立的金融控股公司

(1) 1979年,中国银行在中国香港成立经营投资银行业务的中国建设财务(香港)有限公司,涉足资本市场业务。1992年7月,中行在中国香港成立中银集团保险有限公司开展保险业务。以此为基础,1996年,中国银行在英国注册成立了主要从事投资银行或商业银行业务的中国银行国际控股有限公司;1998年中国银行的海外投资银行机构和业务进行重组,在中国香港重新注册成立中银国际控股有限公司(简称中银国际);1999年,中行又与英国保诚集团合资成立了资产管理公司和信托公司,开拓中国香港的公积金市场。中银国际是中行在海外设立的全资附属的全功能投资银行,充分说明中行的金融控股公司构架已经展开。

(2) 1995年,中国建设银行与摩根斯坦利公司合资组建中国国际金融有限公司,建行拥有42.5%的控股权。因为相关的投资协议在1995年颁布的《中华人民共和国商业银行法》实施前已经签署,依据《中华人民共和国商业银行法》第四十三条之规定,在本法实施前,商业银行已向非银行金融机构和企业投资的,由国务院另行规定实施办法。所以该公司获国务院特许可以经营人民币特种股票、境外发行股票、境内外政府债券、公司债券和企业债券的经纪、自营以及承销业务,基金的发起和管理,项目融资顾问等广泛的投资银行业务。2002年中方增持股份至51%并获得A股经纪牌照。因此,中国建设银行通过控股中国国际金融有限公司,开始了其金融控股公司的经营格局。

(3) 1998年,中国工商银行与香港东亚银行合作在中国香港收购了擅长投资银行业务的西敏证券,并在中国香港注册成立工商东亚金融控股公司,从事香港和内地的投资银行业务。2000年4月中国工商银行又斥资收购了香港友联银行,直接在中国香港开展零售银行业务,并涉足投资银行业务。上述公司中除中国国际金融有限公司是国家特批在中国注册外,其余两家公司都是在境外依据外国法律注册的。这些公司成立的目的很明确,即国有商业银行意图涉足投资银行业务,利用自己和国有大企业长期以来形成的客户关系,大力推销投资银行产品。反过来,投资银行产品可以促进传统的银行产品的销售。

2. 以信托投资公司为主体的金融控股公司

这类金融控股公司的典型代表是中信集团。中信集团成立于1979年,经营内容涵盖了金融业和非金融业。2002年经国务院批准设立了中信控股公司对集团下的金融业务进行金融控股公司改造。中信控股公司是我国第一家规范的金融控股公司,通过对原中信集团的金融控股公司化改造,中信控股公司改制为纯粹型控股公司,不再经营具体金融业务,而只是一个纯粹的投资控股和管理机构,控股了中信实业银行、中信证券、中信兴业信托、中信嘉华银行、信诚保险等5家重要的金融子公司,涉及银行、证券、保险各方面。

3. 以保险公司为主体的金融控股公司

这类金融控股公司的主要代表是中国平安保险股份有限公司。母公司中国平安保险股份有限公司通过投资1.5亿元人民币全资控股了平安信托投资公司,而平安信托投资公司又投资9 150万元人民币,控制了平安证券公司61%的股份。2001年12月,保监会批复了平安保险的机构改革方案,平安保险股份有限公司更名为平安保险(集团)股份有限公司,2003年12月,平安信托与汇丰银行联合收购原福建亚洲银行,2004年3月更名为平安银行,在福建挂牌营业。至此,平安集团形成了以保险为主,涉足信托、证券、银行和实业投资的金融控股集团。

资料来源:360百科.金融控股公司[EB/OL].(2020-11-13)[2024-04-26]. https://baike.so.com/doc/5667747-5880409.html.

三、商业银行的性质与职能

(一)商业银行的性质

商业银行是以追求利润最大化为经营目标,以货币信用业务和综合金融服务为经营对象的综合性多功能的金融企业。我国《中华人民共和国商业银行法》对商业银行的定义为:商业银行是指依照本法和《中华人民共和国公司法》设立的吸收公众存款、发放贷款、办理转账结算等业务的企业法人。商业银行的性质可以从以下三个层次去理解。

1. 商业银行是企业

商业银行作为企业,具有企业的一般特征:必须具备业务经营所需的自有资本,并达到管理部门所规定的最低资本要求;必须照章纳税;实行自主经营、自担风险、自负盈亏、自我约束;以获取利润为经营目的和发展动力。

2. 商业银行是特殊的企业

商业银行是特殊的企业——金融企业。商业银行的经营对象不是普通商品,而是货币资金;商业银行业务活动的范围不是生产流通领域,而是货币信用领域;商业银行不是直接从事商品生产和流通的企业,而是为从事商品生产和流通的企业提供金融服务的企业。另外,商业银行体现出高负债、高风险的特征,一旦经营不善出现破产倒闭等严重后果,甚至会对经济、社会的稳定性产生影响。也正因如此,各国对商业银行的监管相当严格,从市场准入、业务经营等都要求非常严格。

3. 商业银行是特殊的银行

商业银行是特殊的银行。第一,在经营性质和经营目标上,商业银行与中央银行和政策性金融机构不同。商业银行以盈利为目的,在经营过程中讲求盈利性、安全性和流动性原则,不受政府行政干预。第二,商业银行与各类专业银行和非银行金融机构也不同。商业银行的业务范围广泛,功能齐全、综合性强,尤其是商业银行能够经营活期存款业务,它可以借助于支票及转账结算制度创造存款货币,使其具有信用创造的功能。

(二) 商业银行的职能

商业银行作为金融企业,具备下列五项职能。

1. 信用中介

信用中介是商业银行最基本、最能反映其经营活动特征的职能。这一职能的实质,是通过银行的负债业务,把社会上的各种闲散货币集中到银行里来,再通过资产业务,把它投向经济各部门;商业银行是作为货币资本的贷出者与借入者的中介,来实现资本的融通、并获取利益收入,形成银行利润。商业银行的信用中介职能反映在以下三个方面:

(1) 变闲置资本为功能资本。在不改变社会资本总量的条件下,商业银行通过改变资本的使用量,扩大生产规模,促使资本增值。

(2) 变小额资本为大额资本。商业银行把分散在千家万户的小额剩余资金集中起来,变为可投入生产的货币资本,从而使社会再生产以更快的速度增长。

(3) 变短期资本为长期资本。商业银行可以把短期资金的稳定余额作为长期资金使用,从而把短期货币资本转化为长期货币资本,形成对经济结构的良性调节,促进国民经济的持续、稳定和平衡发展。

2. 支付中介

商业银行除了作为信用中介,融通货币资本以外,还执行着货币经营的职能。通过存款在账户上的转移,代理客户支付,在存款的基础上,为客户兑付现款等,成为工商企业、团体和个人的货币保管者、出纳者和支付代理人。以商业银行为中心,形成经济过程中无始无终的支付链条和债权债务关系。

3. 信用创造

商业银行在信用中介职能和支付中介职能的基础上,产生了信用创造职能。商业银行是能够吸收各种存款的银行,并用其所吸收的各种存款发放贷款,在支票流通和转账结算的基础上,贷款又派生为存款。在这种存款不提取现金或不完全提现的基础上,就增加了商业银行的资金来源,最后在整个银行体系,形成数倍于原始存款的派生存款。长期以来,商业银行是各种金融机构中唯一能吸收活期存款,开设支票存款账户的机构,在此基础上产生了转账和支票流通。商业银行可以通过自己的信贷活动创造和收缩活期存款,如果没有足够的贷款需求,存款贷不出去,就谈不上创造,因为有贷款才派生存款;相反,如果归还贷款,就会相应地收缩派生存款。收缩程度与派生程度相一致。因此,对商业银行来说,吸收存款在其经营中占有十分重要的地位。

4. 金融服务

随着经济的发展,工商企业的业务经营环境日益复杂化,银行间的业务竞争也日益激烈,银行由于联系面广,信息比较灵活,特别是电子计算机在银行业务中的广泛应用,使其具备了为客户提供信息服务的条件,咨询服务,对企业"决策支援"等服务应运而生,工商企业生产和流通专业化的发展,又要求把许多原来属于企业自身的货币业务转交给银行代为办理,如发放工资,代理支付其他费用等。个人消费也由原来的单纯钱物交易,发展为转账结算。现代化的社会生活,从多方面给商业银行提出了金融服务的要求。在强烈的业务竞争力下,各商业银行也不断开拓服务领域,通过金融服务业务的发展,进一步促进资产负债业务的扩大,并把资产负债业务与金融服务结合起来,开拓新的业务领域。在现代经济生活中,金融服务已成为商业银行的重要职能。

5. 调节经济

调节经济是指商业银行通过其信用中介活动,调剂社会各部门的资金短缺,同时在央行货币政策和其他国家宏观政策的指引下,实现经济结构、消费投资比例、产业结构等方面的调整。此外,商业银行通过其在国际市场上的融资活动还可以调节本国的国际收支状况。

商业银行因其广泛的职能,使它对整个社会经济活动的影响十分显著,在整个金融体系乃至国民经济中位居特殊而重要的地位。随着市场经济的发展和全球经济的一体化发展,现在的商业银行已经凸显了职能多元化的发展趋势。

四、商业银行的经营模式

从发展历程来看,商业银行主要有两种经营模式:职能分工型和全能型。

1. 职能分工型模式的商业银行

职能分工型模式又称英国模式,是传统式的商业银行,以英国、美国和日本为代表。这种模式下的商业银行主要融通短期商业资金,其资金来源主要是流动性较大的活期存款,银行本身的信用创造能力有限。为了保证银行经营的安全,银行不愿意提供长期贷款,主要经营以短期商业性贷款为主的业务。这种模式能较好地保持银行流动性和安全性,但其业务发展却受到一定的限制,不利于商业银行对经济活动的调节作用。

2. 全能型模式的商业银行

全能型模式又称德国模式,是综合式的商业银行,以德国、奥地利、瑞士为代表,并且美国、日本等国的商业银行也已经向综合式商业银行发展。与职能分工型模式的商业银行相比,全能型模式的商业银行除了提供短期商业贷款以外,还提供长期贷款,甚至可以直接投资股票和债券、为公司包销证券、参与企业的决策和发展,并为企业提供必要的财务支持和咨询等投资银行服务。这种综合银行模式的商业银行有"金融百货公司"之称,其优点是有利于商业银行开展全方位的业务经营活动,充分发挥商业银行的经济核心作用。但这一模式的弊端在于业务范围过于广泛,在经营管理和资金流动性方面易出现问题,从而增加了商业银行的经营风险。

20世纪70年代以后英国式商业银行和德国式综合银行的区别已逐渐消失,整个欧洲金融界大都采用了所谓"混业经营"的模式,即银行与保险机构、投资银行等机构业务可以相互交叉,以展开充分竞争。1997年以后,世界范围的金融改革浪潮已使美国、日本这类历来采取"分业管理"模式的国家也提出了采取混业经营的金融改革一揽子计划。现今,发达国家的混业经营有两种基本形式:一是在一家银行内同时开展信贷中介、投资、信托、保险和证券诸业务;二是以金融控股公司的形式把分别独立经营金融业务的公司链接在一起。美国金融混业经营的主要形式就是金融持股公司、银行持股公司。

我国目前实行的是分业经营、分业监管模式。为了适应我国分业经营的现实特点和混业经营的发展趋势,2003年12月27日通过的《中华人民共和国商业银行法》中就规定"商业银行在中华人民共和国境内不得从事信托投资和证券经营业务,不得向非自用不动产投资或者向非银行金融机构和企业投资,但国家另有规定的除外",取消了原来不得混业经营的表述。而2015年8月29日第十二届全国人民代表大会常务委员会第十六次会议通过了关于修改《中华人民共和国商业银行法》的决定,并于 2015 年 10 月 1 日正式实施。新修订的新《中华人民共和国商业银行法》中的第四十三条规定,依然保持上述规定。虽然目前没有以法律形式明确允许金融业混业经营,但混业经营是未来的发展趋势,商业银行应该会越来越向全能型发展。主要原因有以下几点:

(1) 外部竞争的压力。我国已经加入 WTO,与国外银行的竞争也已展开。按照国外银行混业经营的原则,商业银行可以涉足于证券、保险业、养老基金,甚至是房地产市场。而我国商业银行的经营还局限于传统的存贷款业务,在制度层面,这种竞争显然并不在一个层次上。而且,限制中资银行进入的领域,往往都有着较高的利润回报,这亦使中资银行自身的盈利空间和发展空间受到了很大的限制,后续竞争乏力。

(2) 银行自身业务发展的要求。市场经济的发展对金融产品的多样化提出了更高的要求,商业银行要发展则必然要顺应这一要求,因而金融产品的多样化和金融创新是必要的,这也使金融业务之间有了更多的交叉,各个不同领域之间的界限已越来越模糊。人为地划分经营领域就是人为地割断这种关联,也就会使商业银行的发展裹足不前。

(3) 混业经营本身所具有的优势是其得以被采用的内在原因。全能银行可为客户提供全面的服务。客户在一家银行就可以享受到存、贷款,投资、保险和证券等广泛的金融服务,不仅有利于节约时间、减少成本,而且也有利于抓住投资机会增加收益。另外,全能银行可使银行与客户之间增进了解,加强联系,有利于巩固银行与客户之间的合作关系。

五、商业银行的发展趋势

随着生产和市场的社会化和国际化程度的提高,世界经济已经开始进入以知识经济与网络经济为双重特征的新时代,作为经济架构中最活跃的要素,商业银行的业务和体制也发生了深刻而巨大的变革。商业银行呈现出如下的发展趋势。

1. 银行业务数字化

银行业务数字化是商业银行在未来经营中较长时间保持的一种发展趋势。随着区块链、大数据、云计算、人工智能等金融科技的发展及日益频繁地应用于商业银行的各项业务,商业银行业务经营体现出突出的数字化特点。商业银行的交易系统、清算系统、服务网络日新月异。我国主要的商业银行如中国银行、建设银行、招商银行等,从 1999 年开始相继推出网上银行业务。网上银行促使银行业经营理念、经营方式、经营战略、经营手段发生了革命性变革。

目前银行面临着数字化转型的严峻挑战,我国各家银行积极投入数字化转型,并取得了突出的成绩,在很多领域领先于其他国家银行业。

2. 金融服务网络化

金融服务网络化作为一种发展趋势,主要包括两个方面的内容:一是金融服务日益利用网络进行。随着电子化手段的发展,国际互联网的广泛应用,金融电子化及网络银行快速发展,商业银行的交易系统、清算系统、服务网络日新月异,银行经营的货币由现金转向电子货币。网络银行将以其拥有的广泛信息资源、独特运作方式,为金融业带来革命性变革,网上交易、网上支付、网上理财、网上储蓄、网上信贷、网上结算、网上保险等将成为未来银行市场竞争的热点。在国内,1999 年,中国银行、建设银行、招商银行相继推出网上银行业务,网上银行将迫使银行业经营理念、经营方式、经营战略、经营手段发生革命性变革。二是银行客户网络化。这一变革对银行业务及发展具有革命性,规模较大的企业或企业集团对银行服务的资金规模、服务品种要求较高,要求银行所有分支机构作为整个网络为其提供全面服务,从而使银行对客户的服务网络化。随着互联网金融的创新,未来银行在这方面的竞争会更加激烈。

3. 银行业务全能化

20世纪80年代以来,随着各国金融监管当局对银行业限制的逐步取消,商业银行业务的全能化得到较大的发展。特别是1999年美国《金融服务现代化法案》的出台,取消了银行、证券、保险业之间的限制,允许金融机构同时经营银行、证券、保险等多种业务,形成"金融百货公司"或"金融超级市场",金融业由"分业经营、分业管理"的专业化模式向"综合经营、综合管理"的全能化模式发展。但是,我国目前相关法律规定依然是分业经营,银行业不允许直接从事证券、保险等业务。但混业经营是未来的一种趋势。

4. 银行机构集中化

银行的规模化经营以及科技手段的运用促使经营管理手段加强,21世纪的银行业将发生银行机构集中化的革命:第一,银行机构规模化。在未来的金融市场竞争中,随着竞争的加剧,各银行为增强竞争实力,提高抗风险能力,降低经营成本,必然向大型化、规模化扩展,以满足客户对金融产品和服务提出的新的需求,提高技术创新和使用新技术的能力,为股东带来更丰厚的利润,银行机构将日益通过兼并、重组、扩张等实现规模化和集中化。第二,银行机构向国际化集中。随着经济国际化、全球化的深入,银行业务的国际化和全球化将为银行的发展带来革命性的变革,银行服务将向全功能转化,以国际大银行为中心的兼并、重组将使银行机构向国际化集中。

银行机构规模化、集中化的途径有三:一是通过兼并、重组的方式。20世纪以来,银行业兼并、重组的步伐加快,对全球银行业的规模格局、竞争格局、发展格局产生巨大影响。二是通过不同国家、不同类型的商业银行的业务合作来实现,实现优势互补,规模发展。三是通过不同类型的金融机构的业务合作,实现市场的共同开发。

5. 金融竞争多元化

现代商业银行的竞争,除了传统的银行同业竞争、国内竞争、服务质量和价格竞争以外,还面临全球范围内日趋激烈的银行业与非银行业、国内金融与国外金融、网上金融与一般金融等的多元化竞争,银行活动跨越了国界、行业,日益多元化。其面临的金融风险也不仅是信用风险,还扩大到利率风险、通货膨胀风险、通货紧缩风险、汇率风险、金融衍生工具风险、政治风险等,经营管理风险日益扩大。

7-2 辽沈银行的设立

延伸阅读 7-3

我国银行业数字化转型成绩斐然

得益于经济数字化的快速发展,以及征信等数据基础设施不断完善,我国银行业在数字化转型方面取得了长足进展,无论是先进技术应用,还是商业模式创新,在很多领域都居于全球银行业的前列。

一、政策引领,为银行数字化转型创造了良好的条件

国家战略层面,《中华人民共和国国民经济和社会发展第十四个五年规划和2035年远景目标纲要》明确提出要加快数字化发展,打造数字经济新优势。2022年出台的《中共中央 国务院关于构建数据基础制度更好发挥数据要素作用的意见》标志着数据这种生产要素进一步被应用于生产市场,我国数据基础制度初步形成。

行业政策层面,2021年末,人民银行发布《金融科技发展规划(2022—2025年)》,推动金融科技发展和

商业银行数字化转型升级,为新时期金融机构新模式新业态做出了指导。2022年,原银保监会印发的《关于银行业保险业数字化转型的指导意见》是首份专门针对银行业数字化改革的权威文件,它要求我国商业银行加强顶层设计和统筹规划,以服务实体经济为目标,科学制定和实施数字化转型战略,从大力发展数字金融产业、推动个人金融服务数字化转型、加强数据管理能力和数字化风控能力等方面推动银行业务数字化转型。

二、商业银行科技投入持续增长,数字化转型进程加速

从投入上看,近年来,各类商业银行科技投入均保持快速增长。六大国有银行方面,在过去几年中,六大行整体保持着较高的科技投入和稳定的增速,金融科技投入总量从2019年的716.76亿元增加至2022年的1 165.49亿元。股份制银行的科技投入规模虽不及六大国有银行,但从科技投入的营收占比和增速等指标来看,其投入力度甚至超过了国有大行。以城商行、农商行以及民营银行等为代表的中小银行,受制于自身规模以及盈利能力等多种原因,用于投入金融科技的资金较匮乏,除少数规模相对较大的机构外,多数银行的科技投入规模都较小,但即便如此,也在力所能及的范围内,持续扩大金融科技领域的投资,并积极探索差异化的数字化路径。

三、创新组织架构,探索科技开发应用新模式

为适应科技开发与数字化转型的需要,商业银行业积极探索管理架构方面的创新,从金融科技子公司到敏捷组织,不断优化商业银行运营模式。以金融科技子公司为例,过去几年中,各家银行通过内部孵化设立子公司的方式,依托自身力量培育金融技术核心竞争力,纷纷设立独立运营、以科技创新和输出主要目标的金融科技子公司。截至2022年末,已有19家银行正式成立了金融科技子公司,且涉及的银行,已从国有大行、全国性股份制银行逐步扩展到城商行和农商行。

科技开发模式的优化,加速了银行技术应用与迭代的能力。2023年,自ChatGPT引爆生成式人工智能(AIGC)浪潮之后,领先银行迅速着手探索大模型的应用落地,截至目前,农业银行已推出业内首个自主创新的金融人工智能(AI)大模型应用ChatABC,邮储银行、兴业银行等则积极接入"文心一言"等大模型平台。通过自主研发能力提升及与第三方机构的合作,并依托自身数据和资金优势,商业银行金融科技研发与场景落地的质效正在显著提升。

资料来源:新浪财经.曾刚:商业银行数字化转型探索[EB/OL].(20203-10-09)[2024-04-26].
https://finance.sina.com.cn/jjxw/2023-10-09/doc-imzqpecf7881637.shtml.

第二节 商业银行业务

在介绍商业银行业务之前,先看看商业银行的资产负债简表,对商业银行的业务有一个大体的了解和认识,如表7-1所示。

表7-1 简化的商业银行资产负债表

资产	负债和资本
现金资产	银行资本
信贷资产	各项存款
证券投资	各项借款
其他资产	其他负债
资产合计	负债和资本合计

尽管各国商业银行的组织结构、经营模式不同,但其业务经营活动最终都表现为负债业

务、资产业务、表外业务三大类。各项业务的开展都以银行资本作为基础和前提。

银行资金来源主要包括自有资本和吸收的外来资金两部分。自有资本即银行资本,外来资金是其主要的资金来源,主要包括吸收存款;向中央银行、其他银行及货币市场等借入款以及发行金融债券融资等。而这构成了银行的负债业务。

一、银行资本

银行资本是指自身拥有的或能永久支配使用的资金。对于股份制商业银行,主要是股本、未分配利润及留存收益等。银行资本在整个资金来源中所占比例很小,一般为10%~20%,但自有资本在银行经营活动中发挥着十分重要和不可替代的作用。银行资本主要有两项基本功能:一是商业银行各项业务开展的基础和前提;二是发生意外损失时起一定的缓冲和保障作用。总之,银行资本数量的多少能够反映自身经营实力以及抵御风险能力的大小,是银行资产风险损失的物质基础,为银行债权人提供保障。

各国对商业银行资本有严格的监管。一方面规定商业银行开业时注册资本金必须达到一定的数额,另一方面在银行经营过程中,规定银行资本与风险资产必须保持一定的比率。例如,根据《巴塞尔协议Ⅰ》(1988年7月巴塞尔委员会通过),银行的资本划分为核心资本(一级资本)和附属资本(二级资本)两类。核心资本包括股本和公开储备,这部分至少占全部资本的50%。附属资本包括未公开的准备金、资产重估准备金、普通准备金、混合资本工具和长期次级债务,这部分不得超过总资本的50%。另外,资本充足率(即资本对加权风险资产的比例)是银行资本充足性监管的重要指标,该比率规定不得低于8%,我国的商业银行也遵循此规定。

延伸阅读7-4

金融监管总局发布商业银行资本管理办法

为全面加强金融监管,国家金融监督管理总局11月1日对外发布《商业银行资本管理办法》,进一步完善商业银行资本监管规则,推动银行强化风险管理水平,提升服务实体经济质效。

办法构建了差异化资本监管体系,按照银行规模和业务复杂程度,划分为三个档次,匹配不同的资本监管方案。其中,规模较大或跨境业务较多的银行,划为第一档,对标资本监管国际规则;规模较小、跨境业务较少的银行纳入第二档,实施相对简化的监管规则;第三档主要是规模更小且无跨境业务的银行,进一步简化资本计量要求,引导其聚焦县域和小微金融服务。

金融监管总局有关部门负责人表示,差异化资本监管不降低资本要求,在保持银行业整体稳健的前提下,激发中小银行的金融活水作用,减轻银行合规成本。风险权重是维护资本监管审慎性的基石。办法要求银行制定有效的政策、流程、制度和措施,及时、充分地掌握客户风险变化,确保风险权重的适用性和审慎性。办法全面修订风险加权资产计量规则,提升资本计量的风险敏感性。

金融监管总局表示,将指导商业银行做好办法实施工作,发挥资本要求对商业银行资源配置的导向性作用,引导银行优化资产结构,加大服务实体经济力度。

资料来源:李延霞.金融监管总局发布商业银行资本管理办法[EB/OL].(2023-11-01)[2024-03-26]. http://www.news.cn/2023-11/01/c_1129953378.htm.

二、负债业务

负债业务是指形成商业银行资金来源的业务。主要包括存款、借款、发行金融债券等。

(一) 存款业务

吸收存款是银行负债业务中最重要的业务,是商业银行资金的主要来源。吸收存款是商业银行赖以生存和发展的基础,占到负债总额的80%以上。

1. 存款种类

传统的存款分类方法将存款划分为活期存款、定期存款、储蓄存款三大类。

(1) 活期存款。活期存款是指那些可以由存户随时存取的存款。这种存款是主要用于交易和支付用途的款项。活期存款又称支票存款,其形式有支票存款账户,保付支票,本票,旅行支票和信用证等。活期存款占一国货币供应的最大部分,也是商业银行的重要资金来源。鉴于活期存款不仅有货币支付手段和流通手段的职能,同时还具有较强的派生能力,因此,商业银行在任何时候都必须把活期存款作为经营的重点。但由于该类存款存取频繁,手续复杂,经营成本较高,因此西方国家商业银行一般都不支付利息,有时甚至还要收取一定的手续费。

(2) 定期存款。定期存款是银行与存款人双方在存款时事先约定期限、利率,到期后支取本息的存款。定期存款到期前一般不能提取,所以银行对定期存款给予较高的利息。定期存款期限通常为3个月、6个月、1年三个档次,期限越长,利率越高。

(3) 储蓄存款。储蓄存款是针对居民个人的货币积蓄而开办的一种存款业务。储蓄存款分为活期储蓄存款和定期储蓄存款,这种存款无论活期、定期都会支付利息。储蓄存款是商业银行一项重要的、稳定的资金来源,发展储蓄业务,在一定程度上可以促进国民经济比例和结构的调整,可以聚集经济建设资金,稳定市场物价,调节货币流通,引导消费,帮助群众安排生活。

目前我国商业银行对居民的各类储蓄存款情况如表7-3所示。

表7-3　　　　　　　　目前我国商业银行各类储蓄存款一览表

存款种类	存款方式	取款方式	起存金额	存款期类别	特　点
整存整取	整笔存入	到期一次性支取本息	50元	3个月、6个月、1年、2年、3年、5年	长期闲置资金
零存整取	每月存入固定金额	到期一次性支取本息	5元	1年、3年、5年	利率低于整存整取定期存款利率,高于活期存款利率
整存零取	整笔存入	固定期限分期支取	1 000元	存期分为1年、3年、5年;支取期分1个月、3个月、半年一次	如因特殊原因,在非支取期需要提前支取的,本金可全部提前支取,不可部分提前支取。利息于期满结清时支付。利率高于活期存款利率。
存本取息	整笔存入	约定取息期到期一次性支取本金、分期支取利息	5 000元	存期分1年、3年、5年;可以一个月或几个月取息一次	如因特殊原因,在非支取期需要提前支取的,本金可全部提前支取,不可部分提前支取。取息日未到不得提前支取利息,取息日未取息,以后可随时取息,但不计复利

2. 存款计息及存取规定

1) 活期存款的计息及存取规定

活期存款利率按结息日挂牌公告的利率计息,计息期内遇利率调整分段计息,未到结息日清户者,按清户日挂牌公告的活期存款利率计算至清户前一天止。单位活期存款按季结息,每季末月 20 日为结息日。

由于单位活期存款存取次数频繁,其余额经常发生变动,可以采用积数计息法计算利息,积数计息法按实际天数每日累计账户余额,以累计积数乘以日利率计算利息。计算公式为:利息＝累计计息积数×日利率,其中,累计计息积数＝计息期内每日余额合计数。

2) 定期存款的计息及存取规定

单位定期存款在存期内按存款存入日挂牌公告的定期存款利率计付利息,通常采用逐笔以本金计算利息,满年的按年计算,满月的按月计算。若化为天数计算,则整年的按 360 天,整月的按 30 天计算,零头天数按实际天数计算。计算公式如下:

全是整年或月的:利息＝本金×期限(年或月数)×年或月利率

全部化成天数的:利息＝本金×期限(天数)×日利率

定期存款支取方式有以下几种:①到期全额支取,按规定利率本息一次结清;②全额提前支取,银行按支取日挂牌公告的活期存款利率计付利息;③部分提前支取,若剩余定期存款不低于起存金额,则对提取部分按支取日挂牌公告的活期存款利率计付利息,剩余部分存款按原定利率和期限执行;若剩余定期存款不足起存金额,则应按支取日挂牌公告的活期存款利率计付利息,并对该项定期存款予以清户。

3) 储蓄存款的计息及存取规定

(1) 活期储蓄存款的计息及存取规定。活期储蓄存款 1 元起存,与单位活期存款相同,按季结息,每季末月的 20 日为结息日,按当日挂牌的活期利率计息,在这一日将利息转入储户账户。如果储户在结息日前清户,将按当日挂牌活期利率计算利息并连同本金支付给储户。

活期储蓄存款按积数计息法计算利息。利息计算公式同单位活期存款。

7-3 目前我国商业银行各类储蓄存款利率表

(2) 定期储蓄存款的计息及存取规定。我国定期储蓄存款主要包括整存整取、零存整取、整存零取、存本取息、定活两便、通知存款和教育储蓄。各类储蓄存款计息及存取规定各有不同。

 延伸阅读 7-5

商业银行存款业务的创新

自 20 世纪 60 年代以来,商业银行通过创新存款工具,一方面规避政府的管制,另一方面也增加了银行的负债来源。其中具有代表性的负债创新业务主要如下。

1. 大额可转让定期存单

大额可转让定期存单(CDs)是在 1961 年美国的花旗银行率先推出的定期存款创新工具,是银行印发的一种定期存款凭证,凭证上印有一定的票面金额、存入和到期日以及利率,到期后可按票面金额和规定利率提取全部本利,逾期存款不计息。大额可转让定期存单不能提前支取,但可以在二级市场流通转让,从而解决了定期存款流动性小、而活期存款不付息的问题。

2. 可转让支付命令账户

可转让支付命令账户(NOW)也称为付息的活期存款,是既可用于转账结算,又可支付利息,年利率略低于储蓄存款,其提款使用规定的支付命令,和支票一样,可自由转让流通。它是一种不使用支票的支票账户,以支付命令书取代了支票。开立这种存款账户,存户可随时开出支付命令书,或直接提现,或直接向第三者支付,其存款余额可取得利息收入,这种账户具有储蓄账户的意义。通过这种账户,商业银行既可以为客户提供支付上的便利,又支付利息,从而吸引客户,扩大存款。

3. 自动转账服务账户

自动转账服务账户(ATS)是一种存款可以在储蓄存款账户和支票存款账户之间按照约定自动转换的存款账户。存户可以同时在银行开立两个账户:有息的储蓄账户和无息的活期支票存款账户。活期支票存款账户的余额要始终保持1美元。银行收到存户所开出的支票需要付款时,可随时将支付款项从储蓄账户上转到活期存款账户上,自动转账,即时支付支票上的款项。开立自动转账服务账户,存户要支付一定的服务费。在开立此账户之前,存户一般先把款项存入储蓄账户,由此取得利息收入,而当需要开支票时,存户用电话通知开户行,将所需款项转到活期支票账户。

资料来源:360百科. 存款创新[EB/OL]. (2020-11-13)[2024-04-26]. https://baike.so.com/doc/640406-677938.html.

7-4 结构性存款

(二) 借款业务

借款业务是商业银行主动负债筹集资金的一种形式,指各种非存款性借入款,也是商业银行负债业务的重要资金来源。其借款方式主要有以下几种:

(1) 向中央银行借款。向中央银行借款是商业银行为了解决临时性的资金需要进行的一种融资业务。借款的方式主要是再贷款和再贴现。再贷款是指中央银行为实现货币政策目标而对金融机构发放的贷款。再贴现是商业银行以未到期的合格票据向中央银行贴现。对中央银行而言,再贴现是买进票据,让渡资金;对商业银行而言,再贴现是卖出票据,获得资金。再贴现是中央银行的一项主要的货币政策工具。

(2) 同业拆借。同业拆借是指商业银行向往来银行或向其他金融机构借入短期资金的活动。同业借款的用途主要有两方面:一是填补法定存款准备金的不足,这一类借款大都属于日拆借行为;二是满足银行季节性资金的需求,一般需要通过同业拆借市场来进行。同业借款在方式上比向中央银行借款灵活,手续也比较简便。同业拆借期限较短,少则1日,多则7日,最长不超过1年,利息以日计算。

(3) 欧洲货币市场借款。欧洲货币市场是指经营欧洲美元和欧洲一些主要国家境外货币交易的国际资金借贷市场。这里所谓的"欧洲"一词,实际上是"非国内的""境外的""离岸的"意思。

欧洲货币市场是一个有很大吸引力的市场,是一个完全自由的国际金融市场,不受任何国家政府管制和税收限制的市场。欧洲货币市场资金规模极其庞大,能满足各种不同类型的国家及其银行、企业对于不同期限与不同用途的资金需要。欧洲货币市场有独特的利率体系,其存款利率相对较高,放款利率相对较低,存放款利率的差额很小,这是因为它不受法定准备金和存款利率最高额限制。因此,欧洲货币市场对存款人和借款人都更具吸引力。

(4) 回购协议。回购协议是指商业银行在出售证券等金融资产时签订协议,约定在一定期限后按原定价格或约定价格购回所卖证券,以获得即时可用资金。回购协议最常见的交易方式有两种:一种是证券的卖出与购回采用相同的价格,协议到期时以约定的收益率在本金外再支付费用;另一种是购回证券时的价格高于卖出时的价格,其差额就是即时资金提供者的合理收益。

回购协议实质上是一种短期质押融资方式,那笔被借款方先售出后又购回的金融资产即融资担保品。回购协议分为债券回购和股票回购两种。两种形式都是融资的手段,而且一贯都被认为是比较安全且回报高而快的方式。

回购协议有两种:一种是正回购协议,是指在出售证券的同时,与证券的购买商签订协议,协议在一定期限后按照约定价格回购所出售的证券,从而及时获取资金的行为;另一种是逆回购协议,是指买入证券一方同意按照约定期限和价格再卖出证券的协议。

(三) 结算过程中的短期资金占用

结算过程中的短期资金占用是指商业银行在办理中间业务及同业往来业务过程中,临时占用的他人资金。以汇兑结算为例,从客户把一笔款项交给汇出银行起,到汇入银行把该款项付给指定的收款人止,中间总会有一定的间隔时间,在这段时间内,该款项汇款人和收款人均不能支配,而为银行所占用,这部分占用的资金便形成银行的资金来源。虽然从每笔汇款看,占用时间很短,但由于周转金额巨大,因而占用的资金数量也就相当可观。但随着银行管理水平和服务效率的提高,特别是电子计算机在资金清算调拨业务的广泛应用,银行占用客户或同业资金的周期不断缩短,占用的机会及金额也会越来越少。

(四) 发行金融债券

金融债券是指依法在中华人民共和国境内设立的商业银行等金融机构在指定的债券发行场所发行的、按约定还本付息的有价证券。商业银行发行金融债券应遵循《中华人民共和国公司法》《中华人民共和国证券法》等规定,必须具备一定条件。

商业银行通过发行金融债券有利于筹集稳定的长期资金,提高负债的稳定性和安全性,从而提高银行资金的使用效率和效益。

三、资产业务

资产业务是指商业银行将各种渠道筹集起来的资金加以运用的业务,它是商业银行取得收益的主要途径。资产的功能主要有:①银行的资产是商业银行获得收入的主要来源;②资产的规模是衡量一家商业银行实力和地位的重要标志,商业银行的信用高低直接与其资产的规模大小有关;③资产质量是银行前景的重要预测指标。一家银行的资产分布情况、贷款的对象和期限都影响着银行的资产质量,对资产质量进行分析可以使人们对商业银行的经营前景做出科学的预测,从而促使银行进一步提高经营管理,为银行的股东增加利润;④资产管理不善是导致银行倒闭、破产的重要原因之一。

由于银行资产管理在整个银行管理中处于非常重要的地位,银行资产管理不善,导致银行出现流动性危机,不能够及时足额地支付存款人的需要和融资人的融资要求,严重的话会出现银行倒闭现象。商业银行的资产业务主要包括现金资产、贷款业务、贴现业务和证券投资业务。

(一) 现金资产

现金资产又称储备资产,是指商业银行的库存现金、存放在中央银行的准备金、存放在同业的存款、托收中的现金等。现金资产是商业银行的第一储备资产,是满足商业银行流动性需要的第一道防线,是商业银行资产中最具流动性的部分。

(二) 贷款业务

贷款又称放款,是银行将其所吸收的资金,按一定的利率贷给客户并约期归还的业务。贷款业务是商业银行最重要的资金运用业务,在其总资产中占比最高。贷款业务按照不同的标准划分,主要有以下几种。

1. 按贷款对象和用途划分

按贷款对象和用途,贷款可以分为工业贷款、农业贷款、科技贷款、消费贷款、投资贷款、证券贷款等。这种分法一方面有利于按贷款对象的偿还能力安排贷款秩序,同时有利于考察银行信贷资金的流动方向及在国民经济各部门间的分布状况,从而有利于分析银行信贷结构与国民经济情况。

延伸阅读 7-6

个人住房贷款

个人住房贷款是指银行向申贷人发放的用于购买自用普通住房的贷款。申贷人申请个人住房贷款时必须提供担保。

个人住房贷款用于支持个人在中国大陆境内城镇购买、建造、大修住房。申贷人包括具有完全民事行为能力的中国公民,在中国大陆有居留权的具有完全民事行为能力的港澳台自然人,在中国大陆境内有居留权的具有完全民事行为能力的外国人。

目前,个人住房贷款主要有以下三种形式。

1. 个人住房委托贷款

个人住房委托贷款,通常称为公积金贷款,指银行根据住房公积金管理部门的委托,以住房公积金存款为资金来源,按规定的要求向购买普通住房的个人发放的贷款。

2. 个人住房自营贷款

个人住房自营贷款也称商业性个人住房贷款,是以银行信贷资金为来源向购房者个人发放的贷款。各银行的贷款名称也不一样,建设银行称为个人住房贷款,工商银行和农业银行称为个人住房担保贷款。

3. 个人住房组合贷款

个人住房组合贷款指以住房公积金存款和信贷资金为来源向同一借款人发放的用于购买自用普通住房的贷款,是个人住房委托贷款和自营贷款的组合。此外,还有住房储蓄贷款和按揭贷款等。

个人住房贷款的借款人必须同时具备下列条件:①有合法的身份;②有稳定的经济收入,信用良好,有偿还贷款本息的能力;③有合法有效的购买、建造、大修住房的合同、协议以及贷款银行要求提供的其他证明文件;④有所购住房全部价款30%以上的自筹资金(对购买自住住房且套型建筑面积90平方米以下的,自筹资金比例为20%),并保证用于支付所购住房的首付款;⑤有贷款行认可的资产进行抵押或质押,或(和)有足够代偿能力的法人、其他经济组织或自然人作为保证人;⑥贷款行规定的其他条件。

个人住房贷款的还款方式一般有等额本金还款和等额本息还款两种。

1. 等额本金

等额本金是在还款期内把贷款数总额等分,每月偿还同等数额的本金和剩余贷款在该月所产生的利息。

特点:由于每月的还款本金额固定,而利息越来越少,贷款人起初还款压力较大,但是随时间的推移每月还款数也越来越少。

2. 等额本息

等额本息是在还款期内,每月偿还同等数额的贷款(包括本金和利息)。

特点:相对于等额本金还款法的劣势在于支出利息较多,还款初期利息占每月供款的大部分,随本金逐渐返还供款中本金比重增加。但该方法每月的还款额固定,可以有计划地控制家庭收入的支出,也便于每个家庭根据自己的收入情况,确定还贷能力。

资料来源:360百科.个人住房贷款[EB/OL].(2020-11-13)[2024-04-26]. https://baike.so.com/doc/582891-617017.html.

2. 按贷款期限划分

按贷款期限,贷款可分为短期、中期和长期贷款。1年以内为短期贷款;1～10年为中期贷款;10年以上为长期贷款。这种贷款种类的划分,主要作用是有利于银行掌握资产的流动性,便于银行短、中、长期贷款保持适当比例。

3. 按贷款保障程度划分

按贷款保障程度,贷款可划分为信用贷款、担保贷款。这种标准划分,有利于银行加强贷款安全性或管理。银行在选择发放贷款方式时,应视贷款对象、贷款风险程度加以确定。

信用贷款是指银行完全凭借客户信用而无须提供担保品而发放的贷款。担保贷款是银行凭借客户提供的担保人或担保物作为保障而发放的贷款。按照担保方式不同,担保贷款又可以分为保证贷款、抵押贷款和质押贷款。

(1) 保证贷款是指按照《中华人民共和国担保法》(以下简称《担保法》)规定的保证方式,由第三人承诺在借款人不能偿还贷款时,按约定承担一般保证责任或连带责任而发放的贷款。

(2) 抵押贷款是指按照《担保法》规定的抵押方式,以借款人或第三人的财产(主要是不动产)作为抵押物而发放的贷款。借款人不能履行债务时,商业银行有权以抵押的财产折价或以拍卖、变卖抵押财产的价款优先受偿。

(3) 质押贷款是指按照《担保法》规定的质押方式,以借款人或第三人的动产或权利作为质押物而发放的贷款。

4. 按贷款风险程度划分

按贷款的风险程度,贷款可以分为正常贷款、关注贷款、次级贷款、可疑贷款和损失贷款五类。

(1) 正常贷款。借款人能够履行合同,一直能正常还本付息,不存在任何影响贷款本息及时全额偿还的消极因素,银行对借款人按时足额偿还贷款本息有充分把握。贷款损失的概率为0。

(2) 关注贷款。尽管借款人目前有能力偿还贷款本息,但存在一些可能对偿还产生不利影响的因素,如这些因素继续下去,借款人的偿还能力受到影响,贷款损失的概率不会超过5%。

(3) 次级贷款。借款人的还款能力出现明显问题,完全依靠其正常营业收入无法足额偿还贷款本息,需要通过处分资产或对外融资乃至执行抵押担保来还款付息。贷款损失的概率在30%～50%。

(4) 可疑贷款。借款人无法足额偿还贷款本息,即使执行抵押或担保,也肯定要造成一部分损失,只是因为存在借款人重组、兼并、合并、抵押物处理和未决诉讼等待定因素,损失金额的多少还不能确定,贷款损失的概率在50%～75%。

(5) 损失贷款。借款人已无偿还本息的可能,无论采取什么措施和履行什么程序,贷款都注定要损失了,或者虽然能收回极少部分,但其价值也是微乎其微。从银行的角度看,也没有意义和必要再将其作为银行资产在账目上保留下来,对于这类贷款在履行了必要的法律程序之后应立即予以注销,其贷款损失的概率在75%~100%。

贷款业务是商业银行的重要业务。公司、企业、个人等都可能因为生产、经营、投资、消费等目的,向银行申请贷款。银行贷款发放是一个相对复杂的过程,需要借款人提供各种资料以及抵押或担保。以公司贷款为例,一般来说,贷款的办理流程基本如下:

(1) 贷款申请。借款人需用贷款资金时,应按照银行要求的方式和内容提出贷款申请,并恪守诚实守信原则,承诺所提供材料的真实、完整、有效。

(2) 受理与调查。银行在接到借款人的借款申请后,应对借款人资质、信用状况、财务状况、经营情况等进行调查分析,评定资信等级,评估项目效益和还本付息能力。

(3) 风险评价。银行信贷人员将调查结论和初步贷款意见提交审批部门,由审批部门对贷前调查报告及贷款资料进行全面的风险评价。

(4) 贷款审批。银行要按照"审贷分离、分级审批"的原则对信贷资金的投向、金额、期限、利率等贷款内容和条件进行最终决策,逐级签署审批意见。

(5) 合同签订。借款申请经审查批准后,银行与借款人应共同签订书面借款合同,作为明确借贷双方权利和义务的法律文件。

(6) 贷款发放。银行应设立独立的责任部门或岗位,负责贷款发放审核。

(7) 贷款支付。在审核通过后,将贷款资金通过借款人账户支付给借款人交易对象。

其他贷款如个人消费贷款,贷款流程相差不大,但具体贷款条件及规定会有所不同。而且不同的商业银行具体规定也会有所区别。

 延伸阅读7-7

贷款管理的"6C"原则

商业银行贷款管理的"6C"原则是指商业银行为了降低信用风险,在贷款之前从多方面对借款人的信誉进行分析的原则。"6C"的主要内容,即品德(character)、能力(capacity)、资本(capital)、担保(collateral)、经营环境(condition)、事业的连续性(continuity)。

1. 品德

对借款人品德的考察,主要是判断借款人对贷款本息偿还的意愿。如果借款人是个人,则品德主要表现在此人的道德观念、个人习惯和偏好、经营方式、经营业务、个人交往以及在社会中的地位和声望等;如果借款人是企业,那么品德是指企业在管理上的完善性,在同行的地位和声望,经营方针和政策的稳定性等。

2. 能力

借款人的能力包括法律和经济两方面内容。从法律方面来讲,借款人的能力是指借款人能否承担借款的法律义务;从经济方面来讲,借款人的能力是指借款人是否具有按期偿还债务的能力。

3. 资本

资本的数量也是体现借款人信誉的一项重要因素。借款人的资本越是雄厚,承受风险的能力也就越强,因而信誉也就越高。

4. 担保

对贷款进行担保可以减少甚至消除风险。由于长期贷款的期限超过了10年,因而风险相当大,商业银行在发放长期贷款时一般都要求抵押或担保;而中期贷款一般只要求担保。

5. 经营环境

对经营环境的分析主要是分析经济环境对借款人所在行业的影响,分析该行业在国民经济中的比重、市场结构,分析借款企业在该行业中的地位,技术更新对该行业产品需求的影响等。

6. 事业的连续性

事业的连续性是指借款人经营前景的长短。由于科学技术更新的日益加快,产品更新换代的周期变得越来越短,市场竞争更加激烈。企业只有适应不断变化的市场需求,才能生存和发展。

资料来源:百度教育.商业银行贷款管理中的6C原则[EB/OL].(2020-11-13)[2024-04-26].https://easylearn.baidu.com/edu-page/tiangong/bgkdetail?id=5e3413a8b0717fd5360cdcd6&fr=search.

(三) 票据贴现

票据贴现是指持票人(商业银行的客户)将未到期的票据卖给商业银行,商业银行按票面金额扣除贴现日至到期日的利息后将款项支付给持票人的行为。商业银行到票据到期时再向出票人收款。票据贴现表面上看是票据的买卖,实际上可以看成是银行给持票人提供的短期资金融通。实付贴现额的计算公式如下:

$$贴现额 = 票面金额 \times \left(1 - 未到期天数 \times \frac{年贴现率}{360}\right) \qquad (7-1)$$

一般而言,票据贴现可以分为三种,分别是贴现、转贴现和再贴现。

(1) 贴现是指客户(持票人)将没有到期的票据出卖给贴现银行,以便提前取得现款。一般工商企业向银行办理的票据贴现就属于这一种。

(2) 转贴现是指银行以贴现购得的没有到期的票据向其他商业银行所作的票据转让,转贴现一般是商业银行间相互拆借资金的一种方式。

(3) 再贴现是指贴现银行持未到期的已贴现汇票向中央银行的贴现,通过转让汇票取得中央银行再贷款的行为。再贴现是中央银行的一种信用业务,是中央银行为执行货币政策而运用的一种货币政策工具。

> **相关思考 7-1**
>
> **商业银行的贷款业务和票据贴现业务的区别?**
>
> 商业银行的贷款业务和票据贴现业务都属于商业银行的资产业务,商业银行通过贷款和票据贴现都可以为其带来一定的收益,那么这两种业务又有什么区别呢?

(四) 证券投资

证券投资是指商业银行购买有价证券以获取投资收益的行为。证券投资业务构成了商业银行的利润来源之一。

商业银行进行证券投资的主要目的如下。

1. 赚取利润

赚取利润是商业银行从事证券投资的首要目标。银行的放款业务是通过资金的存贷利差来获取收益。在社会资金紧缺、放款收益较高、风险也较少时,银行往往把资金主要用在放款上。当放款风险较大、效益较低时,银行从资金安全的角度考虑,一般不将资金放款出去,而把资金转移到证券投资上。银行通过证券投资,可使资金得以充分运用,避免资金闲置,又能增加收益。

2. 分散风险

商业银行证券投资在分散风险方面有独特的作用。首先,它为银行资产分散提供了一种新的途径,银行把资产集中在放款上,如果放款收不回,银行承受的风险很大。而证券投资业务,即使有些放款不能收回,证券投资仍能收回来,从而分散银行的风险。其次,与放款业务相比,证券投资选择面广。放款一般都受银行资产规模、地理区域和客户条件等的限制,而证券可以小额投资,一般不受地区限制,可以购买各国各地的各种证券。再次,证券投资比较灵活,可根据需要随时买进或卖出,独立性强,因而可以更有效地分散风险。而放款投放出去后,到期才能收回。所以,商业银行要把全部资产分散,一部分用来放款,一部分购买证券。证券的购买亦应按照分散化的原则进行,以减少银行经营的风险。

3. 提高资产的流动性

提高资产的流动性是银行业务经营的基本要求,也是衡量银行业务经营活动是否正常的一个重要标志。在银行资产中,放款和固定资产的流动性都比较差,只有现金的流动性最强,其次是证券。当商业银行的放款一时不能回收,而借款和取款量却增加,银行的现金不足以应付,就需要出售一部分资产来换取现金。但银行的大部分资产如放款等,一般不具备随时转让的性质,只有短期证券可以迅速变现。因此,证券的投资为提高银行资产流动性提供了一个重要的来源。

商业银行进行证券投资的对象主要是国债、地方政府债券、金融债券、中央银行票据及公司债券等。尤其是信用可靠、风险较小、流动性较强的国库券,成为商业银行主要的投资对象。但是对于商业银行能否投资股票,大多数国家都会禁止或限制。如我国的《商业银行法》第四十三条规定:"商业银行在中华人民共和国境内不得从事信托投资和证券经营业务,不得向非自用不动产投资或者向非银行金融机构和企业投资,但国家另有规定的除外。"

相关思考7-2

现实中,商业银行还有哪些生息资产业务?

商业银行的盈利主要依靠贷款业务、票据贴现及证券投资收益,但是现实中,银行还有一些其他的生息资产业务,那么商业银行其他的生息资产业务都有哪些呢?这些生息资产业务又是如何运作的呢?

四、表外业务

表外业务有广义和狭义之分。广义的表外业务是指不构成商业银行表内资产、表内负债,形成银行非利息收入的业务。它可以分为两大类:中间业务和狭义的表外业务。**中间业务**是指商业银行不用或较少使用自己的资金,代理客户承办相关事项,并据以收取手续费的业务,如支付结算业务、银行卡业务、代理业务等。狭义的表外业务主要指那些虽未列入资产负债表,但同表内资产业务和负债业务关系密切,并在一定条件下会转为表内资产业务和负债业务的经营活动,通常把这些经营活动称为或有资产和或有负债,它们是有风险的经营活动,应当在会计报表的附注中予以揭示。如贷款承诺、担保、金融衍生工具、投资银行业务等。

国内商业银行中间业务分为9类。

1. 支付结算类业务

支付结算类业务是指由商业银行为客户办理因债权债务关系引起的与货币支付、资金划拨有关的收费业务,如支票结算、进口押汇、承兑汇票等。支付结算业务是银行最重要的中间业务,主要收入来源是手续费收入。支付结算业务不仅为商业银行广大客户办理支付结算活动提供了便捷的服务,而且为商业银行带来了安全、稳定的收益,是商业银行汇集闲散资金、扩大信贷资金来源的重要手段。

(1) 结算工具。结算业务借助的主要结算工具包括银行汇票、商业汇票、银行本票和支票等。

银行汇票是出票银行签发的、由其在见票时按照实际结算金额无条件支付给收款人或者持票人的票据。

商业汇票是出票人签发的、委托付款人在指定日期无条件支付确定的金额给收款人或持票人的票据。商业汇票分银行承兑汇票和商业承兑汇票。

银行本票是银行签发的、承诺自己在见票时无条件支付确定的金额给收款人或者持票人的票据。

支票是出票人签发的、委托办理支票存款业务的银行在见票时无条件支付确定的金额给收款人或持票人的票据。

(2) 结算方式,主要包括同城结算方式和异地结算方式,具体包括汇款、托收、信用证等。

汇款业务是由付款人委托银行将款项汇给外地某收款人的一种结算业务。汇款结算分为电汇、信汇和票汇三种形式。

托收业务是指债权人或售货人为向外地债务人或购货人收取款项而向其开出汇票,并委托银行代为收取的一种结算方式。

信用证业务是由银行根据申请人的要求和指示,向收益人开立的载有一定金额,在一定期限内凭规定的单据在指定地点付款的书面保证文件。

(3) 其他支付结算业务,包括利用现代支付系统实现的资金划拨、清算,利用银行内外部网络实现的转账等业务。

2. 银行卡业务

银行卡是指由经授权的金融机构向社会发行的具有消费信用、转账结算、存取现金等全部或部分功能的信用支付工具。主要有借记卡、贷记卡(信用卡)两大类。它们之间最主要的区别是借记卡不允许透支,而贷记卡(信用卡)可以透支消费,先消费后还款,申办条件较严格。

延伸阅读7-8

银行电子支付方式有哪些形式

随着科技的不断发展,越来越多的人开始使用电子支付。银行电子支付是指通过银行系统实现电子转账、支付等功能。目前银行电子支付主要包括网上银行支付、手机银行支付、POS机支付、自动柜员机支付、电子钱包支付和第三方支付平台。以下是这些支付方式的详细介绍。

网上银行支付是通过银行的网上银行系统,客户可以在电脑或移动设备上进行转账、支付等操作。该类型支付已经成为现代普遍的支付方式之一,具有快捷、高效、安全等特点。

手机银行支付是客户可以通过银行的手机银行应用程序,在手机上进行转账、支付等操作。与其他支付方式相比,手机银行支付更加方便,无需另外携带银行卡或其他设备。

POS机支付是商家可以接受客户使用银行卡进行支付,商家需要通过银行提供的POS机来实现此功能。POS机支付在商业和零售领域中被广泛应用。

自动柜员机支付是客户可以通过银行的自动柜员机,在没有银行工作人员的情况下进行转账、取款等操作。这种支付方式既方便又安全。

电子钱包支付是客户可以通过银行提供的电子钱包,将钱存入其中,然后使用电子钱包进行支付。这种支付方式也非常便捷,可以随时随地使用。

第三方支付平台是由第三方机构创立的支付平台,客户可以通过这些平台存入钱,然后使用平台进行支付。银行也可以与第三方支付平台合作,提供相应的支付服务。

总之,银行电子支付在现代支付领域中扮演着非常重要的角色,特别是在疫情期间,这些电子支付方式成为人们生活的必需品。银行和第三方支付平台也在不断推陈出新,提供更加安全、快捷、方便的支付方式,为人们的生活带来了很大的便利。

资料来源:希赛网.银行电子支付方式有哪些形式[EB/OL].(2023-10-07)[2024-04-26]. https://www.educity.cn/cjkj/5129576.html?cstk=97414f8748eaf20be9e6897cfcc51061.

3. 代理类中间业务

代理类中间业务是指商业银行接受客户委托、代为办理客户指定的经济事务、提供金融服务并收取一定费用的业务。代理中间业务包括代收代付业务、代理证券业务、代理保险业务、代理银行卡收单业务、代理政策性银行业务、代客买卖业务等。

4. 担保类中间业务

担保类中间业务指商业银行为客户债务清偿能力提供担保,承担客户违约风险的业务。包括银行承兑汇票、备用信用证、各类保函等。

5. 承诺类中间业务

承诺类中间业务是指商业银行在未来某一日期按照事前约定的条件向客户提供约定信用的业务,包括贷款承诺、透支额度等可撤销承诺和备用信用额度、回购协议、票据发行便利等不可撤销承诺两种。

6. 交易类中间业务

交易类中间业务是指商业银行为满足客户保值或自身风险管理的需要,利用各种金融工具进行的资金交易活动,包括期货、期权等各类金融衍生业务。

7. 基金托管业务

基金托管业务是指有托管资格的商业银行接受基金管理公司委托,安全保管所托管的基金的全部资产,为所托管的基金办理基金资金清算款项。

8. 咨询顾问类业务

咨询顾问类业务是指商业银行依靠自身在信息和人才等方面的优势,收集和整理有关信息,结合银行和客户资金运动的特点,形成系统的方案提供给客户,以满足其经营管理需要的服务活动,主要包括财务顾问和现金管理业务等。

9. 其他类中间业务

其他中间业务,包括保管箱业务以及其他不能归入以上八类的业务。

相关思考7-3

商业银行销售理财产品属于哪类业务?

商业银行在日常经营中经常发行理财产品销售给客户,如工商银行的"稳得利"、光大银行的"阳光理财"、民生银行的"非凡理财"、招商银行的"招银进宝"等,在市场上都有一定的品牌知名度。在股市低迷不振,楼市深陷调控,老百姓投资、理财、抗通胀的需求越来越旺盛。而最近几年银行的理财产品到期总是能获得事先承诺的收益,所以银行的理财产品也逐渐成为炙手可热的投资品种。而商业银行通过发行或代卖理财产品,可以授权管理并使用客户的资金,为自己也带来一定的收益,那么,商业银行销售的理财产品属于其哪种业务呢?

延伸阅读7-9

金融科技对我国商业银行的挑战与冲击

金融科技对我国商业银行的影响和挑战首先体现在支付结算等中间业务受到网络支付(包括第三方支付和移动支付)的冲击,同时商业银行传统的资产业务与负债业务也未能幸免,多方面的冲击加速了金融脱媒和去中介化的趋势,此外,金融科技还影响了商业银行的客户群体与市场竞争。基于此,商业银行未来发展需要与金融科技进行深度融合,打造具备专业性、即时性、普惠性的"新型银行",即智能化、移动化的价值与信息整合者。

1. 金融科技对商业银行中间业务的影响

支付结算一直以来是商业银行最为基础、最为传统的中间业务之一。根据信息不对称理论,商业银行作为金融中介,有助于在一定程度上缓解信息不对称,这种基于信息优势以及由此形成的垄断地位,使得商业银行在支付结算领域形成长期的、独有的专属优势。而以第三方支付、移动支付为典型代表的金融科技则撼动了商业银行的这一优势,相比于银行提供的服务,第三方支付、移动支付极大地降低了成本,其依撑的云计算等技术可以对客户数据信息进行高效的存储和计算,从而更有效地缓解了信息不对称,并可以真正实现随时随地、以任意方式进行支付结算,更为便捷高效。

2. 金融科技对商业银行资产端和负债端的影响

就资产端而言,商业银行最主要、最传统的资产业务就是贷款业务。就负债端而言,最主要的则是存款业务;银行主要有两种负债资金来源——零售型存款和批发型融资,其中,零售型存款期限较长,且多受存款保险制度的保护,而批发型融资则期限较短。

有专家认为,首先,商业银行的传统贷款业务会受到互联网金融的冲击。商业银行由于负担大量的监管成本与固定成本,而互联网金融则可以较低的成本完成对客户的信用评估与信贷投放,为客户提供性价比更高的消费金融服务,这无疑会压缩、挤占商业银行的利润空间。其次,商业银行负债端面临的"脱媒"压力进一步增大,部分存款脱离了商业银行而转向货币市场基金。

也有专家则提出了不同的观点,认为金融科技的发展实质上推动了一种变相的利率市场化,商业银行的负债端首先面临"脱媒"压力,尤其是零售型存款脱离商业银行,因此,商业银行的负债端越来越依赖于批发型融资,如同业拆借资金等。而商业银行负债端的改变导致了其资产端风险偏好的上升,但商业银行的借贷利率和净息差都有所下降,说明商业银行选择更高风险的资产来弥补其负债端成本上升所带来的损失,但商业银行并未将资金成本的上升向下游企业转移。

3. 金融科技加速金融脱媒

由上述金融科技对商业银行中间业务、负债业务、资产业务的影响可以看出,无论是哪方面的影响和冲击,金融科技的发展都会加速对商业银行"去中介化"的趋势。从支付角度看,第三方支付、移动支付已具备收付款、转账汇款、自动分账等支付结算功能,对商业银行的传统支付业务形成有效替代;从资产端角度看,企业和个人的资金需求可以通过互联网平台实现需求匹配,并成功进行融资,减少了对商业银行传统信贷的依赖;从负债端角度看,由于商业银行的存款利率尚未形成有效的市场定价机制,金融科技实质上推动了利率市场化的进程,商业银行面临一定的存款"脱媒"的压力。

可以说,资本市场是第一次"金融脱媒"的推手,而互联网金融堪称第二次"金融脱媒"的催化剂。而且相对于资本市场的第一次"脱媒",互联网金融的第二次"脱媒"更为彻底:第一次"脱媒"主要是推动金融活动的市场化,而"二次脱媒"则主要是解决金融的效率、金融服务的结构性匹配问题。

4. 金融科技对商业银行客户群体的影响

金融科技所拥有的大数据、云计算等技术,可以使得中小微企业的信用行为和信用记录得到真实完整的展现。在传统的金融市场中,小微企业往往被排斥在正规金融体系之外;而互联网金融有助于解决"长尾"小微企业融资难的问题,一定程度上弥补了传统金融体系的供给缺口,提升了金融资源的配置效率。当然,这种对客户群体的更广泛的覆盖,与其说是对商业银行的冲击,不如说是对商业银行金融功能的有益补充;但是,互联网金融的自身特性,决定了其对小微企业融资需求的满足极易形成外部经济、规模经济、范围经济等多重效应,而这无疑是互联网企业或中小银行有能力与大型银行进行竞争的契机。因此,金融科技势必也会带来银行业的竞争加剧。

资料来源:金融号.金融科技对我国商业银行的挑战与冲击[EB/OL].(2019-4-25)[2024-04-26].
http://www.financeun.com/newsDetail/24117.shtml?platForm=jrw.

第三节 商业银行经营管理

一、业务经营原则

商业银行作为一个特殊的金融企业,具有一般企业的基本特征,即追求利润最大化。商业银行合理的盈利水平,不仅是商业银行本身发展的内在动力,也是商业银行在竞争中立于不败之地的激励机制。尽管各国商业银行在制度上存在一定的差异,但是在业务经营上,各国商业银行都遵循安全性、流动性、盈利性的原则。

(一)安全性原则

安全性原则是指商业银行在经营活动中,尽量减少各种风险,保证资金的安全从而保持银行稳健经营。安全性是商业银行能正常运营的必要保障,也是经营中遵循的首要原则。商业银行之所以必须坚持安全性原则,是因为商业银行的经营与一般工商企业的经营不同,属于高负债经营。其自有资金比重较低,主要依靠吸收客户存款或对外借款进行贷款和投资。而在资金运用过程中,存在着诸多风险,如果贷款或投资后,本金利息不能按时足额收回,必然会削弱乃至丧失银行的清偿力,危及银行本身的安全。严重者可能会导致商业银行的倒闭,甚至会破坏整个国民经济的正常运转。因此,安全性是商业银行生存和发展的基本要求。

商业银行在经营过程中面临很多风险,具体表现在以下方面。

1. 信用风险

信用风险是指由于信用活动中存在的不确定性而导致银行遭受损失的可能性,确切地说,是所有因客户违约而引起的风险。比如,资产业务中借款人无法偿还债务引起的资产质量恶化;信用卡透支而无力偿还欠款等。

延伸阅读7-10

我国商业银行不良贷款率降至1.59%

国家金融监督管理总局2月21日发布的数据显示,2023年四季度末,商业银行不良贷款余额3.2万亿元,较上季末基本持平;商业银行不良贷款率1.59%,较上季末下降0.02个百分点。

数据显示,2023年四季度末,商业银行正常贷款余额199.3万亿元,其中正常类贷款余额194.8万亿元,关注类贷款余额4.5万亿元。

服务实体经济方面,2023年四季度末,银行业金融机构用于小微企业的贷款余额70.9万亿元,其中单户授信总额1000万元及以下的普惠型小微企业贷款余额29.1万亿元,同比增长23.3%。

风险抵补能力方面,2023年四季度末,商业银行拨备覆盖率为205.14%,较上季末下降2.74个百分点;资本充足率为15.06%,较上季末上升0.29个百分点。

资料来源:新华网.我国商业银行不良贷款率降至1.59%[EB/OL].(2024-02-21)[2024-04-06] http://www.news.cn/fortune/20240221/03f69464244d44f682d8c94a913a4858/c.html.

2. 市场风险

市场风险是金融体系中最常见的风险之一,它是指由基础金融变量如利率、汇率、股价、通胀等变动引起的金融资产的市场价值变化给投资者带来损失的可能性。随着我国利率市场化程度的加强以及商业银行业务的国际化,利率、汇率、国际市场风险等对我国商业银行的安全经营带来越来越大的影响,也使我国商业银行经营面临更大的风险挑战。

3. 操作风险

操作风险是指由于内部程序、人员、系统不充足或者运行失当,以及因为外部事件的冲击等导致直接或间接损失的可能性的风险。与其他几种风险相比,商业银行的操作风险有着较为显著的特点。每个银行经营的操作环境不同,因此银行应考虑自己具体情况来对操作风险进行分析,这是操作风险的最显著特征。

4. 流动性风险

狭义的流动性风险是指商业银行没有足够的现金来弥补客户存款的提取而产生的支付风险;广义的流动性风险除了包含狭义的内容,还包括商业银行的资金来源不足而未能满足客户合理的信贷需求或其他即时的现金需求而引起的风险。流动性风险的最大危害在于其具有传导性。由于不同的金融机构的资产之间具有复杂的债权债务联系,这时一旦某个金融机构资产流动性出现问题,不能保持正常的头寸,则单个的金融机构的金融问题将会演变成全局性的金融动荡。2008年全球金融危机就是由美国商业银行的流动性危机传导到美国金融各个领域进而传导到世界各国的金融领域的危机。

5. 资本风险

资本风险是指商业银行资本量过小,不能抵补亏损,从而影响商业银行正常经营的风险。资本风险对一家商业银行能否正常经营有着重要影响。因为资本金具有不必偿还和可以承担经营风险的职能。在社会化大生产中商业银行的中介特点,使商业银行不可能不向社会公众负债,因此资本金是否充足就显得尤其重要。资本金越是充足就越是可以用资本金补偿发生的损失,保护商业银行抵御意外的损失而渡过危难,从而保护存款人的利益。目前,我国许多商业银行的资产经营质量低下,不良债权过多,达不到资本充足率不得低于百分之八(《中华人民共和国商业银行法》第三十九条)的规定要求,在一定程度上存在着较大的经营风险。

7-5 视频:商业银行的风险种类

商业银行为保证其安全性经营,将各金融风险发生的可能性降到最低限度,这就要求商业银行必须:①合理安排资产规模和结构,注重资产质量;②提高自有资本在全部负债中的比重;③实现资产负债的有效匹配;④提高防范风险的能力;⑤遵纪守法,合法经营。

相关思考7-4

如何理性看待银行存款丢失事件?

近年来,各种银行存款纠纷不断,许多金融消费者很自然地把矛头指向银行,存款"不翼而飞"的报道也频见诸报端。那么银行存款真的会失踪吗?我们应该如何理性看待银行存款丢失事件呢?

7-6 小心存款陷阱

(二)流动性原则

流动性原则是指商业银行能够随时应付客户提取存款,满足必要贷款需求的能力,即商业银行的清偿力问题。流动性是商业银行所具备的一种不损失价值情况下的变现能力,一种能应付各种需求的资金的可调用能力。流动性被视为商业银行的生命线,保持适度的流动性是商业银行赖以生存的重要保障。流动性不仅直接决定着单个商业银行的安危存亡,对整个国家乃至全球经济的稳定都至关重要。如1997年爆发的东南亚金融危机中,泰国、马来西亚、印度尼西亚、菲律宾等国家都发生了因客户挤兑而引发的流动性危机,并迫使大批商业银行清盘,以致引发了一场波及全球许多国家和地区的金融危机。

流动性主要包括两方面:资产的流动性和负债的流动性。资产的流动性是指商业银行的资产能随时得以偿付或者在不贬值的条件下进行变现。负债的流动性是指商业银行随时可以低成本获得所需的资金。流动性能力既反映商业银行经营状况的好坏,也体现商业银行管理能力的高低。在商业银行经营过程中,应保持充足的流动性,避免出现挤兑。

延伸阅读7-11

美国硅谷银行挤兑

美国硅谷银行在短短48天内"光速"倒闭,成为2008年以来美国最大的银行倒闭案,震惊了全世界。美东时间2023年3月8日,硅谷银行刚刚披露其债券投资组合亏损18亿美元,并计划筹集超过20亿美元的新资本后,恐慌立即在推特、Slack和WhatsApp等社交媒体平台上蔓延,并促使银行储户争相从该银行取出400多亿美元。这导致硅谷银行在仅仅两天后,即3月10日便宣告破产。

硅谷银行遭遇了一场"现代化"的挤兑潮,在这过程中,社交平台显然发挥了巨大的催化作用。在硅谷银行破产的前一天,多位知名风投家在推特等社交平台上发布了相关消息,并对硅谷银行的形势发出警告,这无疑催化了市场恐慌情绪。此外,不少相关企业的创始人和CEO们也在Slack聊天频道上分享了关于硅谷银行令人担忧的情况,这促使人们蜂拥使用线上提现。这次银行挤兑的经历也与以前的时代大不相同。以前会有大量客户亲自到银行提现(尽管这次也有一些客户在硅谷银行外排队),而现在,许多人可以在网上或通过移动设备直接提现。按照众议院金融服务主席麦克亨利(Patrick McHenry)后来的形容,这成为"第一次推特引发的银行挤兑"。

追踪科技行业的分析师本·汤普森(Ben Thompson)总结道:"硅谷银行挤兑的独特之处在于它的客户可以轻松地取款,同时硅谷银行即将倒闭的消息传播得很快。谣言传播和撤资的成本都为零。"

资料来源:快资讯.史上首次社交媒体挤兑潮:推特成硅谷银行破产最大帮凶[EB/OL].(2023-03-30)[2024-04-26]. https://www.360kuai.com/pc/9e56392c4138613bd?cota=3&kuai_so=1&refer_scene=so_3&sign=360_da20e874.

(三)盈利性原则

盈利性原则是指追求利润最大化是商业银行的经营目标。首先,盈利水平的高低是评价和衡量商业银行经营效益的基本标准。盈利能力越强,获利水平越高,越能增强商业银行的实力,提高商业银行的信誉,增强商业银行抗风险的能力。同时,盈利水平的逐年增长也为其参与竞争和发展打下了坚实的基础。因为有较高利润水平的银行,通常其留存盈余也比较多,银行发展也就有了物质基础。其次,较多的税后利润给银行的股东的回报就比较多。这对上市银行来说更为重要。因为银行利润增加会促使银行股票的市值上升,这有利于商业银行资本的筹集。再次,盈利性强的银行往往受到社会公众的普遍信任,客户市场占有率就高。最后,具有高盈利性的商业银行,职员的工资水平上升得比较快,这样人的工作积极性、工作效率就会提高,同时有利于银行吸引更多的人才。

追求高的盈利性,商业银行应做到:①尽量减少现金资产,扩大盈利资产比重;②以尽可能低的成本,取得更多的资金;③减少贷款和投资损失;④加强内部经济核算,提高银行职工劳动收入,节约管理费用开支;⑤严格操作规程,完善监管机制,减少事故和差错,防止内部人员因违法犯罪活动而造成银行的重大损失。

> **相关思考7-5**
>
> **商业银行的利润从哪来?**
>
> 商业银行作为营利性企业,它的利润从哪来呢?对于银行来说,怎么才能保持它的盈利能力?尤其对于上市银行来说,盈利能力强不强,对上市银行的股价、银行在行业中的地位、银行未来的发展是否具有重要的意义?

(四)"三性"原则之间的关系及其协调

安全性、流动性和盈利性是商业银行经营管理过程中必须严格遵守的三个重要原则。商业银行的"三性"原则既统一,又矛盾。安全性与流动性正相关,但却与盈利性负相关。因此银行必须从现实出发,在安全性、流动性和盈利性之间寻求最佳统一和均衡。

(1)"三性"原则之间的统一性。第一,安全性与流动性之间具有统一性。流动性越强的资产,其安全性越高;反之,流动性越弱的资产,风险越大,其安全性越差。第二,安全性与盈利性之间也有统一性。商业银行要增加盈利,必须以安全经营为前提,如果出现资金的大量损失,必然会影响银行的盈利水平。同时,银行盈利水平的提高,使银行的经营实力增强,抗风险的能力也必然增强。

(2)"三性"原则之间的矛盾性。第一,安全性与盈利性之间的矛盾。一般来说,高盈利往往伴随着高风险。因此,安全性要求商业银行扩大现金资产,减少高风险、高盈利资产,而盈利性要求商业银行尽量减少现金资产,扩大盈利性资产。第二,流动性与盈利性之间的矛盾。流动性强的资产如现金资产在中央银行的存款比重越大,银行的支付能力越强,但盈利性就越低。这种矛盾关系要求商业银行必须对"三性"原则进行协调。

总之,安全性是前提,只有保证银行资金安全无损,才能保证流动性和盈利性的实现;流动性是保障,只有保证银行资金的正常周转和流动,才能在流动中实现盈利,银行的各项业务活动才能顺利进行;而盈利性是目的,这是商业银行经营活动的最本质的要求,只有实现一定的盈利,商业银行才能不断增强自身的实力,为商业银行经营规模的不断扩大创造条件。

二、经营管理的发展和创新

随着商业银行各项业务的不断发展和创新,现代商业银行经营管理活动越来越重要,也越来越繁杂,要求也越来越高。

(一)资产业务的经营管理

银行资产业务管理又称银行资金运用管理,是指银行处理信贷资金营运中各种经济关系、建立完善的运转机制所涉及的基本原则、标准、组织方式和管理方法的总和。管理的内容包括银行资产结构的调整、贷款种类的设置、贷款原则的确定、贷款及投资方法的选择、贷款利率的制定、资产的评估、资产风险的处置、本金和利息的回收、贷款和投资等计划的编制执行等等。

1929—1933年世界经济危机之后，西方国家货币管理当局和商业银行十分注意银行的资产管理，政府通过立法明确规定资产管理的内容和标准。以美国为例，商业银行资产管理的主要内容包括对商业银行贷款比例的限制、信用贷款的比例限制、抵押贷款的比例限制、对附属机构贷款的比例限制、对内部借贷的限制等。

1979年以前，中国的银行资产业务比较单一，主要是各项贷款及黄金外汇储备等项。因而资产管理主要是贷款管理，包含两个层次：银行信贷与财政资金、企业资金的综合平衡管理，银行自身的资产业务管理。20世纪80年代后，一些商业银行吸收西方商业银行的资产管理经验，不断改革、丰富和创新传统的银行贷款管理方式，开始探索和改进资产管理内容，主要有以下几方面：

(1) 扩展资产管理的经营原则，突出银行资产的流动性、安全性和收益性。

(2) 重视资产的风险管理，在对风险资产的评估以及对经营、投资、市场、利率、汇率风险的避险措施方面有了一定的进展。

(3) 推行资产结构的比例管理，开始考核银行自有资金对风险资产的比例、资金流动性比例、长短期贷款占总资产的比例、收益与资产比例、成本与资产比例以及贷款期限结构、储备资产结构等方面的管理。

(4) 推广贷款管理三权分离责任制，使贷款调查、贷款审核和贷款批准由单个信贷员统管，转化为三个环节相互独立、相互制约的机制，有利于提高贷款质量。

（二）负债业务的经营管理

银行负债管理的基本目标是在一定的风险水平下，以尽可能的低成本获取所需的资金。其具体目标包括降低负债成本、把握合理的负债结构、提高存款负债的稳定性、调节负债资金的运用和维持银行负债的增长率等。

1. 建立合理的负债结构，提高存款的稳定性

所谓合理的负债结构，就是要着眼于银行资产业务的资金需求，根据不同存款负债和借入负债的易得程度以及成本高低和期限长短进行选择组合，使银行的负债结构不但能与资产的需要相匹配，而且能保持银行负债的流动性，又有利于盈利性目标的实现。

存款的稳定性也称存款沉淀率，它是形成银行中长期和高盈利资产的主要资金来源。从商业银行经营管理的角度看，它比存款总额更具现实意义。衡量存款稳定性的主要指标有：

$$活期存款稳定率 = （活期存款最低余额 \div 活期存款平均余额）\times 100\% \quad (7\text{-}2)$$
$$活期存款平均占有天数 = （活期存款平均余额 \times 计算期天数）\div 存款支付总额 \quad (7\text{-}3)$$

因此，提高存款的稳定性，主要表现为提高活期存款的稳定性和延长存款的平均占有天数。银行存款负债经营的主要目标之一，就是要合理地配置存款结构，在不增加成本或少增加成本的前提下，弱化存款的流动性需求，为银行经营提供充足的可用头寸。

2. 调节负债资金运用

负债资金的运用效率如何，将影响银行盈利性、流动性目标的实现。商业银行负债经营的另一目标，就是必须建立起完备的头寸调控的融通机制，根据经济发展对银行资金的实际需求和国家相关的宏观金融政策，有效控制银行负债规模，调节银行负债的运用率，掌握对

资金运行调控的最佳时点和数量,充分利用货币资金的时间差、地点差和项目差。

3. 降低负债成本

银行的负债成本主要由利息支出和各项相关的费用支出所组成。各种不同的负债,其利息支出和费用支出也各不相同。如活期存款的利息支出较低,但费用支出却相对较高;定期存款、金融债券的利息支出较高,而其费用支出相对较低。随着负债规模的扩大,有些费用支出即固定成本有逐渐下降的特性。因此,银行通过扩大负债规模,调整负债结构,减少负债费用支出等措施,能有效降低负债的成本率。降低融资成本可以在合理利差的幅度内不断提高银行的盈利水平,更好地为银行的存款和发展创造条件。

4. 维持银行负债的增长

商业银行是依靠负债经营的现代金融企业,负债规模的大小是其经营实力的标志,具体反映了一家银行经营实力的增长情况,及其业务开拓和发展的实际能力。自1998年我国取消信贷规模,全面实行资产负债比例管理后如何维持银行负债的增长率,已经成为银行生存的基础,发展的前提。当前,我国银行业的竞争主要围绕着存款的分割而展开,各家银行已无不把维持一定的存款增长率摆在银行管理的首要位置。

(三) 经营管理的挑战及创新

近年来互联网金融蓬勃发展,对商业银行的业务开展和经营发展带来了巨大的冲击影响。同时,随着当前金融科技的不断发展,商业银行传统经营发展方式和中介地位也受到极大冲击和挑战。当前,商业银行面临的挑战主要表现如下。

1. 支付角色弱化

从本质上来看,银行是一种金融中介,资金的需求者和持有者通过银行中的业务形式来实现存取款业务、贷款业务以及相应的平台支付业务等。但是在互联网金融背景下随着第三方支付平台的发展,商业银行的金融中介角色逐渐弱化,微信支付、支付宝支付等第三方支付平台的出现,为客户办理金融服务提供了非常便捷的方式,同时降低了业务办理费用,为广大客户提供了更高的服务效率和更好的服务体验。这些都给商业银行的传统支付方式带来了巨大的压力,使得银行的支付角色逐渐弱化,导致了严重的客户流失现象,同时影响银行的业务收入。

2. 存贷款业务受到冲击

互联网金融出现后,银行的存款和贷款都受到了冲击。存款利率低,收益不如余额宝等"宝宝类"理财产品;而贷款方面由于抵押担保的规定,导致很多小微客户难以满足银行要求而无法贷款。而互联网贷款因为没有抵押担保的要求,审核宽松放款快,很好地解决了小微企业的融资需求,一定程度上银行也失去了这部分客户。

3. 商业银行盈利模式受影响

互联网金融在不断地发展完善中,其业务范围也逐渐扩大,同时其业务办理形式也逐渐趋向于规范化。现阶段,互联网金融企业为了能够满足人们的需求,已经向相关部门申请了支付牌照,且在此基础上不断开发更多的新型金融业务。互联网金融企业正在将第三方线上支付业务逐渐扩展到线下支付,使商业银行刷卡的手续费用分出一部分给互联网金融企业,这对商业银行的盈利模式产生了一定的影响。

4. 商业银行金融科技创新人才缺乏

商业银行传统的金融人才多,但是随着金融模式的转变及信息技术的冲击,金融科技类的专业人才略显不足。因此,银行的人才队伍急需转型。

以上是商业银行在当前环境下面临的主要挑战。商业银行应积极进行转型和调整,依托互联网优势,树立互联网思维,积极与科技创新有效融合,找准痛点,补齐短板,有效防范金融风险,使金融服务的覆盖面得到大力拓展,经营效益得到显著提升。在金融科技背景下,商业银行的传统经营优势丢失。因此,商业银行需借鉴互联网开放性思维,加大与金融科技企业的合作;发挥银行自身资金、技术、风险控制等优势,加快推动互联网金融创新业务发展;利用大数据处理技术将现有客户的信息进行有效整合处理,引入智慧银行,建立具有自身特色的金融超市、电子商务和在线融资平台,走差异化道路;同时,商业银行还应转变思维模式和运营模式,重建金融服务体系,培养专业金融科技人才。

7-7 实体银行网点的发展趋势

三、风险管理和内部控制

在现代商业银行经营管理中,由于风险的加大,风险管理日益重要,是商业银行经营管理的核心。

如前所述,商业银行在经营中会面临各种各样的风险。在《巴塞尔协议》中提到商业银行面临的三大类风险主要是信用风险、市场风险、操作风险。除此以外,还有流动性风险、资本风险、政策风险、法律风险、信誉风险等。因此,如何识别这些风险,进行风险评估,并采取相应的对策是商业银行面临的重要问题。这就要求商业银行必须做好相应的内部控制,从而防范各种风险。具体做法如下。

1. 树立风险管理的经营理念

树立风险管理理念就是要倡导和强化风险意识,建立包括各部门、各项业务、各种产品的全方位风险管理体制。推行涵盖事前预测、事中管理、事后处置的全过程风险管理行为,引导和推进风险管理业务的发展。

2. 规范银行信息披露

为规范信息披露工作,商业银行应对银行风险管理制度与程序、资本构成、风险披露的评估和管理程序、资本充足率等领域的关键信息准确核算,按照由内到外、逐步公开的原则,稳步推动信息披露工作的规范化。

3. 健全内部控制制度

根据原中国银监会 2014 年 9 月颁布的《商业银行内部控制指引》的定义,商业银行内部控制是商业银行董事会、监事会、高级管理层和全体员工参与的,通过制定和实施系统化的制度、流程和方法,实施控制目标的动态过程和机制。商业银行内部控制应当遵循以下基本原则:

(1) 全覆盖原则。商业银行内部控制应当贯穿决策、执行和监督全过程,覆盖各项业务流程和管理活动,覆盖所有的部门、岗位和人员。

(2) 制衡性原则。商业银行内部控制应当在治理结构、机构设置及权责分配、业务流程等方面形成相互制约、相互监督的机制。

(3) 审慎性原则。商业银行内部控制应当坚持风险为本、审慎经营的理念,设立机构或开办业务均应坚持内控优先。

(4) 相匹配原则。商业银行内部控制应当与管理模式、业务规模、产品复杂程度、风险状况等相适应,并根据情况变化及时进行调整。

为有效开展内部控制工作,商业银行应当建立由董事会、监事会、高级管理层、内控管理职能部门、内部审计部门、业务部门组成的分工合理、职责明确、报告关系清晰的内部控制治理和组织架构;商业银行应当建立健全内部控制制度体系,对各项业务活动和管理活动制定全面、系统、规范的业务制度和管理制度,并定期进行评估;商业银行应当建立贯穿各级机构、覆盖所有业务和全部流程的管理信息系统和业务操作系统,及时、准确地记录经营管理信息,确保信息的完整、连续、准确和可追溯。

 延伸阅读7-12

巴林银行倒闭

1995年2月27日,英国中央银行宣布,英国商业投资银行——巴林银行因经营失误而倒闭。消息传出,立即在亚洲、欧洲和美洲地区的金融界引起一连串强烈的波动。东京股市英镑对马克的汇率跌至近两年最低点,伦敦股市也出现暴跌,纽约道·琼斯指数下降了29个百分点。

尼克·李森——国际金融界"天才交易员",曾任巴林银行驻新加坡巴林期货公司总经理、首席交易员,以稳健、大胆著称。在日经225期货合约市场上,他被誉为"不可战胜的李森"。

1994年下半年,李森认为,日本经济已开始走出衰退,股市将会有大涨趋势。于是大量买进日经225指数期货合约和看涨期权。然而"人算不如天算",1995年1月16日,日本关西大地震,股市暴跌,李森所持多头头寸遭受重创,损失高达2.1亿英镑。

这时的情况虽然糟糕,但还不至于能撼动巴林银行。只是对李森先生来说已经严重影响其光荣的地位。李森凭其天才的经验,为了反败为胜,再次大量补仓日经225期货合约和利率期货合约,头寸总量已达十多万手。要知道这是以"杠杆效应"放大了几十倍的期货合约。当日经225指数跌至18 500点以下时,每跌一点,李森先生的头寸就要损失200多万美元。

"事情往往朝着最糟糕的方向发展",这是强势理论的总结。2月24日,当日经指数再次加速暴跌后,李森所在的巴林期货公司的头寸损失,已接近其整个巴林银行集团资本和储备之和。融资已无渠道,亏损已无法挽回,李森畏罪潜逃。

巴林银行面临覆灭之灾,银行董事长不得不求助于英格兰银行,希望挽救局面。然而这时的损失已达14亿美元,并且随着日经225指数的继续下跌,损失还将进一步扩大。因此,各方金融机构竟无人敢伸手救助巴林这位昔日的贵宾,巴林银行从此倒闭。

资料来源:百度百科.巴林银行倒闭[EB/OL]. (2019-04-25)[2024-04-26]. https://baike.baidu.com/item/%E5%B7%B4%E6%9E%97%E9%93%B6%E8%A1%8C%E5%80%92%E9%97%AD%E4%BA%8B%E4%BB%B6/8540375。

 延伸阅读7-13

美国共和银行倒闭

美国当地时间2024年4月26日,美国联邦存款保险公司(FDIC)宣布已关闭共和银行(republic first bank),该行也是美国今年倒闭的第一家银行。

根据FDIC发布在官网的一份声明中,宾夕法尼亚州银行和证券部在4月26日关闭了总部位于费城的共和第一银行(以"共和银行"名义开展业务),并指定FDIC作为接管人。为了保护储户,FDIC与宾夕法尼亚州兰开斯特全国协会富尔顿银行(fulton bank)达成协议,承担共和银行的几乎所有存款并购买几乎所有资产。

FDIC表示,共和银行原有存款人将成为富尔顿银行的储户,该机构的存款保险将为每位储户提供高达25万美元的保障。截至今年1月底,共和银行总资产约为60亿美元,存款总额约为40亿美元。

值得一提的是,不少投资者常常将共和银行与去年5月倒闭并被摩根大通收购的全美第14大银行第一共和银行(first republic bank)混淆,相较于第一共和银行,刚刚倒闭的共和银行规模更小。

此前,第一共和银行陷入危机时,不少投资者错误地抛售了还在安全期的共和第一银行的股份,导致该行股份在2023年3月暴跌40%。共和银行首席执行官兼行长托马斯·盖塞尔(Thomas Geisel)不得不下场亲自辟谣。他表示,共和银行非常不同,该行不向初创企业提供贷款,也不参与加密货币领域,共和银行主要向成熟企业提供贷款。"我们以抵押品和现金流为抵押贷款,向能够偿还债务的盈利公司提供贷款,而且我们通常有个人担保。"

资料来源:东方财富网.美国银行业危机再升级?共和银行刚刚宣布倒闭[EB/OL].(2024-04-27)[2024-04-27]. https://finance.eastmoney.com/a/202404273062198270.html.

本 章 小 结

本章主要学习了商业银行的产生及发展、组织类型、性质与职能、经营模式及发展趋势;商业银行的负债业务、资产业务和中间业务;商业银行的业务经营原则、经营管理的发展和创新及风险管理和内部控制。

本章重要概念

商业银行　总分行制　混业经营　分业经营　负债业务　资产业务　表外业务
担保贷款　信用贷款　票据贴现　证券投资　中间业务　安全性　流动性　盈利性　挤兑
集团银行制　连锁银行制　风险管理　内部控制　信用风险　巴塞尔协议　银行资本

第八章 非存款类金融机构

- 内容提要
- 重点难点
- 学习目标
- 知识框架
- 思政育人
- 第一节 非存款类金融机构概述
- 第二节 保险经营金融机构
- 第三节 证券经营与投资金融机构
- 第四节 其他非存款类金融机构
- 本章小结
- 本章重要概念

内容提要

本章主要讲述了非存款类金融机构的种类和特点;保险经营金融机构包括保险公司和保险中介机构;证券经营与投资机构包括证券公司、证券登记结算公司、投资基金管理公司;其他非存款类金融机构,包括信托投资公司、金融租赁公司、金融资产管理公司、财务公司、典当行、消费金融公司、小额贷款公司和金融控股公司等机构。

重点难点

本章重点为非存款类金融机构的种类和特点、保险公司、证券公司、投资基金管理公司和信托投资公司的相关知识;难点为各非存款类金融机构之间的异同及业务开展。

学习目标

通过本章学习,学生应掌握非存款类金融机构的种类和特点;准确理解保险公司、证券公司、投资基金管理公司的含义、特点及开展的业务;了解各种其他非存款类金融机构。要求学生对非存款类金融机构有基本的认识,深入思考各类非存款类金融机构应如何发展来满足国家经济、金融发展的需求。

知识框架

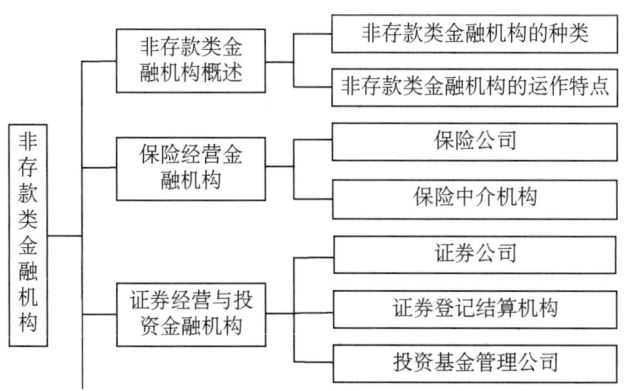

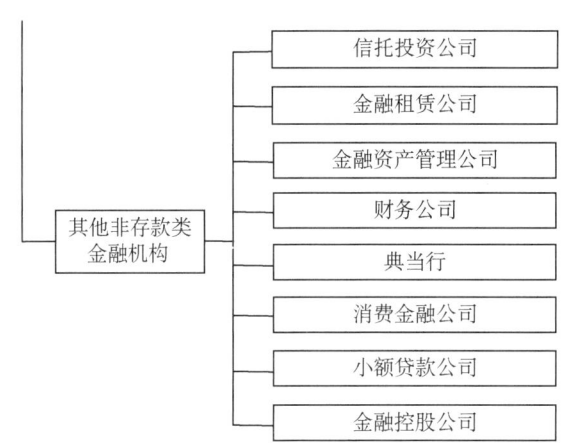

思政育人　　构建"多层次、差异化、专业化"金融机构体系

2023年的中央金融工作会议是中央金融委、中央金融工委组建后召开的首次中央金融工作会议,为新时代新征程推动金融高质量发展指明了方向。会议既有针对中国经济高质量发展的长期制度设计,例如提出"做好科技金融、绿色金融、普惠金融、养老金融、数字金融五篇大文章"等,又有紧扣当前形势,聚焦地方政府债务、房地产风险和金融市场波动等隐患所做的及时安排,是未来金融工作的根本遵循和行动指南。

会议指出,未来中国金融业要切实打造多层次、差异化的金融服务体系,以实现差异发展和错位竞争。一是大型商业银行要发挥好金融支持实体经济"主力军"和金融风险防范"稳定器"作用,通过"做优"实现"做强"。大型商业银行要以增强服务实体经济能力为己任,加大对事关经济增长新动能领域的信贷投放。另外,政策上也要鼓励国有大型商业银行提高综合化经营程度,助力其提高对实体经济的支持能力。当前国际主要金融机构大多为混业经营,我国应在风险可控的前提下,鼓励国有大型银行提高综合化程度。二是强化属地经营,鼓励中小银行做精、做专,更好服务当地经济发展。强化中小银行机构准入,优化大中小银行分类方法,对符合监管导向的中小银行,统一实施更为简化和优惠的监管政策,例如,实施更优惠的存款准备金利率等。三是督促中小金融机构完善公司治理机制,优化股权结构。有效的治理体制是商业银行审慎经营的前提和基础,也是获得公众对金融体系信任、保障经济体系稳健运行的必要条件。未来,应进一步强化中小金融股东准入资质管理,同时加大对股权结构、投资主体的穿透,强化信息披露等。四是厘清政策性金融和商业性金融业务边界,推进政策性金融机构改革。政策性金融是实现国家战略、推动经济结构改善、促进产业转型升级的重要手段,根据我国高质量发展要求和国际环境变化,更好发挥政策性金融在推进基础设施建设、乡村振兴、国际合作、重大关键产业转型中的支持作用,强化对政策性金融机构的差异化考核,加快推进"分类分账"考核改革。

资料来源:新浪财经. 构建多层次差异化专业化金融机构体系[EB/OL]. (2023-11-03)[2024-04-08]. https://finance.sina.com.cn/jjxw/2023-11-07/doc-imzttzhu2568392.shtml.

第一节　非存款类金融机构概述

经济的深入发展对金融服务的多元化、专业化要求越来越高,与之相应,各种类型的金融机构也不断涌现,它们或是在证券市场提供融资服务,或是提供各种保险保障服务,或是提供资信评估、信息咨询服务。这些金融机构的共同特点是不以吸收存款为主要资金来源,不直接参与存款货币的创造,故统称为非存款类金融机构。它们与存款类金融机构共同构成金融机构体系,促进经济社会的发展。

一、非存款类金融机构的种类

依据从事的主要业务活动和所发挥的作用,非存款类金融机构可以划分为保险经营机构、证券经营与投资机构及其他非存款类金融机构三类。

(一) 保险经营机构

保险经营机构是指运用专业化风险管理技术为投保人或投保人指定的受益人提供某类风险保障服务以及保险中介服务的金融机构。这类机构在金融机构体系中十分重要,主要包括各类保险公司、保险中介机构及社会保障基金等。保险经营机构一方面能够集聚资金、抵御风险、降低个体损失、提供经济保障,另一方面可以融通长期资金、促进资本形成,同时还能提供保险中介服务等。

(二) 证券经营与投资机构

证券经营与投资机构是指为企业和个人在证券市场上提供投融资服务以及证券登记结算等服务的金融机构,主要包括投资银行或证券公司、投资基金管理公司、证券登记结算公司等。其中证券公司作为直接融资中介人,开拓资金流动渠道,通过各种证券、票据等债权、产权凭证,将资金供求双方直接联系起来,有利于全社会资金的有效配置与运转。

(三) 其他非存款类金融机构

其他非存款类金融机构种类多样,业务差异较大,很难进行类别归纳,因此统称为其他非存款类金融机构,主要包括信托投资公司、金融租赁公司、金融资产管理公司、典当行、消费金融公司以及小贷公司等。随着经济、金融发展的深化和金融创新的推动,此类金融机构的发展空间还很大。

二、非存款类金融机构的运作特点

(一) 不直接参与货币创造过程

非存款类金融机构的共同特点是在负债上不以吸收存款为主要资金来源,在资产上不以发放贷款为主要运用方式,在服务性业务上不提供支付结算业务。因此,它们的经营活动不直接参与存款货币的创造过程,对货币供求及其均衡的影响相对较小。

(二) 资金来源与运用方式各异

与业务共性较多的存款类金融机构不同,各种非存款类金融机构的业务各异,导致资产负债项目差异很大。例如,保险公司以吸收保费作为主要资金来源,资金主要运用于理赔和投资获益;基金公司的资金主要来源于发行基金证券,主要通过投资组合来运用资金;证券公司的资金主要来源于自有资本和发行债券,主要通过自营证券投资运用资金;信托投资公司的资金主要来源于信托资产,主要依据委托人的要求运用资金;金融租赁公司的资金主要来源于租金,资金主要运用于购买出租物。

(三) 专业化程度高,业务之间存在较大的区别

非存款类金融机构业务的专业化程度高,如证券公司(投资银行)的证券承销和经纪业务、保险公司对保险产品的设计与管理以及基金公司的投资组合等,都需要专门的金融人才进行操作。同时,这些机构具有特定的服务对象和市场,各自业务的运作大不相同,即便在可归为一类的机构中,其相互间业务都有差异。

（四）业务承担的风险不同，相互的传染性较弱

非存款类金融机构的业务差异较大，其所承担的金融风险也不相同。相比之下证券公司、基金公司风险较高，而保险公司和社会保障基金的风险较低，服务类的机构风险很小。因承担风险的差异性，在分业经营体制下，相互的传染性也较存款类金融机构小得多。但在监管放松和混业经营的背景下并不尽然，如美国次贷危机中投资银行、对冲基金、保险公司之间的业务往来导致风险加剧，最终酿成恶果。

（五）业务的开展与金融市场密切相关，对金融资产价格变动非常敏感

非存款类金融机构的业务与金融市场的发达程度相辅相成。一个国家或地区非存款类金融机构的种类的多少，往往代表着金融结构的复杂程度和金融市场的发达程度；而没有发达的证券市场，证券公司、基金公司、证券登记结算公司就失去了存在的意义，没有健全的货币市场、保险市场，保障基金、保险公司也很难发展，相应的资信评估与信息咨询等机构也没有用武之地了。由于非存款类金融机构业务的开展依托于金融市场，市场动态对其业务运作影响极大，它们对利率、汇率和证券价格等金融资产价格变动非常敏感。

8-1 视频：没有存款来源的金融机构会怎样

第二节 保险经营金融机构

保险经营机构一般包括保险公司和保险中介机构两大类。

一、保险公司

保险公司是指通过收取保险费建立保险基金，并对发生保险事故进行经济补偿及保障服务的金融机构。保险公司是按照《中华人民共和国保险法》和《中华人民共和国公司法》设立的公司法人。保险公司收取保费，将保费所得资本投资于债券、股票、贷款等资产，运用这些资产所得收入支付保单所确定的保险赔偿。保险公司通过上述业务，能够在投资中获得高额回报并以较低的保费向客户提供适当的保险服务，从而盈利。

（一）保险公司的产生

保险公司具有久远的历史。早在公元前5世纪至公元前4世纪就存在为个体和群体利益而采用的救灾和损失补偿方法，属于人寿保险和意外保险的原始形态。到公元14世纪前后，有关损失保证的保险经营逐渐发展起来。15世纪以来，贸易与海运促进了英国海上保险的发展，同时由于海上贸易中商人的生命与货物运输联系在一起，因此人身保险业务也随之发展起来。到18世纪至19世纪，英国的工业革命使社会分工更为深入，在新兴工业发展的同时，风险种类也不断增加，除各种海险、人身险以外，火险及其他意外险种相继出现，形成了以多种保险标的为内容的现代保险业。而社会保险和社会保障机构是在商业保险的基础上出现的，伴随社会经济的发展，除了对意外的不幸事件进行防范的保险需求外，预防失业、退休和生病等事项的保险需求也不断强化，相应产生了养老保险、失业保险和医疗保险等社会保险种类。20世纪50年代，社会保险迅速发展，最终形成了向劳动者群体提供基本生活保障为核心的社会保障制度。

（二）保险公司的作用

1. 分散风险，补偿损失

保险公司的基本作用，是把个体风险所致的经济损失分摊给其他投保人，用集中起来的

保险基金补偿个体损失。这种作用使保险公司与其他金融机构之间形成明确的产业分工。保险公司作为风险的管理者，降低了每个投保人在经济运行中所承担的风险，也降低了经济运行的整体风险。

2. 积蓄保险基金，促成资本形成，重新配置资源

保险公司和社保基金在运作过程中预提而尚未赔付出去的保费形成了巨额的保险基金，不仅具备抵御风险的实力，而且可以利用这笔资金在资本市场上进行投资运作，在使保险基金保值增值的同时，参与社会资源的配置，为市场提供了大量资金，成为金融市场中举足轻重的机构投资者，还对资本市场的稳健发展产生重要影响。

3. 提供经济保障，稳定社会生活

保险公司充当了社会经济与个人生活的稳定器，具体表现在为企业、居民家庭和个人提供预期的生产和生活保障，解决企业或居民家庭的后顾之忧，有利于受灾企业及时恢复生产经营，有助于遭难家庭维持正常生活，亦有利于履行民事赔偿责任，在社会经济的安定和谐方面发挥保障作用。

（三）保险公司的类型

依据不同的划分标准，保险公司可以划分为不同的类型。

1. 根据保险的基本业务分类

根据保险公司的基本业务，可以将保险公司分为人寿保险公司、财产保险公司、再保险公司。

人寿保险公司是指主要从事人寿保险业务，提供寿险产品的保险公司。这类保险公司的主要任务是为投保人提供保障，确保在投保人意外身故或遭受意外伤害时，能够给予其家庭经济上的支持和保障。

财产保险公司是指主要从事财产保险业务，提供财产保险产品的保险公司，包括汽车保险、住宅保险、商业保险等。这类保险公司的主要任务是为投保人的财产提供保障，确保在财产损失或意外事件发生时能够得到相应的经济赔偿。

再保险公司是指为其他保险公司提供再保险业务的保险公司。再保险是一种保险人与保险公司之间的保险合同，保险公司将部分风险转移给再保险公司，以分散风险和保证自身的资金安全。

2. 根据经营目的分类

依据经营目的可以将保险公司划分为商业性保险公司和政策性保险公司。商业保险公司是经营保险业务的主要组织形式，多是股份制公司，如各种人寿保险公司、财产保险公司、海事保险公司、再保险公司等，任何有保险意愿并符合保险条款要求的法人、自然人都可以投保。政策性保险公司则是指依据国家政策法令专门为某种业务提供保障的保险机构。这种保险公司不以营利为经营目的，且风险内容关系国民经济发展与社会稳定，如出口信用保险公司、投资保险公司、存款保险公司等。政策性保险是保险市场中特殊的发展形式，往往是出于国家对某个领域的保护意图而发展的。

3. 根据保险经营方式分类

依据保险经营方式可以将保险公司划分为互助保险公司、行业自保公司、机构承保公司等。互助保险公司是由一些对某种危险有相同保障要求的人或单位，合股集资积聚保险基金，经营保险业务的互助保险组织。行业自保公司是指某一行业为本系统企业提供保险保障而成立自营保险公司。行业自保公司主要承保本系统企业的风险业务，并通过积累一定

的保险基金作为损失补偿的后备。机构承保公司是以企业法人机构来承做保险业务,各类商业性的保险公司均属此类。

(四)保险公司的业务

1. 保险公司的业务范围

根据现行《中华人民共和国保险法》第九十五条规定,保险公司的业务范围包括:

(1)人身保险业务,包括人寿保险、健康保险、意外伤害保险等保险业务。

(2)财产保险业务,包括财产损失保险、责任保险、信用保险、保证保险等保险业务。

(3)国务院保险监督管理机构批准的与保险有关的其他业务。

保险人不得兼营人身保险业务和财产保险业务。但是,经营财产保险业务的保险公司经国务院保险监督管理机构批准,可以经营短期健康保险业务和意外伤害保险业务。

保险公司应当在国务院保险监督管理机构依法批准的业务范围内从事保险经营活动。

2. 保险公司的业务流程

1)保险展业

保险展业也称保险推销,是保险公司引导具有同类风险的人购买保险的行为。保险公司通过其专业人员直接招揽业务称作"直接展业",保险公司通过保险代理人、保险经纪人间接招揽业务称为"间接展业"。

2)业务承保

业务承保是保险人通过对风险进行分析,确定是否承保,确定保险费率和承保条件,最终签发保险合同的决策过程。

3)保险理赔

保险理赔是保险公司在承保的保险事故发生,保险单受益人提出索赔申请后,根据保险合同的规定,对事故的原因和损失情况进行调查,并且予以赔偿的行为。

> **延伸阅读8-1**
>
> **我国主要的大型保险公司**
>
> 我国目前比较大型的保险公司主要有:中国人民保险集团公司、中国人寿保险(集团)公司、中国再保险(集团)公司、中国平安保险(集团)公司、中国出口信用保险公司、中国保险(控股)有限公司等。这些保险公司在财产保险、人身保险或再保险领域发挥着重要的作用,市场份额较多。更多详细内容,可以扫码阅读。
>
> 资料来源:沃保保险网. 十大保险品牌排行榜,十大保险品牌排行榜最新[EB/OL]. (2024-03-13)[2024-04-27]. https://news.vobao.com/article/11019996252273781040.shtml.

8-2 2023年,中国十大保险公司排名有哪些

8-3 中保协通报117家保险公司投资管理能力情况

二、保险中介机构

保险中介机构指从事保险中介业务的组织。保险中介机构根据其主营业务的不同分为保险专业中介机构和保险兼业代理机构;根据从事业务的内容不同分为保险代理机构、保险经纪机构和保险公估机构。

(一)保险代理机构

保险代理机构是指根据保险人的委托,在保险人授权的范围内代为办理保险业务的单位。保险代理机构在保险人授权范围内代理保险业务时,其代理行为所产生的法律责任由保险人承担。保险代理机构不履行代理职责或履行代理合同义务不符合约定,而给被代理人造成损害的,应当依法承担法律责任。

(二) 保险经纪机构

保险经纪机构是指经营保险经纪业务的单位。保险经纪包括直接保险经纪和再保险经纪。直接保险经纪是指保险经纪机构与投保人签订委托合同,基于投保人或者被保险人的利益,为投保人与保险公司订立保险合同提供中介服务,并按约定收取佣金的行为。再保险经纪是指保险经纪机构与原保险公司签订委托合同,基于原保险公司的利益,为原保险公司与再保险公司安排再保险业务提供中介服务,并按约定收取佣金的行为。

(三) 保险公估机构

保险公估机构是指接受保险当事人委托,专门从事保险标的的评估、勘验、鉴定、估损、理算等业务的单位。

> **相关思考 8-1**
>
> **保险公司破产,客户的保单怎么办?**
>
> 保险公司"鱼龙混杂",大家在选择保险公司的时候通常都很谨慎,但即便如此,有些人还是不小心"踩了雷"。保险公司和银行一样,都有可能会破产。
>
> 如果保险公司破产,那么客户的保单怎么办? 这个其实大家不用担心,和银行破产一样,保险公司破产是有严格标准的,不是想破产就能破产的。破产有两个前提,首先保险公司需要为所有有效保单找到接手的下家,如果找不到,银保监会就会出手帮忙,指定保险公司接手。其次,我国还设有专门的保险保障基金,来处理保险公司的破产问题。当财险公司倒闭后,其个人客户损失5万元以内的部分,由保险保障基金全额救助;而5万元以上的部分,也会给予90%的救助。若是寿险公司破产,保单也会有人"接盘",会转给其他公司,即便没有公司愿意接管,保监会也会指定一家公司接管。保险保障基金也会进行救助,个人保单最高会给90%的救助。
>
> 总而言之,如果保险公司宣告破产了,说明它已经找到了可以接管有效保单的下家,所以之前买的保单还是有效的。

第三节 证券经营与投资金融机构

证券经营机构是由证券主管机关批准成立的主要经营证券承销、证券代理买卖、证券自营买卖、证券的登记和保管、证券鉴证、证券过户、代理证券还本付息或支付股利、证券投资咨询及其他证券中介服务业务的金融机构。而证券投资机构主要是代理客户进行证券投资的机构,在我国除了最常见的证券公司,还有投资基金管理公司。本节主要介绍证券公司、证券登记结算机构、投资基金管理公司。

一、证券公司

(一) 证券公司的含义

证券公司是指依照我国《中华人民共和国公司法》(以下简称《公司法》)和《中华人民共和国证券法》(以下简称《证券法》)的规定设立并经国务院证券监督管理机构审查批准而成立的专门经营证券业务,具有独立法人地位的金融机构。

各国对证券公司的称谓有所不同,美国和欧洲大陆称其为投资银行,英国称其为商人银行,日本和我国则称其为证券公司。现代意义的证券公司产生于欧美,主要是由18世纪众多销售政府债券和贴现企业票据的金融机构演变而来。随着20世纪以来金融创新的推进,证券行业成为变化最快、最富挑战性的行业之一。

在我国,证券公司作为独立的非存款类金融机构,根据开展的业务不同,既有综合类的证券公司,又有专门的经纪公司。证券公司在资本市场上主要扮演承销商、经纪商、交易商或做市商等角色。

(二) 证券公司的作用

现代证券公司是直接融资市场上重要的组织者和中介人,它们提供与资本市场有关的智力服务,为客户量身定做可供选择的证券投资、资产组合、公司并购等各种融资方案,具有较强的金融创新意识和金融研发能力,主要依靠信用、经验、客户网络等占领市场。收入主要来源是各种服务的手续费或佣金。

证券公司在现代社会经济发展中发挥着沟通资金供求、构造证券市场、推动企业并购、促进企业集中和规模经济形成、优化资源配置等作用。作为资金需求者和资金供给者相互结合的中介,证券公司以最低成本实现资金所有权和经营权的分离,为经济增长注入资本,为经济结构调整配置或转移资本。

延伸阅读8-2

中国十大证券公司

1. 中信证券

中信证券成立于1995年,知名综合类证券公司,业务范围涵盖证券、基金、期货、直接投资、产业基金和大宗商品等多个领域,为境内外超7.5万家企业客户与1 000余万个人客户提供各类金融服务解决方案。

2. 国泰君安

国泰君安成立于1999年,国内证券行业知名的综合金融服务商,专注于为个人和机构客户提供各类金融服务。

3. 华泰证券

华泰证券成立于1991年,领先的科技驱动型综合证券集团,为个人和机构客户提供多元的证券金融服务,业务包括财富管理业务、机构服务业务、投资管理业务、国际业务。

4. 招商证券

招商证券成立于1991年,招商局集团旗下证券公司,拥有证券市场业务全牌照的大型综合类券商,具有稳定持续的盈利能力、科学合理的风险管理架构、全面专业的服务能力。

5. 广发证券

广发证券成立于1991年,国内较具影响力的综合类证券公司,大型金融控股集团,有投资银行、财富管理、交易及机构和投资管理等全业务牌照,提供多元化业务服务客户。

6. CICC

CICC成立于1995年,国内较具特色的证券经纪商,致力于提供高质量金融增值服务,业务涵盖投资银行、股票业务、固定收益、资产管理、私募股权和财富管理。

7. 中信建投证券

中信建投证券成立于2005年,全国性大型综合证券公司,主要业务涵盖证券承销与保荐、证券经纪、与证券交易和证券投资活动有关的财务顾问等多个领域,为政府、企业、机构和个人投资者提供优质专业的金融服务。

8. 海通证券

海通证券成立于1988年,国内大型的证券公司,以证券为核心并且业务涵盖期货、私募股权投资、基金和融资租赁等多个业务领域的金融控股集团,其业务覆盖海内外市场。

9. 申万宏源

申万宏源由申银万国证券和宏源证券合并而成,经营业务丰富、营业网点分布广泛的大型综合证券公司,业务涵盖企业金融、个人金融、机构服务与交易、投资管理等,致力于为客户提供多元化的金融产品及服务。

10. 银河证券

银河证券是中国证券行业知名的综合金融服务提供商,提供智库咨询、财富管理、投资银行、投资管理、国际业务等综合金融服务,2017 年 1 月 23 日在上交所上市(股票代码:601881)。

资料来源:百度. 排名前十的证券公司有哪些?[EB/OL].(2023-08-28)[2024-04-27]. https://baijiahao. baidu. com/s?id=1773666282019878956&wfr=spider&for=pc.

(三)证券公司的主要业务

1. 证券承销业务

证券公司借助自己在证券市场上的信誉和营业网点,在规定的发行有效期内将证券销售出去,这个过程就是承销。承销是证券公司最基本的业务之一,也是证券公司利润的主要来源,通过承销可以收取承销费。

在办理承销业务过程中,证券公司还可以为发行人提供各种专业服务。证券发行到上市的整个阶段,证券公司都全程参与,帮助发行人寻找投资者,从而使发行人筹集到所需要的资金。在保荐制下,证券公司还会担任拟上市公司的保荐人。

2. 证券经纪业务

证券经纪业务是指证券公司接受客户委托,按照客户要求,代理客户买卖证券的业务,在证券经纪业务中,证券公司不向客户垫付资金,不分享客户买卖证券的差价,不承担客户价格风险,只收取一定比例佣金。

3. 证券自营业务

证券自营业务是指证券公司用自有资金或证券,以营利为目的,通过证券市场买卖证券的经营行为。证券买卖的差价即证券公司的收入。

4. 其他业务

前三类业务是证券公司基本业务和传统业务。随着市场需求的不断变化和金融市场的发展,证券公司越来越积极参与企业并购、项目融资、风险投资、公司理财、资产管理、基金管理、资产证券化等市场活动,充当客户的投资顾问、财务顾问、金融顾问,为客户的融资、财务管理、投资选择、公司并购提供服务,从中也开辟新的利润增长点。

 延伸阅读8-3

我国证券公司的融资融券业务

"融资融券"又称信用交易或保证金交易,是指投资者向具有融资融券业务资格的证券公司提供担保物,借入资金买入证券(融资交易)或借入证券并卖出(融券交易)的行为。它包括券商对投资者的融资、融券和金融机构对券商的融资、融券。从世界范围来看,融资融券制度是一项基本的信用交易制度。

我国于 2010 年 3 月 31 日起正式开通融资融券交易系统,开始接受试点会员融资融券交易申报。融资融券业务正式启动。这对活跃我国证券市场有重要的积极作用,但由于其杠杆性,也带来了一定的风险。而组织开展融资融券业务的就是证券公司,其必须符合相关的条件才允许开展此项业务,门槛一般不低。

资料来源:百度百科. 融资融券[EB/OL].(2020-03-13)[2024-04-27]. https://baike. baidu. com/item/%E8%9E%8D%E8%B5%84%E8%9E%8D%E5%88%B8%E4%BA%A4%E6%98%93/7848517?fr=ge_ala.

> **相关思考8-2**
>
> **我国证券公司与国外投资银行的发展存在哪些差距？**
>
> 在我国，证券公司发挥着重要的作用，但是相比国外的投资银行，如花旗银行、摩根士丹利、高盛等，还存在一些差距。大家可以讨论，这些差距表现在哪？我国的证券公司该如何改进？

8-4 我国证券公司与国外投资银行的差距

二、证券登记结算机构

证券登记结算机构指为证券的发行和交易活动办理证券集中登记、存管与结算服务的中介服务机构，它不以营利为目的，依法登记，取得法人资格。证券登记结算机构的设立和解散，必须经中国证监会批准。

证券登记结算业务采取全国集中统一的运营方式，由证券登记结算机构依法集中统一办理。证券登记结算机构实行行业自律管理，依据业务规则对证券登记结算业务参与人采取自律管理措施。中国证监会依法对证券登记结算机构及证券登记结算活动进行监督管理，负责对证券登记结算机构评估与检查。

2022年6月20日我国《证券登记结算管理办法》正式施行。根据该办法，证券登记结算机构的职能主要有：

1. 证券账户、结算账户的设立和管理

证券账户是进行证券交易必须设立的。证券账户是用于记载投资者所持有的证券种类和数量。除了国家法律、法规禁止的自然人和法人外，其他自然人和法人都可以凭有效证件，到证券登记结算机构申请设立证券账户，证券登记结算机构有责任，也有义务经审核后，发给证券账户卡。

2. 证券的存管和过户

证券登记结算机构有责任受客户的委托，对客户的股票、公司债券等进行存管，并根据客户的委托，负责股票和公司债券的过户登记。

3. 证券持有人名册登记及权益登记

即指证券登记结算机构为某股票、公司债券以及国务院依法认定的其他可交易的债券持有者办理账户登记，并为其获得股利分红、债券利息等权益办理登记。

4. 证券和资金的清算交收及相关管理

证券的清算是指按照确定的规则计算证券和资金的应收应付数额的行为。即对客户买卖上市交易证券的数量和价款金额的交割数量，分别对冲抵消，然后通过证券登记结算机构交割净差额证券以及价款，这样可以减少证券和价款的交割数量和次数，使证券交易更经济、便利。

证券交易的交收是指证券交易的卖方将自己的证券交付买方，而证券的买方在收到证券的同时，将证券的价款交付给卖方的行为。交收包括交收地点、交收时间和交收方式等。在现代化的证券交易中，证券交易双方不可能自行交收，只能由证券登记结算机构负责客户证券交易的清算与交收。

5. 受证券发行人的委托办理派发证券权益等业务

发行人是指为筹措资金而发行证券的政府、金融机构、股份公司、非公司制企业等。证券权益是指证券持有人从持有证券获得的各种利益,如股票的分红、派息、资金的收益、债券的利息等,证券发行人派发这些证券权益时,要由证券登记结算机构根据证券发行人的委托来实施派发。

6. 依法提供与证券登记结算业务有关的查询、信息、咨询和培训服务
7. 依法担任存托凭证存托人
8. 中国证监会批准的其他业务

三、投资基金管理公司

(一) 投资基金管理公司的含义

投资基金管理公司是专门为投资者服务的投资机构,它通过发售基金份额,将众多投资者的资金集中起来,形成独立财产,通过专家理财,按照科学的投资组合原理进行投资,与投资者利益共享、风险共担。

为了保护投资者的利益,各国法律都规定,投资基金管理公司在成立时需配备高素质的有丰富证券从业经验的基金管理人才,要有明确可行的基金管理计划,科学分工的组织机构,同时,还要建立健全的内部管理制度,配备先进的技术设施,从而为对基金资产进行有效的管理和运用奠定基础。

(二) 投资基金管理公司的特点

投资基金管理公司是基金产品的募集者和管理者,其最主要职责就是按照基金合同的约定,负责基金资产的投资运作,在有效控制风险的基础上为基金投资者争取最大的投资收益。投资基金管理公司在基金运作中具有核心作用,基金产品的设计、基金份额的销售与注册登记、基金资产的管理等重要职能多半由基金管理公司承担。投资基金管理公司的运作特点主要如下。

1. 集合理财,专业管理

众多投资者的资金集中起来形成投资基金以后,委托基金管理人进行共同投资,表现出一种集合理财的特点,有利于发挥资金的规模优势,降低投资成本。基金管理公司一般拥有大量的专业投资研究人员和强大的信息网络,能够更好地对证券市场进行全方位的动态跟踪与深入分析,使中小投资者也能享受到专业化的投资管理服务。

2. 组合投资,分散风险

中小投资者由于资金量小,一般无法通过购买数量众多、品种各异的有价证券来分散投资风险。而基金管理公司由于集中了大量资金,通常会购买几十种甚至上百种股票。对于个别投资者来说,购买基金就相当于用很少的资金购买了一揽子股票,在多数情况下,某些股票下跌造成的损失可以用其他股票上涨的盈利来弥补,因此可以充分享受到组合投资、分散风险的好处。

3. 利益共享,风险共担

由于基金投资者是基金份额的所有者,基金投资收益在扣除由基金承担的费用后的盈余全部归基金投资者所有,并依据各投资者所持有的基金份额比例进行分配。基金管理公司和基金托管人只能按规定收取一定比例的管理费、托管费,并不参与基金收益的分配。

4. 严格监管,信息透明

为切实保护投资者的利益,增强投资者的信心,各国监管机构都对基金业实行严格的监

管,对各种有损投资者利益的行为进行严厉的打击,并强制基金管理公司进行及时、准确、充分的信息披露。

5. 独立托管,保障安全

基金管理公司负责基金的投资操作,本身并不参与基金财产的保管,基金财产的保管由独立于基金管理公司的基金托管人负责,这种相互制约、相互监督的制衡机制为投资者的利益提供了重要的保障。

 延伸阅读8-4

南方基金管理公司

1998年3月6日,经中国证监会批准,南方基金作为国内首批规范的基金管理公司正式成立,成为我国"新基金时代"的起始标志。

公司股权结构稳定,前四家股东为华泰证券股份有限公司(41.16%)、深圳市投资控股有限公司(27.44%)、厦门国际信托有限公司(13.72%)和兴业证券股份有限公司(9.15%),其他为员工持股(8.53%)。

南方基金总部设在深圳,北京、上海、深圳、南京、成都、合肥六地设有分公司,在深圳和香港设有子公司——南方资本管理有限公司(深圳子公司)和南方东英资产管理有限公司(香港子公司)。南方东英是境内基金公司获批成立的第一家境外分支机构。

截至2024年3月31日,南方基金母子公司合并资产管理规模21 768亿元。其中南方基金母公司规模20 542亿元,位居行业前列。南方基金公募基金规模11 823亿元,累计向客户分红2 042亿元,管理公募基金共360只,产品涵盖股票型、混合型、债券型、货币型、指数型、QDII型、FOF型等。南方基金非公募业务规模8 719亿元,在行业中持续保持优势地位。南方资本子公司规模179亿元,南方东英子公司规模1 047亿元。南方基金已发展成为产品种类丰富、业务领域全面、经营业绩优秀、资产管理规模位居前列的基金管理公司之一。

资料来源:南方基金官网. 南方基金介绍[EB/OL]. (2020-03-13)[2024-04-27]. https://www.nffund.com/main/nffund/about/index.shtml.

第四节 其他非存款类金融机构

金融服务需求的多样化促进了非存款类金融机构的多元化和专业化发展,除保险经营机构和证券经营与投资机构外,非存款类金融机构还包括一些满足特定服务需求和特定行业发展的金融机构,虽然它们在金融机构体系中的比重不大,但却发挥着不可或缺的作用。

一、信托投资公司

(一) 信托投资公司的含义

信托投资公司是一种以受托人的身份,代人理财的金融机构。我国信托投资公司的主要业务有:经营资金和财产委托、代理资产保管、金融租赁、经济咨询、证券发行以及投资等。我国信托投资公司的业务范围,目前主要限于信托、投资和其他代理业务,少数确属需要的经中国人民银行批准可以兼营租赁、证券业务和发行1年以内的专项信托受益债券,用于进行有特定对象的贷款和投资,但不准办理银行存款业务。信托业务一律采取委托人和受托人签订信托契约的方式进行,信托投资公司受托管理和运用信托资金、财产,只能收取手续费,费率由中国人民银行会同有关部门制定。

(二) 信托投资公司的业务范围

(1) 受托经营资金信托业务,即委托人将自己合法拥有的资金,委托信托投资公司按照约定的条件和目的进行管理、运用和处分。

(2) 受托经营动产、不动产及其他财产的信托业务,即委托人将自己的动产、不动产及知识产权等财产、财产权,委托信托投资公司按照约定的条件和目的进行管理、运用和处分。

(3) 受托经营法律、行政法规允许从事的投资基金业务,作为投资基金或者基金管理公司的发起人从事投资基金业务。

(4) 经营企业资产的重组、并购及项目融资、公司理财、财务顾问等中介业务。

(5) 受托经营国务院有关部门批准的国债、政策性银行债券、企业债券等债券的承销业务。

(6) 代理财产的管理、运用和处分。

(7) 代保管业务。

(8) 信用证、资信调查及经济咨询业务。

(9) 以固有财产为他人提供担保。

(10) 受托经营公益信托。

(11) 中国人民银行批准的其他业务。

延伸阅读8-5

中信信托公司

中信信托有限责任公司是以信托业务为主业的全国性非银行金融机构、中信集团(1979年由原中国国家副主席荣毅仁创办)系统重要性成员企业、中国综合实力领先的信托公司,其各项关键性指标连续14年排名行业前三,多次获得中国监管最高评级和信托行业最高评级。公司同时兼任中国信托业保障基金有限责任公司股东、中国信托登记有限责任公司股东。

1988年3月1日,公司前身中信兴业信托投资公司经原中国人民银行批准在北京正式成立。2002年经中国人民银行批复,中信集团将中信兴业信托投资公司重组、更名、改制为"中信信托投资有限责任公司",并承接中信集团信托类资产、负债及业务。2007年,经中国银行业监督管理委员会批准,公司名称变更为"中信信托有限责任公司"。公司于2005年、2006年、2014年、2019年分别增资2.92亿元、4亿元、88亿元、29.70亿元。目前注册资本112.76亿元,股东为中国中信金融控股有限公司,最终实际控制人为中国中信集团有限公司。

公司凭借突出的综合实力和显著的经营业绩,连续三年获评国际知名媒体《亚洲银行家》行业唯一"中国年度信托公司奖";主流媒体和学术机构分别授予中信信托"综合实力最强信托公司""年度最佳信托公司奖""最稳健信托公司奖""最佳社会责任奖""最具影响力信托品牌"等荣誉和称号。

资料来源:中信信托官网. 中信信托介绍[EB/OL]. (2020-03-13)[2024-04-27]. https://www.citictrust.com.cn/gsjj.html.

二、金融租赁公司

租赁是由财产所有者(出租人)按契约规定,将财产租让给承租人使用,承租人根据契约按期支付租金给出租人的经济行为,属于对物品使用权的借贷活动。金融租赁又叫资本租赁,是一种通过融资租赁形式获得资金支持的金融业务。通常由使用设备的机构或个人提出要求,租赁公司或其他金融机构作为出租人,出资购买设备并将其交给承租人使用。租期内由承租人向出租人以租金的方式支付资金使用成本。承租人对租赁的资产只有使用权,没有处置权。租期结束时租赁资产经残值处理后归承租人。

金融租赁公司是指专门为承租人提供资金融通的长期租赁公司,它以商品交易为基础将融资与融物相结合,既有别于传统租赁,又不同于银行贷款。其所提供的融资租赁服务是所有权和经营权相分离的一种新的经济活动方式,具有投资、融资、促销和管理的功能。

三、金融资产管理公司

国际上广义理解中的"金融资产管理公司",实质上是指由国家出面专门设立的以处理银行不良资产为特定使命的金融机构,具有业务范围较为宽泛的特征。其主要目标是:通过剥离银行不良债权向银行系统注入资金,重建公众对银行的信心;通过有效的资产管理和资产变现,尽可能多地从所接受的不良资产中回收价值;尽量减少对有问题银行或破产倒闭银行重组所带来的负面影响。无论从金融、经济运行方面,还是社会发展稳定方面而言,成立金融资产管理公司都具有一定的合理性。

我国的金融资产管理公司是经国务院决定设立的收购国有商业银行不良贷款,管理和处置因收购国有商业银行不良贷款形成的资产的国有独资非银行金融机构。金融资产管理公司以最大限度保全资产、减少损失为主要经营目标,依法独立承担民事责任。目前,我国有4家资产管理公司,即中国华融资产管理公司、中国长城资产管理公司、中国东方资产管理公司、中国信达资产管理公司,分别接收从中国工商银行、中国农业银行、中国银行、中国建设银行剥离出来的不良资产。中国信达资产管理公司于1999年4月成立,其他3家于1999年10月及其后分别成立。

四、财务公司

财务公司又称金融公司,于20世纪初兴起,是为企业技术改造、新产品开发及产品销售提供金融服务,以中长期金融业务为主的非银行机构。各国的名称不同,业务内容也有差异。我国的财务公司是隶属于大型集团的非银行金融机构。

财务公司主要有美国模式和英国模式两种类型。美国模式财务公司是以搞活商品流通、促进商品销售为特色的非银行金融机构。它依附于制造厂商,是一些大型耐用消费品制造商为了推销其产品而设立的受控子公司,这类财务公司主要是为零售商提供融资服务的,主要分布在美国、加拿大和德国。美国财务公司产业的总资产规模超过8 000亿美元,财务公司在流通领域的金融服务几乎涉及从汽车、家电、住房到各种工业设备的所有商品,对促进商品流通起到了非常重要的作用。英国模式财务公司基本上都依附于商业银行,其组建的目的在于规避政府对商业银行的监管。因为政府明文规定,商业银行不得从事证券投资业务,而财务公司不属于银行,所以不受此限制,这种类型的财务公司主要分布在英国、日本和中国香港。

五、典当行

典当行也称当铺,是专门发放质押贷款的非正规边缘性金融机构,是以货币借贷为主和商品销售为辅的市场中介组织。典当行的发展为中小企业提供快捷、便利的融资手段,促进了生产的发展,繁荣了金融业,同时还在增加财政收入和调节经济等方面发挥了重要的作用。典当行经营的业务种类包括不动产抵押、动产抵押、权利抵押、财团抵押、共同抵押、最高额抵押等。

以物换钱是典当的本质特征和运作模式。当户把自己具有一定价值的财产交付典当机构实际占有作为债权担保,从而换取一定数额的资金使用,当期届满,典当行通常有两条营利渠道:一是当户赎当,收取当金利息和其他费用营利;二是当户死当,处分当物用于弥补损失并营利。

典当行作为一种既有金融性质又有商业性质的、独特的社会经济机构,其融资服务功能是显而易见的。融资服务功能是典当行最主要的,也是首要的社会功能,是典当行的货币交易功能。此外典当行还发挥着当物保管功能和商品交易功能,诸如提供对当物的鉴定、评估、作价等服务功能。

六、消费金融公司

消费金融公司是指不吸收公众存款,以小额、分散为原则,为居民个人提供以消费为目的贷款的非银行金融机构,包括个人耐用消费品贷款及一般用途个人消费贷款等。由于消费金融公司发放的贷款是无担保、无抵押贷款,风险相对较高,监管机构因而设立了严格的监管标准。

消费金融公司在提高消费者生活水平、支持经济增长等方面发挥着积极的推动作用,这一金融服务方式目前在成熟市场和新兴市场均已得到广泛使用。在发达国家,消费金融公司主要面向有稳定收入的中低端个人客户。消费金融公司由于具有单笔授信额度小、审批速度快、无需抵押担保、服务方式灵活、贷款期限短等独特优势,广受不同消费群体欢迎。与发达国家相比,我国目前从事消费信贷服务的机构类型很少,主要是商业银行、汽车金融公司等机构,主要以住房按揭贷款、汽车贷款和信用卡业务为主。对于居民耐用商品消费,以及旅游、教育等一般用途的个人消费等方面的信贷金融服务,仍然较为分散,专业化程度有所欠缺。

8-5 持牌消费金融公司全面剖析

> **延伸阅读8-6**
>
> **我国消费金融公司**
>
> 2010年,国内首批3家消费金融公司于1月6日获得中国银监会同意筹建的批复,首批获批的消费金融公司发起人分别为中国银行、北京银行和成都银行,这3家公司将分别在上海、北京和成都三地率先试点。其中,全国首家消费金融公司为北银消费金融有限公司,注册资本3亿元人民币,为北京银行全资子公司。第二家为中银消费金融公司,注册资本为5亿元人民币,由中国银行出资2.55亿元,占股51%;百联集团出资1.5亿元,占30%;陆家嘴金融发展控股公司出资0.95亿元,占19%。第三家为四川锦程消费金融公司,注册资本3.2亿元人民币,由成都银行出资占比51%,马来西亚丰隆银行出资占比49%,是全国首家合资消费金融公司。2月12日,当时的银监会又给PPF集团发放了天津试点的牌照,由PPF集团全资建立的捷信消费金融有限公司在天津成立,注册资金为3亿元人民币,成为中国首家外商独资的消费金融公司。
>
> 资料来源:百度百科.消费金融公司[EB/OL].(2020-03-13)[2024-04-27]. https://baike.baidu.com/item/%E6%B6%88%E8%B4%B9%E9%87%91%E8%9E%8D%E5%85%AC%E5%8F%B8/1169674?fr=ge_ala.

七、小额贷款公司

小额贷款公司是由自然人、企业法人与其他社会组织投资设立,不吸收公众存款,经营小额贷款业务的有限责任公司或股份有限公司。小额贷款公司是企业法人,有独立的法人财产,享有法人财产权,以全部财产对其债务承担民事责任。小额贷款公司股东依法享有资产收益、参与重大决策和选择管理者等权利,以其认缴的出资额或认购的股份为限对公司承担责任。与银行相比,小额贷款公司更为便捷、迅速,适合中小企业、个体工商户的资金需求;与民间借贷相比,小额贷款更加规范、贷款利息可双方协商。

小额贷款公司在中国发展以来,阻碍其发展的往往还是融资难问题,但长期以来资金紧缺的小额贷款公司正迎来发展机会,包括浙江、广东、重庆、厦门、海南等地区放宽了小额贷款公司的融资渠道,其中包括允许通过回购方式开展信贷资产转让业务。

八、金融控股公司

金融控股公司是指对两个或两个以上不同类型金融机构拥有实质控制权,自身仅开展股权投资管理、不直接从事商业性经营活动的有限责任公司或者股份有限公司。金融控股公司是专门从事金融机构股权投资和管理的企业,不得从事非金融业务。

近年来,我国金融控股公司发展较快,但有一些金融控股公司,特别是非金融企业投资形成的金融控股公司盲目向金融业扩张,存在监管真空的问题,风险不断累积和暴露。中国人民银行印发了《金融控股公司监督管理试行办法》(中国人民银行令〔2020〕第4号),自2020年11月1日起施行。

作为多元化经营的金融企业集团,金融控股公司具有如下特点。

1. 集团控股,联合经营

集团控股是指存在一个控股公司作为集团的母体。控股公司既可能是一个单纯的投资机构,也可能是以一项金融业务为载体的经营机构,前者如金融控股公司,后者如银行控股公司、保险控股公司等。

2. 法人分业,规避风险

法人分业是金融控股集团的重要特性,指不同金融业务分别由不同法人经营。它的作用是防止不同金融业务风险的相互传递,并对内部交易起到遏制作用。

3. 财务并表,各负盈亏

根据国际通行的会计准则,控股公司对控股51%以上的子公司,在会计核算时合并财务报表。合并报表的意义是防止各子公司资本金以及财务损益的重复计算,避免过高的财务杠杆。在控股公司构架下,各子公司具有独立的法人地位,控股公司对子公司的责任、子公司相互之间的责任,仅限于出资额,而不是由控股公司统负盈亏,这就防止了个别高风险子公司拖垮整个集团。

本 章 小 结

本章主要学习了非存款类金融机构的三个类别:保险经营机构、证券经营与投资机构及其他非存款金融类金融机构。通过学习,要求学生掌握非存款类金融机构的运作特点,保险公司、证券公司、投资基金管理公司的含义、特点、作用及业务范围等。

本章重要概念

非存款类金融机构　保险公司　证券公司　信托投资公司　金融租赁公司　金融资产管理公司　证券投资基金公司　财务公司　消费金融公司　小额贷款公司　金融控股公司　典当行　证券登记结算公司　保险经纪公司

第九章 金融市场

- 内容提要
- 重点难点
- 学习目标
- 知识框架
- 思政育人
- 第一节 金融市场概述
- 第二节 货币市场
- 第三节 资本市场
- 第四节 金融衍生工具市场
- 第五节 保险市场
- 第六节 外汇市场
- 本章小结
- 本章重要概念

内容提要

本章主要讲述了金融市场的含义、分类、构成要素、金融工具、功能及运作流程；主要的金融市场构成，如货币市场、资本市场、金融衍生工具市场、保险市场、外汇市场的定义、特征及其各类子市场的构成及基本运行情况等内容。

重点难点

本章重点为金融市场交易工具、金融市场功能、直接融资与间接融资；同业拆借市场、回购市场、国库券市场；资本市场的功能、证券发行方式及条件、证券交易方式及证券交易层次；期货的特征及交易制度、期权的种类及其运作；保险基本原则及主要保险种类；外汇市场及其交易方式。难点为金融衍生工具市场及其运作、外汇市场运作机制、外汇交易业务。

学习目标

通过本章学习，学生应了解金融市场的含义及特征，掌握金融市场交易工具、金属市场功能、直接融资与间接融资；同业拆借市场及回购市场、国库券市场；资本市场的功能、证券发行方式及条件、证券交易方式及证券交易层次；期货的特征及交易制度、期权的种类及其运作。熟悉货币市场的各类市场运作，理解各类金融衍生工具基本特点及其功能，熟悉保险市场的基本构成及保险合同及外汇市场参与者及交易方式。

知识框架

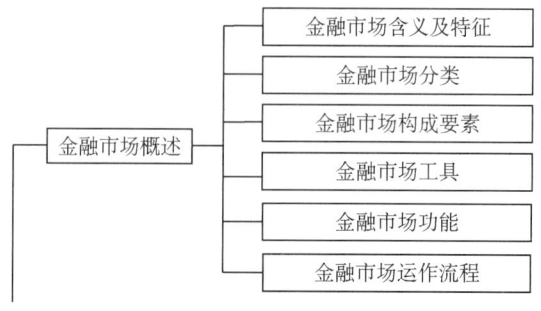

金融市场 第九章

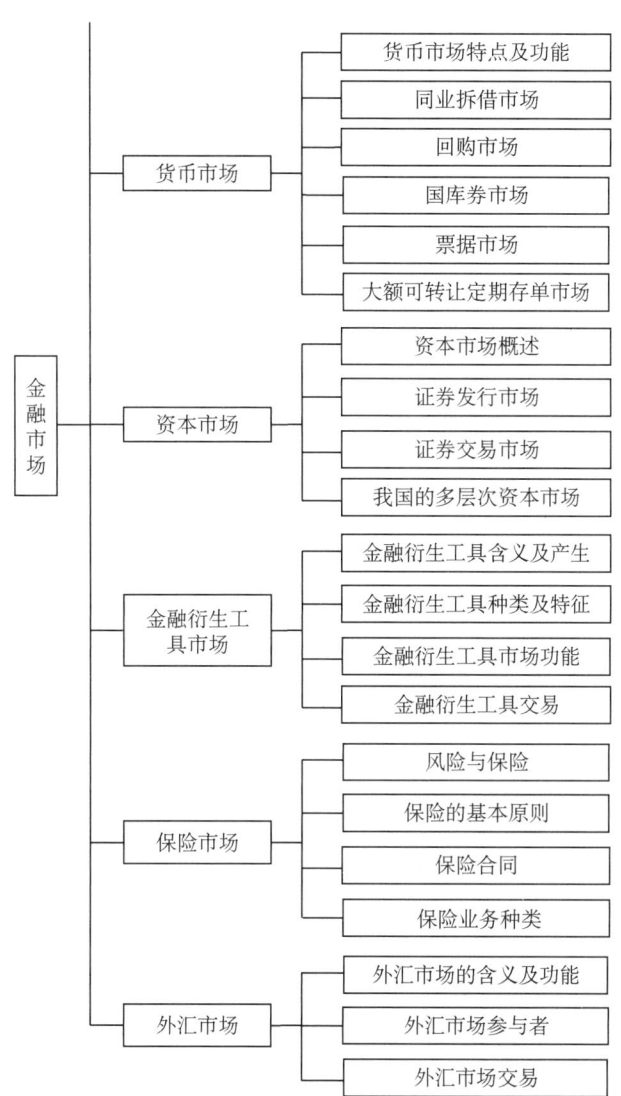

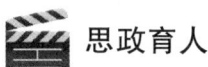 资本市场新"国九条"出台

日前,国务院印发《关于加强监管防范风险推动资本市场高质量发展的若干意见》(以下简称《意见》)。这次出台的意见共9个部分,是资本市场第三个"国九条"。

一、总体要求

以习近平新时代中国特色社会主义思想为指导,全面贯彻党的二十大和二十届二中全会精神,贯彻新发展理念,紧紧围绕打造安全、规范、透明、开放、有活力、有韧性的资本市场,坚持把资本市场的一般规律同中国国情市情相结合,坚守资本市场工作的政治性、人民性,以强监管、防风险、促高质量发展为主线,以完善资本市场基础制度为重点,更好发挥资本市场功能作用,推进金融强国建设,服务中国式现代化大局。

深刻把握资本市场高质量发展的主要内涵,在服务国家重大战略和推动经济社会高质量发展中实现资本市场稳定健康发展。必须坚持和加强党的领导,充分发挥党的政治优势、组织优势、制度优势,确保资本市场始终保持正确的发展方向;必须始终践行金融为民的理念,突出以人民为中心的价值取向,更加有效保护投资者特别是中小投资者合法权益,助力更好满足人民群众日益增长的财富管理需求;必须全面加强监

195

管、有效防范化解风险,稳为基调、严字当头,确保监管"长牙带刺"、有棱有角;必须始终坚持市场化法治化原则,突出目标导向、问题导向,进一步全面深化资本市场改革,统筹好开放和安全;必须牢牢把握高质量发展的主题,守正创新,更加有力服务国民经济重点领域和现代化产业体系建设。

未来5年,基本形成资本市场高质量发展的总体框架。投资者保护的制度机制更加完善。上市公司质量和结构明显优化,证券基金期货机构实力和服务能力持续增强。资本市场监管能力和有效性大幅提高。资本市场良好生态加快形成。到2035年,基本建成具有高度适应性、竞争力、普惠性的资本市场,投资者合法权益得到更加有效的保护。投融资结构趋于合理,上市公司质量显著提高,一流投资银行和投资机构建设取得明显进展。资本市场监管体制机制更加完备。到本世纪中叶,资本市场治理体系和治理能力现代化水平进一步提高,建成与金融强国相匹配的高质量资本市场。

二、严把发行上市准入关

进一步完善发行上市制度,强化发行上市全链条责任,加大发行承销监管力度。

三、严格上市公司持续监管

加强信息披露和公司治理监管,全面完善减持规则体系,强化上市公司现金分红监管,推动上市公司提升投资价值。

四、加大退市监管力度

深化退市制度改革,加快形成应退尽退、及时出清的常态化退市格局。进一步严格强制退市标准。建立健全不同板块差异化的退市标准体系。科学设置重大违法退市适用范围。收紧财务类退市指标。完善市值标准等交易类退市指标。加大规范类退市实施力度。进一步畅通多元退市渠道。完善吸收合并等政策规定,鼓励引导头部公司立足主业加大对产业链上市公司的整合力度。进一步削减"壳"资源价值。加强并购重组监管,强化主业相关性,严把注入资产质量关,加大对"借壳上市"的监管力度,精准打击各类违规"保壳"行为。进一步强化退市监管。严格退市执行,严厉打击财务造假、操纵市场等恶意规避退市的违法行为。健全退市过程中的投资者赔偿救济机制,对重大违法退市负有责任的控股股东、实际控制人、董事、高管等要依法赔偿投资者损失。

五、加强证券基金机构监管,推动行业回归本源、做优做强

推动证券基金机构高质量发展,积极培育良好的行业文化和投资文化。

六、加强交易监管,增强资本市场内在稳定性

促进市场平稳运行,加强交易监管,健全预期管理机制。

七、大力推动中长期资金入市,持续壮大长期投资力量

建立培育长期投资的市场生态,完善适配长期投资的基础制度,构建支持"长钱长投"的政策体系;优化保险资金权益投资政策环境,落实并完善国有保险公司绩效评价办法,更好鼓励开展长期权益投资。

八、进一步全面深化改革开放,更好服务高质量发展

着力做好科技金融、绿色金融、普惠金融、养老金融、数字金融五篇大文章。推动股票发行注册制走深走实,增强资本市场制度竞争力,提升对新产业新业态新技术的包容性,更好服务科技创新、绿色发展、国资国企改革等国家战略实施和中小企业、民营企业发展壮大,促进新质生产力发展。加大对符合国家产业政策导向、突破关键核心技术企业的股债融资支持。加大并购重组改革力度,多措并举活跃并购重组市场。健全上市公司可持续信息披露制度。

完善多层次资本市场体系。坚持主板、科创板、创业板和北交所错位发展,深化新三板改革,促进区域性股权市场规范发展。进一步畅通"募投管退"循环,发挥好创业投资、私募股权投资支持科技创新作用。推动债券和不动产投资信托基金(REITs)市场高质量发展。稳慎有序发展期货和衍生品市场。

坚持统筹资本市场高水平制度型开放和安全。拓展优化资本市场跨境互联互通机制。拓宽企业境外上市融资渠道,提升境外上市备案管理质效。加强开放条件下的监管能力建设。深化国际证券监管合作。

九、推动形成促进资本市场高质量发展的合力

推动加强资本市场法治建设,大幅提升违法违规成本,加大对证券期货违法犯罪的联合打击力度,深化

央地、部际协调联动。强化宏观政策协同,促进实体经济和产业高质量发展,为资本市场健康发展营造良好的环境,打造政治过硬、能力过硬、作风过硬的监管铁军。

资料来源:人民网.国务院发布资本市场新"国九条"[EB/OL].(2024-04-12)[2024-04-13].http://finance.people.com.cn/n1/2024/0412/c1004-40214971.html.有删改.

第一节 金融市场概述

一、金融市场含义及特征

在经济系统中引导资金流向,使资金从盈余部门向短缺部门转移的市场就是金融市场。金融市场属于要素类市场,参与者在这个市场上进行资金融通,实现借贷资金的集中和分配,完成资金资源的配置。金融市场是整个金融系统的核心和灵魂,通过金融市场上金融资产的交易,最终可以实现社会资源的最优配置。

(一) 金融市场的含义

金融市场是资金融通的市场,有广义和狭义之分。广义上的**金融市场**泛指一切通过金融交易活动来实现资金余缺调剂的市场,是实现货币借贷和资金融通、办理各种票据和有价证券交易活动的市场。狭义的金融市场一般是指有价证券市场(资本市场),即以有价证券为金融工具的交易市场。

在金融市场上,资金供求双方主要通过两种途径实现资金融通:直接融资和间接融资。

(二) 金融市场的特征

金融市场与一般商品市场相比较,有如下特征。

1. 交易对象和交易价格的特殊性

商品市场交易的对象——商品实物是多种多样的,而金融市场的交易对象却是单一的货币,不涉及任何其他交易对象,表现出明显的单一性特征。在商品市场上,商品随交易活动的结束而退出流通领域转入消费领域。但是,金融市场交易完成后,交易对象还会在预先约定的时间内,带着利息返回。因为金融市场交易只转让了资本的使用权而未出卖所有权。

在商品市场,商品的价格是商品价值的货币表现。而金融市场的价格主要是货币资金或交易工具的价格,即利率、汇率、证券的价格等。货币等金融工具买卖、转让的不是货币,而是货币的使用权。买者购买使用权后,可以投资于各种经营活动,以获取更多的利益,即获得多于偿还货币给贷款者的本息。利率的波动,客观地反映市场银根的松紧。在金融市场上,由于"商品"的单一性,决定了利率的一致性。不论借钱的目的是什么,在期限一致、金额相同时,利率基本相同。因此,统一的利息率是金融市场特殊商品交易的参考值,它对股票、债券等有价证券的价格有制约作用。

2. 交易过程的特殊性

首先,金融市场交易具有不确定性或高风险性,金融衍生工具的交易后果取决于交易者对基础工具未来价格的预测和判断的准确程度。基础工具价格的变幻莫测决定了金融衍生工具交易盈亏的不稳定性,这是金融衍生工具具有高风险的重要诱因。其次,金融市场交易具有高杠杆性。这主要体现在衍生产品的交易中,衍生品交易采用保证金制度,即交易所需的最低资金只需满足基础资产价值的某个百分比。保证金可以分为初始保证金,维持保证金。交易所交易时采取盯市制度,如果交易过程中的保证金比例低于维持保证金比例,那么将收到追加保证金通知,如果投资者没有及时追加保证金,将被强行平仓。可见,衍生品交易具有高风险高收益的特点。最后,契约性也是金融市场交易特殊性的表现之一,金融衍生产品交易是对基础工具在未来某种条件下的权利和义务的处理,从法律上理解是合同,是一种建立在高度发达的社会信用基础上的经济合同关系。

3. 交易场所的特殊性

金融市场交易起初只是在交易所进行,随着科学技术的迅猛发展,金融市场交易场所越来越电子化。证券交易所以外的证券交易市场也被称为"场外交易市场",包括分散的柜台市场和一些集中性市场。在证券交易市场发展的早期,柜台市场(又称"店头市场")是一种重要的形式,许多有价证券的买卖是在银行或证券公司等金融机构的柜台上进行的。这种交易活动呈现分散性,其买卖方式与集中交易市场采取的委托买卖有很大不同。通常,在柜台上交易的证券,其买卖价格由开设柜台的金融机构报出,投资者根据金融机构柜台所报的买入价或卖出价进行柜台交易,即证券出售者将证券直接卖给柜台,证券购入者直接从柜台买入证券。所以,金融机构的柜台既是证券交易的组织者,也是证券交易的直接参加者。由于这种交易是一对一的方式,就不会出现投资者买方内部或卖方内部直接的出价、要价竞争,而是由金融机构柜台根据投资者的接受程度调整报价。

4. 交易活动的集中性

金融市场的资金供给者很多,涉及政府、工商企业、家庭和个人等多方面,但却很少直接将资金提供给需求者。往往是通过金融机构把各方面的资金集中起来,然后再贷给需求者使用。可见,金融市场的借贷活动不是零散的,而是具有很强的集中性。

9-1 视频:金融市场含义、分类、构成

二、金融市场分类

金融市场是随着金融投资的兴起而产生并不断发展的,金融投资的不断丰富使得金融市场的种类也相应增加。因此金融市场的构成十分复杂,它是由许多不同的市场组成的一个庞大体系。但是,一般根据金融市场上交易工具的期限,把金融市场分为货币市场和资本市场两大类。货币市场是融资期限在1年以内的短期资金市场,而资本市场是融资期限在1年及以上的长期资金市场。货币市场和资本市场又可以进一步分为若干不同的子市场。货币市场包括同业拆借市场、回购协议市场、票据市场、短期政府债券市场、大额可转让定期存单市场等。资本市场包括中长期信贷市场和证券市场。中长期信贷市场是金融机构与工商企业之间的贷款市场;证券市场是通过证券的发行与交易进行融资的市场,包括债券市场、股票市场、基金市场等。另外,如果按照交易的对象来分,金融市场又可以分为货币市场、股票市场、债券市场、金融衍生工具市场、保险市场、外汇市场、黄金市场等。若按照金融交易程序可以分为一级市场和二级市场。总之,金融市场的各种分类之间有交叉。比较常见的是按照融资期限分类,本章后面将详细介绍。

金融市场总体构成如图9-1所示。

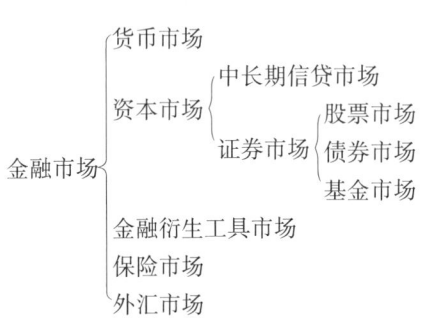

图 9-1 金融市场整体构成

三、金融市场构成要素

与商品市场一样,一个完整的金融市场需要有一些必备的市场要素。金融市场主要有以下几个构成要素。

(一) 参与者

金融市场的参与者,就是金融市场的主体或者交易者。这些参与者或是资金的供给者,或是资金的需求者,或者以双重身份出现,主要包括企业、家庭或个人、政府、金融机构、中央银行。

1. 企业

企业是微观经济活动的主体,是金融市场重要的参与者。总体上,企业是金融市场上最大的资金需求者和重要的资金供给者。企业在运营中,资金余缺是同时存在的。企业为了发展壮大或解决流动资金不足,可以采取各种方法从金融市场(包括货币市场和资本市场)融入资金。除了向银行贷款外,还可以发行股票、债券等筹集资金。同时,企业在运营中也会游离出部分闲置资金,并且产生了投资增值的需求,而这就离不开金融市场。企业可以把闲置资金存入银行,也可以直接参与金融市场其他投资活动。因此,企业是金融市场重要的参与者。

2. 家庭或个人

一方面,家庭或个人的待用或结余资金,一般都会存入银行,或者购买股票和债券,从而形成资金的供给。另一方面,家庭或个人虽然经常以资金供给者的身份出现,但因购买耐用消费品,如住房、汽车等,或为应付紧急支出,需要借入资金时,往往也需银行或其他金融机构的协助,以各种方式从金融市场借到款项,从而又成为金融市场的资金需求者。

3. 政府

在金融市场上,政府部门主要是资金需求者的身份。不管是地方政府还是中央政府,为了调节财政收支、建设公共工程、干预经济运行或弥补财政赤字,一般都需要通过发行公债方式筹措资金。因此,政府在金融市场上是主要的筹资者之一。政府主要通过发行国库券或长期国债的方式筹集资金,以满足短期或中长期资金的需求。

4. 金融机构

在金融市场上,金融机构的作用比较特殊。首先,金融机构是金融市场最重要的中介机构,是储蓄转化为投资的重要渠道。其次,金融机构充当金融投资市场上的资金供给者、资金需求者甚至是中介人等多重角色。它既发行、创造金融工具,也在金融市场购买各类金融工具;既是金融市场的中介人,又是金融市场的投资者、货币政策的传递者和承受者。金融机构作为机构投资者在金融市场具有支配性作用。

5. 中央银行

中央银行是一国政府重要的宏观经济管理部门,也是金融市场的重要参与者。当然中央银行参与金融市场运作并非以营利为目的,而是为了实现政府的宏观经济目标。中央银行要根据货币流通状况,在金融市场上进行公开市场业务操作,通过有价证券的买卖,吞吐基础货币,以调节市场上的货币供给量。另外,中央银行还是金融市场的管理者,对金融市场的运行进行监督管理,从而维持金融市场健康运行。

（二）交易对象

从本质上说，金融市场交易对象就是货币资金，但现实中，金融市场交易更多的是金融工具。金融工具最初称为信用工具，远在金融市场形成之前就已经产生。它是商业信用发展的产物。但由于商业信用的局限性，这些信用工具只能存在于商品买卖双方，并不具有流动性。随着银行信用和金融市场的产生，信用工具得到了发展，使其成为金融市场上交易的工具。

金融工具一般随时可以流通转让，主要包括各种票据、股票、债券、基金、外汇、期货、期权、权证、可转让存单等。不同金融工具有不同的特点，具体情况将在后面介绍。

（三）交易价格

金融市场的交易价格主要指金融工具的价格。没有价格就不可能形成市场，价格反映资金的供求关系，资金供求双方的活动也要受价格变动的影响和制约。

金融市场上的价格主要是利率、汇率及各类金融工具的价格。不同的金融工具具有不同的价格，并受众多因素的影响。而交易价格与交易者的实际收益密切相关。因此整个金融市场变得更加复杂。

（四）金融交易组织形式

金融交易的组织方式是指金融工具交易时采用的方式。受市场本身的发展程度，交易技术的发达程度以及交易双方交易意愿的影响，金融交易主要有以下三种组织方式：

一是有固定场所的有组织、有制度、集中进行交易的方式，如交易所交易方式；二是在各金融机构柜台上买卖双方进行面议的、分散交易的方式，如柜台交易方式；三是电信网络交易方式，即没有固定场所，交易双方也不直接接触，主要借助电子通信或互联网络手段来完成交易的方式。这几种组织方式各有特点，分别可以满足不同的交易需求。一个完善的金融市场上这几种组织方式通常是并存的。

四、金融市场工具

金融市场工具种类繁多，可以按照不同的标准进行分类。最常见的可以分为原生性金融工具和衍生性金融工具。原生性金融工具以股票、债券、证券投资基金为代表，衍生性金融工具主要有远期、期货、期权、互换等形式，具体详情见本章第四节。此处主要对股票、债券、证券投资基金进行介绍。

（一）股票

1. 股票的含义

股票是指股份有限公司为筹集资金而发行的一种法律认可的代表股份资本的所有权凭证，是资本市场上借以实现长期融资的金融工具，是一种有价证券。股票代表持有人（股东）对股份公司享有的一部分所有权，也是股东行使股权的凭证。谁持有股票，谁就是该公司的股东，并享有相应的权利和义务。

一般情况下，股票一经购买就不能退还本金。但是股票持有人可以随时把股票转让出去，收回自己的投资，并且股票的交易价格经常与股票的票面价值不一致，与自己的购买价格也往往不一致。人们可以从这种差价中获得收益，这使股票投资具有一定的吸引力。

2. 股票的特征

（1）不可偿还性。股票是一种无偿还限期的有价证券。投资者认购了股票后，就不能再要求退股,只能到二级市场卖给第三者。股票的有效期与股份公司的存续期间相联系,两者是并存的关系。

(2) 参与性。股东有权出席股东大会,选举公司董事会,参与公司重大决策。股东参与公司决策的权力大小,取决于其所持有的股份的多少。从实践中看,只要股东持有的股票数量达到左右决策结果所需的实际多数时,就能掌握公司的决策控制权。

(3) 流动性。流动性也可以称为流通性,是指股票的一种变现的能力。股票的流动性需要在不同投资者之间通过交易实现。股票的流通,使投资者可以在市场上卖出所持有的股票,取得现金。通过股票的流通和股价的变动,可以看出人们对于相关行业和上市公司的发展前景和盈利潜力的判断。那些在流通市场上吸引大量投资者、股价不断上涨的行业和公司,可以通过增发股票,不断吸收大量资本进入生产经营活动,起到优化资源配置的效果。

(4) 收益性。收益性是指股票能为其持有者带来收益的能力。股东凭其持有的股票,有权从公司获得股息或红利,获取投资的收益。股息或红利的大小,主要取决于公司的盈利水平和公司的盈利分配政策。股票的收益性,还表现在买卖股票可以获取差价收益。

(5) 风险性。风险性是指本金和预期收益遭受损失的可能性。任何金融工具都具有风险性。股票的风险主要来自股票价格的波动。由于股票价格要受到宏观经济形势、公司经营状况、供求关系、市场行为、大众心理等多种因素的影响,其波动有很大的不确定性,从而使股票投资者遭受损失。价格波动的不确定性越大,投资风险也越大。因此,股票是一种高风险的金融工具。

3. 常见股票的分类

(1) 按照股东享有的权利不同:分为普通股和优先股。

普通股是指股东在公司的经营管理、盈利及财产的分配上享有普通权利的股份,它是公司资本中最基本的股份,也是发行量最大,最为重要的股票。

普通股主要体现出以下特点:①股利不固定,视公司经营好坏及股利政策而定;②股息、剩余财产分配劣于优先股;③股东参与经营决策(投票权);④股东可以优先认购新股;⑤股票可以公开发行、自由转让。

优先股是股份公司出于特定需要而发行的,具有收益分配与剩余财产分配优先权的股票。优先股主要在利润分红及剩余财产分配的权利方面,优先于普通股。优先股股东没有选举及被选举权,一般来说对公司的经营没有参与权,优先股股东不能退股,只能通过优先股的赎回条款被公司赎回,但是能稳定分红,股息固定,与公司经营好坏无关。

我国长期以来并不存在优先股,直到 2014 年,才由中国农业银行发行了我国的第一只优先股。未来,公司发行优先股融资将会越来越多。

 延伸阅读9-1

中国农业银行发行优先股

2014 年 11 月 28 日,随着上海证交所交易大厅早市开盘的一声锣响,"农行优 1(360001)"在上海证券交易所挂牌转让。中国境内资本市场的第一只优先股由此诞生,这也标志着中国农业银行(601288)优先股发行工作取得圆满成功。对于中国农业银行优先股的成功发行,无论是金融同业还是境内外资本市场都给予较高评价和赞誉。作为境内资本市场发行的首支优先股产品,中国农业银行优先股在发行方案、流程和定价等方面也实现了重大创新和突破,成为后续优先股发行的行业标杆。中国农业银行又一次在资本市场创新方面拔得头筹,展示了作为国有控股大型上市银行的实力和形象。

回顾中国农业银行优先股历时两年的发行历程,成功的确来之不易。尽管对困难做了充足的思想准备,但是期间遇到的问题和挑战还是远远超出了最初的预料。从研究借鉴国外案例,到讨论制定发行方案;从与监管部门沟通,到向投资者推介;从参与完善管理法规,到打通登记转让"最后一公里";从发行条款的设计,到挂牌之后流动性问题的解决,面对一个国内无先例可循的崭新资本市场工具,中国农业银行从未想过放弃,也从未停止探索。

资料来源:人民网. 中国第一支优先股发行成功[EB/OL]. (2014-11-28)[2024-04-07]. http://finance.people.com.cn/n/2014/1129/c1004-26116165.html.

(2) 按股票有无记名:分为记名股票和不记名股票。

记名股票是在股票票面上记载股东姓名或名称,并列入公司股东名册的股票。这种股票除了股票上所记载的股东外,其他人不得行使其股权,且股份的转让有严格的法律程序与手续,需办理过户。我国《公司法》规定,发起人、国家授权投资的机构、法人发行的股票,应为记名股。

不记名股票是票面上不记载股东姓名或名称的股票。这类股票的持有人即股东,股票的转让也比较自由、方便,无需办理过户手续。

(3) 按股票是否标明金额:分为有面值股票和无面值股票。

有面值股票是在票面上标有一定金额和股数的股票,即标明票面面值的股票。持有这种股票的股东,对公司享有的权利和承担的义务大小,依其所持有的股票票面金额占公司发行在外股票总面值的比例而定。

无面值股票是不在票面上标出金额,只载明所占公司股本总额的比例或股份数的股票。无面值股票的价值随公司财产的增减而变动,而股东对公司享有的权利和承担义务的大小,直接依股票标明的比例而定。

我国的股票分类具有典型的中国特色。根据股票上市地点和投资者的不同,分为A股、B股、H股、N股、S股。A股即人民币普通股,是由我国境内股份有限公司发行,供境内机构和个人以人民币认购和交易的普通股股票。B股是由我国境内股份有限公司发行,以人民币标明面值,以外币认购,在境内证券交易所上市,供境内外投资者买卖的股票。H股、N股、S股分别是我国境内股份公司发行的,在中国香港、纽约、新加坡上市交易的股票。

此外,由于我国上市公司中有很大部分是由原公有制企业改制而来。因此,按照投资主体的性质不同,分为国家股、法人股、社会公众股。国家股是有权代表国家投资的部门或机构以国有资产向公司投资而形成的股份。法人股是企业法人或具有法人资格的事业单位和社会团体以其依法可支配的资产向公司投资而形成的股份。国家股和法人股一般不能上市流通,因此被称为非流通股。社会公众股是社会个人或公司内部职工以个人合法财产投入股份公司而形成的可上市流通的股票。这样,同一家上市公司发行的股票就有流通股和非流通股,这就形成了股权分置。而股权分置存在很多弊端,因此从2005年开始,我国再次启动了股权分置改革,这对于完善我国资本市场有重要的作用。

(二) 债券

1. 债券的含义

债券是指由政府、企业(公司)、金融机构等作为发行人,为了筹集资金,向投资者发行的承诺到期还本付息的债权债务凭证,同时债券也是一种有价证券。债券上通常载明债券的发行机构、面值、利率、付息期、偿还期等要素。债券购买者与发行者之间是一种债权债务关系。

2. 债券的特征

(1) 偿还性。偿还性是指债券有规定的偿还期限,债务人必须按期向债权人支付利息和偿还本金。债券的这一特征与股票的永久性有很大的区别。

(2) 流动性。流动性是指债券持有人可按自己的需要和市场的实际状况,灵活地转让债券,以提前收回本金和实现投资收益。

(3) 安全性。安全性是指债券持有人的收益相对固定,不随发行者经营收益的变动而变动,并且可按期收回本金。但是这并不意味着债券不会有任何风险,只是相对股票及衍生品,债券的风险较小。面临的风险主要有违约风险、利率风险、通货膨胀风险、价格波动风险、流动性风险等。

(4) 收益性。收益性是指债券能为投资者带来一定的收入,即债券投资的报酬。投资债券的收益主要表现为两方面:一是投资债券可以给投资者带来定期或不定期的基本利息收入;二是投资者可以利用债券价格的变动,出售债券赚取差额。

债券的收益率高低,是通过相关的收益率指标进行衡量的。现实中的收益率指标主要有:名义收益率、当期收益率、持有期收益率、到期收益率。每种收益率计算方法都不同。

3. 债券的主要分类

(1) 按发行主体的不同可以分为政府债券、公司债券和金融债券。

政府债券分为中央政府债券和地方政府债券,其中中央政府发行的债券又可以称为国债。它由一个国家政府的信用作担保,风险最低,因此被称为"金边债券"。地方政府债券是由地方政府发行,又叫市政债券,它的信用、利率、流通性通常略低于国债。

公司债券是公司按照法定程序发行、约定在一定期限还本付息的有价证券。公司发行债券的目的主要是筹集资金满足经营需要。由于公司情况千差万别,其偿还能力有强有弱。因此,公司债券的风险性相对于政府债券和金融债券要大一些。公司债券的期限有长有短,视公司的需要而定。

需要注意的是,在国外发达资本市场,公司债券和企业债券是同一种债券,英文为"Corporate Bond",其原因在于国外发行债券的企业必须是公司制企业;其他类型的企业,如独资企业、合伙制企业、合作制企业都实行无限责任制度,不具备发行债券的产权基础,都不能发行债券。但在我国,公司债券和企业债券是两类不同的债券,具有不同的发行条件和管理体系。企业债券是我国存在的一种特殊法律规定的债券形式。关于企业债券的定义,结合法律法规和业界实践,可以定义为:发行人按照《公司债券发行与交易管理办法》(该办法于2023年将企业债券与公司债券纳入统一管理)发行的,约定在一定期限内还本付息的有价证券。企业债券的发行主体包括各类型企业和公司,但不包括上市公司。

金融债券是由银行或非银行金融机构发行的债券。它具有信用高、流动性好、安全等特征。如在我国,商业银行、政策性银行等,只要符合债券发行条件,都可以通过发行债券融通资金。这成为这些银行获取资金的重要方式。

（2）按偿还与付息方式的不同可以分为附息债券和贴现债券和息票累积债券。

附息债券是债券票面附有利息息票，通常半年或1年支付一次利息。按照计息方式的不同，这类债券还可分为固定利率债券和浮动利率债券。

贴现债券也称为零息债券，是发行价低于票面额，到期以票面额兑付的债券。发行价与票面额之间的差就是贴息。国库券发行时经常选择贴现方式发行。

息票累积债券，与附息债券相似，这类债券也规定了票面利率。但是，债券持有人必须在债券到期时一次性获得还本付息，存续期间没有利息支付。

（3）按偿还期限的不同可以分为短期债券、中期债券和长期债券。

短期债券是指期限在1年以内的债券，通常有3个月、6个月、9个月、12个月这几种期限。中期债券是指期限在1～5年内的债券，而长期债券是指期限在5年以上的债券，比如长期国债。

延伸阅读9-2

我国主要的国债投资品种

作为最安全的投资工具之一，国债一直吸引着不少投资者的关注。由于国债的发行主体是国家，在一国债券市场中它往往具有较高的信用度。目前我国的国债投资品种，主要是三个品种：储蓄国债（凭证式）、储蓄国债（电子式）与记账式国债。

（1）储蓄国债（凭证式）是指财政部在中华人民共和国境内发行，通过承销团成员（一般是商业银行）主要面向个人投资者（部分机构也可认购），采用填制"中华人民共和国储蓄国债（凭证式）收款凭证"方式记录债权关系的不可上市流通的人民币国债。储蓄国债（凭证式）采用代销方式发行，每期储蓄国债（凭证式）的发行数量不超过当期国债最大发行额。它以人民币100元面值为起点，以100元的整数倍发行。它是附息式国债、记名国债，记名方式采用实名制。自购买之日开始计息，不计复利，到期一次还本付息，逾期不加计利息。投资者购买储蓄国债（凭证式），可以在发行期内持本人有效身份证件到承销团成员营业网点柜台或规定的其他销售渠道办理认购，投资者可以采取转账或者支付现金等方式认购。

（2）储蓄国债（电子式）是以电子方式记录债权的储蓄国债品种。与储蓄国债（凭证式）相比较，两者都可在商业银行柜台发行，不能上市流通，都是信用级别最高的债券。但是在申请购买手续、债权记录方式、付息方式、到期兑付方式、发行对象等方面有所不同。如储蓄国债（电子式）投资者需要开立账户才能购买，仅限于个人购买；储蓄国债（凭证式）既可以在银行柜台买，也可以在部分银行的网上银行购买。

（3）记账式国债是由财政部面向全社会各类投资者通过无纸化方式发行，以电子记账形式记录债权并可上市流通的国债品种。它通过证券交易所的交易系统发行和交易，可以记名、挂失。投资者必须在证券交易所设立账户。由于记账式国债的发行和交易均无纸化，所以效率高，成本低，交易安全。

记账式国债购买方便，投资者开立国债投资专户后，可以在交易日随时办理国债的认购。记账式国债品种多、选择性强、流动性好，上市后随时可以通过证券市场进行买卖。上市后价格随行就市，具有一定的风险。

资料来源：中国证券监督管理委员会官网。

9-2 储蓄国债（凭证式）管理办法

（三）证券投资基金

1. 证券投资基金的含义

证券投资基金是指通过公开发售基金份额募集资金，由基金托管人托管，由基金管理人管理和运作资金，为了基金份额持有人的利益，以资产组合方式进行证券投资的一种利益共享、风险共担的集合投资工具。证券投资基金运作机制如图9-2表示。

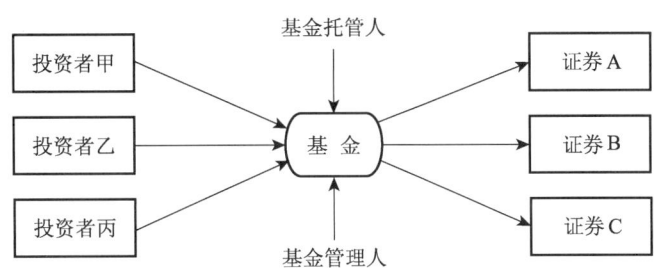

图 9-2 证券投资基金运作机制

2. 证券投资基金的特征

(1) 集合理财,专业管理。基金将众多投资者的资金集中起来,委托基金管理人进行共同投资,表现出一种集合理财的特点。通过汇集众多投资者的资金,积少成多,有利于发挥资金的规模优势,降低投资成本。基金管理人一般拥有大量的专业投资研究人员和强大的信息网络,能够更好地对证券市场进行全方位的动态跟踪与分析。中小投资者将资金交给基金管理人管理,能够获得专业化的投资管理服务。

(2) 组合投资,分散风险。为降低投资风险,我国《证券投资基金法》规定,基金必须以组合投资的方式进行基金的投资运作,从而使"组合投资、分散风险"成为基金的一大特色。"组合投资、分散风险"的科学性已为现代投资学所证明,中小投资者由于资金量小,一般无法通过购买不同的股票分散投资风险。基金通常会购买几十种甚至上百种股票,投资者购买基金就相当于用很少的资金购买了一篮子股票,某些股票下跌造成的损失可以用其他股票上涨的盈利来弥补。因此可以充分享受到组合投资、分散风险的好处。

(3) 利益共享,风险共担。基金投资者是基金的所有者。基金投资人共担风险,共享收益。基金投资收益在扣除由基金承担的费用后的盈余全部归基金投资者所有,并依据各投资者所持有的基金份额比例进行分配。为基金提供服务的基金托管人、基金管理人只能按规定收取一定的托管费、管理费,并不参与基金收益的分配。

3. 证券投资基金的分类

根据组织形式的不同,证券投资基金可分为公司型基金与契约型基金;根据基金受益单位能否随时认购或赎回及转让方式的不同,证券投资基金可分为开放式基金和封闭式基金;根据投资基金投资对象的不同,证券投资基金可分为股票基金、债券基金、混合基金、货币基金等。

(1) 公司型基金与契约型基金

公司型基金又称共同基金,是指基金公司依法设立,以发行股份的方式募集资金,投资者通过购买公司股份成为基金公司股东,并以股份比例承担风险,享受收益。公司型基金设立的法律性文件是基金公司章程及招募说明书。公司型基金在美国非常盛行,美国的法律不允许设立契约型基金。

契约型基金又称信托型基金,它是依据一定的信托契约而组织起来的代理投资行为,投资者通过购买受益凭证的方式成为基金的受益人。目前我国公开发售的基金都是契约型基金。契约型基金设立的法律性文件是信托契约,没有基金章程。基金管理人、托管人、投资人三方当事人的行为通过信托契约来规范。

公司型基金与契约型基金的根本区别在于公司型基金具有法人资格和民事行为能力,而契约型基金没有法人资格。对于一般投资者的收益而言,两类基金都是通过基金经理的投资运作来获取收益,类型不同对双方的收益能力并没有实质性的影响。

(2) 开放式基金与封闭式基金

开放式基金是指基金设立时,其基金的规模不固定,投资者可随时认购基金受益单位,也可随时向基金公司或银行等中介机构提出赎回基金单位的一种基金。一般情况下,开放式基金不上市流通。

封闭式基金是指在设立基金时,规定基金的封闭期限及固定基金发行规模,在封闭期限内投资者不能向基金管理公司提出赎回,而只能在证券交易所或其他交易场所转让。

(3) 股票基金、债券基金、混合基金、货币基金

股票基金是指主要以股票为投资对象的投资基金,这是所有基金品种中最广泛流行的一种。与投资者直接投资于股票市场相比,股票基金具有流动性强、分散风险等特点。虽然股票价格会在短时间内上下波动,但其提供的长线回报会比现金存款或债券投资高,因此,从长期来看,股票基金收益可观,但风险也比债券基金、货币基金要高。

债券基金是指将基金资产主要投资于债券,通过对债券进行组合投资,寻求较为稳定的收益。由于债券收益稳定,风险也较小,因而债券基金的风险性较低,适于不愿过多冒险的稳健型投资者。但债券基金的价格也受到市场利率、汇率、债券本身等因素影响,其波动程度比股票基金低。

混合基金是指基金公司将基金资产采取组合投资方式,投资于股票、债券、货币市场工具等各类投资工具的基金。投资于股票或债券的比例没有股票基金及债券基金专门的要求。

货币基金是以货币市场工具为投资对象的一种基金,通常投资于银行短期存款、大额可转让存单、政府公债、公司债券、商业票据等。由于货币市场一般是供大额投资者参与,所以货币基金的出现为小额投资者进入货币市场提供了机会。货币基金具有投资成本低、流动性强、风险小等特点。投资者常常在股票基金业绩表现不佳时,将股票基金转换为货币基金,以避开"风浪",等待时机再选择认购股票基金或别的基金品种,因此货币基金也称为停泊基金。

相关思考9-1

股票、债券、基金的主要区别

(1) 投资者地位不同。股票持有人是公司的股东,有权对公司的重大决策发表自己的意见;债券的持有人是债券发行人的债权人,享有到期收回本息的权利;基金单位的持有人是基金的受益人,体现的是信托关系。

(2) 风险程度不同。一般情况下,股票的风险大于基金。对中小投资者而言,由于受可支配资产总量的限制,只能直接投资于少数几只股票,这就犯了"把所有鸡蛋放在一个篮子里"的投资禁忌,当其所投资的股票因股市下跌或企业财务状况恶化时,资本金有可能化为乌有;而基金的基本原则是组合投资,分散风险,把资金按不同的比例分别投于不同期限、不同种类的有价证券,把风险降至最低程度。债券在一般情况下,本金得到保证,收益相对固定,风险比基金要小。

(3) 收益情况不同。基金和股票的收益是不确定的,而债券的收益是确定的。一般情况下,基金收益比债券高。以美国投资基金为例,国际投资者基金等25种基金在1976—1981年的平均收益增长率为301.6%,其中最高的20世纪增长投资者基金为465%,最低的普利特伦德基金为243%;而1996年发行的两种5年期政府债券,利率分别只有13.06%和8.8%。

(4) 投资方式不同。与股票、债券的投资者不同,证券投资基金是一种间接的证券投资方式,基金的投资者不再直接参与有价证券的买卖活动,不再直接承担投资风险,而是由基金管理人具体负责投资方向的确定、投资对象的选择。

五、金融市场功能

金融市场的功能是指金融市场特有的促进经济发展和协调经济运行的作用和机能。一般来说,金融市场具有以下功能。

(一) 资源配置与分配功能

金融市场上多种形式的金融交易形成纵横交错的融资活动,可以不受行业、部门、地区或国家的限制,灵活地调度资金,充分运用不同性质、不同期限、不同额度的资金,同时还能转化资金的性质和期限。例如,股票、债券的发行能将储蓄资金转化为投资资金,将流动的短期资金转化为相对固定的长期资金;证券的转让出售能将投资者的长期投资即刻转变为现金;远期票据的贴现能使将来的收入转变成现实收入。

金融市场通过收益率的差异和上下波动,利用市场上优胜劣汰的竞争以及对有价值证券价格的影响,能够引导资金流向最需要的地方,流向那些经营管理好、产品畅销、有发展前途的经济单位,从而有利于提高投资效益,实现资金在各地区、各部门、各单位间的合理流动,完成社会资源的优化配置。

(二) 价格发现功能

金融市场金融产品的价格是所有参与市场交易的经济主体对这些产品未来收益的期望的体现。买卖双方都会根据自身立场和所掌握的市场信息,并对过去的价格表现加以研究后,作出买卖决定。而交易所通过计算机撮合公开竞价出来的价格即为在此瞬间市场对金融产品未来价格的平均看法。可以说,市场交易具有价格发现功能。同时,金融市场上发达的通信设施能够及时反映全国各地乃至世界各地市场的价格走势。随着金融市场国际化水平的日益提高,不同市场同类产品的套利行为也使金融产品的价格日益国际化。

(三) 风险分散和规避功能

由于市场行情变化多端,资金供给者在为闲置资金寻求出路时,首先要保障资金的安全。金融市场上有多种融资形式可供选择,各种金融工具的自由买卖和灵活多样的交易活动,增强了金融工具的安全性,提高了金融效率,使资金供应者能够灵活地调整其闲置资金的保存形式,达到既能获得利益、又能保证安全性和流动性的目的。虽然金融市场并不能最终消除金融风险,但却为金融风险的分散和规避提供了丰富的手段和平台。

(四) 调节经济功能

金融市场是连接微观经济与宏观经济的枢纽。从微观上看,企业、居民、政府的资金运动都通过资金市场进行。所以金融市场的风吹草动都会牵动经济中每个主体的变化。从宏观上看,金融市场集中反映了社会总供给和社会总需求的变化情况,同时是国家实施宏观调控经济政策的重要场所。首先,金融市场为货币政策提供了传导路径。中央银行通过货币市场进行公开市场业务操作,买卖有价证券以调节货币供应量;实施再贴现政策,调整再贴现率以影响信用规模,通过影响利率水平来调节资金供求,而金融市场利率的变化又是货币政策的中介指标和决策的重要参考依据。其次,财政政策的实施离不开金融市场,在金融市场上发行国债,成为当代各国政府筹集资金的重要方式,是财政政策发挥积极作用的前提条件。而国债的发行又为中央银行提供了公开市场操作的工具,从而为货币政策创造手段。最后,金融市场的培育和成长可以为政府产业政策的实施创造条件。例如,政府可以通过设立创业板市场鼓励高新技术企业和中小企业的发展。

六、金融市场运作流程

金融市场的运作流程主要体现在金融市场的融资方式上,而金融市场的融资方式主要包括直接融资和间接融资。金融市场运作流程如图9-3所示。

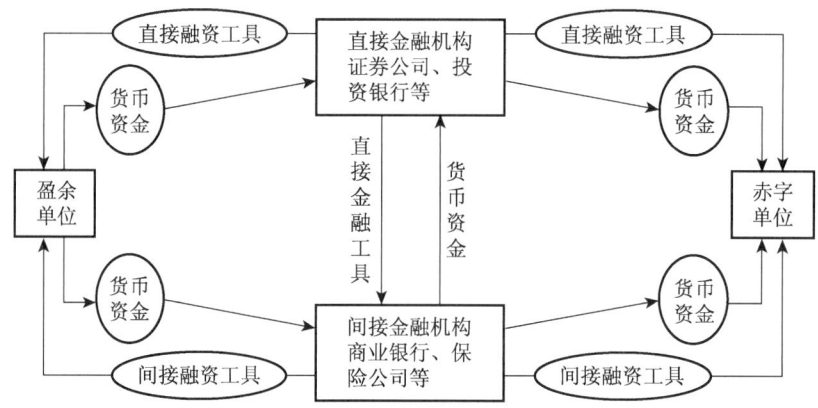

图 9-3　金融市场运作流程

(一) 直接融资

1. 直接融资的含义

直接融资是指资金供求双方直接形成相应的债权债务关系或所有权关系的一种资金融通方式,亦称"直接金融"。这种融资方式是由资金供给者(盈余者)在金融市场上购买资金需求者所发行的股票、债券等向资金需求者融通资金,这相当于一种投资行为,未来可以获得一定的回报。典型方式就是企业发行股票和债券,商业信用以及企业之间、个人之间的直接借贷(包括民间借贷),均属于直接融资。

直接融资与间接融资相比,投融资双方都有较多的选择自由。而且,对投资者来说收益较高,对筹资者来说成本却又比较低。但由于筹资人资信程度很不一样,造成了债权人承担的风险程度很不相同,且部分直接金融资金具有不可逆性。

2. 直接融资的主要形式

(1) 上市融资。上市融资是指公司在证券市场公开发行股票募集资金。股票上市可以在国内,也可以选择境外,可以在主板上市,也可以在高新技术企业板块上市。例如,美国的纳斯达克市场和中国香港的创业板。发行股票是一种权益融资,投资者对企业利润有要求权,但所投资金不能收回,投资者所冒的风险较大,因此要求的预期收益也较高,从这个角度而言,股票融资的资金成本比银行借款要高。

对企业而言,上市融资的优点包括:所筹资金具有永久性,无到期日,没有还本付息压力,因而筹资风险较小;一次筹资金额大;用款限制相对较松;提高企业的知名度,为企业带来良好的信誉;有利于帮助企业建立规范的现代企业制度。

而上市融资也有不利之处,比如:上市的条件过于苛刻;上市初期,市场容量有限;较高的上市成本;企业融资必须出让部分产权作为代价等。

(2) 风险投资。风险投资是由职业金融家投入新兴的、迅速发展的、具有巨大竞争潜力的企业的一种权益资本。从投资行为的角度来讲,风险投资是把资本投向蕴藏着失败风险的高新技术及其产品的研究开发领域,旨在促使高新技术成果尽快商品化、产品化、以取得高资本收益的一种投资过程。从运作方式来看,风险投资是指由专业化人才管理下的投资中介向特别具有潜能的高新技术企业投入风险资本的过程,也是协调风险投资家、技术专家、投资者的关系,利益共享,风险共担的一种投资方式。

风险投资是传统中小企业生存发展的一条有效融资渠道。首先,帮助企业将技术创新成果转化为现实生产力,加大科研投入,吸收优秀人才,向以技术和人才为主导生产要素的集约型转变;其次,为企业引入现代化经营模式,改变传统的家族式管理,建立现代企业制度;再次,减轻企业过高的负债率,进行财务规划,避免重复开发、重复建设,提高资金利用效率;最后,引导企业进行品牌建设,改善形象,提高社会地位和信用度。

(3) 私募股权融资。私募股权融资是指非上市公司通过非公共渠道定向引入具有战略价值的股权投资人,即引进风险投资者或战略投资者。私募股权融资是除银行贷款和公开上市融资之外的另外一种重要的融资方式。在许多情况下,对于尚无法满足银行贷款条件和上市要求的企业,私募融资甚至成为唯一的选择。在资金募集上,私募股权融资主要通过非公开方式面向少数机构投资者或个人募集,它的销售和赎回都是基金管理人通过私下和投资者协商进行的。另外,在投资方式上也是以私募形式进行,绝少涉及公开市场的操作,一般无需披露交易细节。

私募股权融资在我国刚刚兴起不久,总体上对于解决融资难的中小企业起到了重要的作用,也推动了很多企业最终走上上市的道路,但是依然存在很多限制其发展的障碍。

(4) 发行债券融资。企业债券也称为公司债券,是企业依照法定程序发行的、约定在一定期限内还本付息的有价证券,企业债券同股票一样,同属于有价证券,可以自由转让。

采用发行债券的方式进行融资,其好处在于还款期限长,附加限制少,但手续复杂,对企业要求高,而且我国债券市场相对冷淡,交投不活跃,发行风险大,特别是长期债券,面临的利率风险较大,而又缺少风险管理的金融工具。发债时机选择要充分考虑对未来利率的走势预期。

(二) 间接融资

1. 间接金融的含义

间接融资亦称"间接金融",是指由金融中介机构作为中介人将资金从供给者提供给资金需求者的融资方式。它主要表现为拥有暂时闲置货币资金的单位通过存款的形式,将其暂时闲置的资金先行提供给这些金融中介机构,然后再由这些金融机构以贷款、贴现等形式,把资金提供给短缺单位使用,从而实现资金融通的过程。目前我国的间接融资机构主要以商业银行为主体,所以最常见的是银行信贷。

间接融资中资金的供求双方不直接见面,不发生直接的债权债务关系,而是由金融机构以债权人或债务人的身份牵线搭桥,实现资金余缺的调剂。

2. 间接融资的特点

(1) 间接性。资金需求者和资金初始供给者之间不发生直接的借贷关系,资金需求者和初始资金供给者之间由金融中介发挥桥梁作用。

（2）相对的集中性。在多数情况下，金融中介机构是对某一资金供给者和资金需求者群体的综合性中介，金融中介机构处于融资中心的地位。

（3）信誉的差异性较小。由于间接融资相对集中于金融机构，世界各国对于金融机构的管理一般都较严格，金融机构自身的经营也受到相应稳健性经营管理原则的约束。

（4）全部具有可逆性。通过金融中介的间接融资均属于借贷性融资，到期均必须返还，并支付利息。

（5）融资的主动权掌握在金融中介手中。资金主要集中于金融机构，资金贷给谁不贷给谁，并非由资金的初始供给者决定，而是由金融机构决定的。

3. 间接融资的主要方式

（1）银行贷款。银行是企业的主要融资渠道，主要采用信用贷款、担保贷款等方式。但银行的基本倾向是"嫌贫爱富"，以审慎的风险控制为原则，这是由银行的业务性质决定的。对银行来说，一般不愿意冒太大的风险，因为银行借款没有利润要求权，所以对风险大的企业或者项目不愿发放贷款，即使有很高的预期利润。相反，实力雄厚、收益或者现金流稳定的企业是银行青睐的贷款对象。对于急需资金发展的中小企业来说，从银行贷款是相当困难的。而且，银行贷款条件高，一般都要求抵押或担保，审核严。而中小企业恰好无法提供更多的抵押或担保。因此，融资难的问题对于中小企业而言将长期存在。

（2）典当融资。典当是借款人以财产或权利作为当物质押式抵押给典当行的形式取得临时性贷款的一种融资方式。与银行贷款相比，典当贷款成本高、贷款规模小，但典当也有银行贷款所无法相比的优势。首先，与银行对借款人的资信条件近乎苛刻的要求相比，典当行对客户的信用要求几乎为零，典当行只注重典当物品是否货真价实；其次，到典当行当物品的起点低，与银行相反，典当行更注重对个人客户和中小企业服务；再次，与银行贷款手续复杂、审批周期长相比，典当贷款手续十分简便；最后，客户向银行借款时，贷款的用途不能超过银行指定的范围，而典当行没有指定资金用途。

（3）融资租赁。融资租赁又称为金融租赁或者财务租赁，是指出租人根据承租人对供货人和租赁标的物的选择，由出租人向供货人购买租赁标的物，然后租给承租人使用。它是通过融资与融物的结合，兼具金融与贸易的双重职能，对提高企业的融资效益，推动与促进企业的技术进步，有着十分显著的作用。

相关思考9-2

直接融资与间接融资的划分依据及优缺点

直接融资与间接融资的划分标准，就是看融资过程是否通过银行等金融中介进行。有中介机构参与的就是间接融资，没有中介机构参与的就是直接融资，这种提法准确吗？

另外，现实中融资方式有很多，到底是直接融资好还是间接融资好，很显然是各有利弊，各有优缺点的。那么两种方式的优缺点分别有哪些？这些有待读者自己去思考。

延伸阅读9-3

提高直接融资比重 信贷投放并非越多越好

中国人民银行党委理论学习中心组日前在人民日报撰文称：当前，为实体经济发展提供高质量金融服务，着力营造良好的货币金融环境，需着重做好五方面工作：货币信贷总量要稳；把握好金融资源存量和增量的关系,畅通货币政策传导机制;持续优化资金供给结构,做到有增有减;兼顾内外均衡,统筹好利率和汇率两种资金价格;采用多元视角科学评价金融支持力度。

文章还指出,除了信贷结构,广义上还要不断优化全社会融资结构,提高直接融资比重。在高质量发展阶段,加快发展新质生产力客观上需要直接融资加速推进,这会对信贷资金形成良性替代,有助于构建起多层次、广覆盖、供需更匹配的金融支持体系。

文章要求,持续优化资金供给结构,做到有增有减。从"增"的一面看,要引导更多金融资源用于促进科技创新、先进制造、绿色发展和中小微企业,持续加力支持做好金融"五篇大文章"。从"减"的一面看,在经济结构转型升级过程中,不同成分之间自然会有所更替,相关信贷需求也随之改变和调整。例如,防范化解地方债务风险工作持续推进,部分地方融资平台贷款会被逐步偿还;进一步提高金融资源配置效率,也将减少被低效占用的存量信贷。

"除了信贷结构,广义上还要不断优化全社会融资结构,提高直接融资比重。"文章提出,在高质量发展阶段,加快发展新质生产力客观上需要直接融资加速推进,这会对信贷资金形成良性替代,有助于构建起多层次、广覆盖、供需更匹配的金融支持体系。

资料来源:张琼斯.央行党委理论学习中心组:提高直接融资比重 信贷投放并非越多越好[EB/OL].(2024-04-18)[2024-04-20]. https://news.cnstock.com/news,bwkx-202404-5220118.htm. 有删改。

第二节 货币市场

一、货币市场特点及功能

货币市场是短期资金市场,是指融资期限在1年以下的金融市场,是金融市场的重要组成部分。

(一) 货币市场特点

(1) 交易期限短,流动性强,交易目的是解决短期资金周转的需要。最短的交易期限只有半天,最长的不超过1年,大多在3~6个月。资金来源于暂时的闲置资金,资金去向一般用于弥补流动资金的临时不足。货币市场的交易活动所使用的金融工具因期限短,具有较高的流动性,价格相对平稳,风险较小,可以随时在市场上兑售成现金而接近于货币,所以该市场被称为"货币市场"。

(2) 参与者主要以机构为主。货币市场的参与者主要是机构与专门从事货币市场业务的专业人员。机构类参与者包括政府、商业银行、中央银行、金融机构、非金融性企业;货币市场专业人员包括经纪人、交易商、承销商等。

(3) 主要是无形市场。货币市场的参与者主要是机构,而以机构为主要参与者的市场具有交易规模大、客户数量少、交易频繁的特点。这些特点使得货币市场交易完全可以借助于现代通信手段进行,因此,形成一个庞大的无形市场,如短期国库券交易、可转让大额定期存单交易、同业拆借等都是通过无形市场进行的。当然,也不能绝对肯定没有场所固定的交易。货币市场以无形市场为主,既有无形市场,又有有形市场。

(二) 货币市场功能

货币市场就其构成而言,包括同业拆借市场、回购市场、国库券市场等。货币市场产生和发展的初始动力是为了保持资金的流动性,它借助于各种短期资金融通工具将资金需求者和资金供应者联系起来,既满足了资金需求者的短期资金需要,又为资金供应者的暂时闲置资金提供了盈利的机会。但这只是货币市场的表面功能,将货币市场置于金融市场以至市场经济的大环境中可以发现,货币市场的功能远不止此。货币市场既从微观上为银行、企业提供灵活的管理手段,使他们在对资金的安全性、流动性、盈利性相统一的管理上更方便、灵活,又为中央银行实施货币政策以调控宏观经济提供手段,为保证金融市场的发展发挥巨大作用。

1. 实现短期资金融通

货币市场的最基本功能就是短期资金融通。相对于长期投资性资金需求来说,短期性、临时性资金需求是微观经济行为主体最基本的、也是最经常的资金需求。因为短期的临时性、季节性资金不足是由于日常经济行为的频繁性所造成的,是必然的、经常的,这种资金缺口如果不能得到弥补,就连社会的简单再生产也不能维系,或者只能使商品经济处于初级水平。货币市场的存在使得工商企业、银行和政府可以从货币市场借取短缺资金,也可将其暂时多余的、闲置的资金投放在货币市场作短期投资,生息获利,从而促进资金合理流动,解决短期性资金融通问题。

2. 为金融机构实现流动性管理

商业银行等金融机构是货币市场重要的参与者,而保持充足的流动性是这些机构必须要实现的目标。尤其对于商业银行而言至关重要。如果商业银行缺乏流动性,就意味着其偿付能力不足,有可能引发挤兑危机。商业银行可以通过参与货币市场的交易活动保持业务经营所需的流动性。如果遇到临时性资金短缺,或者因看好某个项目而缺乏资金,则这些金融机构可以通过同业拆借或者回购交易方式借入资金来满足资金周转。而如果有闲置的资金,也可以通过货币市场借给其他资金需求者,从而为闲置资金找到增值的渠道。

3. 传导货币政策,实施宏观调控

中央银行为调控宏观经济运行所进行的货币政策操作主要是在货币市场进行的。例如中央银行主要通过再贴现政策、法定存款准备金政策、公开市场业务三大货币政策工具来影响市场利率和调节货币供应量以实现宏观经济调控的目标,这个过程中货币市场发挥了基础性作用。

首先,中央银行通过同业拆借市场传导货币政策。同业拆放利率是市场利率体系中对中央银行的货币政策反应最为敏感和直接的利率之一,成为中央银行货币政策变化的"信号灯"。中央银行通过货币政策工具的操作,影响同业拆放利率,继而影响整个市场利率体系,从而达到调节货币供应量和调节宏观经济的目的。

其次,公开市场业务就是指中央银行在货币市场上向商业银行等金融机构买卖有价证券来调节基础货币,进而影响货币供给量及市场利率的变化,从而最终引起全社会投资和消费的变动。而国库券市场就是公开市场业务操作的场所。

再次,票据市场为中央银行提供了宏观调控的载体和渠道。央行的再贴现政策通过在票据市场实施。一般情况下,中央银行提高或降低再贴现率,都会引起其他利率发生相应的变化。

最后,就超额准备金而言,发达的同业拆借市场会促使商业银行的超额准备维持在一个稳定的水平,这显然给中央银行控制货币供应量创造了一个良好的条件。

4. 促进资本市场尤其是证券市场的发展

货币市场和资本市场作为金融市场的核心组成部分,前者是后者规范运作和发展的基础。首先,发达的货币市场为资本市场提供了稳定充裕的资金来源。从资金供给角度看,资金盈余方提供的资金层次是由短期到长期、由临时性到投资性的,因此货币市场在资金供给者和资本市场之间搭建了一个"资金池",资本市场的参与者必不可少的短期资金可以从货币市场得到满足,而从资本市场退出的资金也能在货币市场找到出路。其次,货币市场的良性发展减少了由于资金供求变化对社会造成的冲击。从长期市场退下来的资金有了出路,短期游资对市场的冲击力大减,投机活动受到了最大可能的抑制。因此,货币市场是资本市场和市场经济良性发展的前提,资本市场和市场经济的完善又为货币市场的正常发展提供了条件,两者相辅相成。

二、同业拆借市场

(一) 同业拆借的含义

同业拆借是指银行与银行或其他金融机构之间为了解决临时性的资金短缺而相互借贷资金的活动。因此同业拆借市场是金融机构同业间进行短期资金融通的市场,其参与主体仅限于金融机构。金融机构以其信誉参与资金拆借活动,也就是说,同业拆借是在无担保的条件下进行的,是信用拆借,因此市场准入条件往往比较严格。在美国,只有在联邦储备银行开立准备将账户的商业银行才能参加联邦基金市场(美国的同业拆借市场)。我国同业拆借市场的主体目前包括所有类型的金融机构,但是金融机构进入同业拆借市场必须经中国人民银行批准。

(二) 同业拆借市场的产生和发展

同业拆借市场最早出现于美国,其形成原因在于法定存款准备金制度的实施。按照美国1913年通过的《联邦储备法》的规定,加入联邦储备银行的会员银行,必须按存款数额的一定比率向联邦储备银行缴纳法定存款准备金。而由于清算业务活动和日常收付数额的变化,总会出现有的银行存款准备金多余,有的银行存款准备金不足的情况。

在经历了1929—1933年的"大萧条"之后,西方各国普遍强化了中央银行的作用,相继引入法定存款准备金制度作为控制商业银行信用规模的手段。与此同时,同业拆借市场也得到了较快发展。

我国在1996年建立了全国银行间同业拆借市场,将同业拆借交易纳入全国统一的同业拆借网络进行监督管理。全国银行间同业拆借市场建立以后,我国的同业拆借市场步入了规范发展的轨道,在市场规模快速扩大的同时,没有出现系统性风险和严重违约事件,市场运行效率和透明度不断提高。

2007年8月6日开始实施的《同业拆借管理办法》是中国人民银行在总结10年同业拆借市场管理经验基础上,为了进一步促进同业拆借市场发展、配合SHIBOR报价制改革、顺应市场参与者需求而出台的重要规章。

(三) 同业拆借市场的功能

同业拆借市场的功能在于,为商业银行提供准备金管理的场所,提高资金使用效率。它使商业银行在不用保持大量超额准备金的前提下,就能满足存款支付的需要。在现代银行制度中,商业银行经营的目标是利润最大而风险最小。商业银行追求高利润、高收益,必须通过扩大高收益的资产规模,但同时可能使流动性不足,准备金下降,影响其正常经营甚至难以保证存款的支付。相反,保持过多的准备金,高收益的资产就相对减少,利润就降低。

商业银行需要在不影响支付能力的前提下,尽可能地降低准备金水平,以扩大高收益资产比重,使利润最大化。

同业拆借市场,使准备金盈余的金融机构可以及时地贷出资金,获得较高收益,准备金不足的金融机构可以及时地借入资金保证支付,有利于商业银行实现其经营目标。

同业拆借市场是中央银行制定和实施货币政策的重要载体。一方面,同业拆借市场的交易对象是在中央银行账户上的多余资金,中央银行可以通过调整存款准备金率,改变商业银行缴存准备金的数量,进而影响商业银行的信贷扩张能力与规模。另一方面,同业拆借市场的交易价格即同业拆借市场利率,反映了同业拆借市场资金的供求状况,是中央银行货币政策调控的一个重要指标。同业拆借市场利率基本代表了市场资金的价格,是确定其他资金价格的基本参照利率。中央银行可通过调控同业拆借市场利率,影响其他利率,实现金融宏观调控目标。

(四) 同业拆借市场的特征

1. 拆借期限短

同业拆借市场的期限很短,有的为1天(称为隔夜拆借),有的为7天、14天,或者1个月、3个月、6个月等,最长不超过1年。最普遍的就是隔夜拆借。

我国2007年颁布的《同业拆借管理办法》中,不同类型金融机构可拆入资金的最长期限有很大的不同。如政策性银行、中资商业银行及其授权的一级分支机构等最长拆入期限为1年;而企业集团的财务公司、信托公司、证券公司等拆入资金最长期限只有7天。

2. 交易规模大

由于同业拆借市场的参与者主要是金融机构,而它们相互拆借资金的目的主要是弥补头寸不足和临时性资金短缺,因此交易金额很大,一般都在100万元左右。

3. 同业拆借利率市场化

同业拆借市场利率是以中央银行再贷款利率和再贴现率为基准,再根据社会资金的松紧程度和供求关系由拆借双方自由议定的。由于拆借双方都是商业银行或其他金融机构,其信誉比一般工商企业要高,拆借风险较小,加之拆借期限较短,因而利率水平较低。

同业拆借利率是拆借市场的资金价格,是货币市场的核心利率,也是整个金融市场上具有代表性的利率。它能够及时、灵敏、准确地反映货币市场乃至整个金融市场短期资金供求关系。当同业拆借率持续上升时,反映资金需求大于供给,预示市场流动性可能下降,当同业拆借利率下降时,情况相反。拆借利率的升降,会引导和牵动其他金融工具利率的同步升降。因此,它被视为观察市场利率趋势变化的风向标。中央银行更是把同业拆借利率的变动作为把握宏观金融动向调整和实施货币政策的指示器。

同业拆借市场不同的交易方式都会使得拆借利率形成方式不同。在直接交易情况下,拆借利率由交易双方通过直接协商确定;在通过中介机构的间接交易情况下,拆借利率根据借贷资金的供求关系通过中介机构公开竞价或从中撮合而确定。当拆借利率确定后,拆借交易双方就只能是这一既定利率水平的接受者。

在国际货币市场上比较典型的、有代表性的同业拆借利率有三种:伦敦银行同业拆放利率(LIBOR)、新加坡银行同业拆借利率(SIBOR)和香港银行同业拆借利率(HIBOR)。伦敦银行同业拆放利率是伦敦金融市场上银行之间相互拆放英镑、欧洲美元及其他欧洲货币时的利率,由报价银行在每个营业日上午11时对外报出,分为存款利率和贷款利率两种报价,资金拆借的期限为1个月、3个月、6个月和1年等几个档次。新加坡银行同业拆借利率和香港银行同业拆借利率的生成和作用范围是两地的亚洲货币市场,其报价方法和拆借期限与伦敦银行同业拆借利率并无差别。不过,其在国际货币市场中的地位和作用较之伦敦同业拆借利率要大大逊色。

 延伸阅读9-4

我国《同业拆借管理办法》

为了规范并促进我国同业拆借市场的发展,我国2007年颁布了《同业拆借管理办法》。该办法共8章54条,全面规定了同业拆借市场的准入与退出、交易和清算、风险控制、信息披露、监督管理等规范,明确规定了违反同业拆借管理规定的法律责任。《同业拆借管理办法》的主要规定包括六个方面:一是规定了同业拆借市场准入的条件和程序,可以申请进入同业拆借市场的金融机构包括16类,涵盖了所有的银行类金融机构和绝大部分非银行金融机构;二是规定了同业拆借交易必须通过全国统一的同业拆借网络进行,明确了同业拆借交易和清算的基本规范;三是规定了各类金融机构同业拆借期限管理、限额管理的具体标准,对金融机构内部风险管理提出了原则要求;四是规定了同业拆借市场透明度管理的基本原则,将强化透明度作为加强市场约束、防范系统性风险的重要措施;五是规定了同业拆借市场监督检查的具体内容和程序,明确了人民银行各级分支机构在同业拆借市场监督检查中的权限,按照权责对等原则确定了监管者的法律责任;六是明确了各类市场参与者、市场中介机构违反同业拆借管理规定时,应当承担的法律责任和处理依据。

中国人民银行在起草《同业拆借管理办法》过程中,充分吸收了监管部门、金融机构、市场中介的意见和建议。新颁布的《同业拆借管理办法》是市场各方面参与者广泛共识的成果,体现了坚持市场化改革方向、放松市场管制、尊重市场选择的政策取向。中国人民银行将以更加开放的政策促进同业拆借市场发展。

资料来源:中国人民银行.同业拆借管理办法[EB/OL].(2007-07-03)[2024-04-07].http://www.pbc.gov.cn/zhengwugongkai/4081330/4406346/4406348/4431205/index.html.

三、回购市场

(一)回购协议的含义

回购协议是指证券的出售者在出售证券等金融资产时与购买方签订协议,约定在一定期限后按约定价格购回所卖证券,以获得即时可用资金的行为。这种交易称为"正回购"。回购市场就是通过回购协议进行短期资金融通的市场。从表面上看,回购协议是一种证券买卖,但实际上是以证券为质押品而进行的一种短期资金融通。证券的卖方以一定的证券进行质押借款,条件是一定期限后再购回证券,且回购价格高于卖出价格,两者之差即为借款的利息。作为质押品的证券通常是国库券、国债或其他有担保的债券等。现实中,回购市场中,主要代表市场为债券回购市场。回购交易的原理如图9-4所示。

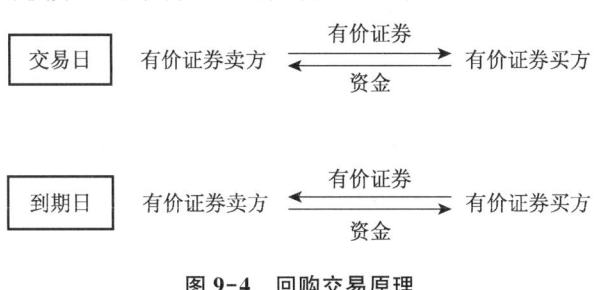

图9-4 回购交易原理

回购交易可以分为正回购和逆回购两种。与上述证券交易方式相反的被称为"逆回购"。即证券买方先购买有价证券,并约定在未来特定日期将有价证券卖回给卖方的交易行为。实际上,正回购和逆回购是一个事物的两个方面。同一项交易从证券的出售方看,是正回购;从证券的购买方看,就是逆回购。

(二) 回购市场的特点

1. 参与者以金融机构为主

回购市场的参与者很广泛,中央银行、商业银行、证券公司等金融机构、非金融企业都是回购市场的参与者,最主要的是中央银行和商业银行。中央银行参与回购交易的目的是进行货币政策操作。回购交易是中央银行进行公开市场业务操作的主要方式。中央银行利用正回购操作可以达到从市场回笼资金的效果。相对发行央行票据,正回购将减少运作成本,同时锁定资金效果较强,减少流动性。逆回购为中央银行向市场上投放流动性的操作,逆回购到期则为央行从市场收回流动性的操作。而商业银行参与回购交易的目的主要是保持良好流动性的基础上获得更高的收益。证券公司参与回购交易既可以用所持有的证券作为担保来获得低成本的融资,也可以通过对市场利率的预期进行回购与逆回购的投资组合来获利。

2. 回购期限短、流动性强、安全性高

首先,回购协议期限很短,从1天到数月不等。1天期限的回购称为隔夜回购,1天以上的称为定期回购。最常见的回购协议期限在14天以内。中国人民银行经常进行7天、14天的逆回购操作。可见,回购市场流动性强。

其次,回购协议安全性高。参与交易的以金融机构为主,而且都有规范的交易场所,从而交易双方都可以免受信用风险。但是回购协议虽然是一种高质量的质押贷款,但仍有一定的信用风险。当质押的证券价格下跌时,卖方可能到期不购回证券;当质押证券价格上涨时,买方可能不愿意将证券回售给卖方。

(三) 回购利率

在回购中,回购利率是双方最关心的因素。约定的回购价格与售出价格之间的差额就是借出资金者的利息收益,它取决于回购利率的水平。回购利率与证券本身无关,它与证券的流动性、证券品种、回购期限密切相关。另外,完全担保的特点决定了回购利率通常低于同业拆借市场利率等其他货币市场利率。

四、国库券市场

(一) 国库券市场定义

国库券市场也称短期国债市场,是国库券发行和转让交易形成的市场。国库券是一国政府为满足临时性的财政需求而发行的短期债券。英国是最早发行国库券的国家。19世纪70年代,英国政府因为地方政府融资及开拓苏伊士运河的需要,经常缺乏短期周转资金,遂接受经济学家及财政专家W·拜基赫特的建议,于1887年发行了国库券。国库券自英国创立以后,在美国得到极大的发展,成为最重要的货币市场工具。

(二) 国库券特点

(1) 风险最低。国库券是政府的直接负债,政府在一国有最高的信用地位,一般不存在到期无法偿还的风险。因此,投资者通常认为投资于国库券基本上没有风险。国库券利率通常被视为无风险利率。

(2) 高度流动性。由于国库券的风险低、信誉高，工商企业、金融机构、个人都乐于将短期资金投资到国库券上，并以此来调节自己的流动资产结构，为国库券创造了十分便利和发达的二级市场。

(3) 期限短，基本上是1年以内，大部分为半年以内。

(三) 国库券的发行与流通

国库券的发行人是政府及政府授权的部门，主要是财政部。政府发行国库券的目的主要有两个：一是融通短期资金，调节财政年度收支的暂时不平衡，弥补年度财政赤字。二是调节经济。

作为短期债券，国库券一般采用贴现方式发行，即政府以低于国库券面值的价格向投资者发售国库券，到期后按面值偿付，面值与购买价之间的差额即为投资者的利息收益。由于国库券多以贴现的方式计算价格和利息，发行价格是从票面额中按一定贴现率扣除贴现利息之后而得到的。其计算公式为：

$$发行价格 = 票面价格 \times \left(1 - 贴现率 \times \frac{国库券期限}{360}\right) \qquad (9-1)$$

国库券因其较高的信用地位，二级市场十分发达。它的参与主体十分广泛，中央银行、商业银行、证券公司等金融机构、企业、个人甚至国外投资者都可以广泛参与国库券的交易活动。各国法律大多规定，中央银行不能直接在发行市场上购买国库券。因此，中央银行参与国库券的买卖只能在二级市场。中央银行买卖国库券的行为被专业化地称为"公开市场业务"。在这个市场上，中央银行主要与市场的一级交易商进行国库券的现券买卖和回购交易，从而影响金融机构的可用资金。可见，国库券流通市场是中央银行进行货币政策操作的重要场所。而商业银行参与国库券市场，主要目的是投资获利及调节流动性。

> **相关思考9-3**
>
> **国库券收益率应该如何计算？**
>
> 购买国库券对于购买者而言其实就是一种投资。那么投资国库券可以获得哪些收益呢？国库券的收益率就是它的票面利率吗？两者是否相等？是否应该将买卖国库券获得的差价考虑进来？

五、票据市场

票据主要指汇票、本票和支票。**票据市场**是以票据作为交易对象，通过票据承兑、票据贴现、票据转让和票据抵押进行融资活动的货币市场，包括票据承兑市场和票据贴现市场。

(一) 票据承兑市场

承兑是指汇票到期前，汇票付款人或指定银行确认票据证明事项，在票面上作出承诺付款并签章的行为。票据中只有商业汇票必须要承兑才具有法律效力，才能在金融市场上作为合格的金融工具转让流通。由于银行汇票、银行本票、支票三种票据是即期票据，见票即付，不必承兑，因此票据承兑市场上交易的对象一般是商业汇票。

承兑有银行承兑和商业承兑两种，一般银行承兑汇票是货币市场上重要的交易工具。票据承兑一般由商业银行办理，这是商业银行的重要业务。如果一切顺利的话，承兑银行只是对汇票进行保证或担保,并不需要动用银行的资金,还可以收取一定的手续费。票据承兑也可以由专门办理承兑的金融机构进行承兑。

(二)票据贴现市场

贴现是票据持有人在票据到期前,将票据转让给银行或专门的贴现机构,贴付一定的利息后提前获取现款的行为。票据贴现机构有两类:一类是商业银行;另一类是专营贴现业务的金融机构。持票人提出贴现要求后,贴现机构根据市场资金供求状况和市场利率以及票据的信誉程度拟定一个贴现率,扣去自贴现日至到期日的贴现利息,将票面余额用现款支付给持票人。贴现额的计算公式为:

$$贴现额 = 票面金额 \times \left(1 - 年贴现率 \times \frac{未到期天数}{360}\right) \quad (9-2)$$

(三)我国票据市场

我国直到 1982 年 2 月,中国人民银行才试办同城商业承兑汇票贴现业务。1986 年专业银行正式开办票据承兑、贴现和再贴现业务。经过多年的发展,我国票据市场有了很大的提升。但我国企业还不能发行单纯以筹资为目的的商业本票,这就大大限制了票据业务的规模。不过近几年随着互联网金融的出现,逐渐出现了专门进行票据买卖的平台,一定程度上推动了我国票据交易市场的发展。

(四)中央银行票据

1. 中央银行票据的概念

中央银行票据是中央银行为调节商业银行超额准备金而向商业银行发行的短期债务凭证,其实质是中央银行债券,之所以叫"中央银行票据",是为了突出其短期性特点(从已发行的央行票据来看,期限最短的 3 个月,最长的也只有 3 年)。

中央银行票据由中国人民银行在银行间市场通过中国人民银行债券发行系统发行,其发行的对象是公开市场业务一级交易商。公开市场业务一级交易商包括商业银行、证券公司等。中央银行票据采用价格招标的方式贴现发行。

2. 中央银行票据发行的意义

中央银行票据近年来之所以被中央银行广泛运用,主要在于其对货币流通以及货币市场发展等方面,都具有重要的意义。

(1)丰富公开市场业务操作工具,弥补公开市场操作的现券不足。引入中央银行票据后,央行可以利用票据或回购及其组合,进行"余额控制、双向操作",对中央银行票据进行滚动操作,增加了公开市场操作的灵活性和针对性,增强了执行货币政策的效果。

(2)为资金富余的商业银行提供资金管理工具。随着中央银行票据市场存量的增加和持票机构的多样化,中央银行票据二级市场的流动性也将逐步增强。商业银行可以通过参与公开市场操作或在二级市场买入等方式持有中央银行票据,以灵活调剂手中的头寸,减轻短期资金运用压力。

(3)推动货币市场的发展。中国货币市场的工具很少,由于缺少短期的货币市场工具,众多机构投资者只能去追逐长期债券,带来债券市场的长期利率风险。中央银行票据的发行将改变货币市场基本没有短期工具的现状,为机构投资者灵活调剂手中的头寸、减轻短期资金压力提供重要工具。

六、大额可转让定期存单市场

(一) 大额可转让定期存单的含义与特点

大额可转让定期存单是商业银行等金融机构发行的一种固定面额、固定期限、可以转让的存款凭证。发行对象既可以是个人,也可以是企事业单位。这种金融工具的发行和流通所形成的市场称为大额可转让定期存单市场。具体过程如图9-5所示。

图 9-5 大额可转让定期存单发行示意图

大额可转让定期存单市场的主要特点是流通性强和投资性强,具体表现在:大额可转让定期存单具有自由流通的能力,可以自由转让流通,有活跃的二级市场;大额可转让定期存单面额固定且一般金额较大;大额可转化定期存单不记名,便于流通;存款期限为3~12个月不等,以3个月居多,最短的14天。大额可转让定期存单市场的主要参与者是货币市场基金、商业银行、政府和其他非金融机构投资者,市场收益率一般高于国库券。

需要注意的是,我国大额存单采用标准期限的产品形式,包括1个月、3个月、6个月、9个月、1年、18个月、2年、3年和5年共9个不同期限品种,以满足不同投资者的需求。根据《大额存单管理暂行办法》,个人投资人认购大额存单起点金额不低于20万元,机构投资人认购大额存单起点金额不低于1 000万元。

(二) 大额可转让定期存单与传统定期存款的区别

大额可转让定期存单与定期存款的区别是:定期存款是记名不可转让的,大额可转让定期存单通常是不记名和可以转让的;定期存款金额不固定,大小不等,可能有零数,大额可转让定期存单金额则都是整数,按标准单位发行;定期存款的利率一般是固定的,到期才能提取本金。大额可转让定期存单可以是浮动利率,一般不得提前支取,可在二级市场转让。我国的大额可转让定期存单多数可提前支取。

第三节 资本市场

一、资本市场概述

(一) 资本市场含义

资本市场也称长期金融市场、长期资金市场,是指期限在1年以上各种资金借贷和证券交易的场所。资本市场是政府、企业、个人筹措长期资金的市场,包括长期借贷市场和有价证券市场。在长期借贷中,一般是银行对个人提供的消费信贷;在有价证券市场中,从交易对象看主要是股票市场和长期债券市场。狭义上的资本市场通常是指有价证券市场。

资本市场的交易对象是1年以上的长期证券。因为在长期金融活动中，涉及资金期限长、风险大，具有长期较稳定收入，类似于资本投入，故称为资本市场。

(二) 资本市场特点

(1) 融资期限长。资本市场的融资期限至少在1年以上，也可以长达几十年，甚至无到期日。例如：中长期债券的期限都在1年以上；股票没有到期日，属于永久性证券；封闭式基金存续期限一般都在15~30年。

(2) 流动性相对较差。在资本市场上筹集到的资金多用于解决中长期融资需求，故流动性相对较弱。

(3) 风险大、收益高。由于融资期限较长，发生重大变故的可能性也大，市场价格容易波动，投资者需承受较大风险。同时，作为对风险的报酬，其收益也较高。在资本市场上，资金供应者主要是储蓄银行、保险公司、信托投资公司及各种基金和个人投资者；而资金需求方主要是企业、社会团体、政府机构等。其交易对象主要是中长期信用工具，如股票、债券等等。资本市场主要包括中长期信贷市场与证券市场。

(4) 资金规模量大，价格变动幅度大。资本市场的资金借贷量和价格变动是相辅相成的。

(三) 资本市场功能

1. 资本市场是筹资投资的重要平台

资本市场是企业中长期投资性资金的平台。对于股份公司而言，可通过资本市场发行股票或债券筹集到中长期资金，从而迅速提升公司的资本金实力，为后续发展奠定基础。

资本市场也是投资者进行金融资产配置组合的平台。由于资本市场的金融工具收益较高，能吸引众多的投资者。而股票、基金交易活跃、流动性强，资本买卖差价的吸引力更强。因此，资本市场为金融证券投资者、市场投机者提供了投资、套利的平台。

2. 资本市场是资源合理配置的有效场所

随着资本市场运作不断规范，其对产业结构调整的作用大大加强。因为在资本市场中企业产权的商品化、货币化、证券化，在很大程度上削弱了生产要素部门间转移的障碍。资产采取了有价证券的形式可以在资本市场上自由买卖，实物资产的凝固和封闭状态被打破，资产具有了最大的流动性。一些效益好、有发展前途的企业可根据社会需要，通过控股、参股方式实行兼并和重组，发展资产一体化企业集团，开辟新的经营领域。另外，在资本市场上，通过发行债券和股票广泛吸收社会资金，其资金来源不受个别资本数额的限制。这就打破了个别资本有限且难以进入一些产业部门的障碍，有条件也有可能筹措到进入某一产业部门最低限度的资金数额，从而有助于生产要素在部门间的转移和重组，实现资源的有效配置。

3. 资本市场有利于企业重组

企业可以通过发行股票组建股份公司，也可以通过股份转让实现公司的重组，以调整公司的经营结构和治理结构。现代企业的兼并重组离不开资本市场。由于各投资主体直接代表了各方的利益，市场主体的相互约束能形成一个有机统一的制衡整体，有助于提高公司的经营效率和发展能力。

4. 资本市场有利于促进产业结构向高级化方向发展

资本市场是一个竞争性的市场，筹资者之间存在着直接或间接的竞争关系，只有那些发展前景且经营状况良好的企业才能在资本市场上立足。这样,资本市场就能筛选出效率较高的企业,也能激励所有的上市公司更加有效地改善经营管理。正是通过这种机制的作用,促成了资源的有效配置和有效利用,从而使产业结构得以优化。此外,在产业、行业周期性的发展、更迭过程中,高成长性的企业和行业通过资本市场上的外部直接融资,进行存量与增量的扩张与重组,得到充分而迅速的发展,率先实现并推动其他产业的升级换代。

二、证券发行市场

证券发行市场是发行人向投资者出售证券形成的市场。发行市场又被称为一级市场或初级市场。发行市场主要的功能是实现融资投资。对于发行人而言,可以通过发行股票、债券等融通资金;而对于投资者来说,相当于将闲置资金进行投资获取回报。发行市场通常没有固定的场所,因而是无形的市场。

(一) 证券参与者

1. 证券发行人

证券发行人是指为筹措资金而发行债券、股票等证券的发行主体,包括政府、企业、金融机构。

2. 证券投资人

证券投资者是指通过买入证券而进行投资的各类机构和个人,可分为机构投资者和个人投资者两大类。

机构投资者主要有政府机构、金融机构、企业和事业法人及各类基金等。其中政府机构参与证券投资者的目的主要是调剂资金余缺和进行宏观调控。中央银行以公开市场操作作为政策手段,通过买卖政府债券或金融债券影响货币供应量或利率水平,进行宏观调控。参与证券投资的金融机构包括证券经营机构、银行业金融机构、保险经营机构、合格境外机构投资者(简称 QFII)与合格境内机构投资者(简称 QDII)、主权财富基金以及其他金融机构等。企业可以通过股票投资实现对其他企业的控股或参股,也可以将暂时闲置的资金通过自营或委托专业机构进行证券投资以获取收益。基金性质的机构投资者包括证券投资基金、社保基金、企业年金、社会公益基金等。

个人投资者是指从事证券投资的自然人,他们是证券市场最广泛的投资者。个人进行证券投资应具备一些基本条件,这些条件包括国家有关法律、法规关于个人投资者投资资格的规定和个人投资者必须具备一定的经济实力。为保护个人投资者利益,对于部分高风险证券产品的投资(如衍生品),监管法规还要求相关个人具有一定的产品知识并签署书面的知情同意书。

3. 证券中介机构

证券市场中介机构是指为证券的发行、交易提供服务的各类机构。在证券市场起中介作用的机构是证券公司和证券服务机构,其中后者主要包括证券投资咨询机构、证券登记结算机构、财务顾问机构、资信评级机构、资产评估机构、会计师事务所、律师事务所等。

此外,证券市场还有证券监管机构、证券自律性组织等。

(二) 证券发行方式

证券发行方式很多,可以按不同的标准进行分类。

1. 按发行对象不同,可以分为私募发行和公募发行

(1) 私募发行指只向少数特定投资者发行证券。私募发行方式不必事先提供企业的财

务资料,也不必向主管部门申报批准,发行手续简单,发行费用较低,但不能公开上市交易,利率一般也较公募要高。一般来说,私募发行的对象主要有两类:一类是公司的老股东或发行人的员工(如我国的内部职工股,可以激发员工工作热情);另一类是投资基金、社会保险基金、保险公司、商业银行等机构投资者。

(2) 公募发行指面向市场上大量的非特定投资者发售证券。公募发行方式要求发行者具有较高的社会信誉,需报主管部门申请批准,因而手续麻烦,费用也较高,但由于公募可以扩大证券的发行量,并且可以上市交易,从而提高企业的知名度,因此,多数筹资者愿意选择公募发行方式。

2. 按证券发行是否通过中介机构,分为直接发行和间接发行

(1) 直接发行指发行人不通过发行中介机构直接向投资者销售证券。直接发行手续简单,发行费用低,但发行数额一般不大,私募发行的证券通常都采用直接发行方式。

(2) 间接发行指通过发行中介机构即承销商向社会发行证券。间接发行尽管承销商费用较高,手续较复杂,但具有发行面广、风险小、知名度高的优点,因此,一般情况下,证券发行大都采用间接发行方式。在我国,根据《中华人民共和国公司法》的规定,股票的发行只允许采用间接发行方式,即只要是公开发行的股票,都应当由依法设立的证券经营机构承销,签订承销协议。

按发行风险的承担、所筹资金的划拨及手续费高低等因素不同划分,承销商的承销方式又有三种:①代销。证券发行者与承销商签订代销合同,支付一定的佣金,委托承销商代为销售。承销商发行多少算多少,不负责承购余额的责任,发行风险全部由发行者自己承担。②助销(余额包销)。由承销商按规定的发行额和发行条件,在约定期限内向社会全力销售,到销售截止日,未售出的余额由承销商负责认购,承销商要按约定时间向发行者支付全部证券款项。这种方式能够保证证券全部销售出去,从而减少了发行者的风险,因而发行者必须支付比代销更高的酬金。③包销(全额包销)。承销商以承销价格向发行公司买断所有新发行的证券,然后再以比承销价格稍高的公开发行价格将证券出售给普通投资者,其间的差价,就是承销商的收入。如果证券未能以商定的公开价格销售出去,其损失将完全由承销商承担。因此,在这种方式下,承销商承担了全部的发行风险。

3. 按发行价格与证券面额的关系不同,分为溢价发行、折价发行和平价发行

由于证券发行的市场供求状况、发行公司以往的盈利水平、市场信誉等不同,证券的发行价格也不同。溢价发行指发行价格高于证券面额。折价发行是发行价格低于证券面额。平价发行指发行价格等于证券面额。

我国《公司法》规定,股票不得以低于股票票面金额的价格发行。而债券发行时,溢价、平价、折价发行都可以。

相关思考9-4

证券发行方式如何选择?

对于发行人来说,证券发行方式非常多,而各种方式都有优缺点。到底选择哪种发行方式,是由什么因素决定的呢?是否应该考虑发行人自己在市场上的信誉、发行成本、用款时间?同时中介机构一般会考虑到承担的风险和发行收入的多少。

(三) 证券发行制度

世界各国对证券的发行审核制度主要有注册制和核准制。基于我国证券市场实际情况,我国证券发行还实行保荐制。

1. 注册制

注册制是指发行人在准备发行证券时,必须将依法公开的各种资料完全、准确地向主管机关呈报申请注册并公诸于众,主管机关依据信息公开原则,对申报文件的全面性、真实性、准确性和及时性作形式审查,经过法定期间,主管机关若无异议,申请即自动生效。注册制遵循公开管理原则,其核心是只要证券发行人提供的材料不存在虚假、误导或者遗漏,即使该证券没有任何投资价值,证券主管机关也无权干涉,因为自愿上当被认为是投资者不可剥夺的权利,最主要的代表国家是美国。

2. 核准制

核准制是指发行人在发行股票时不仅要充分公开企业的真实状况,而且必须符合有关法律和证券管理机关规定的必备条件,证券主管机关有权否决不符合规定条件的股票发行申请。核准制遵循实质管理原则,强调主管机构在证券发行尤其是股票发行中的"把关"作用。核准制广泛实行于欧洲大陆国家和证券市场发育不够成熟的发展中国家。我国曾于2001年3月正式实行证券发行核准制。

3. 保荐制

保荐制是指由保荐机构及其保荐代表人负责发行人证券发行上市的推荐和辅导,尽职调查核实公司发行文件资料的真实性、准确性和完整性,协助发行人建立严格的信息披露制度。我国于2004年2月起在核准制下实施保荐制,强化了保荐人的责任,提高了上市公司信息披露的质量,有助于保护投资者的利益。促进了证券市场的健康发展,增强了市场的透明度和公平性。

保荐制度主要包括以下内容:①发行人申请首次公开发行股票并上市、上市公司发行新股、可转换公司债券或公开发行法律、行政法规规定实行保荐制度和其他证券的,应当聘请具有保荐资格的机构担任保荐机构。中国证监会或证券交易所只接受由保荐机构推荐的发行或上市申请文件。②保荐机构及保荐代表人应当尽职调查,对发行人申请文件、信息披露资料进行审慎核查,向中国证监会、证券交易所出具保荐意见,并对相关文件的真实性、准确性和完整性负连带责任。③保荐机构及其保荐代表人对其所推荐的公司上市后的一段期间负有持续督导义务,并对公司在督导期间的不规范行为承担责任。④保荐机构要建立完备的内部管理制度。⑤中国证监会对保荐机构实行持续监管。

中国香港首先在其创业板市场实行保荐人制度,而且保荐是针对于上市环节而言,又称"上市保荐人"。香港联交所在审核企业上市申请时,首先强调信息披露,但是同时也非常倚重保荐人,原因是在香港上市的公司中相当大比例的公司的注册地及主要业务都在香港境外,核实有关资料(包括发起人的资历)必须依靠中介机构,尽量减少企业诈骗。

 延伸阅读9-5

全面实施注册制

2023年2月17日,中国证监会发布全面实行股票发行注册制相关制度规则,自公布之日起施行。证券交易所、全国股转公司、中国结算、中证金融、证券业协会配套制度规则同步发布实施。

全面实行注册制是涉及资本市场全局的重大改革。在各方共同努力下,科创板、创业板和北交所试点注册制总体上是成功的,主要制度规则经受住了市场检验,改革成效得到了市场认可。这次全面实行注册制制度规则的发布实施,标志着注册制的制度安排基本定型,标志着注册制推广到全市场和各类公开发行股票行为,在中国资本市场改革发展进程中具有里程碑意义。

此次发布的制度规则共165部,其中证监会发布的制度规则57部,证券交易所、全国股转公司、中国结算等发布的配套制度规则108部。内容涵盖发行条件、注册程序、保荐承销、重大资产重组、监管执法、投资者保护等各个方面。主要内容包括:一是精简优化发行上市条件。坚持以信息披露为核心,将核准制下的发行条件尽可能转化为信息披露要求。各市场板块设置多元包容的上市条件。二是完善审核注册程序。坚持证券交易所审核和证监会注册各有侧重、相互衔接的基本架构,进一步明晰证券交易所和证监会的职责分工,提高审核注册效率和可预期性。证券交易所审核过程中发现重大敏感事项、重大无先例情况、重大舆情、重大违法线索的,及时向证监会请示报告。证监会同步关注发行人是否符合国家产业政策和板块定位。同时,取消证监会发行审核委员会和上市公司并购重组审核委员会。三是优化发行承销制度。对新股发行价格、规模等不设任何行政性限制,完善以机构投资者为参与主体的询价、定价、配售等机制。四是完善上市公司重大资产重组制度。各市场板块上市公司发行股份购买资产统一实行注册制,完善重组认定标准和定价机制,强化对重组活动的事中事后监管。五是强化监管执法和投资者保护。依法从严打击证券发行、保荐承销等过程中的违法行为。细化责令回购制度安排。此外,全国股转公司注册制有关安排与证券交易所总体一致,并基于中小企业特点作出差异化安排。

资料来源:每日经济新闻.重磅!全面注册制,正式实施![EB/OL].(2023-02-17)[2024-04-07].https://baijiahao.baidu.com/s?id=1758072973663063593&wfr=spider&for=pc.

9-3 证监会详解新证券法十大亮点

(四)证券发行条件

并不是所有市场参与者的证券发行意愿都能满足。无论是股票发行还是债券发行,都必须满足证券监管当局和有关部门规定的条件。

1. 股票发行条件

股票发行主要分为首次公开发行、增资发行和配股发行,而每一种情况下要求达到的发行条件是不一样的。

首次公开发行(initial public offering,IPO),即股份有限公司第一次将它的股份向公众出售的发行方式。

增资发行是指上市公司为了扩大投资、新上项目等通过增发新股的方式筹集资金。股份有限公司申请增资发行股票,除应当符合首次公开发行的条件外,还需满足其他的条件。

配股发行是指上市公司在获得有关部门的批准后,向其现有股东提出配股建议,使现有股东可按其所持股份的比例认购配售股份的行为,也是上市公司发行新股的方式。配股时原有股东具有优先认股权,可以低于市场价值的价格优先购买一部分新发行的股票。配股发行具有实施时间短、操作简单、成本较低等优点,同时是改善上市公司财务结构的一种手段。另外,必须符合相关条件才能给股东配股。

各种股票发行都应该满足我国《中华人民共和国公司法》《中华人民共和国证券法》规定的条件。相关发行条件具体如表9-1所示。

表 9-1　　　　　　　　　　　　　股票发行条件

股票发行方式	发行条件	主要依据
首次公开发行（IPO）	①发行人是依法设立且持续经营三年以上的股份有限公司,具备健全且运行良好的组织机构,相关机构和人员能够依法履行职责;②发行人会计基础工作规范,财务报表的编制和披露符合企业会计准则和相关信息披露规则的规定,在所有重大方面公允地反映了发行人的财务状况、经营成果和现金流量,最近三年财务会计报告由注册会计师出具无保留意见的审计报告;③发行人内部控制制度健全且被有效执行,能够合理保证公司运行效率、合法合规和财务报告的可靠性,并由注册会计师出具无保留结论的内部控制鉴证报告;④发行人业务完整,具有直接面向市场独立持续经营的能力;⑤发行人生产经营符合法律、行政法规的规定,符合国家产业政策	《首次公开发行股票注册管理办法》,若申请上市还需符合《上海证券交易所股票上市规则》《上海证券交易所科创板股票上市规则》
增资发行（上市公司向不特定对象发行股票）	①具备健全且运行良好的组织机构;②现任董事、监事和高级管理人员符合法律、行政法规规定的任职要求;③具有完整的业务体系和直接面向市场独立经营的能力,不存在对持续经营有重大不利影响的情形;④会计基础工作规范,内部控制制度健全且有效执行,财务报表的编制和披露符合企业会计准则和相关信息披露规则的规定,在所有重大方面公允反映了上市公司的财务状况、经营成果和现金流量,最近 3 年财务会计报告被出具无保留意见审计报告;⑤除金融类企业外,最近一期末不存在金额较大的财务性投资;⑥交易所主板上市公司配股、增发的,应当最近 3 个会计年度盈利;增发还应当满足最近 3 个会计年度加权平均净资产收益率平均不低于 6%;净利润以扣除非经常性损益前后孰低者为计算依据	《上海证券交易所股票上市规则》《上海证券交易所科创板股票上市规则》等

2．债券发行的条件

债券发行涉及政府债券、公司债券、企业债券、金融债券等多种债券发行。我国政府债券发行依据的主要是 1992 年国务院发布的《中华人民共和国国库券条例》,该条例除规定"每年国库券的发行数额、利率、偿还期等,经国务院确定后,由财政部予以公告"外,未就国库券发行的条件做具体规定。

下面主要介绍我国公司债券、企业债券、金融债券的主要发行条件。

（1）公司债券发行条件。根据新实施的《公司债券发行与交易管理办法》第十四条规定,公司公开发行公司债券,应当符合下列条件:①具备健全且运行良好的组织机构;②最近三年平均可分配利润足以支付公司债券一年的利息;③具有合理的资产负债结构和正常的现金流量;④国务院规定的其他条件。

公开发行公司债券,由证券交易所负责受理,审核,并报中国证监会注册。

（2）企业债券发行条件。根据新实施的《企业债券管理条例》第十二条规定,企业发行企业债券必须符合下列条件:①企业规模达到国家规定的要求;②企业财务会计制度符合国家规定;③具有偿债能力;④企业经济效益良好,发行企业债券前连续三年盈利;⑤所筹资金用途符合国家产业政策。

三、证券交易市场

证券交易市场也称证券流通市场、二级市场、次级市场,是指对已经发行的证券进行买卖、转让和流通的市场。证券交易市场是买卖证券的场所,它为证券发行后证券所有权的转移提供了条件。证券交易市场分为两大类:一类是大型、活跃而有秩序的场内交易,即在证券交易所内进行的交易;另一类是没有固定地点的场外交易,大多是电话中成交。

(一) 证券上市及其意义

证券上市是指发行人的股票、债券等按照法定条件和程序,在证券交易所或其他依法设立的证券交易场所公开挂牌交易的行为,即赋予某种证券在某个证券交易场所进行交易的资格。

证券上市对于投资者和上市公司而言,都具有十分重要的意义。对于上市公司而言,证券上市有利于筹集更多的资金,提高上市公司的信誉和知名度;促进上市公司改善经营管理,进一步增强上市公司的筹资能力。

对投资者来说,证券上市方便投资者进行证券投资,更好地进行投资决策,有利于减少投资风险,降低投资成本。当然,证券上市也有利于证券管理者对上市公司的监管,以保障广大投资者合法权益,促进证券市场的健康发展。因此,证券上市是连接证券发行与证券场内交易的桥梁。证券上市确立了证券交易所与上市公司之间的自律监管关系。

(二) 证券交易层次

证券交易的组织层次按场所分,分为场内交易和场外交易。场内交易是指在证券交易所内进行的有组织的交易;场外交易是指在证券交易所之外进行的交易,目前主要是柜台市场和无形市场两类。

1. 场内交易市场

场内交易即证券交易所交易。**证券交易所**是有组织的、集中交易已发行证券的场所。它是证券交易市场的核心,在多数国家它还是全国唯一的证券交易场所。证券交易所接受和办理符合条件的证券上市买卖,投资者则通过证券商在证券交易所进行证券买卖。证券交易所有固定的交易场所和交易时间,一般实行公开竞价原则决定证券价格。

证券交易所本身不参与证券买卖,也不决定证券的价格。它是作为一个服务机构和自律机构而存在的。它的功能主要有:①为买卖双方公开交易证券的场所;②为投资者提供多种服务,随时向投资者提供关于在交易所挂牌上市的证券交易情况,如成交价格和数量等;③提供发行证券企业公布的财务情况,供投资者参考;④交易所制定各种规则,对参加交易的经纪人和自营商进行严格管理;⑤对证券交易活动进行监督,防止操纵市场、内幕交易、欺诈客户等违法犯罪行为的发生;⑥完善各种制度和设施,以保证正常交易活动持续、高效地进行。

证券交易所一般有两种组织形式:会员制和公司制。会员制交易所是由会员(经纪人或自营商)自愿组成的,不以营利为目的的组织。该组织可以是法人组织,如日本和中国的证券交易所;也可以是非法人组织,如美国的证券交易所。公司制交易所是由股东出资组成的股份有限公司,它以盈利为目的,并由股东选举董事会进行管理,如英国的证券交易所是典型代表。

我国目前在内地主要的证券交易所是上海证券交易所、深圳证券交易所和北京交易所。而随着 2014 年"沪港通"的实现,香港证券交易所目前也成为内地投资者常去之处。

2. 场外交易市场

广义上来说，凡是在证券交易所之外进行证券交易形成的市场都可以称为场外交易市场，是通过电话、计算机等建立起来的无形网络。由证券买卖双方当面议价成交，它没有固定的场所，其交易主要利用电话进行，交易的证券以不在交易所上市的证券为主，在某些情况下也对在证券交易所上市的证券进行场外交易（例如为退市的证券提供买卖的场所）。

场外交易市场中的证券商兼具证券自营商和代理商的双重身份。作为自营商，他可以把自己持有的证券卖给顾客或者买进顾客的证券，赚取买卖价差；作为代理商，又可以客户代理人的身份向别的自营商买进卖出证券。

根据具体情况不同，场外交易市场又可以分为：

（1）柜台交易市场。柜台交易市场指在交易所外通过证券商（证券公司）所设的专门柜台进行证券买卖的市场，又称为店头交易市场。

（2）无形市场。近年来，国外一些场外交易市场发生很大变化，它们大量采用先进的电子化交易技术，使市场覆盖面更加广阔，市场效率有很大提高。无形市场主要通过计算机、电话、电信方式进行证券交易，实际上是证券交易的一个电信网络。这种市场交易，只涉及买卖双方，没有经纪人，而且买卖双方不见面，只是通过电信方式协议定价，成交价格不公开。因为它没有集中的地点和有形的场所，不受政府证券部门的监管，是一种无组织的分散市场。

（3）银行间债券交易市场。银行间债券交易市场是指依托于中国外汇交易中心暨全国银行间同业拆借中心（简称同业中心）和中央国债登记结算公司（简称中央结算公司）、银行间市场清算所股份有限公司（上海清算所），主要是商业银行、保险公司、证券公司等金融机构进行债券买卖和回购的市场。经过近几年的迅速发展，银行间债券市场目前已成为我国债券市场的主体部分。大部分记账式国债、政策性金融债券、中央银行票据、企业债券等都在该市场发行并上市交易。

银行间债券交易市场的主要职能是：提供银行间外汇交易、人民币同业拆借、债券交易系统并组织市场交易；办理外汇交易的资金清算、交割，负责人民币同业拆借及债券交易的清算监督；提供网上票据报价系统；提供外汇市场、债券市场和货币市场的信息服务；开展经人民银行批准的其他业务。

1997年6月，中国人民银行决定在全国银行间同业拆借中心开办银行间债券交易业务。由此，中国银行间债券市场正式建立。2018年10月16日，为促进银行间债券市场平稳健康发展，强化货币市场风险防控，助力打赢防范化解重大风险攻坚战，在银行间债券市场正式推出三方回购交易。

（三）证券交易程序及交易规则

1. 证券交易程序

不同证券的买卖，其交易程序不完全一样。下面我们以A股交易为例进行说明。

（1）开立账户。投资者要进行证券交易，首先要开设证券账户和资金账户。证券账户用来记载投资者所持有的证券种类、数量和相应的变动情况，资金账户则用来记载和反映投资者买卖证券的货币收付和结存数额。上交所实行全面指定交易制度，深交所实行托管券商制度。开立证券账户和资金账户后，投资者买卖证券所涉及的证券、资金变化就会从相应的账户中得到反映。

（2）委托买卖。在证券交易市场，投资者买卖证券是不能直接进入交易所办理的，而必须通过证券交易所的会员来进行。换而言之,投资者需要通过经纪商的代理才能在证券交易所买卖证券。投资者向经纪商下达买进或卖出证券的指令,称为"委托"。开户后,投资者就可以在证券营业部办理证券委托买卖。

投资者下达委托指令时应该告知买卖方向、数量、交易对象、价格等。委托指令的下达有多种方式,如柜台委托、电话委托、网上委托等。

9-4 中国证监会关于高质量发展北京证券交易所的意见

(3) 竞价成交。竞价成交按照一定的竞争规则进行,其核心内容是"价格优先、时间优先"原则。价格优先原则是在买进证券时,较高的买进价格申报优先于较低的买进价格申报;卖出证券时,较低的卖出价格申报优先于较高的卖出价格申报。时间优先原则要求当存在若干相同价格申报时,应当由最早提出该价格申报的一方成交。即同价位申报,按照申报时序确定优先顺序。

我国证券交易所有两种竞价方式,即在每日开盘前采用集合竞价方式,在开盘后的交易时间里采用连续竞价方式。

(4) 清算交割。清算是指买卖股票的数量和金额分别予以抵消,然后通过证券交易所交割净差额股票或款项的一种程序。清算工作由证券交易所组织完成,各证券商都以交易所为中介来进行清算。交割是指买方向卖方交付价款而卖方向买方交付证券。交割后钱货两清,整个交易过程结束。至于成交后相隔多长时间可以交割,各国证券交易所规定不同。有当日 24 小时内可以交割的,有第二个营业日交割的等。如我国上海、深圳两个证交所规定,A 股实行 T+1 交割,B 股实行 T+3 交割。

(5) 过户。过户是证券交易的最后一个阶段,即投资者从证券交易市场买进股票后,到该股票的上市公司办理变更持有人姓名的手续。过户的方法很简单,但十分重要。只有过户后投资者才能获得相应的权益,如分红、支付股息等。事实上,由于现在证券交易的无纸化,清算交割的同时即完成了过户手续。

2. 证券交易规则

为了维护证券交易,必须遵循公开、公平、公正的原则。各种证券市场涉及的股票、债券、基金等交易,必须按照相应的规则进行。以下是目前我国主板市场的主要交易规则:

(1) T+1 交割,T+1 结算。交易双方在第二天完成与交易相关的证券和付款,即买方收到证券,卖方收到付款。上海证券交易所和深圳证券证券交易所均对 A 股实行 T+1 结算。

(2) 涨跌幅限制。为抑制过度投机,防止市场过度大幅涨跌,证券交易所在前一交易日收盘价的基础上,规定了证券当日交易价格的波动幅度。现如今上海和深圳证券交易所主板实行 10% 的价格限制,创业板实行 20% 的价格限制,ST 股和 *ST 股涨跌幅度为 5%。科创板无涨跌幅限制。

(3) 交易时间。目前我国股市的开市时间为周一至周五,连续竞价时间为 9:30 至 11:30,13:00 至 15:00。(有的交易所是 14:57,最后三分钟是集合竞价时间。)

(4) 竞价成交。以北京时间为准,集合竞价拍卖时间是 9:15~9:25,可以保留订单,但不能在 9:25 之后保留订单,9:30 之后才可以自由交易。

(5) 交易数量。通过竞价交易买入股票、基金、权证的,申报数量应当为 100 股(份)或其整数倍。卖出股票、基金、权证时,余额不足 100 股(份)的部分,应当一次性申报卖出。竞价交易中,债券交易的申报数量应当为 1 手或其整数倍,股票、基金、权证交易单笔申报最大数量应当不超过100万股(份),债券交易和债券质押式回购交易单笔申报最大数量应当不超过10万手。

(四)证券交易方式

证券交易方式可以按照不同的角度来认识。根据交易合约的签订与实际交割之间的关系,证券交易的方式有现货交易、远期交易、期货交易和期权交易。在短期资金市场,结合现货交易和远期交易的特点,存在着证券回购交易。如果投资者买卖证券时允许向经纪商融资或融券,则发生信用交易。常见的证券交易方式主要有以下几种。

1. 现货交易

现货交易是指证券买卖双方在成交后1~3个营业日内办理交割手续,买入者付出资金并得到证券,卖出者交付证券并得到资金。所以,现货交易的特征是"一手交钱,一手交货",即以现款买现货方式进行交易。这是最基本、最常见也是最古老的交易方式。

2. 期货交易

期货交易是相对于现货交易而言的。在期货交易中,买卖双方就买卖证券的数量、成交的价格及交割时间达成协议。比如,买卖双方今日签订股票买卖合约而约定30日后履行交易就是期货交易。有关期货交易的具体内容将在下一节详细介绍。

3. 期权交易

期权交易在本质上来讲是一种选择权交易,指期权的买方向卖方支付一定数额的期权费后,有权在一定时间内以一定的价格(执行价格)出售或购买一定数量的标的物(实物商品、证券或期货合约)。对期权的买方来说,期权赋予给买方的只有权利,而没有任何的义务;买方拥有行使买入或卖出标的物的权利,也可以放弃行使权利。此时买方只是损失期权费,同时,卖方则赚取期权费。对期权的卖方来说,只有履行期权合约的义务,而没有任何的权利。期权的买方行使权利时,卖方必须按期权合约规定的内容履行义务。有关期权交易的具体内容将在下一节详细介绍。

4. 信用交易

信用交易又称保证金交易或垫头交易,是指证券交易的当事人在买卖证券时,只向证券公司交付一定的保证金,或者只向证券公司交付一定的证券,而由证券公司提供融资或者融券进行交易。因此也称为"融资融券交易"。

信用交易具体分为融资买进和融券卖出两种。客户在买卖证券时仅向证券公司支付一定数额的保证金或交付部分证券,其应当支付的价款和应交付的证券不足时,由证券公司进行垫付,而代理进行证券的买卖交易。其中,融资买入证券为"买空",融券卖出证券为"卖空"。

信用交易具有重要的意义。信用交易可以创造供给及需求,以满足投资人运用财务杠杆获取更大利润的欲望;故证券信用交易不仅能够满足投资人需求,更具有活跃股市,增加证券买卖连续性及调节市场供需,稳定证券价格等重要作用。但由于信用交易基本上是以追求短期价差利润为目的,因此本质上具有投机色彩,难免造成涨时助涨,跌时助跌的弊端。因此为了避免对证券市场造成剧烈波动,必须对信用交易进行适当的监督管理。

我国过去是禁止信用交易的。2005年10月重新修订后的《中华人民共和国证券法》(以下简称《证券法》)取消了证券公司不得为客户交易融资融券的规定。随后,中国证监会发布

《证券公司融资融券业务试点管理办法》,上海证券交易所和深圳证券交易所也公布了融资融券交易试点的实施细则。2010年3月31日,市场期盼已久的根据《证券公司融资融券业务试点管理办法》的规定,融资融券业务终于成功开闸。

融资融券业务的开展对于活跃我国的股市起到了重要的作用。但由于其具有杠杆效应,因此带来的风险也不可忽视,甚至也加剧了股票市场的波动性。尤其是2015年我国的股市波动,都与融资融券交易有一定的关系,特别是场外的配资公司起到了很大的推波助澜的作用。

相关案例9-1

信用交易分析

我们假定某顾客有资本10万元,他预计A股票的价格将要上涨,于是他按照日前每股100元的市价用自有资本购入1 000股,过了一段时间后,A股票的价格果然从100元上升到200元,1 000股A股票的价值就变成20万元(200元×1 000股),客户获利10万元,其盈利与自有资本比率为100%。如果,该客户采用信用交易方式,将10万元资本作为保证金支付给证券公司,再假定保证金比率为50%(即支付50元保证金,可以购买价值100元的证券),这样客户便能购买A股票2 000股,当价格如上述所上涨后,2 000股A股票价值便达到40万元,扣除证券公司垫款10万元和资本金10万元后,可获得20万元(有关的利息、佣金和所得税暂且不计),盈利与自有资本之比率为200%,显然采用信用交易,可以给客户带来十分可观的利润。但是,如果股票行市未按客户预料的方向变动,那么采用信用交易给客户造成的损失同样也是巨大的。

(五) 股票价格及股票价格指数

1. 股票价格

广义上说股票价格有很多,包括股票的理论价格、发行价格、交易价格等。在股票投资活动中,经常运用的是股票交易价格(即股票行市),此为狭义的股票价格。

(1) 股票的理论价格。股票的理论价格即指为了获得股息、红利收入的请求权而付出的代价,就是股息资本化的表现。基本的股票理论定价公式为:

$$V = \frac{D_1}{(1+r)^1} + \frac{D_2}{(1+r)^2} + \frac{D_3}{(1+r)^3} + \cdots\cdots + \frac{D_n}{(1+r)^n} + \frac{P_n}{(1+r)^n} \quad (9-3)$$

式中:V表示股票的理论价值;D_n表示第n年期望股息;r表示利率;n表示持有年数;P_n表示第n年末股票出售价格。

股票的理论价格不同于股票的交易价格(市场价格),甚至两者有相当大的差距。股票交易价格最大的特点是事先不确定,且总是处在不断变动之中。这与其票面价值、账面价值、理论价格、发行价格都不同。

(2) 股票价格的影响因素。事实上,股票价格波动受很多因素影响,而且相当复杂。股票的供求关系、经济动态、通货膨胀率、公司所处行业、公司自身状况、投机因素、国内外的经济、政治等,都对股票交易价格产生影响。要想做好股票投资,就必须对宏观经济、上市股票所处行业及公司的各种表现进行全面的分析。

2. 股票价格指数

为了判断整个市场股价波动的总趋势及其幅度,必须借助于股票价格指数。**股票价格指数**简称为股价指数,是反映股票市场上各种股票价格整体变动情况的指标,通常用点数表示。它通常由证券交易所或专门的金融服务机构编制。

编制股价指数主要采用简单平均法或加权平均法。通常以某年某月为基础,以这个基期的股票价格作为100,用以后各时期的股票价格和基期价格比较,计算出升降的百分比,就是该时期的股价指数。投资者根据指数的升降,可以判断出股票价格的变动趋势。

世界各国(地区)的证券交易所都会编制并发布股票价格指数。比较著名的股价指数有道琼斯指数、纳斯达克指数、伦敦金融时报指数、日经指数、香港恒生指数等。我国的股价指数主要有:上证综合指数、深证成分指数、中小板指数、上证50指数、上证180指数、沪深300指数等。股价指数看起来很多,其实编制原理基本一样,只是样本不同而已。

四、我国的多层次资本市场

在资本市场上,不同的投资者与融资者都有不同的规模大小与主体特征,存在着对资本市场金融服务的不同需求。投资者与融资者对投融资金融服务的多样化需求决定了资本市场应该是一个多层次的市场体系。我国资本市场从20世纪90年代发展至今,经历了审批制、核准制的发行制度,目前全面实现了股票、债券发行的注册制。形成了以主板、创业板、科创板和北交所(新三板精选层)为主的多层次资本市场体系,我国资本市场体系具体如图9-6所示。分别服务于成熟期大型企业、成长型创新创业企业、"硬科技"企业和创新型中小企业等不同发展阶段的实体企业。根据中央金融工作会议精神,未来我国将进一步以提升对实体经济的服务质效为目的,从提升发行审核效率、加强信息披露监管、为重点支持领域开通"绿色通道"等方面继续优化资本市场的枢纽功能。

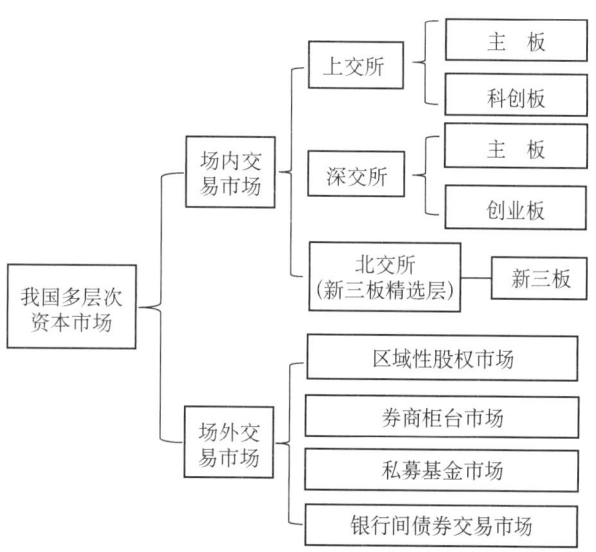

图9-6 我国目前多层次资本市场构成

1. 主板市场

主板市场也称为一板市场,指传统意义上的证券市场(通常指股票市场),是一个国家或地区证券发行、上市及交易的主要场所。主板市场是资本市场中最重要的组成部分,很大程度上能够反映经济发展状况,有"国民经济晴雨表"之称。主板市场对发行人的营业期限、股本大小、盈利水平、最低市值等方面的要求标准较高,上市企业多为大型成熟企业,具有较大的资本规模以及稳定的盈利能力。在我国内地,主板市场主要指上交所和深交所。

2004年5月,经国务院批准,中国证监会批复同意深圳证券交易所在主板市场内设立中小企业板块,从资本市场架构上也从属于主板市场。

作为我国多层次资本市场体系的重要组成部分,深交所主板和中小板在扩大直接融资、服务实体经济、支持中小企业发展等方面发挥了积极作用。

2021年2月,中国资本市场全面深化改革又出了一项重要举措:证监会正式批复深交所

9-5 上海证券交易所交易规则

合并主板与中小板。中小企业板设立的初衷是为之后设立创业板积累经验。经过17年的发展,中小板的历史使命早已完成。如今,创业板早已稳定运行多年,并于2020年8月推行注册制。深交所主板和中小板的合并会使得我国多层次资本市场各个板块的定位更加清晰,沪深交易所的市场定位也更加明确,利于均衡沪深两市板块配置。

2. 二板市场

二板市场又称为创业板市场,地位次于主板市场,以NASDAQ市场为代表,在中国特指深圳创业板。它在上市门槛、监管制度、信息披露、交易者条件、投资风险等方面和主板市场有较大区别。其目的主要是扶持中小企业,尤其是高成长性企业,为风险投资和创投企业建立正常的退出机制,为自主创新国家战略提供融资平台,为多层次的资本市场体系建设添砖加瓦。

3. 新三板市场

三板市场正式名称为"代办股份转让系统",于2001年7月16日正式开办,主要为非上市公司代办股份转让,也为上市公司退市后继续流通提供场所。2006年年初,北京中关村科技园区建立新的股份转让系统,因与"老三板"标的明显不同,被形象地称为"新三板"。2012年试点6年的新三板市场正式扩容,从北京中关村扩大到上海、天津、武汉等高新区。2013年1月16日全国中小企业股份转让系统正式揭牌运营,目前已经国务院批准设立为全国性证券交易场所。新三板市场与主板、创业板形成明确分工,旨在为处于初创期、盈利水平不高的中小企业提供资本市场服务。

2021年9月3日,北京证券交易所正式注册成立。11月15日,北交所正式开市,81家公司登陆北交所,成为首批上市公司。其中10家为新股上市,71家来自新三板原精选层存量公司平移。

北京证券交易所是经国务院批准设立的中国第一家公司制证券交易所,遵循《中华人民共和国证券法》《中华人民共和国公司法》的基本要求,建立股东会、董事会、总经理和监事会运行机制,形成高效透明的公司治理结构。

北京证券交易所主要是在新三板精选层基础上发展而来。坚持服务创新型中小企业的市场定位,尊重创新型中小企业发展规律和成长阶段,提升制度包容性和精准性。另外,处理好"两个关系"。一是北京证券交易所与沪深交易所、区域性股权市场坚持错位发展与互联互通,发挥好转板上市功能;二是北京证券交易所与新三板现有创新层、基础层坚持统筹协调与制度联动,维护市场结构平衡。

4. 科创板市场

科创板于2018年11月5日宣布设立,是独立于现有主板市场的新设板块,并在该板块内进行注册制试点。2019年7月22日科创板正式开板,首批25家上市公司于科创板上市。在上交所新设科创板,坚持面向世界科技前沿、面向经济主战场、面向国家重大需求,主要服务于符合国家战略、突破关键核心技术、市场认可度高的科技创新企业;重点支持新一代信息技术、高端装备、新材料、新能源、节能环保以及生物医药等高新技术产业和战略性新兴产业,推动互联网、大数据、云计算、人工智能和制造业深度融合,引领中高端消费,推动质量变革、效率变革、动力变革。

设立科创板并试点注册制是提升服务科技创新企业能力、增强市场包容性、强化市场功能的一项资本市场重大改革举措。它通过发行、交易、退市、投资者适当性、证券公司资本约束等新制度以及引入中长期资金等配套措施,增量试点、循序渐进,新增资金与试点进展同步匹配,力争在科创板实现投融资平衡、一二级市场平衡、公司的新老股东利益平衡,并促进现有市场形成良好预期。

设立科创板是落实创新驱动和科技强国战略、推动高质量发展、支持上海国际金融中心和科技创新中心建设的重大改革举措,是完善资本市场基础制度、激发市场活力和保护投资者合法权益的重要安排。在这样的市场定位下,科创板要顺利落地生根、茁壮成长,很关键的一点是要打好"创新牌"。从市场功能看,科创板应实现资本市场和科技创新更加深度的融合。科技创新具有投入大、周期长、风险高等特点,间接融资、短期融资在这方面无法满足这类企业资金需求,科技创新离不开长期资本的引领和催化。资本市场对于促进科技和资本的融合、加速创新资本的形成和有效循环具有至关重要的作用。设立科创板,补齐资本市场服务科技创新的短板,是科创板肩负的重要使命。

5. 四板市场

四板市场即区域性股权交易市场,是指为特定区域内的企业提供股权、债权的转让和融资服务的私募市场。它是我国多层次资本市场的重要组成部分。它对于促进企业特别是中小微企业股权交易和融资,鼓励科技创新和激活民间资本,加强对实体经济薄弱环节的支持,具有积极作用。

目前全国建成并初具规模的区域性股权交易市场有:天津股权交易所、齐鲁股权交易中心、青岛蓝海股权交易中心、上海股权托管交易中心、青海股权交易中心等股权交易市场。

从图9-6可见,目前我国资本市场设置了主板、科创板、创业板等多层次结构,看似能够为大型企业、中小企业、创业企业等各种类型的企业提供资本市场服务。然而创业板的实际审核条件也很高,对于大量创业中的企业来说,还是可望不可及。经过30多年的发展,我国资本市场逐步完善,逐步解决企业融资难等问题,取得了有目共睹的成绩,但仍需要进一步完善。健全多层次资本市场体系,推进资本市场全方位改革,进一步提升多层次资本市场的包容性、覆盖面。未来我国将形成股权与债权、场内与场外、现货与期货、公募与私募有机联系、错位发展的多层次现代资本市场体系。

9-6 努力建设中国特色现代资本市场

延伸阅读9-6

开板五周年　八条措施推动科创板改革再出发

开板五周年之际,"试验田"科创板改革再出发。6月19日,证监会发布《关于深化科创板改革　服务科技创新和新质生产力发展的八条措施》(以下简称《八条措施》),进一步深化改革,提升对新产业新业态新技术的包容性,发挥资本市场功能,更好服务中国式现代化大局。

据介绍,《八条措施》聚焦强监管防风险促进高质量发展主线,坚持稳中求进、综合施策,目标导向、问题导向,尊重规律、守正创新的原则,在市场化法治化轨道上推动科创板持续健康发展。

一是强化科创板"硬科技"定位。严把入口关,优先支持新产业新业态新技术领域突破关键核心技术的"硬科技"企业在科创板上市。进一步完善科技型企业精准识别机制。支持优质未盈利科技型企业在科创板上市。

二是开展深化发行承销制度试点。优化新股发行定价机制,试点调整适用新股定价高价剔除比例。完善科创板新股配售安排,提高有长期持股意愿的网下投资者配售比例。加强询报价行为监管。

三是优化科创板上市公司股债融资制度。建立健全开展关键核心技术攻关的"硬科技"企业股债融资、并购重组"绿色通道"。探索建立"轻资产、高研发投入"认定标准。推动再融资储架发行试点案例率先在科创板落地。

四是更大力度支持并购重组。支持科创板上市公司开展产业链上下游的并购整合。提高并购重组估值包容性，支持科创板上市公司收购优质未盈利"硬科技"企业。丰富并购重组支付工具，开展股份对价分期支付研究。支持科创板上市公司聚焦做优做强主业开展吸收合并。

五是完善股权激励制度。提高股权激励精准性，与投资者更好实现利益绑定。完善科创板上市公司股权激励实施程序，优化适用短线交易、窗口期等规定，研究优化股权激励预留权益的安排。

六是完善交易机制，防范市场风险。加强交易监管，研究优化科创板做市商机制、盘后交易机制。丰富科创板指数、ETF品类及ETF期权产品。

七是加强科创板上市公司全链条监管。从严打击科创板欺诈发行、财务造假等市场乱象，更加有效保护中小投资者合法权益。引导创始团队、核心技术骨干等自愿延长股份锁定期限。优化私募股权创投基金退出"反向挂钩"制度。严格执行退市制度。

八是积极营造良好市场生态。推动优化科创板司法保障制度机制。加强与地方政府、相关部委协作，常态化开展科创板上市公司走访，共同推动提升上市公司质量。深入实施"提质增效重回报"行动，加强投资者教育服务。

证监会表示，下一步，将按照稳中求进工作总基调，推动股票发行注册制走深走实，稳步推进深化科创板改革各项政策措施落实落地，动态评估优化相关制度规则，形成可复制可推广经验后，再平稳有序推向其他市场板块，持续深化资本市场服务高水平科技自立自强和新质生产力发展的功能。

资料来源：吴黎华.开板五周年 八条措施推动科创板改革再出发[EB/OL].(2024-06-20)[2024-06-21]. http://www.jjckb.cn/2024/06/20/c_1310778937.htm.

第四节 金融衍生工具市场

一、金融衍生工具含义及产生

(一) 金融衍生工具的含义

金融衍生工具是指在一定的原生性或基础性金融工具(如股票、债券、货币等)的基础上派生出来的金融工具。一般表现为载明买卖双方交易品种、价格、数量、交割时间和地点等内容的一种合约，其价值由作为标的物的基础性金融工具的价格决定。目前，在金融市场上运用最广泛的金融衍生工具有金融远期、金融期货、金融期权和金融互换。

现代金融衍生工具是伴随着世界经济发展环境的深刻变化以及风靡全球的金融创新发展起来的。同时，信息技术的进步对金融工程的发展起到物质上的支撑作用，为金融衍生工具的研究和其产品的开发提供了强有力的工具和手段。

(二) 金融衍生工具的产生

金融衍生工具的产生及迅速发展是20世纪70年代以后的事情。由于20世纪70年代的高通胀率及1973年布雷顿森林体系崩溃后各国纷纷实行浮动汇率制度，加上利率市场化改革在新兴工业国家推进，使规避通胀风险、汇率风险、利率风险成为金融交易的一项重要需求。同时，金融自由化浪潮推动各国放松金融管制，金融业之间的竞争相当激烈，加上技术的创新，这些都为金融衍生工具的迅速繁衍、发展提供了可能。

1972年出现了金融期货，由美国芝加哥商业交易所(CME)率先推出了英镑、加拿大元、日元等七种外汇期货。1973年4月，芝加哥期权交易所(CBOT)成立，正式推出了股票期权合约交易，标志着金融期权的产生。1975年芝加哥商业交易所首次引进了利率期货，

1982年又引进了股票指数期货交易。从此,金融衍生工具不断推陈出新。

二、金融衍生工具种类及特征

(一) 金融衍生工具种类

金融衍生工具按照不同的标准划分,有不同的种类:

(1) 按照基础工具的种类划分,有股权式金融衍生工具、货币金融衍生工具和利率金融衍生工具。

(2) 按照收益风险对称关系划分,分为交易双方收益风险对称的金融衍生工具和交换双方收益风险不对称的金融衍生工具。

(3) 按照金融衍生工具交易方式划分,有金融远期、金融期货、金融期权和金融互换。

金融远期是指合约双方同意在未来的一定日期按一定价格买卖金融资产的合约。

金融期货是指买卖双方在有组织的交易所内以公开竞价形式达成的,在将来某一特定时间交割标准数量特定金融工具的合约。

金融期权是指交易的买方有权按约定价格在约定日期内买卖某种金融工具的合约,也可以放弃行使自己的权利。

金融互换是指两个或两个以上当事人按共同商定的条件,在约定时间交换一定支付款项的金融交易。

(二) 金融衍生工具特征

金融衍生工具一般具有以下四个基本特征。

1. 跨期性

金融衍生工具是交易双方通过对利率、汇率、股价等因素变动趋势的预测,约定在未来某一时间按照一定条件进行交易或选择是否交易的合约。无论是哪一种金融衍生工具,都会影响交易者在未来一段时间内或未来某时点上的现金流,跨期交易的特点十分突出。这就要求交易双方对利率、汇率、股价等价格因素的未来变动趋势作出判断,而判断的准确与否直接决定了交易者的交易盈亏。

2. 杠杆性

金融衍生工具交易一般只需要支付少量的保证金或权利金就可签订远期大额合约或互换不同的金融工具。例如,若期货交易保证金为合约金额的5%~20%,则期货交易者可以控制约20倍于所投资金额的合约资产,实现以小搏大的效果。在收益可能成倍放大的同时,投资者所承担的风险与损失也会成倍放大,基础工具价格的轻微变动也许就会带来投资者的大盈大亏。金融衍生工具的杠杆效应一定程度上决定了它的高投机性和高风险性。

3. 高风险性

金融衍生工具的交易价格具有显著的不确定性。交易后果取决于交易者对基础工具未来价格的预测和判断的准确程度。基础工具价格的变幻莫测决定了金融衍生工具交易盈亏的不稳定性,这是金融衍生工具高风险性的重要诱因。基础金融工具价格不确定性仅仅是金融衍生工具风险性的一个方面。

4. 短期性

金融衍生工具的合约都有期限,从签署生效到失效这段时间称为存续期。一般来说,存续期都是短期性的,一般不超过1年,这点与股票、债券的期限不同。因为预测未来是件很困难的事情,预测长期更难。1年是比较合适的预测期限,大部分金融衍生工具合约期限是按照月份周期来设定或者按照季度周期来设定。

三、金融衍生工具功能

创设和交易金融衍生工具的市场就是金融衍生工具市场。总体来说,金融衍生工具主要体现出以下功能。

(一) 套期保值功能

套期保值是金融衍生工具最早具有的、最主要的功能。套期保值是指交易者为了配合现货市场的交易,而在期货等金融衍生工具市场进行与现货市场方向相反的交易,以便达到转移、规避价格变动风险的行为。套期保值是衍生工具产生的原动力。最早出现的衍生工具——远期合约,就是为适应农产品的交易双方出于规避未来价格波动风险的需要而创设的。其他衍生工具也是通过事先约定价格,实现标的物的保值目的。

(二) 投机套利功能

只要资产价格存在波动,就有投机套利的可能,投机的目的是获取价差。投机者通过对标的资产价格的预期,买卖金融衍生工具,期望在价格出现对自己有利的变动时对冲平仓获取利润。投机者与套期保值者不同的是,投机者的投机行为完全是一种买空卖空行为,他们没有也不需要在现货市场上拥有现货资产。当投机者预测资产价格会上升时,便做多头,买进期货等金融合约,并在价格涨到自己理想的价位时适时卖出合约平仓,从而获得价差收益。相反,当投机者预测资产价格会下跌时,做空头卖出期货等金融合约,并在价格下跌过程中适时买回相同的期货合约平仓,获取高卖低买的差价收益。

(三) 价格发现功能

金融衍生工具交易不同于现货交易,属于跨期交易。衍生工具通常是一些规范化、标准化合约,合约中载明买卖双方交易的品种、价格、数量、交割时间和地点等内容。交易品种的价格在合约签订时就已经确定,这个价格的确定是基于买卖双方对交易标的物的未来价格的预期。在衍生工具的存续期内,衍生工具的市场价格会伴随着交易者对交易标的物的未来价格预期的改变而波动。因此,如果市场竞争是充分和有效的,那么衍生工具的市场价格就是对标的物未来价格的事先发现,能够相对准确地反映交易者对标的物未来价格的预期。

四、金融衍生工具交易

(一) 金融远期交易

金融远期是指双方约定在未来的某一确定时间,按确定的价格买卖一定数量的某种金融资产的合约。在合约中规定在将来买入标的物的一方称为多方(多头),而在未来卖出标的物的一方称为空方(空头)。合约中规定的未来买卖标的物的价格称为交割价格(执行价格)。

在远期合约的有效期内,合约的价值随着相关资产市场价格的波动而变化。若合约到期时以现金结清的话,当市场价格高于执行价格(合约约定价格)时,应由卖方向买方按价差支付结算金额;如市场价格低于执行价格,则由买方向卖方支付金额。按照这样一种支付方式,远期合约的买卖双方可能形成的收益或损失都是无限大的,如图9-7所示。

远期合约最主要的特点是一种非标准化合约,因此它不在固定的交易所交易,而是在场外市场交易。在签署远期合约之前,双方可以就交割地点、交割时间、交割价格、合约规模、标的物的品质等细节进行谈判,协商确定以便尽量满足双方的需要。因此远期合约跟期货合约相比,灵活性较大,这也是远期合约的主要优点。

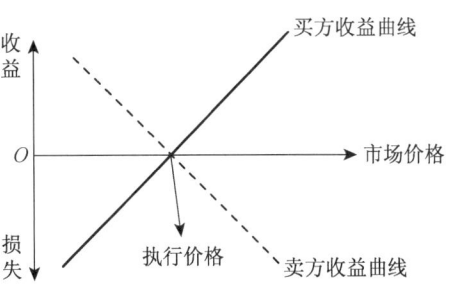

图9-7 远期合约买卖双方盈亏情况

但远期合约也有明显的缺点:首先,由于远期合约没有固定、集中的交易场所,不利于信息交流和传递,不利于形成统一的市场价格,市场效率较低;其次,由于每份远期合约千差万别,这就给远期合约的流通造成较大不便,因此远期合约的流动性较差;最后,远期合约的履约没有保证,当价格变动对一方有利时,对方有可能无力或无诚意履行合约,因此远期合约的违约风险较高。

金融远期合约主要有远期利率协议、远期外汇合约等。

(二) 金融期货交易

20世纪70年代初,西方国家出现了严重的通货膨胀,固定汇率制也被浮动汇率制所取代,国内外经济环境和体制安排的转变使经济活动的风险增大。这种情况反映到金融市场上就是利率、汇率和证券价格的急剧波动,原有的远期交易由于其流动性差、信息不对称、违约风险高等缺陷而无法满足人们急剧增长的需要,金融期货交易应运而生。

1. 金融期货的含义及特征

金融期货(financial futures)是指协议双方同意在约定的将来某个日期按约定的条件(包括价格、交割地点、交割方式)买入或卖出一定标准数量的某种金融工具的标准化合约。

金融期货交易具有如下显著的特征:

(1) 期货合约标准化。期货合约在合约规模、交割日期、交割地点等都是标准化的,即在合约上有明确的规定,无须双方再商定。交易双方所要做的唯一工作是选择适合自己的期货合约,并通过交易所竞价确定成交价格。价格是期货合约的唯一变量。

当然,这并不是说所有期货合约的交割月份、交割地点等都是一样的,同种金融工具的期货合约可以有不同的交割月份,但它是由交易所事先确定,并在合约中事先载明的,而不是由交易双方商定后载入合约的。

交易所还根据客户的需要规定各金融工具期货合约的交割月份,交易所必须指定在交割月份中可以进行交割的确切时间。对于许多期货合约来说,交割日期可以是整个交割月,具体在哪一天交割,由空方选择。

(2) 固定的交易所内交易。期货合约都在交易所进行,交易双方不直接接触,而是各自跟交易所的清算部或专设的清算公司结算。

清算公司充当所有期货买者的卖者和所有卖者的买者,因此交易双方无须担心对方违约,由于所有买者和卖者都集中在交易所交易,因此就克服了远期交易所存在的信息不对称和违约风险高的缺陷。

(3) 期货合约流动性强。期货合约的买者或卖者可在交割日之前采取对冲交易以结束其期货头寸(即平仓),而无须进行最后的实物交割。即在合约未到期前,合约的买方做一个反向操作。相当于买方把原来买进的期货卖掉,卖方可把原来卖出的期货买回,这就克服了远期交易流动性差的问题。由于通过平仓结束期货头寸比起实物交割既省事又灵活,因此目前大多数期货交易都是通过平仓来结清头寸的。据统计,最终进行实物交割的期货合约不到2%。

尽管如此,我们也不应忽视交割的重要性。正是因为具有最后交割的可能性,期货价格和标的物的现货价格之间才具有内在的联系。随着期货交割月份的逼近,期货价格收敛于标的资产的现货价格。当到达交割期限时,期货的价格等于或非常接近于现货的价格,不然的话,就存在无风险套利机会。而且有些金融期货,如标的物为股价指数的期货,在交割时是以现金结算的,这是因为直接交割标的物非常不方便或者是不可能的。

(4) 保证金制度。期货交易实行保证金交易,即期货交易中,买卖双方都必须在各自的经纪商开立保证金账户,存入一定比例的保证金。保证金分为初始保证金和维持保证金。初始保证金就是投资者开仓时存入的保证金,一般为期货合约价值的5%~20%。维持保证金是投资者平仓之前,投资者必须始终保留在保证金账户上的最低金额,它通常是初始保证金水平的75%。在投资者保证金账户中,超过初始保证金的部分,投资者可以支取。而一旦保证金余额低于维持保证金,投资者就应该在24小时内按照要求将保证金补足到初始保证金水平,否则会被经纪商强行平仓。

(5) 每日清算制度。期货交易是每天进行结算的,而不是到期一次性进行的,这是期货交易与其他交易方式最大的不同。也就是要在每个交易日结束时,根据当天的收盘价,将投资者的损益计入保证金账户,也称为逐日盯市制度。

相关思考9-5

金融远期合约与金融期货合约有何区别?

金融远期合约与金融期货合约都是一种先签合同未来再交割的衍生工具。但两者在很多方面都表现出不同。读者可以分别从各自的特点、交割方式、结算方式等进行比较。

2. 金融期货的种类

按期货标的物不同,金融期货可分为外汇期货、利率期货、股价指数期货和股票期货。

(1) 外汇期货。外汇期货也叫货币期货,是最早产生的金融期货,标的物是外汇(或可兑换货币),如美元、欧元、英镑、日元、澳元、加元等。外汇期货主要用于防范汇率波动风险,或者进行投机活动,以期望从汇率波动中获利。

【例题9-1】 某公司主营铸铁制成品向欧盟出口业务,采用美元结算。2020年3月5日签订城市街道井盖产品出口合同,合同价值700万美元,当时美元/人民币现汇汇率为7.142 9,预计6月初可以收到货款。由于人民币对美元处于升值趋势当中,该公司为规避风险,准备先买入人民币期货合约。每份期货合约的规模为100万美元。当时,6月到期的人民币期货合约价格为0.142 86美元。该公司买入50份6月到期的合约进行套期保值。

到6月份初,人民币对美元升值(即美元贬值),美元/人民币汇率达到6.871 2元。6月人民币期货合约价格上升到0.146 55美元。该公司采用外汇期货套期保值的结果如表9-2所示。

表 9-2　　　　　　　　　　　　外汇期货套期保值交易结果

国内现汇市场	期货市场
3月5日 人民币对美元的现汇汇率为 1美元＝7.142 9元人民币	3月5日 买入50份6月份到期的人民币期货合约,成交价为1元人民币＝0.142 86美元
6月5日 人民币对美元的现汇汇率为 1美元＝6.871 2元人民币	6月5日 卖出50份6月份交割的人民币期货合约,成交价为1元人民币＝0.146 55美元
盈亏: (6.871 2－7.142 9)×7 000 000＝ －1 901 900(元人民币)	盈亏: (0.146 55－0.142 86)×1 000 000×50＝184 500(美元) 折成人民币:184 500×6.871 2＝1 267 736(元人民币)

(2) 利率期货。利率期货是继外汇期货产生后的又一个金融期货品种。利率期货是指标的资产价格依赖于利率水平的期货合约,即标的物是一定数量的与利率相关的某种金融工具,主要是各种固定利率的有价证券,如长期国债期货、国库券期货和欧洲美元期货等。

利率期货主要是为了规避利率风险而产生。固定利率有价证券的价格受现行利率和预期利率的影响,价格变化与利率变化一般反向变动。

我国曾经在20世纪90年代推出过国债期货,但由于"327"国债期货事件于1995年关闭。2013年4月,经过多年的酝酿,证监会批准国债期货再次启动。2013年9月6日国债期货在中国金融期货交易所正式上市交易。

目前,中国金融期货交易所推出的债券期货品种越来越丰富,包括2年期国债期货、5年期国债期货、10年期国债期货。

相关案例9-2

令人疯狂流泪的"327国债期货"事件

1993年10月25日,北京商品交易所率先推出国债期货交易。同日,上海证券交易所也向全社会公众开放国债期货交易。"327"是国债期货合约的代号,对应1992年发行、1995年6月到期兑付的3年期国库券,该券发行总量是240亿元人民币。1994年10月以后,中国人民银行提高3年期以上储蓄存款利率和恢复存款保值贴补,国库券也同样进行保值贴补。保值贴补率的不确定性为炒作国债期货提供了空间,大量机构投资者由股市转入债市,在市场上多空双方对峙的焦点始终是围绕对"327"国债品种到期价格的预测。1992年3年期国库券到期的基础价格已经确定为128.5元,但到期的预测价格还受到保值贴补率和是否加息的影响,市场对此看法不一,多空双方在148元附近大规模建仓,导致国债期货市场行情火爆。

1995年2月"327"合约的价格一直在147.80～148.30元徘徊。1995年2月23日,提高"327"国债利率的传言得到证实,百元面值的"327"国债将按148.50元兑付。作为空方的上海万国证券公司和辽宁国发集团不愿坐以待毙,通过巨额做空来绝地反击。辽国发把几家关系户的空仓集中在海南某公司名下,通过无锡国泰期货经纪公司大量违规抛空,企图压低价格。但抛单都被多方吸收,"327"价格还是在上升。辽国发背弃盟友万国证券,突然倒戈,改做多头,企图继续抬高价格减少损失。"327"国债在1分钟内竟上涨了2元,10分钟后共上涨了3.77元。"327"国债每上涨1元,万国证券就要赔进十几个亿。按照它的持仓量和现行价位,一旦到期交割,它将要拿出60亿元资金。

毫无疑问,万国没有这个能力。其负责人管金生铤而走险,于当日16时22分13秒突然发难,砸出1 056万口(每口面值20 000元人民币的国债)卖单,把价位从151.30打到147.50元,使当日开仓的多头全线爆仓。这个行动令整个市场都目瞪口呆,若以收盘时的价格来计算,这一天做多的机构,包括像辽国发这样空翻多的机构都将血本无归,而万国不仅能够摆脱掉危机,并且还可以赚到 42 亿元。当天夜里 11 点,上交所总经理尉文渊正式下令宣布 23 日 16 时 22 分 13 秒之后的所有"327"品种的交易异常,是无效的,该部分不计入当日结算价、成交量和持仓量的范围。经过此次调整当日国债成交额为 5 400 亿元,当日"327"品种的收盘价为违规前最后签订的一笔交易价格 151.30 元。万国证券在劫难逃,如果按照上交所定的收盘价到期交割,万国赔 60 亿元人民币;如果按管金生自己弄出的局面算,万国赚 42 亿元;如果按照 151.30 元收盘价平仓,万国亏 16 亿元。第二天,万国证券发生挤兑。

1995 年 5 月 17 日,中国证监会鉴于中国当时不具备开展国债期货交易的基本条件,发出《关于暂停中国范围内国债期货交易试点的紧急通知》,开市仅 2 年零 6 个月的国债期货无奈地画上了句号。中国第一个金融期货品种宣告夭折。

资料来源:《不该忘记的国债 327 事件》,《环球财经》2006 年 10 月 30 日。

(3) 股价指数期货。股票价格指数期货是金融期货中产生最晚的一种。这种期货的标的物是股票价格指数。由于股价指数是一种极特殊的商品,它没有具体的实物形式,在具体交易时,股票价格指数期货的价值是用股价指数的点数乘以事先规定的单位金额进行结算,没有实物的交割。这是股价指数期货与其他标的物期货的最大区别。例如,芝加哥商品交易所(CME)的 S&P 500 指数期货规定每点代表 500 美元,香港恒生指数期货每点为 50 港元,我国金融期货交易所推出的沪深 300 指数期货合约规定每点代表 300 元人民币。

【例题 9-2】 假设某投资者拥有价值 100 万元的 10 只 A 股市场股票,但是他预测近几个月股市可能会下跌。于是他打算做沪深 300 指数期货来避险。合约标的物为沪深 300 指数,报价单位为指数点,每点 300 元。该投资者在沪深 300 指数为 4 250 点的价位卖出 2 份 3 个月到期的沪深 300 指数期货。3 个月后股市果然下跌至 3 820 点,该投资者持有股票的市值由 100 万元缩水为 80 万元,股票现货市场损失了 20 万元。但他在股指期货市场上却盈利了 258 000 元(430×300×2)。除弥补现货市场的损失外,还盈利了 58 000 元。(未考虑相关保证金等费用)

延伸阅读 9-7

沪深 300 指数期货

沪深 300 指数,是由沪深证券交易所于 2005 年 4 月 8 日联合发布的反映沪深 300 指数编制目标和运行状况,并能够作为投资业绩的评价标准,为指数化投资和指数衍生产品创新提供基础条件。沪深 300 指数是沪深证券交易所第一次联合发布的反映 A 股市场整体走势的指数。

沪深 300 指数的编制目标是反映中国证券市场股票价格变动的概貌和运行状况,并能够作为投资业绩的评价标准,为指数化投资及指数衍生产品创新提供基础条件。指数成分股的选择空间:上市交易时间超过一个季度,除非该股票上市以来日均 A 股总市值在全部沪深 A 股中排在前 30 位。300 只样本股中,深市 121 只样本股中有 92 只来自深证 100,沪市 141 只来自上证 180,入选率分别为 92% 和 78.3%。它覆盖了银行、钢铁、石油、电力、煤炭、水泥、家电、机械、纺织、食品、酿酒、化纤、有色金属、交通运输、电子器件、商业百货、生物制药、酒店旅游、房地产等数十个主要行业的龙头企业。沪深 300 指数以 2004 年 12 月 31 日为基日。

沪深 300 股指期货是以沪深 300 指数作为标的物的期货品种,在 2010 年 4 月 16 日由中国金融期货交易所推出。沪深 300 股指期货合约的最低交易保证金为合约价值的 8%。从这里不难看出,交易保证金依保证金比率和合约价值而定,因此,交易保证金是被合约占用的资金,不能用于其他用途。投资者期货保证金账户中的资金余额超过交易保证金的那部分为可用资金,投资者可以自由支配。可用资金不可为负,否则意味着交易保证金不足,如在规定的时限内未能补足,将面临强行平仓的风险,所造成的损失由投资者承担。

资料来源:和讯网.什么是沪深300指数期货[EB/OL].(2023-10-11)[2024-04-07].https://stock.hexun.com/2023-10-11/210530414.html.

(三)金融期权交易

1. 金融期权的含义

金融期权又称为选择权,是指期权的买方有权在期权合约约定的时间内或某一时点,按事先约定的价格买入或卖出一定数量的某种金融资产,也可以根据需要放弃行使这一权利。

为了取得这一权利,买方必须向卖方支付一定的期权费。行使权利时的价格叫执行价格或履约价格。在期权交易中,买方只有权利但不负有必须买进或卖出的义务,即期权买方拥有选择是否行使买入或卖出金融资产的权利,而期权卖方必须无条件服从买方的选择并履行成交时的承诺。

2. 金融期权分类

(1) 按买方拥有的权利,分为看涨期权和看跌期权。

看涨期权也称买权,是指期权的买方有权在期权合约的约定的时间内或某一时点,按事先约定的价格从期权卖方手中买入一定数量的某种金融资产的期权合约。投资者通常预期某种金融资产价格上涨时买入看涨期权。

看跌期权也称卖权,是指期权的买方有权在期权合约的约定的时间内或某一时点,按事先约定的价格向期权卖方卖出手中一定数量的某种金融资产的期权合约。投资者通常预期某种金融资产价格下跌时买入看跌期权。

(2) 按期权的交割时间,分为美式期权和欧式期权。

美式期权是指在期权合约规定的有效期内任何时候都可以行使权利。期权买方既可以在期权到期日这天行权,也可以在到期前任何一个营业日行权,比较灵活,但期权费相对要高。

欧式期权是指在期权合约规定的到期日方可行使权利。期权的买方在合约到期日之前不能行使权利,过了期限,合约则自动作废。

(3) 按期权合约标的资产,分为股票期权、外汇期权、期货期权等。

股票期权是以单一的股票作为标的资产的期权合约,一般是美式期权。外汇期权是以各种外汇(可兑换货币)为标的资产的期权。期货期权的标的资产为各种期货合约,包括利率期货、外汇期货、股指期货等。期货期权是一种复合式的金融衍生工具。

3. 期权交易双方的盈亏分析

期权这种衍生工具最大的魅力,在于可以使期权买方将风险锁定在一定范围内。因此,期权是一种避险的理想工具,也是投机者理想的套利手段。

对于看涨期权的买方来说,当市场价格高于执行价格时,他会行使买的权利,但不一定获利。当市场价格高于执行价格加期权费时,他会行使权利,并且能获利。当市场价格低于执行价格时,他会放弃行使权利,最多不过损失期权费。

对于看跌期权的买方来说,当市场价格低于执行价格时,他会行使卖的权利,但不一定获利。当市场价格低于执行价格减期权费时,他会行使卖的权利,并且获利。当市场价格高于执行价格时,他会放弃行使权利,最多也不过损失期权费。

因此,对于期权的买方来说,可以实现有限的亏损和无限的收益;对于期权的卖方来说,则恰好相反,即损失无限而收益有限。买卖双方的盈亏分布如图9-8及图9-9所示。

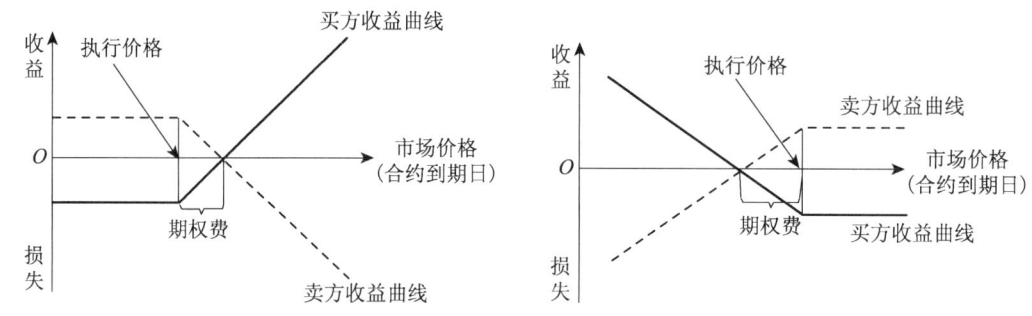

图 9-8　看涨期权盈亏分布图　　　　图 9-9　看跌期权盈亏分布图

【例题9-3】　我们以股票期权为例,假定甲支付500美元期权费向乙购买一张看涨期权合约,该合约允许甲在未来3个月以每股50美元的价格买入100股通用汽车公司股票。显然,若3个月内通用汽车公司的股价在50美元以下,甲将不行使该期权,并最多损失500美元期权费(相当于每股期权费为5美元)。

若股价涨到每股50美元以上,甲将行使该期权,以50美元的价格从乙手中购买100股股票,并在现货市场上转手卖出,从而获得其差价。但是在股价上升到55美元之前,甲行期权的收益并不足以补偿其支付的期权费,也就是说,每股55美元为甲的盈亏平衡点,此时他行使期权的收益500美元(55×100－50×100)恰好等于他支付的期权费。显然,这一点也是乙的盈亏平衡点。但是当股价上升到55美元以上后,甲就开始有一个净利润,而且股价上升得越高,他的利润就越大,乙的亏损也就越大。

其实我们从图9-8可以看出,在期权交易中,一方所得即为一方所失,因此期权交易也是一种零和博弈。

(四) 金融互换交易

1. 金融互换的定义

金融互换(financial swaps)是指交易双方利用各自筹资机会的比较优势,以商定的条件将不同币种或不同利息的资产或负债在约定的期限内互相交换,以避免将来利率或汇率变动的风险,并实现筹资成本降低的一种交易活动,即两个或两个以上当事人按照商定条件,在约定的时间内,交换一系列现金流的合约。

互换市场的起源可以追溯到20世纪70年代末,当时的货币交易商为了逃避英国的外汇管制而开发了货币互换。而1981年国际商业机器公司(IBM)与世界银行之间签署的利率互换协议则是世界上第一份利率互换协议。从那以后,互换市场发展迅速。

2. 比较优势理论与金融互换原理

比较优势理论是英国著名经济学家大卫·李嘉图提出的。他认为,在两国都能生产两种产品,且一国在这两种产品的生产上均处于有利地位,而另一国均处于不利地位的条件下,如果前者专门生产优势较大的产品,后者专门生产劣势较小(即具有比较优势)的产品,那么通过专业化分工和国际贸易,双方仍能从中获益。

李嘉图的比较优势理论不仅适用于国际贸易,而且适用于所有的经济活动。只要存在比较优势,双方就可通过适当的分工和交换使双方共同获利。人类进步史,实际上就是利用比较优势进行分工和交换的历史。

金融互换原理是比较优势理论在金融领域最生动的运用。根据比较优势理论,只要满足以下两种条件,就可进行互换:一是双方对对方的资产或负债均有需求;二是双方在两种资产或负债上存在比较优势。

3. 金融互换的种类

金融互换虽然历史较短,但品种创新却日新月异。除了传统的货币互换和利率互换外,一大批新的金融互换品种不断涌现。

(1) 利率互换。利率互换(interest rate swaps)是指双方同意在未来的一定期限内根据同种货币的同样的名义本金交换现金流,其中一方的现金流根据浮动利率计算出来,而另一方的现金流根据固定利率计算。互换的期限通常在2年以上,有时甚至在15年以上。

双方进行利率互换的主要原因是双方在固定利率和浮动利率市场上具有比较优势。下面我们以具体案例来说明利率互换过程。

【例题 9-4】 假定 A、B 公司都想借入 5 年期的 1 000 万美元的借款,A 想借入与 6 个月期相关的浮动利率借款,B 想借入固定利率借款。但两家公司信用等级不同,故市场向它们提供的利率也不同,如表9-3所示。

表 9-3　　　　　　　　　　市场提供给 A、B 两公司的借款利率

公司	固定利率	浮动利率
A 公司	10.00%	6 个月期 LIBOR+0.30%
B 公司	11.20%	6 个月期 LIBOR+1.00%

从表9-3中可以看出,A 的借款利率均比 B 低,即 A 在两个市场都具有绝对优势。但在固定利率市场上,A 相较 B 的绝对优势为1.2%,而在浮动利率市场上,A 相较 B 的绝对优势为0.7%。这就是说,A 在固定利率市场上有比较优势,而 B 在浮动利率市场上有比较优势。这样,双方就可利用各自的比较优势为对方借款,然后互换,从而达到共同降低筹资成本的目的。

即 A 以10%的固定利率借入1 000万美元,而 B 以"6 个月期 LIBOR+1%"的浮动利率借入1 000万美元。由于本金相同,故双方不必交换本金,而只交换利息的现金流。即 A 向 B 支付浮动利息,B 向 A 支付固定利息。

通过发挥各自的比较优势并互换,双方总的筹资成本降低了0.5%[(11.20%+("6 个月期 LIBOR+0.30%")−10.00%−("6 个月期 LIBOR+1.00%")],这就是互换利益。互换利益是双方合作的结果,理应由双方分享。具体分享比例由双方谈判决定。我们假定双方各分享一半,则双方都将使筹资成本降低0.25%,即双方最终实际筹资成本分别为:A 支付"6 个月期 LIBOR+0.05%"的浮动利率,B 支付10.95%的固定利率。

A 向 B 支付按"6 个月期 LIBOR+0.05%"计算的利息,B 向 A 支付按10.95%计算的利息。

在上述互换中,每隔6个月为利息支付日,因此互换协议的条款应规定每6个月一方向另一方支付固定利率与浮动利率的差额。假定某一支付日的 LIBOR 为11.00%,则 A 应付给 B 0.5 万美元[1 000×0.5×(11.05%−10.95%)]。其中,计算公式中的0.5指6个月期

的 LIBOR,按 0.5 年计。A 向 B 支付的浮动利率应为 11.05%(11%+0.05%),B 向 A 支付的固定利率为 10.95%,两者的差额为 0.1%(11.05%－10.95%)。利率互换的流程图如图 9-10 所示。

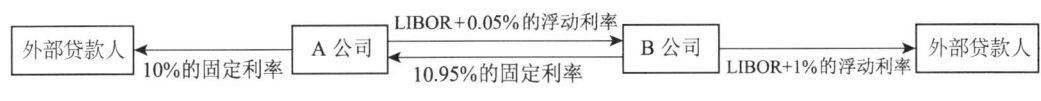

图 9-10 利率互换流程

由于利率互换只交换利息差额,因此信用风险很小。

(2) **货币互换**。货币互换(currency swaps)是将一种货币的本金和固定利息与另一货币的等价本金和固定利息进行交换。

货币互换的主要原因是双方在各自国家中的金融市场上具有比较优势。由于货币互换涉及本金互换,因此当汇率变动很大时,双方就将面临一定的信用风险。当然这种风险仍比单纯的贷款风险小得多。

> **相关思考 9-6**
>
> 金融期权合约与金融期货合约有何区别?
>
> 金融期权合约与金融期货合约都是标准化合约,都具有套期保值、投机套利等基本功能,而且都实行保证金交易。但是两者在很多方面存在区别。具体有哪些不同,读者可以自己总结。

第五节 保险市场

保险是金融体系的重要组成部分,对于整个社会经济而言,保险起着重要的保障作用。保险就像一个"缓冲器",保证社会经济发展的连续性,防止其遭遇突发事故而中断。

一、风险与保险

(一) 风险的含义及种类

1. 风险的含义

风险的一般含义是指某一事件发生的结果的不确定性。没有风险就没有保险,风险的客观存在是保险产生和存在的前提,风险的发展是保险发展的客观依据。

2. 风险的种类

现实中,风险的种类有很多,如自然灾害(地震、海啸、龙卷风、洪水、暴雪等);意外事故(车祸、火灾等);疾病、失业、年老;投资失利、决策失误;通货膨胀;经济波动;政策变动等。

按照风险的性质,风险主要分为两类:纯粹风险和投机风险。

(1) **纯粹风险**是指只带来损失后果而无获利可能的风险,这种风险的发生,其结果有两种:一是损失;二是无损失,即有惊无险,如自然灾害、意外事故、疾病。

(2) **投机风险**是指其发生既有可能带来损失,也有可能带来盈利的风险,这种风险发生的结果有三种:一是损失;二是无损失;三是盈利。例如,赌博、买卖股票等就属投机风险。

保险公司承保的只能是纯粹风险而不是投机风险。

3. 可保风险

可保风险是指符合承保人承保条件的特定风险。尽管保险是人们处理风险的一种方式，它能为人们在遭受损失时提供经济补偿，但并不是所有破坏物质财富或威胁人身安全的风险，保险人都承保。

可保风险必须具备以下条件：①必须是纯粹风险，投机风险不保；②风险发生的概率小；③风险造成的损失程度高；④存在大量同质风险的保险标的；⑤损失必须是意外的；⑥损失必须可以确定和测量（主要针对财产保险）。

相关思考 9-7

地震、战争、核辐射等巨灾风险，是否是可保风险？

可保风险与不可保风险是相对的。比如在过去，战争、地震、核辐射等巨灾风险一旦发生，保险标的会普遍受损，而且损失很大，由于保险公司财力不足，保险技术落后等，因此这类风险一般列为不可保风险。但是随着保险公司实力增强，保险行业的发展，这类巨灾风险将逐步列入承保范围，这也为经济运行及百姓生活带来重要的好处。

（二）保险含义及特征

1. 保险的含义

保险的本意是稳妥可靠，后延伸成一种保障机制，是市场经济条件下风险管理的基本手段，是金融体系和社会保障体系的重要支柱。

在商业保险市场中，**保险**是指投保人根据合同约定，向保险人支付保险费，保险人对于合同约定的可能发生的事故因其发生所造成的财产损失承担赔偿保险金责任，或者因被保险人死亡、伤残、疾病或者达到合同约定的年龄、期限等条件时，保险人承担给付保险金责任的商业保险行为。

从经济角度看，保险是分摊意外事故损失的一种财务安排；从法律角度看，保险是一种合同行为，是一方同意补偿另一方损失的一种合同安排；从社会角度看，保险是社会经济保障制度的重要组成部分，是社会生产和社会生活"精巧的稳定器"；从风险管理角度看，保险是风险管理的一种方法。

2. 保险的特征

（1）互助性。保险具有"一人为众，众为一人"的互助特性。保险在这种条件下，分担了单位和个人所不能承担的风险，从而形成了一种经济互助关系。这种经济互助关系通过保险人用多数投保人交纳的保险费建立的保险基金对少数遭受损失的被保险人提供补偿或给付而得以体现。

（2）经济性。保险是通过保险补偿或给付而实现的一种经济保障活动。其保障对象财产和人身都直接或间接属于社会再生产中的生产资料和劳动力两大经济要素。保险是承担各种自然灾害和意外事故所致的损失，但保险所保的不是世界上的一切危险，而是有一定的范围，即保险公司中所列明的保险责任，或者合同双方当事人特别约定的危险或者约定的事件。约定的危险范围广泛，包括自然灾害、意外事故和人身的意外事件；约定的事件，主要是对人身保险而言，是指人的生、老、病、死、残等事件。

（3）法律性。从法律角度看，保险是一种合同行为，保险双方要通过保险合同建立保险关系，约定双方的权利和义务。没有保险合同，保险关系就无法成立。而且这也是投保人要求理赔的重要依据。

(4) 科学性。保险是处理风险的科学措施。现代保险经营以概率论与风险分散机制为理论基础,保险费率的厘定、保险准备金的提存等都是科学的数理计算的结果。通过大数法则就可以比较精确地预测危险,制定出合理的费率。保险费率的高低与危险发生频率、损毁程度相适应。这样就做到公平合理,符合商品经济经营保险业务的基本要求。

(三) 保险的种类

现实中,保险的品种五花八门,可以按照不同的依据进行分类。

1. 按保险标的,分为人身保险、财产保险

人身保险是指以人的寿命或身体为保险标的的保险,包括人寿保险(具体有死亡保险、生存保险、生死两全保险)、健康保险、意外伤害保险等。

财产保险是指以某项财产或与之相关的利益为保险标的的一种补偿性保险。广义上的财产保险是指除了人身保险外的所有其他各种险种,因此包括财产损失保险、责任保险、保证保险、信用保险、农业保险等。这也是我国《中华人民共和国保险法》(以下简称《保险法》)第九十五条对财产保险业务范围的规定。

人身保险和财产保险的具体情况,我们后面再详细介绍。

2. 按业务承保方式,分为原保险和再保险

原保险又称直接保险,是指保险人对被保险人的保险标的直接承担风险责任的保险,发生在保险人与投保人之间。

再保险又称分保,是指保险人将承保的保险责任向另一个或若干保险人再一次投保,以分散风险,发生在保险人与保险人之间。

3. 按保险经营性质,分为社会保险、商业保险、政策性保险

社会保险是国家通过立法对社会公民因年老、疾病、生育、伤残和失业而导致丧失劳动能力或失去工作机会的成员提供基本生活保障的一种社会保障制度,不以营利为目的。

商业保险是由保险公司按照商业原则提供的保险险种,以营利为目的。

政策性保险是政府为实现某项政策目的,对于商业保险公司难以经营的某些险种予以一定的政府补贴而实施的保险。例如,农业保险、出口信用保险、海外投资保险等。

4. 按保险实施方式,分为自愿保险和强制保险

自愿保险是当事人在平等互利和自愿的基础上确立合同关系,被保险人可自行决定是否投保、保险标的种类、金额和期限等,保险人也可选择承保与否及其有关承保项目和内容。例如,商业保险属于自愿保险。

强制保险又称法定保险,是政府以法令或政策形式强制规定被保险人与保险人的法律关系,在规定范围内,不管当事人双方自愿与否,必须按规定办理保险。其目的在于:一是实行某项社会政策,如社会保险;二是出于社会公共利益考虑,如汽车第三者责任险实行强制保险,有利于保障交通事故受害者的利益。

 延伸阅读9-8

保险的起源

一、海上保险的起源

海上保险最初起源于14世纪大航海时代的意大利,受限于当时的造船技术,每次出海都会出现商船货物沉海甚至船毁人亡的悲剧。为了分散风险,尽可能保证全部参与者都能够分享海上商贸带来的巨大蛋糕。商船们结成联盟,拿出每次航海商贸10%的利润作为互助资金池,一旦出现船货损失或人员伤亡,就从资金池支取相应资金补偿。

二、人寿保险的起源

从15世纪到19世纪,估计大约1 200万至4 000万非洲黑人被欧洲白人强迫押上奴隶贸易船,贩运到欧洲国家在南北美洲的殖民地,卖给当地的欧洲种植园主,其中半数黑奴在途中死亡。18世纪之前,从事这种勾当最多的是英国人。英国贩卖的奴隶达到300万人,其中有三分之一在贩运过程中饿死或病死。18世纪中期,英国将150多万黑奴贩往加勒比海殖民地,而最终到达目的地的黑奴仅有60万。当时海上保险已经非常普及,为了减小奴隶大量死亡造成的损失,奴隶主把黑奴的生命作为货物进行投保,一旦黑奴大量死亡他们就可得到赔偿。

三、火灾保险的起源

1666年9月2日晚,伦敦市一个面包商在烤面包时,柴堆距离面包炉太近,引起了火灾。大火蔓延整整烧了四昼夜,烧毁了全市85%以上房屋,灾后有20万人无家可归。损失之严重在英国历史上是空前的,这场大火成为英国火灾保险发展的原动力。1667年,牙科医生尼古莱·巴蓬首先在伦敦开始经营房产火灾保险,开创了私营火灾保险的先例。到1680年共集资4万英镑,成立了合股性质的火灾保险所,并按照房租和房屋的危险等级差别收取保险费,对木造房屋收取相当砖瓦结构房屋两倍的保险费。正因为使用了差别费率,巴蓬荣获"现代保险之父"称号。伦敦大火后,保险思想深入人心,现代形式的火灾也从此逐渐发展起来。

四、社会保险的起源

1873年世界性经济危机爆发,德国社会矛盾和阶级矛盾错综复杂。德国当时执政的俾斯麦政府,为缓和阶级冲突,实施了一系列的经济社会改革政策,包括社会保险和社会福利的法规、措施。1883年到1889年,德国相继颁布了《疾病保险法》《工伤事故保险法》《老年、残疾、遗属保险法》。1911年又将这些法规综合为单一的德意志帝国法典,这是世界上第一套完整的社会保险体系,开创了资本主义国家社会保障体系的先例。1911年还制定了《职员保险法》,1923年颁布了《帝国矿工保险法》,1927年制定了《职业介绍和失业保险法》。权利和义务统一的原则,以交费为享受保险条件的原则,保险费用多方面分担的原则是德国社会保险法中三个重要的原则,并且成为以后各国社会保险体系的基础。

资料来源:雪球.保险的起源与现代保险分类[EB/OL].(2020-07-05)[2024-04-07].https://weibo.com/ttarticle/p/show?id=2309404523411778174988.

(四)保险的功能

保险具有经济补偿、资金融通和社会管理功能,这三大功能是一个有机联系的整体。经济补偿功能是基本的功能,也是保险区别于其他行业的最鲜明的特征;资金融通功能是在经济补偿功能的基础上发展起来的;社会管理功能是保险业发展到一定程度并深入社会生活诸多层面之后产生的一项重要功能。

1. 经济补偿功能

经济补偿功能是指在出现各种可保风险的时候,受害人可以通过保险给予经济方面比如资金的赔偿。具体来说就是分散风险、补偿损失。补偿损失主要针对财产保险和责任保险而言,人身保险的补偿一般称为给付保险金。

2. 资金融通功能

资金融通功能是指将形成的保险资金中的闲置的部分重新投入社会再生产过程中。保险人为了使保险经营稳定,必须保证保险资金的增值与保值,这就要求保险人对保险资金进行运用。保险资金的运用不仅有其必要性,而且也是可能的。一方面,由于保险保费收入与赔付支出之间存在时间差;另一方面,保险事故的发生不都是同时的,保险人收取的保险费不可能一次全部赔付出去,也就是保险人收取的保险费与赔付支出之间存在数量差。这些都为保险资金的融通提供了可能。保险资金融通要坚持:合法性、流动性、安全性、效益性的原则。

3. 社会管理功能

社会管理是指对整个社会及其各个环节进行调节和控制的过程。其目的在于正常发挥各系统、各部门、各环节的功能,从而实现社会关系和谐、整个社会良性运行和有效管理。所有环节包括社会保障管理、社会风险管理、社会关系管理和社会信用管理。

(1) 社会保障管理。商业保险作为社会保障体系的有效组成部分,在完善社会保障体系方面发挥着重要作用,一方面,商业保险通过为没有参与社会保险的人群提供保险保障,扩大社会保障的覆盖面;另一方面,商业保险通过灵活多样的产品,为社会提供多层次的保障服务。

(2) 社会风险管理。保险公司具有风险管理的专业知识、大量的风险损失资料,为社会风险管理提供了有力的数据支持。同时,保险公司大力宣传培养投保人的风险防范意识;帮助投保人识别和控制风险,指导其加强风险管理;进行安全检查,督促投保人及时采取措施消除隐患;提取防灾资金,资助防灾设施的添置和灾害防治的研究。

(3) 社会关系管理。通过保险应对灾害损失,不仅可以根据保险合同约定对损失进行合理补充,而且可以提高事故处理效率,减少当事人可能出现的事故纠纷。由于保险介入灾害处理的全过程,参与到社会关系的管理中,改变了社会主体的行为模式,为维护良好的社会关系创造了有利条件。

(4) 社会信用管理。保险以最大诚信原则为其经营的基本原则之一,而保险产品实质上是一种以信用为基础的承诺,对保险双方当事人而言,信用至关重要。保险合同履行的过程实际上就为社会信用体系的建立和管理提供了大量重要的信息来源,实现社会信息资源的共享。

二、保险的基本原则

(一) 可保利益原则

可保利益又称保险利益,是指投保人或被保险人对保险标的必须具备法律承认的经济利益,它体现了投保人或被保险人与投保标的之间的利害关系。如果不具有可保利益,不允许投保,保险合同也无效。

保险利益原则在财产保险与人身保险中的规定是不同的。财产保险中所指的保险利益是指投保人对保险标的所拥有的各种权利,如财产所有权、使用权、财产经营权、抵押权、保管权等。而人身保险中保险利益是指投保人与被保险人之间的各种利害关系,如人身关系、亲属关系、雇佣关系、债权债务关系等。

我国《保险法》规定:"投保人对下列人员具有保险利益:本人;配偶、子女、父母;前项以外与投保人有抚养、赡养或扶养关系的家庭成员、近亲属;除前款规定外,被保险人同意投保人为其订立合同的,视为投保人对被保险人具有保险利益。"

相关案例 9-3

保险公司为何拒绝支付保险金

小张(男)和小王(女)大学时是对恋人,毕业后在不同城市工作,但是他们仍不改初衷,鸿雁传情。小王生日快到了,他们约好到小张的城市相聚。小张想给她一个惊喜,就悄悄买了份保单,准备在小王生日那天送给小王。谁知小王在赶往小张城市的途中遭遇了车祸而身亡。小张悲痛之余想起了手里的保单,不料保险公司核查后却拒绝支付保险金。这是为什么呢?

(二) 最大诚信原则

任何一项民事活动,各方当事人都必须遵循诚实信用原则,保险活动更是建立在最大诚信原则之上。在保险合同中,对当事人诚信的要求比一般的民事活动更严格,要求当事人具有"最大诚信"。之所以要求最大诚信签署合同,一方面是保证保险公司利益,防止出现道德风险;另一方面也对投保人或被保险人也有好处。

最大诚信原则是指保险合同当事人订立保险合同及在合同的有效期内,应依法向对方提供影响对方是否缔约及缔约条件的全部实质性重要事实,同时绝对信守合同订立的约定与承诺。否则,受损害的一方,可以以此为理由宣布合同无效或者不履行合同约定的义务或责任,还可以对因此受到的损害要求对方予以赔偿。

最大诚信原则主要包括:投保人与保险人双方的告知义务;投保人或被保险人的保证义务,即投保人或者被保险人对于行为或不作为、某种状态存在或不存在的担保;保险人的弃权与禁止反言义务。

相关案例9-4

保险公司为何拒绝给付

2012年3月,45岁的老赵患胃癌并住院治疗,为了不让老赵情绪波动太大,老赵的家属没告诉他真相。老赵手术出院后,继续正常工作。2012年8月,老赵在业务员的劝说下,买了一份人身保险,但填写保单时并没有申报自己患有癌症的事实。2013年5月,老赵旧病复发,医治无效身亡。老赵家属要求保险公司赔付,而保险公司审查事实后却拒绝给付。这是为什么呢?

(三) 损失补偿原则

损失补偿原则是指当保险标的发生保险责任范围内的损失时,保险人根据合同对被保险人进行赔偿用于弥补损失,但被保险人不能因此而获得额外利益。损失补偿原则是保险的立业之基,最能体现保险业的特色和核心竞争力。

保险是在特定灾害事故发生时,在保险的有效期和保险合同约定的责任范围以及保险金额内,按其实际损失金额给予补偿。通过补偿使得已经存在的社会财富因灾害事故所致的实际损失在价值上得到补偿,在使用价值上得以恢复,从而使社会再生产过程得以连续进行。这种补偿既包括对被保险人因自然灾害或意外事故造成的经济损失的补偿,也包括对被保险人依法应对第三者承担的经济赔偿责任的经济补偿,还包括对商业信用中违约行为造成经济损失的补偿。

一般来说,财产保险遵循该原则。由于人的生命和身体价值难以估计,所以人身保险并不适用该原则,但亦有学者认为健康险的医疗费亦应遵循,否则有不当得利之嫌。

相关案例9-5

"双保险"能得到双赔偿吗

老刘刚买了一辆新车,非常爱惜自己的新车,就给自己的车上了"双保险"。他先在一家保险公司买了一份保险金额为15万元的保险,后又在另一家保险公司买了一份同样的保险,两份保险合计保险金额为30万元。一天老刘开车办事,将爱车停在路边。不料没走多久,一辆飞驰而过的重型大卡车竟把老刘的爱车撞成了废铁,彻底报废。于是老刘分别向两家保险公司索赔,要求两家保险公司各赔付15万元。但两家保险公司查明事实后,各自只赔付了7.5万元。老刘不服,将保险公司告上法院,法院却支持保险公司的做法。老刘觉得很委屈,凭什么交两份保险的钱,却只能得一份保险的赔偿?

(四) 近因原则

近因原则是指若引起保险事故发生,造成保险标的损失的近因属于保险责任,则保险人承担赔偿责任;若近因属于除外责任,则保险人不承担赔偿责任。这是判断风险事故与保险标的的损失之间的关系,从而确定保险补偿或给付责任的基本原则。

近因是引起保险标的的损失发生的最直接、最有效、最具决定性的原因,而并不是指最近的原因,它直接导致保险标的的损失。如果近因属于被保风险,则保险人应赔偿,如果近因属于除外责任或者未保风险,则保险人不负责赔偿。

三、保险合同

保险合同是商业保险中投保人与保险公司约定权利义务关系的契约,这也是赔偿支付的重要依据。保险合同不仅适用于《中华人民共和国保险法》(以下简称《保险法》),还适用于《中华人民共和国民法典》(以下简称《民法典》)。

(一) 保险合同的主体

保险合同的主体主要包括保险合同的当事人与保险合同的关系人。

1. 保险合同的当事人

保险合同的当事人是指参加保险合同关系,享受保险权利并承担保险义务的人,即投保人和保险人。

(1) 保险人又称承保人,是指与投保人订立保险合同并按照合同约定承担赔偿或者给付保险金责任的保险公司。根据《保险法》的规定,在我国经营商业保险业务,必须是依法设立的保险公司以及法律、行政法规规定的其他保险组织,其他单位和个人不得经营商业保险业务。因此,在我国保险合同中,所谓保险人就是指依法经营保险业务的保险公司,属于企业法人。

(2) 投保人又称要保人,是指与保险人订立保险合同,并按照合同约定负有支付保险费义务的人。投保人既可以是自然人,也可以是法人或其他非法人组织。投保人应具有相应的民事行为能力和权利能力,且在保险事故发生时,对保险标的具有保险利益。根据我国《保险法》规定,投保人必须对保险标的具有保险利益,否则保险合同无效。

2. 保险合同的关系人

(1) 被保险人。被保险人是指其财产或人身受保险合同保障,享有保险金请求权的人。在大多数情况下,投保人与被保险人是同一人;投保人与被保险人也可以不是同一人。被保险人可以是无民事行为能力或限制行为能力人,此时受益人可以由被保险人的监护人指定。

被保险人由于享有保险赔偿请求权或保险金给付请求权,因此,对财产保险,被保险人必须是保险标的的所有人或其他权利人,即应当具有物权或债权的或法定的其他利益,在保险事故发生时遭受经济利益损失。对人身保险,被保险人以自己的寿命或身体作为保险标的,保险事故发生或保险期满时,被保险人基于自己的人身或生命健康遭受到损害或约定的利益期限届至而有权请求保险金给付。在没有指定受益人的条件下,被保险人是保险合同中法定的享有保险金请求权的人。

(2) 受益人。受益人是人身保险合同中由投保人或被保险人指定的享有保险金请求权的人。投保人指定受益人必须经过被保险人同意。受益人与被保险人、投保人可以是同一个人，而且受益人可以是多个。

例如，张三为自己的妻子购买了一份人身保险，张三是投保人，其妻子是被保险人。两人商量指定他们的儿子作为受益人。这样，假如张三的妻子遭遇不测，他们的儿子将获得保险赔付的请求权。

(二) 保险合同的成立与生效

保险合同的成立是指投保人与保险人就保险合同条款达成协议，即经过要约人和受要约人的承诺，即告成立。保险合同成立不一定标志着保险合同生效。保险合同成立时不发生法律效力。这意味着在保险合同成立但未生效时发生保险事故的，保险人通常不承担保险责任。

保险合同的生效是指保险合同对当事人双方产生约束力，即合同条款产生法律效力。我国《保险法》第十三条第三款规定："依法成立的保险合同，自成立时生效。投保人和保险人可以对合同的效力约定附条件或附期限。"在一般情况下，保险合同成立、投保人缴付保费、保险人签发保险单后，已经订立的保险合同即开始生效。在我国，保险合同的生效起始时间通常采用"零时起保"方式确定。

保险合同生效后，合同当事人均受合同条款约束。

(三) 保险合同的形式

保险合同形式一般包括投保单和保险单，两者构成要约和承诺，附加包含一般约定的保险条款共同构成。有时候保险单会用其简化方式"保险凭证"替换。在特殊情形下，比如无标准化条款时，保险合同可以是当事双方签订的书面协议；无法当时出具保险单时，保险合同可以是暂保单。一般标准化的保险条款中会规定，保险合同由投保单、保险单、保险条款、批注、附贴批单、其他相关的投保文件、双方的声明、其他书面协议共同构成。

四、保险业务种类

这里指的保险业务种类主要是商业保险业务种类，商业保险业务主要可以分为人身保险和财产保险两大类。

(一) 人身保险

人身保险是指以人的寿命或身体为保险标的的保险，包括人寿保险(具体有死亡保险、生存保险、生死两全保险)、健康保险、意外伤害保险等。

投保人按合同交纳保险费，当被保险人在合同期限内发生了死亡、伤残、疾病等保险事故或达到合同约定的年龄、期限时，由保险人支付保险金。最初的人寿保险是为了保障由于不可预测的死亡所可能造成的经济负担，后来，人寿保险引进了储蓄的成分，所以对在保险期满时仍然生存的人，保险公司也会给付约定的保险金，可见人寿保险具有一定的强制储蓄效应。

人身保险属于定额保险。保险金额不能像财产保险以保险标的的价值为依据，而是根据被保险人对保险的需求程度、投保人的缴费能力以及保险人的承受能力来确定。按照保险的范围不同，人身保险又可以分为人寿保险、健康保险、意外伤害保险。

1. 人寿保险

人寿保险是人身保险的一种，简称寿险，是指以被保险人的寿命为保险标的，且以被保人的生存或死亡为给付条件的人身保险。人寿保险分为死亡保险、生存保险、生死两全保险。

（1）死亡保险。死亡保险是被保险人在合同有效期限内死亡，保险人给付保险金的一种保险。它又分为定期保险和终身保险。

定期保险提供一个确定的时间。若被保险人在合同规定的期限内死亡，由保险人负责给付保险金。如果在保险期间内被保险人未死亡，保险人无须支付保险金也不返还保险费。该保险大都是对被保险人在短期内从事较危险的工作提供保障。

终身保险是一种不定期的死亡保险，提供终身保障。保险责任从保险合同生效后一直到被保险人死亡之时为止。由于人的死亡是必然的，因而终身保险的保险金最终必然要支付给受益人。由于终身保险保险期长，故其费率高于定期保险，并有储蓄的功能。

（2）生存保险。生存保险是指被保险人必须生存到保单规定的保险期满时才能够领取保险金。若被保险人在保险期间死亡，则不能主张收回保险金，亦不能收回已交保险费。

（3）生死两全保险。生死两全保险是指被保险人不论在保险期内死亡还是生存到保险期满，均可领取约定保险金的保险。该险种具有保险和储蓄的双重性，很受人们欢迎。

2. 意外伤害保险

意外伤害保险是指以被保险人的身体作为保险标的，以被保险人因遭受意外伤害而造成的死亡、残疾、医疗费用支出或暂时丧失劳动能力为给付保险金条件的保险。该险种承保的风险是意外伤害。通常，保险公司的意外险产品对意外伤害的定义是：以外来的、突发的、非本意的客观事件为直接且单独的原因致使身体受到的伤害。

3. 健康保险

健康保险是指以人的身体为保险对象，保证被保险人在因疾病或意外事故受到伤害时的费用支出或收入损失获得补偿。它不仅补偿疾病给人们带来的直接经济损失，即医疗费用；还补偿由于疾病带来的间接损失，如误工工资；另外对分娩、残疾等也给予经济补偿。

（二）财产保险

财产保险是指以某项财产或与之相关的利益为保险标的的一种补偿性保险。广义上的财产保险是指除了人身保险外的所有其他各种险种，因此包括财产损失保险、责任保险、信用保险、保证保险等。这也是我国《保险法》第九十五条对财产保险业务范围的规定。

财产保险中的可保财产，包括物质形态和非物质形态的财产及其有关利益。以物质形态的财产及其相关利益作为保险标的的财产保险，通常称为财产损失保险。例如，飞机、卫星、电厂、大型工程、汽车、船舶、厂房、设备以及家庭财产保险等。以非物质形态的财产及其相关利益作为保险标的的财产保险，通常是指各种责任保险、信用保险等。例如，公众责任保险、产品责任保险、雇主责任保险、职业责任保险、出口信用保险、投资风险保险等。但是，并非所有的财产及其相关利益都可以作为财产保险的保险标的。只有根据法律规定，符合财产保险合同要求的财产及其相关利益，才能成为财产保险的保险标的。

财产保险具体可以有如下划分。

1. 财产损失保险

财产损失保险是指以承保客户的财产物资损失危险为内容的各种保险业务的统称，也是保险公司最传统、最广泛的业务。常见的财产损失保险有火灾保险、运输保险、工程保险等。

2. 责任保险

责任保险是指以被保险人对第三者依法应负的赔偿责任为保险标的的保险。责任保的种类包括公众责任保险、雇主责任保险、产品责任保险、职业责任保险。

3. 保证保险

保证保险是指保险人承保因被保证人行为使被保险人受到经济损失时应负赔偿责任的保险形式。保证保险的功能在于转嫁被保险人的风险。作为一种保险手段，保证保险是分散风险、消化损失的一种经济补偿制度。

4. 信用保险

信用保险是指权利人向保险投诉义务人的信用风险的一种保险。如果由于义务人的作为或不作为导致权利人遭受经济损失，保险人必须按照保险合同的约定赔偿权利人的损失。

第六节 外汇市场

一、外汇市场含义及功能

(一) 外汇市场的含义

外汇市场是专门从事外汇交易的市场，是国际金融市场的重要组成部分。外汇市场是世界上最大的交易市场。由于全球各金融中心的地理位置不同，因时差关系，世界上的外汇市场此开彼关，使得外汇交易可以在全球范围内 24 小时连续不断地进行。伦敦和纽约是世界上两个最大的外汇市场，在所有外汇市场中起主导地位。外汇市场上最为活跃的币种有美元、欧元、日元、英镑等。

外汇市场包括外汇银行同业间的外汇买卖形成的外汇批发市场及外汇银行与客户之间外汇交易形成的外汇零售市场。这些外汇市场既可能在固定的交易场所形成有形市场，也会依靠电话线或互联网形成一个广阔的无形市场。

(二) 外汇市场的功能

外汇市场为促进国际贸易的发展、国际投资和各种国际经济往来的实现提供了便利条件。其功能主要表现在以下方面。

1. 反映和调节外汇供求

外汇市场不仅为外汇买卖双方提供了交易场所，而且外汇市场上汇率的变化对外汇的供求起着调节作用。任何外汇供求的失衡都会引起外汇价格(汇率)的相应变动，而价格的变动反过来又影响外汇供求的变动，进而使外汇供求的失衡得以调节。

2. 实现购买力的国际转移

国际经济交易必然会产生国家之间的债权债务关系，需要进行国际支付，把货币购买力从债务人所在国向债权人所在国转移。结清国际债权债务关系，实现货币购买力的国际转移，是外汇市场最基本的功能。

3. 促进外汇资金融通

外汇市场通信设施完备，经营手段先进，资金融通便捷，是理想的外汇资金集散中心，同时发挥了为银行外汇业务提供平衡头寸的蓄水池作用。由于闲置的外汇资金大量涌向外汇市场，为外汇需求者提供越来越多的可筹资金，对促进国际贸易发展、促进投资的国际化起到了不可忽视的作用。

4. 提供保值和投机场所

浮动汇率制度下,汇率经常性的剧烈波动直接影响国际贸易和国际资本流动。外汇市场通过各种外汇交易活动(如远期外汇买卖、期货或期权交易等),可以减少汇率风险,实现保值,从而促进国际贸易的发展。另外,对于风险偏好者,通过外汇市场的多种交易方式,还可以实现投机套利的目的。

二、外汇市场参与者

一般而言,凡是在外汇市场上进行交易活动的人都可定义为外汇市场的参与者。但是外汇市场的参与者主要由外汇银行、中央银行、外汇经纪商和外汇的实际供给者与需求者四部分组成。

1. 外汇银行

外汇银行(foreign exchange banks)是外汇市场的主体,是外汇市场主要的参与者,是指由各国中央银行指定或授权经营外汇业务的商业银行。它包括专营或兼营外汇业务的本国商业银行和其他金融机构,以及设在本国的外国银行分支机构、代办处或其他金融机构。外汇银行从事的外汇交易主要分为两部分:一是为客户提供服务,通过代客户买卖外汇赚取差价,同时从为客户提供的各种服务中收取一定的手续费;二是为自身利益进行外汇交易,为平衡自身的外汇头寸进行同业间的外汇交易,并进行一定的外汇投机活动。

2. 中央银行

各国中央银行也是外汇市场的重要参加者,它代表政府对外汇市场进行干预,一方面,中央银行以外汇市场管理者的身份,通过制定法律、法规和政策措施,对外汇市场进行监督、控制和引导,保证外汇市场上的交易有序进行;另一方面,中央银行直接参与外汇市场的交易,主要是依据国家货币政策的需要主动买进或卖出外汇。中央银行的外汇买卖活动实际上充当外汇市场的最后交易者,即因汇率不能充分调整(指达不到均衡汇率的水平)而导致的外汇超额供给或需求都由中央银行购进或出售,进而维持外汇市场的稳定。

3. 外汇经纪商

外汇经纪商是专门从事介绍成交或代客买卖外汇,从中收取手续费的公司或汇兑商。外汇经纪商主要是依靠其与外汇银行的密切联系,熟知外汇供求情况的优势,利用现代化的通信工具接洽外汇交易,促使多种多样的市场参加者找到合适的交易价格和合适的交易对手成交。由于外汇经纪商大都从事数额较大的外汇买卖,故其与商业银行的交易往来最密切。商业银行一般通过经纪商调整其外汇存量。相比之下,外汇经纪商与实际外汇需求者和供给者接触不多。

4. 外汇的实际供给者和需求者

从事进出口贸易的工商企业、旅行者、投资者、投机者、留学生、移民等都是外汇的最终需求者或供给者。他们通过外汇市场进行买卖,实现交易目的。个人需求者大多是通过外汇专业银行进行买卖。而外汇投机者是专门利用不同货币在不同时间、不同地点的外汇市场上汇率的变动,进行买空卖空、套汇套利的投机活动,以获取利润的机构或个人。

三、外汇市场交易

(一) 即期外汇交易

即期外汇交易(spot exchange),也称现汇交易,指在外汇市场上交易双方当即成交,原则于当日或两个营业日内办理交割的外汇交易。这是外汇交易中最基本、最主要的方式。

即期交易方式可分为汇出汇款、汇入汇款、出口收汇和进口付汇四种类型。

(1) 汇出汇款。需要向外国支付外币的客户,如无外币,则要支付本币并兑换成外币,委托银行向国外的收款人汇出外汇。银行接受了汇款人的委托,便请求收款人的往来银行从本行的外币结算账户中借记相应金额,支付给收款人。

(2) 汇入汇款。汇入汇款是收款人从国外收到以外币支付的款项后,可以存入自己的外币账户,也可将外汇收入结售给银行取得本币(我国目前规定出口收入必须向外汇指定银行结汇)。

(3) 出口收汇。出口商将出口货物装船后,立即开立以双方商定的结算货币计价的汇票,并在汇票下面附上有关单证,请银行议付,以便收回出口货款。银行议付后,将汇票等单据寄往开证行,按照汇票即期支付的条件,接受以外币支付的款项,并让支付行将应付款项记入自己的外币结算账户中。

(4) 进口付汇。进口付汇是为进口商开出信用证的银行按照出口商开出的附有全部单证的即期汇票条件,将以外币计价的进口货款通过外币结算账户垫付,然后向进口商提示汇票,请其按照即期付款条件支付。进口商以本币(或外币)向银行支付了款项,进口结汇就完成了。

(二) 远期外汇交易

远期外汇交易(forward exchange transaction)是指交易双方在成交后并不立即办理交割,而是事先约定币种、金额、汇率、交割时间等交易条件,到期才进行实际交割的外汇交易。

远期外汇交易与即期交易不同,交易货币的交割(收款、付款)通常是在2个工作日以后进行的。外汇市场上的远期外汇交易最长可达1年,1~3个月的远期交易是最为常见的。远期买卖成交后,双方必须按约定的日期和约定的汇率进行交割。由于这种交易提前把将来的汇率确定下来,因此买方实际上把未来的汇率风险转嫁给了卖方。当然,对方也会调整自己的头寸来防范和转嫁风险。

远期外汇交易的汇率是以在即期汇率基础上加减升水和贴水的方法表示,某种货币的远期汇率大于即期汇率时,其差额就是升水;远期汇率小于即期汇率时,其差额就是贴水。甲种货币对乙种货币的远期汇率有升(贴)水,就是乙种货币对甲种货币的远期汇率有贴(升)水。

(三) 掉期交易

掉期交易(swap transaction),是指人们同时进行不同交割期限同一笔外汇的两笔反方向交易,也就是同时把一种货币的即期买进与远期卖出相结合,或者同时把一种货币的即期卖出与远期买进相结合,买入卖出同时进行。

掉期交易根据交割日的不同有三种类型:

1. 即期对远期的掉期交易

即期对远期的掉期交易是指在买进或者卖出一笔现汇的同时,卖出或者买进一笔期汇的掉期交易。其常见的形式有即期对次日掉期、即期对一周掉期及即期对整数月掉期。

2. 即期对即期的掉期交易

即期对即期的掉期交易是指在买进或者卖出一笔即期外汇的同时,卖出或买进另一种同种货币的即期(交割日期不同,用以调整短期头寸和资金缺口)的掉期交易。常见的形式有今日对明日掉期(隔夜交易)、明日对后日掉期(隔日交易)。

3. 远期对远期的掉期交易

远期对远期的掉期交易是指同时进行两笔交易金额相等、交易方向相反、不同期限的远期外汇的掉期交易。常见的形式有:买进较短期限卖出较长期限的远期外汇、买进较长期限卖出较短期限的远期外汇。

(四)外汇期货交易

外汇期货交易(foreign exchange futures transaction)是在期货交易所内,交易双方通过公开竞价达成在将来规定的日期、地点、价格,买进或卖出规定数量外汇的合约交易。

在对外贸易中,出口商为了扩大出口、增强出口商品的国际竞争力,进口商为了资金融通的便利,往往签订远期支付合同。在实现收付之前若干期内,货币汇率的波动以及会对双方造成更大的损失是难以预料的。进口商为避免汇率风险需提前买进到期支付的外汇期货;出口商为避免汇率风险也需要提前卖出到期收进的外汇期货;外汇银行为保障本身业务的进行和资金安全,也需通过买进或卖出外汇期货平衡头寸。

(五)外汇期权交易

外汇期权交易(foreign exchange options)也称为货币期权,是期权的一种。相对于股票期权、指数期权等其他期权来说,外汇期权交易的是外汇,即期权买方在向期权卖方支付相应期权费后获得一项权利,即期权买方在支付一定数额的期权费后,有权在约定的到期日按照双方事先约定的协定汇率和金额同期权卖方买卖约定的货币,同时权利的买方也有权不执行上述买卖合约。

外汇期权交易是原有的几种外汇保值方式的发展和补充。它具有套期保值、投机套利的功能,且具有较大的灵活性。外汇期权交易实际上是一种权利的买卖。外汇期权交易的优点在于可锁定未来汇率,提供外汇保值,客户有较好的灵活选择性,在汇率变动向有利方向发展时,也可从中获得盈利的机会。期权的买方风险有限,仅限于期权费,获得的收益可能性无限大;卖方利润有限,仅限于期权费,但风险无限。

本 章 小 结

本章主要学习了金融市场的含义、分类、构成要素、金融工具、功能及运作流程;货币市场、资本市场、衍生品市场及保险市场的定义、特征及其构成。本章重点为金融市场的构成要素、金融工具、功能及直接融资与间接融资;同业拆借市场及回购市场、国库券市场;资本市场的功能、证券发行方式及条件、证券交易方式及证券交易层次;期货的特征及交易制度、期权的种类及其运作;保险基本原则及主要保险种类;外汇市场的功能及外汇交易。本章的难点为金融衍生工具市场及其运作、保险业务的开展及外汇交易方式。

本 章 重 要 概 念

股票 债券 证券投资基金 直接融资 间接融资 金融市场 货币市场 同业拆借 回购协议 票据贴现 大额可转让定期存单 资本市场 证券发行 公募发行 私募发行 直接发行 间接发行 代销 包销 证券上市 证券交易所 现货交易 信用交易

期货交易　期权交易　金融远期　金融期货　金融期权　金融互换　外汇期货　利率期货　股指期货　看涨期权　看跌期权　欧式期权　美式期权　利率互换　货币互换　可保风险　保险　商业保险　人身保险　财产保险　最大诚信原则　可保利益原则　损失补偿原则　近因原则　外汇市场　即期外汇交易　远期外汇交易　掉期交易　外汇期货交易　外汇期权交易

第十章 货币需求与货币供给

- 内容提要
- 重点难点
- 学习目标
- 知识框架
- 思政育人
- 第一节 货币需求
- 第二节 货币供给
- 本章小结
- 本章重要概念

内容提要

本章主要讲述了货币需求的含义、不同角度的货币需求分析、影响货币需求的因素及相关货币需求理论；货币供给的含义及货币供给层次、商业银行的存款货币创造及中央银行体制下的货币供给等内容。

重点难点

本章重点为货币需求的影响因素、货币供给层次划分、存款货币创造乘数、货币供给模型、货币乘数。货币供给的影响因素；难点为货币需求理论、存款货币创造机制、货币供给模型及货币乘数的推导。

学习目标

通过本章的学习，学生应准确理解货币需求的含义，掌握影响货币需求的因素；对货币需求理论的发展有基本的认识；能准确理解货币供给及货币供给量，理解分别从商业银行及中央银行角度如何创造或供给货币；能对存款乘数及货币乘数的公式准确掌握，同时对影响货币供给的主体能准确理解。

知识框架

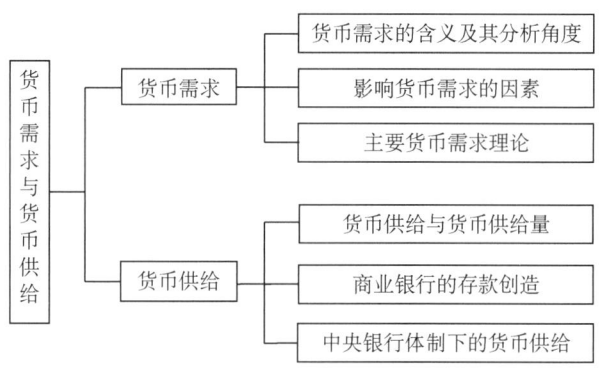

思政育人　建立买卖国债与央行贷款相结合的基础货币调控方式

习近平总书记在中央金融工作会议上提出建设金融强国的宏伟目标,指出"要充实货币政策工具箱,在央行公开市场操作中逐步增加国债买卖"。2023 年中央经济工作会议和 2024 年《政府工作报告》强调,加强政策工具创新与协调配合。这些表述都指出我国货币政策操作方式变革的一个重要方面。笔者认为,在我国法定存款准备金率逐步正常化,且央行贷款规模已较大的背景下,建立以国债为基础的货币发行与调控机制,不仅是货币政策操作方式的变化,更关系金融强国建设中的"强大的货币"与"强大的中央银行"。鉴于此,未来我国可能逐步建立买卖国债与央行贷款相结合的基础货币调控方式。

在讨论央行是否应该以买卖国债方式来供给或调控基础货币时,有必要回顾新世纪以来我国基础货币供给与调控方式的演变。近 20 多年来,我国基础货币供给与调控主要经历两个阶段。第一阶段,外汇占款主导基础货币投放,以发行央行票据和提高法定存款准备金率进行冲销。在此阶段,央行基础货币调控的基本任务是应对过剩流动性带来的资产泡沫与通胀压力。第二阶段,以中央银行贷款为中心基础供给货币,同时不断降低法定存款准备金率释放流动性。在此阶段,央行基础货币调控的基本任务是保持流动性的合理充裕。

买卖国债是市场经济国家供给与调控基础货币的常用方式。中央银行买卖国债来吞吐基础货币,就是常用的公开市场操作。从理论看,中央银行买进或卖出政府债券,直接影响银行体系的准备金,进而会对市场利率产生影响。中央银行在公开市场上买入政府债券,银行体系的准备金会增加,并进一步为银行体系货币创造奠定基础;反之,则会减少银行体系准备金,引起货币供应量的收缩和利率的上升。

资料来源:彭兴韵. 中国外汇|建立买卖国债与央行贷款相结合的基础货币调控方式[EB/OL]. (2024-05-31)[2024-06-01]. https://mp.weixin.qq.com/s?__biz=MjM5NDg1Nzk3NA==&mid=2652579388&idx=1&sn=ca4967acc775fa4fe7775d25459a1347&chksm=bcde6947d6bcf1a3fce7af3f998635fa204a69e72bc9eaef2be21004d98ea284a9d2d1645eae&scene=27. 有删改。

第一节　货币需求

一、货币需求的含义及其分析角度

(一) 货币需求的含义

货币是交换媒介,是财富的一般代表,货币的这种职能使人们产生了对它的需求。在充当交换媒介时,货币与商品相对应。因此在一定时期内,一国经济体生产出多少商品,就需要相应数量的货币发挥媒介作用,用以实现这些商品的价值,这是实体经济运行对发挥交易媒介职能的货币产生的需求。同时,货币作为财富的一般代表,具有资产职能,人们愿意持有货币作为资产组合的一个组成部分,从而实现投资效益的最大化,这是微观经济主体对发挥资产职能的货币产生的需求。货币总需求是对这两类发挥不同职能货币的需求的总和。

货币需求(money demand)是指社会各部门在一定的资源(如财富拥有额、收入、国民生产总值等)条件下,微观经济主体和宏观经济运行对执行交易媒介和资产职能的货币产生的总需求。

理解货币需求的含义时需要注意把握以下两点。

1. 货币需求是一种能力与愿望的统一

需求是一种有支付能力的客观意愿,而不单纯是一种心理上的主观愿望,这是经济学的通义。货币需求以收入或财富的存在为前提,即在具备获得或持有货币的能力范围之内愿意持有的货币量。因此,货币需求不是一种无限的、纯主观的或心理上的占有欲望,不是无条件地"想要"多少货币的问题,人们对货币的欲望可以是无限的,但对货币的需求是有限的。从这个角度,我们也可以将货币需求理解为"社会各部门愿意并且能够以货币形式持有财富的一种行为"。

2. 现实中的货币需求包括对现金和存款货币的需求

第一章谈到,现代经济中货币的范畴不再局限于现金,货币的概念还包括存款货币。既然货币需求是所有商品流通以及人们因财富贮藏的需要对货币产生的需求,那么,除了现金能满足这种需求外,存款货币同样能满足这种需求。

相关思考 10-1

货币需求与货币需求量是否有区别?

从经济学角度看,需求与需求量是有区别的。那么货币需求与货币需求量是否也有区别?人们对货币的需求到底是多少,其实是可以测算出来的。货币需求是一种愿望与能力的统一,而货币需求量是指在一定时期内,社会各部门对货币需求数量的总和。这个货币需求数量的问题主要是测算一定时期内一国的微观经济主体和宏观经济运行对货币的真实需求量,这是一国央行确定合理货币供给量的关键性依据。如上所述,货币需求是微观经济主体和宏观经济运行对执行交易媒介和资产职能的货币产生的总需求。因此,货币需求总量包括两部分:执行交易媒介职能的交易性货币需求和执行资产职能的资产性货币需求。

(二) 货币需求分析角度

对货币需求的理解,由于角度不同,理解上大相径庭。有些人从个人角度,有些人从企业角度,也有些人从整个宏观经济运行角度对货币需求进行分析。这就需要我们从不同角度对货币需求进行分析。

1. 宏观货币需求和微观货币需求

理论界对货币需求的分析通常有宏观和微观两种视角。

宏观视角从一个国家的社会总体出发,探讨一个国家在一定时期内经济发展与商品流通所需要的货币量。从宏观角度对货币需求的分析,关注点在于货币供求的均衡及其对市场价格的影响。

微观视角从社会经济个体出发,分析各部门(个人、企业、政府等)的持币动机和持币行为,研究一个经济单位在既定的收入水平、利率水平和其他经济条件下,所需要持有的货币量。微观视角的货币需求分析,关注点在于研究货币需求的动机与决定影响因素。

需要注意的是,把货币需求的分析分为宏观分析与微观分析,只是说明分析的角度和着力点不同,并不意味着两者可以相互替代。在分析时,需要将两者有机结合起来。

2. 名义货币需求与实际货币需求

名义货币需求与实际货币需求是经济学家在说明货币数量变动对经济活动的影响过程时使用的一对概念。

名义货币需求是指个人、家庭、企业等经济单位或整个社会在一定时点所实际持有的货币单位的数量,如 1 万美元、5 万元人民币、8 000 英镑等,通常以 M_d 表示。实际货币需求则是指名义货币数量在扣除了物价变动因素之后的货币余额,它等于名义货币需求除以物价水平,即 M_d/P。因此,名义货币需求与实际货币需求的根本区别,在于是否剔除了通货膨胀或通货紧缩所引起的物价变动的影响。也就是说,如果经济运行中的其他变量都不变,只是物价上涨了一倍,则名义货币需求伴随着物价的上涨也相应地增加了一倍,而实际货币需求不变。相反亦是如此。

二、影响货币需求的因素

货币需求是以货币形式持有财富的行为。持有多少货币,会受到很多因素的影响,如收入状况、利率水平、价格水平、货币流通速度、信用发达程度等。

1. 收入状况

在决定货币需求的因素中,收入状况是最主要的因素。收入状况对货币需求的决定作用表现在以下两方面:

(1) 收入水平的高低与货币需求正相关。人们需要货币,首先是为了满足开支。而人们的支出水平高低取决于他们的收入水平。实际收入越高的家庭,支出水平也越高,因而需要的货币数量越多,反之收入水平越低的家庭,货币需求越少。

(2) 收入取得的时间间隔与货币需求正相关。在收入一定的情况下,人们取得收入的时间间隔越长,货币的需求越多;反之,人们取得收入的时间间隔越短,货币的需求越少。

2. 利率水平

利率是金融资产的价格,利率水平的高低和变动,会影响人们持有货币的机会成本和资产选择,进而影响人们对货币的需求。

每个家庭在一定时期所拥有的财富数量是有限的。如果以货币形式拥有财富的比例越大,则以其他形式(如证券、实物资产等)拥有财富的比例就越小。以其他形式拥有财富会给持有人带来收益,而以货币形式拥有财富则会丧失这种收益。这就是持有货币的机会成本。显然,利率越高,人们越不愿意把很多货币放在手中,或者对货币需求量就越少。这就是说,货币需求和利率是反方向变化的(负相关),即利率和各种资产的收益率越高,持有货币就越不划算,因而会减少货币需求;反之,货币需求会增加。

3. 价格水平

价格是调节经济的重要杠杆,对商品和劳务的货币支付总是在一定的价格水平下进行的。在商品和劳务一定的情况下,价格水平与货币需求正相关。即价格水平越高,待实现的商品和劳务总额越大,用于交易和周转的货币需求就越多;反之,价格水平越低,货币需求就越少。

> **相关思考 10-2**
>
> **通货膨胀时对货币需求会不会减少?**
>
> 从上面的分析中可见,价格水平与货币需求通常是正相关关系。价格水平上升时,对货币的需求就越多。这是因为货币最基本的职能是交易媒介。当物价上涨时,为了满足消费,人们需要更多的货币。这是从货币作为交易工具的角度来理解。而如果把货币当作资产来看,当通货膨胀时,货币购买力会下降。因此,持有货币越多,贬值越大。因此,从财富保值增值角度来说,理性的行为应该是减少对货币的持有,转而保有其他收益高的资产。因此,从这个角度分析,通货膨胀时可能会引起货币需求的减少。

4. 货币流通速度

货币流通速度是指单位货币在一定时期内周转的次数。货币流通速度越快,表明单位货币在一定时期内周转的次数越多,则所实现或完成的交易量就越多,从而完成一定的交易量所需要的货币就越少;反之,货币流通速度越慢,需要的货币量就越多,因此货币流通速度与货币需求是负相关的关系。

5. 信用发达程度

在一般情况下,一国的信用越发达,对现金货币的需要量就越少;反之,就越多。信用的发达程度直接制约着人们持有货币的数量和资产变现的能力。信用越发达,信用制度越健全,信用服务机构多样化,金融市场越完善,人们进行资产转换越方便,交易成本也相对较低,货币需求也越少。如信用卡的应用、跨行存取款、非现金结算等信用活动,促使社会主体减少对现金货币的持有。

6. 消费倾向

消费倾向是指消费在收入所占的比重。人们为了消费,必须以货币作为购买手段。因此,人们计划消费得越多,所需的货币越多,货币需求越大。即消费倾向与货币需求呈同方向变动。

三、主要货币需求理论

1. 马克思的货币需要论

根据马克思对货币需要量的论述,流通中所必需的货币量为实现流通中待售商品价格总额所需的货币量。因此,货币必要量与待售商品价格总额呈正比,即待售商品价格总额越大,所需的媒介手段——货币量自然也就越大。不过,这并非说有多大商品的销售总额,就需要有同额的货币量。在待售商品价格总额一定的情况下,由于同一货币可以多次作为媒介交易商品,媒介的次数越多,则所需的货币量相对越少。即货币必要量与单位货币流通速度呈反比。用公式表示为:

$$流通中货币必要量 = \frac{待售商品总额}{货币流通速度} \tag{10-1}$$

马克思的论述建立在金属货币流通基础上。上述货币流通规律阐述了商品流通决定了货币流通这个基本原理。该原理强调待售商品价值决定商品价格,商品价格不受货币数量的影响。在金属货币流通情况下,由于货币流通自发调节机制的存在,商品价格不会因货币数量的不足和过剩而出现较大波动。但是,当不兑现的信用货币流通取代金属货币流通后,则必须考虑货币供给对货币需求的反作用。

2. 古典货币需求理论

(1) 费雪方程式。美国经济学家欧文·费雪在1911年出版的《货币购买力》一书中,提出了著名的现金交易方程式,也称为费雪方程式。

费雪认为,假设 M 为一定时期内流通货币量的平均数,V 为货币流通速度,P 为各类商品价格的加权平均数,T 为各类商品交易的总量,则有:

$$MV = PT \tag{10-2}$$

针对上述方程式,费雪认为:第一,货币流通速度 V 决定于技术条件及制度性因素,商品交易总量 T 主要取决于自然资源和技术条件。因此,他认为货币流通速度 V 与商品交易总量 T 可以理解为短期内不变或稳定,也可理解为它们与货币量 M 之间不存在任何必然的数量联系。这样的话,在公式(10-2)中,货币供应量 M 的任何变动都会导致 P 的变动。

费雪虽然关注的是货币供应量对价格水平的影响,但是反过来,从这一方程式也能导出来一定价格水平下的名义货币需求 M_d：M_d 取决于名义的交易总额。用公式表示为：

$$M_d = \frac{1}{V}PT \tag{10-3}$$

(2) 剑桥方程式。费雪方程式忽略了微观主体持币动机对货币需求的影响，许多经济学家认为这是一个缺陷。以马歇尔、庇古为代表的剑桥学派，在研究货币需求问题时，十分重视微观主体的行为，从而形成了自己的货币需求观点。他们认为，处于经济体系中的个人对货币的需求，实质是选择以怎样的方式保持自己资产的问题。决定人们持有货币多少的，有个人的财富水平、利率变动以及持有货币可能拥有的便利等诸多因素。但是，在其他条件不变的情况下，对每个人来说，名义货币需求与名义收入水平之间总是保持着一个较为稳定的比例关系。因此，有：

$$M_d = kPY \tag{10-4}$$

式中，Y 表示总收入；P 表示价格水平；k 表示以货币形态保有的财富占总收入的比例；M_d 表示名义货币需求。式(10-4)就是著名的剑桥方程式。

剑桥方程式开创了货币需求研究的新视角。它将货币需求与微观经济主体的持币动机联系起来，从货币对其持有者效用的角度研究货币需求，从而使货币需求理论产生了质的变化。因为如果仅对货币需求进行宏观分析，那应纳入视野的就只是实现商品流通的需求，关注的只是充当交易媒介的货币。而当开始注重从微观角度考察货币需求后，则显然不只是用于交易的货币需求，还有用作保存财富的货币需求。这样，所需求的就不只是发挥交易媒介职能的货币，还包括发挥资产职能的货币。于是，货币需求的影响因素中，就纳入了更加丰富的变量，货币需求理论也就被推到了更广博更精深的层次。

> **相关思考 10-3**
>
> **费雪方程式与剑桥方程式有何不同？**

费雪方程式与剑桥方程式在很多方面都体现出不同：

(1) 费雪方程式强调的是货币的交易手段功能，而剑桥方程式则重视货币作为一种资产的功能。

(2) 费雪方程式把货币需求与支出流量联系在一起，重视货币支出的数量和速度，而剑桥方程式则从用货币形式保有资产存量的角度考虑货币需求。重视这个存量占收入的比例。所以费雪方程式又称为现金交易方程式，而剑桥方程式又称为现金余额方程式。

(3) 费雪方程式从宏观角度用货币数量的变动来解释价格；反过来，在交易商品量给定和价格水平给定时，也能在既定的货币流通速度下得出一定的货币需求结论。而剑桥方程式则是从微观角度分析，保有货币最为便利，但同时要付出代价，如不能带来收益。也正是在这样的比较中决定货币需求。显然，剑桥方程式中的货币需求决定因素多于费雪方程式，特别是利率的作用已成为不容忽视的因素之一。

3. 凯恩斯货币需求理论

作为马歇尔、庇古的学生，凯恩斯继承了两位老师基于权衡利弊而持有货币的观点，并把它发展成了一种权衡性的货币需求理论即流动性偏好理论。凯恩斯对货币需求理论的突出贡献在于他对货币需求动机的剖析并在此基础上把利率引入货币需求函数，从而论证了利率对货币需求的决定作用，揭示了利率在货币金融理论体系中的重要地位。

沿着剑桥学派的思路，凯恩斯的货币需求理论研究从人们持有货币的动机入手。他认为,货币需求是人们在一定时期能够而且愿意持有的货币量,人们持有货币的原因是人们在心理上普遍存在流动性偏好的心理倾向。而货币是具有完全流动性的资产,恰好满足了这种倾向。这就是"流动性偏好"。凯恩斯仔细分析了人们偏好货币的流动性主要出于三个动机:交易动机、预防动机和投机动机。

(1) 交易动机。**交易动机**是指人们为了进行正常的商品交易而持有货币的愿望。交易媒介是货币最基本的功能,因此人们为了应付日常的商品交易而必然需要持有一定数量的货币,由此产生了持币的交易动机,基于交易动机而产生的货币需求,称之为交易性货币需求。这种货币需求与过去的货币需求理论是一脉相承的,而且货币需求的多少与收入水平密切相关。

(2) 预防动机。**预防动机**是指个人或企业为了应对不测之需而持有货币的动机。凯恩斯认为,生活中经常会出现一些未曾预料的、不确定的支出或购物机会导致人们无法准确预测自己在未来一段时期内所需要的货币数量。为此,人们需要保持一定量的货币在手中,保持预防意外事件的能力,这类货币需求称为预防性货币需求,而预防性货币需求同样与收入高低有关。

(3) 投机动机。**投机动机**是指人们为了选择有利的投资机会从中获利而持有货币的愿望。投机动机分析是凯恩斯货币需求理论中最有特色的部分。他认为,人们保有货币除去为了交易需要和应付意外支出外,还是为了储存价值或财富。

凯恩斯假设经济中用于储存财富的资产只有两类:货币与债券。货币是最具流动性但是不能产生利息收入的资产,债券不仅能产生利息收入,还可能因债券价格波动而带来资本利得或资本损失。人们持有货币,货币在持有期间不能给其持有者带来收益,即收益为零。人们持有债券,则有两种可能:如果利率趋于下降,债券价格就要上升;如果利率趋于上升,债券价格就要下跌。在前一种情况发生时,当然持有者有收益;而在后一种情况发生时,假若债券价格下跌幅度很大,人们在债券价格方面的损失超出了从债券获得的利息收入,则收益为负。如果持有债券的收益为负,持有非生利资产就优于持有生利资产,人们就会增大对货币的需求。在相反情况出现时,人们对货币的需求自然会减少,而对债券的持有量会增加。这里,最关键的在于微观主体对现存利率水平的估计。假若人们确信现行利率水平高于正常值,这就意味着他们预期利率水平将会下降,从而债券价格将会上升。在这种情况下,人们必然倾向于多持有债券,少持有货币。如有相反的预期,则会倾向于多持有货币,少持有债券。因此,投机性货币需求与现行利率水平存在反向变动关系。

由交易动机和预防动机决定的货币需求取决于收入水平,是收入的增函数;而基于投机动机的货币需求取决于利率水平,是利率的减函数。因此,凯恩斯的货币需求函数表示为:

$$L = L_1(y) + L_2(r) \tag{10-5}$$

式中,L 表示货币总需求;L_1 表示交易性与预防性货币需求;L_2 表示投机性货币需求;y 和 r 表示收入和利率水平。

凯恩斯货币需求理论的一个重要特色是,通过投机性货币需求的分析,将利率作为重要的影响因素纳入货币需求函数。为了突出利率的作用,我们以利率 r 为纵轴,货币需求 L 为横轴,将凯恩斯的货币需求函数用曲线表示,如图 10-1 所示。

凯恩斯还提出了著名的"**流动性陷阱**":当利率降低到不能再低时,人们就会预期未来利率将会上涨,债券价格会下降,因而没人愿意持有债券,这时的货币需求弹性变得无限大,即无论如何增加多少货币供给,都会被人们储存起来。图10-1中,流动性陷阱区域就是货币需求曲线趋于非常平坦的那部分。

凯恩斯货币需求理论最突出的特色就是提出了投机动机并将货币看作是一种资产。这样,不仅商品交易的规模和价格总额影响货币需求,而且利率变动也影响货币需求。由于利率是货币市场供求关系的反映,货币供给量的变动能迅速影

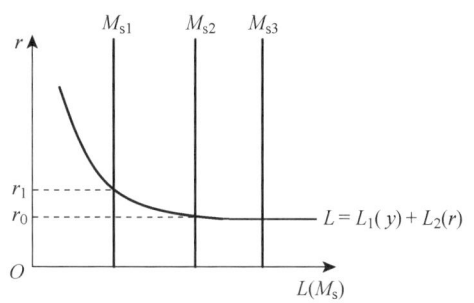

图 10-1　凯恩斯的货币需求曲线

响利率。所以,货币供给可以通过利率的变化调节货币的需求,使货币供求均衡。根据这一思想,凯恩斯提出了一个重要的经济理论,即国家可以在有效需求不足的情况下,采用赤字财政政策和膨胀性货币政策增加货币供给量,通过实行低利率政策来增加货币需求,鼓励投资,以促进经济的增长,但是却很可能进入上述中提到的"流动性陷阱"区域,从而起不到实际效果。

 延伸阅读 10-1

流动性陷阱下的货币政策效果

凯恩斯的货币需求曲线中,接近于平行横轴非常平坦的区域就是流动性陷阱。它的政策含义是,若中央银行在流动性陷阱区域,试图通过扩张货币供应量的货币政策扩张经济,是没有效果的。因为所有增加的货币供给量几乎全部为投机性货币需求所吞噬,货币供应量的扩张对产出增加不会产生刺激作用。此时,实施扩张性的财政政策才更有效地拉动经济。在我国 1998—2002 年通货紧缩时期,日本经济自 20 世纪 90 年代以来长期的疲弱不振阶段,以及 2008 年金融危机下的美国经济,大量经济文献都用"流动性陷阱"理论分析了当时货币政策难有作为的原因。

4. 弗里德曼货币需求理论

以美国经济学家弗里德曼为首的货币学派的货币需求理论也称为现代货币数量论。作为现代货币主义的代表,弗里德曼基本上承袭了传统货币数量论的观点,即非常看重货币数量与物价水平之间的因果联系。同时,他也接受了剑桥学派的凯恩斯以微观主体行为作为分析起点和把货币看做受到利率影响的一种资产的观点。对于货币需求的决定问题,他提出了以下具有代表性的公式:

$$\frac{M_d}{P} = f\left(y, w; r_m, r_b, r_e, \frac{1}{P} \cdot \frac{dP}{dt}; u\right) \tag{10-6}$$

式中,$\frac{M_d}{P}$ 表示实际货币需求;y 表示恒久性收入;w 表示非人力财富占总财富的比例;r_m 表示货币预期收益率;r_b 表示固定收益的债券利率;r_e 表示非固定收益的证券利率;$\frac{1}{P} \cdot \frac{dP}{dt}$ 表示预期物价变动率(即实物资产的预期收益率);u 表示反映主观偏好、风尚及客观技术与制度因素的综合变量。

弗里德曼将这些影响货币需求的变量分成了三类：

第一类是财富(收入)因素,包括 y, w。恒久性收入 y 是弗里德曼分析货币需求时提出的概念。它可以理解为预期未来收入的折现值或预期的长期平均收入,并且认为货币需求与它呈正相关。强调恒久性收入对货币需求的重要作用是弗里德曼货币需求理论的一个特点。

弗里德曼把财富分成了人力财富和非人力财富两类。人力财富是指个人获得财富的能力,包括一切先天和后天的才能与技术,其大小与接受教育程度有关。非人力财富是指物质财富,如房屋、机器、设备、耐用消费品等各种财产。相比较而言,人力财富在获得收入时具有较大的不确定性,如失业时人力财富就无法转化为收入。因此,当总财富中人力财富所占的比例越大,出于谨慎动机货币需求也就越大;而非人力财富所占的比例越大(即 w 越大),则货币需求相对越小。可见,w 与货币需求负相关。

第二类因素是货币与其他各种资产的预期收益率,包括 r_m, r_b, r_e, $\frac{1}{P} \cdot \frac{dP}{dt}$。这些因素中,除 r_m 外,r_b, r_e, $\frac{1}{P} \cdot \frac{dP}{dt}$ 都可以看成是持有货币的机会成本变量。

这里有一点需要解释:凯恩斯的货币需求理论中,货币是当作非生利资产看待的,如钞票,持有它没有任何回报。而弗里德曼将货币扩大到 M_2 的范畴,把能够生息的活期存款和定期存款都包括进来。因此,当持有货币的预期收益越高(即 r_m 越高),对货币需求越大。可见 r_m 与货币需求正相关。

物价变动率也是保存实物资产的名义报酬率。物价上涨的变动率越高,其他条件不变时,货币需求量越小。把物价变动纳入货币需求函数,是通货膨胀的现实反映。在其他条件不变时,货币以外的其他资产(如债券、股票)这些预期收益率越高(即 r_b, r_e 越高),货币需求量越小。可见,这些货币外的资产预期收益率越高,持有货币就越少,因此它们与货币需求呈负相关关系。

第三类因素 u 是一个综合变量,可能从不同方向对货币需求产生影响,本身相对较稳定。

对于货币需求,弗里德曼提出概括性的论断:由于恒久性收入的波动幅度要比预期收入小得多,且货币流通速度(恒久性收入除以货币存量)也相对稳定,因而货币需求是相对稳定的。

相关思考 10-4

电子货币的发展对货币需求有何影响？

传统货币需求理论都隐含一个假设:货币的不同用途之间存在确定的界限,而且界限是稳定的,各自影响的因素也是独立的。在凯恩斯的理论中,划定的界限是持有货币的不同动机,即交易动机、预防动机及投机动机。这三大动机构成了两类货币性需求:交易性货币需求及投机性货币需求,他们分别与收入、利率有关。而在弗里德曼的货币需求理论中,表现为不同的财富结构和各种资产的预期收入和机会成本的组合。

电子货币的出现和发展使这种界限划定变得非常困难。电子信息技术的发展使各种不同用途之间的货币转换变得非常容易。当人们需要各种货币进行交易时,借助于发达的金融创新工具,即可满足流动性需求,因此电子货币的发展使各种用途的货币转换的成本非常低,出于不同动机的各种货币需求之间的界限也变得越来越模糊。同时电子货币的发展使货币需求的结构发生变化。用于交易和预防的货币需求减少,用于投机的货币需求增多。在弗里德曼的货币需求理论中,货币、债券、股票的预期收益率之间存在明显差异。电子货币出现后,货币的流动性大大增强,各种资产的预期收益率之间的差异也不断缩小。可以预见,进一步发展和普及电子货币对货币需求的影响也会日益增大。

第二节 货币供给

一、货币供给与货币供给量

货币供给(money supply)是指一定时期内一国银行系统向经济中投放、创造或收缩货币的过程。货币需求在这个过程中得到满足。货币供给必然会在实体经济中形成一定的货币量,这些货币量都是银行系统供给的,都是银行的负债。因此,一国各经济主体(包括个人、企事业单位和政府部门等)持有的、由银行系统供应的债务总量就称为**货币供给量**。

在信用货币流通条件下,货币供给量主要包括现金和存款货币两部分。其中,现金是由中央银行供给的,表现为中央银行的负债;存款货币是由商业银行供给的,表现为商业银行的存款性负债。因此,所谓货币供给量从银行系统来说是负债,而从非银行经济主体看则为资产。

10-1 视频 秒懂货币供应量

货币供给量是一个存量的概念,即一个国家在某一时点上实际存在的货币总量。现实中的货币供给量是分层次进行统计的。货币供给量不同层次的划分依据是货币的流动性,分为 M_0、M_1、M_2 等不同层次。货币供给层次的划分具体可见第一章分析。

二、商业银行的存款创造

在众多金融机构中,主要是商业银行能吸收活期存款并贷款。在此基础上,商业银行具有创造和收缩货币的能力,从而能够非常强烈地影响货币供给量。商业银行通过其经营活期存款业务,创造出活期存款,从而创造出了货币,这个特征是商业银行与其他非存款类金融机构的最重要的区别。下面我们将对商业银行存款创造的原理和过程进行详尽分析。

(一)存款创造的基本原理

1. 原始存款和派生存款

原始存款一般是指商业银行接受客户现金存入和中央银行对商业银行的再贷款而形成的存款。这是商业银行从事资产业务的基础。

派生存款是相对原始存款而言,是指由商业银行发放贷款、办理贴现或投资等业务活动而衍生出来的存款。派生存款产生的过程就是商业银行不断吸收存款、发放贷款、形成新的存款,不断地在各银行客户之间转移,最终使银行体系的存款总量增加的过程。因此,商业银行创造派生存款的实质,是以非现金方式为社会提供货币供给量。

2. 两个前提条件

商业银行能否创造派生存款是有条件的。目前各国商业银行采用的部分准备金制度和非现金结算制度构成商业银行创造信用的基础,也是商业银行存款创造的前提条件。

(1)部分存款准备金制度。商业银行在经营过程中,各国都会以法律的形式规定存款类金融机构吸收的存款必须要按照一定的比例,上交给中央银行,形成一定的准备金,这就是存款准备金制度。例如我国《商业银行法》第三章"对存款人的保护"第三十二条规定：商业银行应当按照中国人民银行的规定，向中国人民银行交存存款准备金，留足备付金。

商业银行按照法律规定必须上交的最低数额的准备金，即法定准备金。商业银行根据自身情况，也可以多交准备金，超过法定准备金的部分，称为超额准备金。

法定准备金(R_d)是活期存款(D)与法定准备金率(r_d)的乘积，用公式表示为：

$$R_d = D \cdot r_d \tag{10-7}$$

超额准备金(E)则是银行实有准备金与法定准备金之差，也是超额准备金率(e)与活期存款之积。用公式表示为：

$$E = R - D \cdot r_d \tag{10-8}$$

$$E = D \cdot e \tag{10-9}$$

法定准备金率的高低，直接影响商业银行创造存款货币的能力。

(2) 非现金结算制度。非现金结算制度即银行的转账结算制度。在该制度下，由于各个商业银行在中央银行均开有存款账户，客户在取得银行贷款后，一般并不立即提取现金而是转入其在银行的活期存款账户。这时，银行一方面增加了贷款，另一方面又增加了活期存款。这种通过银行转账方式发放贷款而创造的存款，就是上面提到的派生存款。

> **相关思考 10-5**
>
> **为什么是部分准备金制度？**
>
> 如果是在100%全额准备金制度下，银行有没有创造存款的能力？这个法定的比例是谁规定的？是如何规定的？该比例能否调整？法定存款准备金率的高低对商业银行的存款创造能力有何影响？

(二) 存款创造的过程

如前所述，商业银行将吸收的原始存款留出法定准备金后，就可将其余的超额准备金用于贷款，客户取得贷款后，不提取现金，全部转入企业的另一银行存款账户。接受这笔新存款的银行，除保留一部分法定准备金外，又将其余部分用于放款。这样，又会出现另一笔存款。如此不断延续下去，即可创造出大量存款。

为了便于说明存款创造的过程，我们通过下列实例说明。我们先做以下假设：①每家银行只保留法定准备金，其余部分全部贷出，超额准备金为零；②银行客户收入的款项全部存入银行，而不提取现金；③只有活期存款而不增加定期存款；④法定准备金率为20%。

现在假定在整个银行体系中，第一家银行接受客户 A 企业存入现金 10 000 元，那么这10 000 元在整个商业银行体系不断地贷款、存款后，最终变成多少呢？

假设 A 企业将 10 000 元存入第一家银行，则该银行增加原始存款 10 000 元，按 20%比例上交 2 000 元法定准备金后，剩下的 8 000 元全部贷给 B 企业，B 企业用于支付所欠 C 企业的货款；C 企业又将这 8 000 元存入第二家银行，则该银行存款额增加 8 000 元。该银行留存 1 600 元的法定准备金后，将余下的 6 400 元贷了 D 企业，D 企业用来偿还了 E 企业的货款；E 企业又将这 6 400 元存入了第三家银行，该银行又继续可以贷款……如此循环下去，最后整个银行体系的存款创造结果如表 10-1 所示。

表 10-1　　　　　　　　　存款派生过程（法定准备金率 $r_d=20\%$）

银行名称	存款增加额	法定准备金	贷款增加额
第一家银行	10 000	2 000	8 000
第二家银行	8 000	1 600	6 400
第三家银行	6 400	1 280	5 120
第四家银行	5 120	1 024	4 096
第五家银行	4 096	819.20	3 276.80
……	……	……	……
合计	50 000	10 000	40 000

从表 10-1 可见，商业银行接受客户现金存入 10 000 元，经过银行体系运用后，最终活期存款总额变成 50 000 元。活期存款总额超过原始存款的数额，就是派生的存款额。

需要指出的是，不但客户存入现金会导致银行创造出多倍于原始存款的派生存款，中央银行对商业银行的再贷款以及其他任何中央银行的资产业务活动，都可以为商业银行提供存款货币创造的源头。而客户手中的现金，也正是来自中央银行，中央银行是货币供给量的源头。

（三）存款创造的结果

从上面的实例中我们可以看到，商业银行似乎"凭空"创造出来很多的货币。那么到底可以创造多少存款货币呢？上例中的存款总额 50 000 元是如何出来的呢？

在上例中，每一列数字中每一行数字都是前一数字的 80%（假设法定准备金率为 20% 时），这样一个数列就构成了一个等比级数，其总和为：

$$\Delta D = \Delta R[1+(1-r_d)+(1-r_d)^2+(1-r_d)^3+\cdots\cdots(1-r_d)^n] \\ = \Delta R \cdot \frac{1}{r_d} \tag{10-10}$$

式中，ΔD 表示经过派生后最终的存款总额；ΔR 表示原始存款（接受客户现金存入或央行对商业银行的再贷款）；r_d 表示法定存款准备金率。

上例中，法定准备金率为 20%，存款总额为 $10\,000 \times \frac{1}{20\%} = 50\,000$（元）。那么，银行体系创造出多少倍的派生存款呢？这就是存款乘数问题。

存款乘数是指商业银行能创造存款货币的最大扩张倍数，也称为派生倍数，即派生过程后的活期存款总额与原始存款之比。通常用 K 表示存款乘数，其计算公式为：

$$K = \frac{\Delta D}{\Delta R} = \frac{1}{r_d} \tag{10-11}$$

由式（10-11）可知，存款乘数是法定存款准备金率的倒数。法定存款准备金率越高，存款扩张的倍数越小；法定准备金率越低，存款扩张的倍数越大。而且式（10-10）表明，商业银行的存款创造能力主要受两大因素的制约：一是原始存款的多少；二是法定准备金率的高低。

需要说明的是，如果客户从银行提取现金，则会引起原始存款的减少，在银行体系无超额准备金的情况下，必然会出现多倍紧缩的过程。其紧缩过程与扩张过程相似，只不过方向相反，这里不再赘述。

(四) 存款创造乘数的修正

至此,这里所述的存款货币创造过程,是在前面的假设条件下进行的。但在实际经济活动中,存款创造乘数还会受到其他因素的制约,如银行持有的超额准备金、现金漏损等。考虑这些因素的话,存款创造乘数需要被修正。

1. 存在超额准备金

现实中,商业银行除了交法定准备金外,为了应付随时的支付需要,银行往往还会保留部分超额准备金。那么,银行的超额准备金如何影响存款乘数的派生呢?我们可以把它们看做法定准备金那样发挥作用。假定一家银行得到 10 000 元的存款,如果法定准备金比率是 20%,银行持有 5% 超额准备金,则该银行保留 25% 作为该存款的准备金,而贷出 7 500 元,下一家银行收到 7 500 元的存款。显然相比上例,减少了可贷款的数量。所以存在超额准备金时,存款乘数不是 $K=1/r_d$,而是:

$$K = \frac{1}{r_d + e} \tag{10-12}$$

式中,e 表示超额准备金率,是银行自愿保留的超额准备金在存款总额中的比例。

2. 存在现金漏损

前面假设客户将收入的款项全部存入银行系统,而没有任何现金流出。但事实上,多数客户总会或多或少进行提现。假定银行要按照 20% 上交法定准备金,并且保留 5% 的超额准备金,同时客户提现 1 500 元。此时,银行能够贷出的只能是 6 000 元,然后这 6 000 元变成下一家银行的存款,但是已经比举例中提到的少了很多。此时存款乘数变为:

$$K = \frac{1}{r_d + e + c} \tag{10-13}$$

式中,c 为现金漏损率或提现率,即社会公众或企业持有的通货在存款总额中的比例。

3. 活期存款转为定期存款

前面我们假设银行只有活期存款(用 D 表示)而没有定期存款(用 T 表示),客户存入的全部是活期存款。但现实中,银行还有定期存款,并且在存款创造过程中,有些活期存款将会变成定期存款。而且很多国家对活期存款和定期存款分别规定了不同的准备金率。因此,商业银行还要按照定期存款准备金率(用 r_t 表示)来上交准备金。而这些准备金是不能进入存款创造过程的。

另外,活期存款与定期存款之间也会保持一定的比例关系。令 $t=T/D$,则存款乘数变为:

$$K = \frac{1}{r_d + e + c + r_t \cdot t} \tag{10-14}$$

式中,t 表示定期存款占活期存款的比例;r_t 表示定期存款准备金率,其他同前。

根据以上分析,存款乘数不仅受到法定准备金率 r_d 的影响,还受到 e、c、r_t、t 等各种因素影响。而银行的存款创造能力,不仅取决于存款乘数,还受到贷款需求量和原始存款的制约。

【例题 10-1】 如果原始存款 30 万元,派生存款 90 万元,则存款乘数 K 是多少?如果 r_d 为 15%,e 为 3%、c 为 5%,原始存款还是 30 万元,此时银行的派生存款是多少?

解：(1) $K = (30+90) \div 30 = 4$

(2) $K = 1 \div (15\% + 3\% + 5\%) = 4.35$
存款总额 $= 30 \times 4.35 = 130.5$（万元）
派生存款 $= 130.5 - 30 = 100.5$（万元）

相关思考 10-6

商业银行的存款创造能力与哪些主体行为有关？

商业银行的存款创造过程实际上并非取决于银行自身，最终创造的派生存款总额也跟很多因素有关，同时受很多主体行为的制约。想一想，银行的存款创造能力与哪些主体行为有关？居民个人会不会也对银行的货币创造产生影响呢？

三、中央银行体制下的货币供给

现代经济生活中的货币都是银行体系创造和提供的。前面我们探讨了商业银行创造存款货币的过程，下面我们将从中央银行角度分析整个经济生活中的货币供给的机制和过程。

1. 货币供给量模型

前述存款货币创造机制中提及原始存款和派生存款。只要有一笔原始存款，在银行体系内就可以创造出数倍的派生存款。但是存款仅是货币的一部分，就整个货币数量而言，在一定基础货币的基础上，同样可以创造出数倍于基础货币的货币数量，这个倍数我们称为货币乘数。货币乘数是银行系统通过对一定量的基础货币运用之后，所创造的货币供给量与基础货币的比值。

在基础货币一定的条件下，货币乘数决定了货币供给的总量。货币乘数越大，则货币供给量越多；反之，货币乘数越小，则货币供给量也就越少。所以，货币乘数是决定货币供给量的又一个重要的甚至是更为关键的因素。

我们设 Ms 为货币供给量，m 为货币乘数，B 为基础货币。那么，整个货币供给量模型可以写为：

$$Ms = m \cdot B \tag{10-15}$$

从上式可见，货币供给量主要取决于两个因素：基础货币和货币乘数。下面将分别从基础货币和货币乘数两个方面进行分析。

2. 基础货币与货币乘数分析

(1) 基础货币。基础货币也称高能货币或强力货币，它是中央银行的负债，具有很强的流动性，并且能够产生出数倍于它本身量的货币，具有多倍扩张或收缩的功能，是中央银行能够直接控制的部分，并且中央银行通过对它的控制来调节整个货币供给量。

基础货币一般由两部分组成：流通中的现金(C)和存放在中央银行的存款准备金 R（包括法定准备金和超额准备金）。用公式可以表示为：

$$B = C + R \tag{10-16}$$

从上面可以看到，基础货币是两部分之和，因此影响基础货币量的因素也主要是这两部分。而且中央银行基本上能直接控制基础货币。

中央银行主要通过以下三个途径影响基础货币：一是直接发行通货；二是通过货币政策工具，如法定准备金率的实施、再贴现政策、公开市场业务操作等影响基础货币；三是中央银行变动外汇储备规模。

> **相关思考 10-7**
>
> 我国央行调控基础货币的主要方式有哪些？中央银行作为调节宏观经济的重要机构，相比其他国家的中央银行，我国的中国人民银行在当前经济环境下，主要通过哪些方式调控基础货币？发行央行票据及买卖国债是否为常用手段？这些调控措施对金融市场产生了怎样的影响？

（2）货币乘数。作为货币供给之源的基础货币，可以引出数倍于自身的货币供给量。我们通常将货币供给量与基础货币之比称为货币乘数。从公式（10-15）可推出：$m = Ms/B$。

由于货币供给量可以划分为不同的层次 M_0、M_1、M_2 等。因此对应的货币乘数也不相同。货币乘数 m 的推导过程如下：

货币供给量 $M_0 = C$，$M_1 = C + D$，$M_2 = C + D + T +$ 其他存款。

已知基础货币 $B = C + R$，但由于不同国家对活期存款及定期存款规定不同的准备金率，因此存放在央行的准备金实际上由三部分构成：活期存款存款准备金 R_d、定期存款准备金 R_t 和超额存款准备金 E。所以基础货币公式又可以写成：$B = C + R_d + R_t + E$。

根据 $m = Ms/B$，将 M_0、M_1、M_2 分别代入公式，则可以推导出不同层次的货币乘数。具体结果如下：

① 当 $Ms = M_0$ 时：

$$m_0 = \frac{M_0}{B} = \frac{C}{C+R} = \frac{c \cdot D}{c \cdot D + r_d \cdot D + r_t \cdot t \cdot D + e \cdot D} \tag{10-17}$$
$$= \frac{c}{c + r_d + r_t \cdot t + e}$$

② 当 $Ms = M_1$ 时：

$$m_1 = \frac{M_1}{B} = \frac{C+D}{C+R} = \frac{c \cdot D + D}{c \cdot D + r_d \cdot D + r_t \cdot t \cdot D + e \cdot D} \tag{10-18}$$
$$= \frac{1+c}{c + r_d + r_t \cdot t + e}$$

③ 当 $Ms = M_2$ 时：

$$m_2 = \frac{M_2}{B} = \frac{C+D+T}{C+R} = \frac{c \cdot D + D + t \cdot D}{c \cdot D + r_d \cdot D + r_t \cdot t \cdot D + e \cdot D} \tag{10-19}$$
$$= \frac{1+c+t}{c + r_d + r_t \cdot t + e}$$

上述公式中，r_d 表示活期存款法定准备金率；c 表示现金漏损率，$c = C/D$；r_t 表示定期存款法定准备金率；t 表示定期存款占活期存款之比，$t = T/D$，e 表示超额准备金率，$e = E/D$。

需要注意的是，一般情况下，假设只对活期存款要求上交法定准备金，同时将货币供给层次定义为狭义货币 M_1 时，则货币乘数 m 可以简化为如下公式：

10-2 视频：影响货币乘数的因素

$$m_1 = \frac{1+c}{c+r_d+e} \tag{10-20}$$

影响货币乘数的因素主要有以下几方面：

一是中央银行决定活期存款准备金率 r_d 和定期存款准备金率 r_t。两者的高低受当时货币政策的松紧影响较大。

二是商业银行决定超额准备金率 e。商业银行保留多少超额准备金，取决于商业银行保留超额准备金的机会成本、借入资金的成本及融通资金的方便程度。

三是社会公众、企业决定现金漏损率 c 及定期存款占活期存款之比 t。这两个因素与社会公众及企业的偏好、财富收入水平、各种金融资产的收益水平及对资金的需求等方面有关。

以上我们分析了货币供给量形成的原理，并分别对基础货币及货币乘数进行了分析。从货币供给量模型看，影响货币供给量大小的主要是两个因素：基础货币和货币乘数。而任何引起这两者变动的因素都会影响货币供给量的变动。中央银行不但可以通过货币政策工具如法定准备金政策、再贴现政策、公开市场业务等有效调控基础货币和货币乘数，改变货币供给量，而且可以利用差别利率等政策，调节和改变货币供给量各个层次的分布结构，来调控货币供给量及其结构。例如提高或降低活期存款与定期存款的利率，就会把一部分 M_1 转为 M_2，或者把一部分 M_2 转为 M_1。由于不同层次的货币流动性不同，货币乘数的大小有别，货币在不同层次之间转移，不但改变了货币流通结构，也改变了货币供给量。

【例题 10-2】 已知某国流通中的现金是 3 000 亿美元，存款准备金总额为 3 500 亿美元，现金漏损率 40%，法定准备金率 15%，超额准备金率 5%，则该国货币供给量是多少？

解：基础货币 $B = 3\ 000 + 3\ 500 = 6\ 500$（亿美元）

货币乘数 $m = \dfrac{1+c}{c+r_d+e} = \dfrac{1+40\%}{40\%+15\%+5\%} = 2.33$

货币供给量 $Ms = B \cdot m = 6\ 500 \times 2.33 = 15\ 145$（亿美元）

概括地说，货币供给的全过程，就是由中央银行供应基础货币，基础货币形成商业银行的原始存款，商业银行在原始存款的基础上创造派生存款（现金漏损的部分形成流通中的现金），最终形成货币供给总量的过程。

事实上，没有中央银行的货币供给源头，就没有商业银行的存款创造。因此，中央银行提供的基础货币与商业银行的存款创造是源与流的关系。可以用图 10-2 表述两者的关系：

从上面的分析可以看到，货币供给是由多个因素、多个主体共同决定的变量。中央银行能大部分直接控制基础货币，而货币乘数受中央银行、商业银行、社会公众、企业等主体行为的影响。中央银行主要是通过实施货币政策，借助货币政策工具从而对货币供给量进行控制。具体货币政策工具将在第十二章阐述。

延伸阅读 10-2

一季度金融数据出炉：M_2 总量突破 300 万亿

2024 年 4 月 12 日央行发布 2024 年一季度金融统计数据报告。数据显示，2024 年 3 月末，广义货币（M_2）余额 304.80 万亿元，同比增长 8.3%。同期，社会融资规模存量 390.32 万亿元，同比增长 8.7%，一季度累计新增 12.93 万亿元，处于历史同期较高水平。

3 月末，我国 M_2 余额升至 304 万亿元，这说明货币存量规模已经足够大，这与我国过去一段时间的融

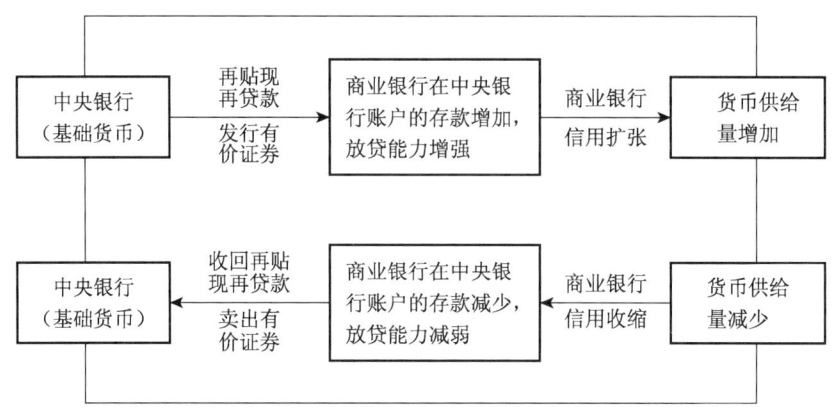

图10-2 货币供给与货币回笼的过程

资结构、经济发展阶段都有一定关系。巨额的存量资源掌握在企业和居民手上,为促进投资、消费和整个宏观经济恢复向好,奠定了基础。

另外也应看到,金融总量的规模确实已经不小,随着经济恢复加快、结构转型升级、新动能进一步培育,存量金融资源的使用效率会显著提升,"有利于稳增长和防风险的平衡"。

在此期间,M_2有所回落,但适度回落是合理和正常的。这反映出银行资产扩张、创造货币的行为在向着更加稳健、均衡、可持续的轨道靠拢,也与经济回升向好背景下,资金周转循环趋于活化、沉淀空转有所缓解有关。

资料来源:王宏.一季度金融数据出炉:M_2总量突破300万亿来看权威专家解读五大看点[EB/OL].(2024-04-12)[2024-05-06].https://www.cls.cn/detail/1645367.有删改.

本章小结

本章主要学习了货币需求的含义、影响货币需求的主要因素及传统货币需求理论、凯恩斯货币需求理论、弗里德曼货币需求理论;货币供给及货币供给量,商业银行的存款创造及货币供给量模型,货币乘数及基础货币等内容。要准确理解货币需求的含义,能分析哪些因素会引起货币需求的变化;同时对于不同角度的货币供给过程及其结果能准确理解,并掌握存款乘数及货币乘数的推导、计算,同时准确理解影响货币供给的主要因素。

本章重要概念

货币需求　宏观货币需求　微观货币需求　费雪方程式　剑桥方程式　流动性偏好　流动性陷阱　货币供给　货币供给量　原始存款　派生存款　存款乘数　基础货币　货币乘数　法定存款准备金率　超额存款准备金率　现金漏损率

第十一章 通货膨胀与通货紧缩

> 内容提要
> 重点难点
> 学习目标
> 知识框架
> 思政育人
> 第一节 货币概述
> 第二节 货币制度
> 本章小结
> 本章重要概念

内容提要

本章主要讲述了通货膨胀的含义、衡量标准、类型、产生原因、通货膨胀造成的影响及如何治理通货膨胀;通货紧缩的含义、衡量标准、产生原因以及通货紧缩产生的社会经济效应,最后提出如何治理通货紧缩。

重点难点

本章重点为通货膨胀产生的原因、影响及通货紧缩的产生原因、社会经济效应等。难点为通货膨胀和通货紧缩的治理。

学习目标

通过本章学习,学生应掌握通货膨胀及通货紧缩的含义、衡量标准、产生原因及对社会造成的影响,能够理解如何联系实际治理过度的通货膨胀及通货紧缩。同时能够理解各国针对不同时期通货膨胀及通货紧缩时采取的不同宏观调控政策。

知识框架

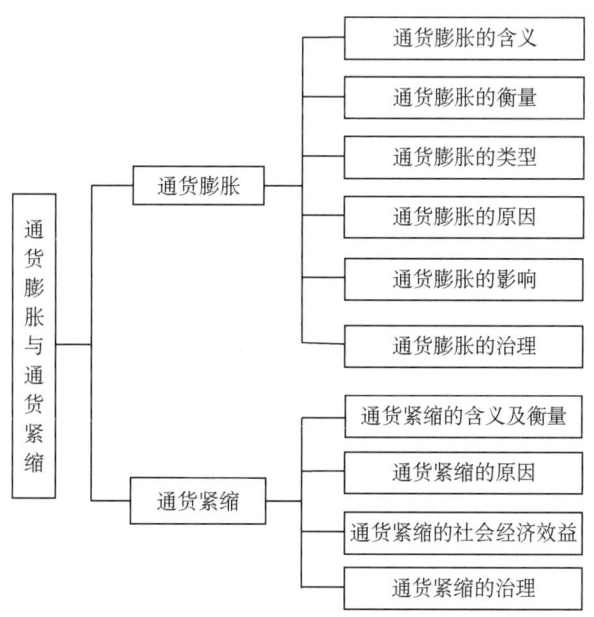

> **思政育人**   中国物价运行态势
>
> 自2023年10月份以来,居民消费价格指数(CPI)同比持续下降,至2024年1月份同比下降0.8%。与此同时,全国工业生产者出厂价格指数(PPI)延续下降态势。
>
> 物价低位运行,引发一些关于中国经济是否陷入通缩的担忧声音。判断是否陷入通缩,首先要厘清概念。经济学上通常认为,通缩主要指价格持续负增长,货币供应量也具有下降趋势,且通常伴随经济衰退。这就既要看物价运行之"形",也要观货币供应之"态",更要察经济发展之"势"。
>
> 物价运行:总体低位,保持温和上涨态势。2023年全年,中国居民消费价格上涨0.2%。这一数据与主要发达经济体饱受高通胀困扰形成鲜明对比。剔除波动较大的食品和能源价格的核心CPI同比上涨0.7%,表明我国工业消费品以及服务消费供需总体稳定。PPI同比降幅也从去年6月份的最高下降5.4%,收窄至2024年1月份的下降2.5%。去年以来,我国物价月度水平始终在合理区间温和波动。2024年1月份,CPI环比上涨0.3%,已连续两个月上涨。
>
> 货币投放:总量适度、节奏平稳。截至2024年1月末,中国广义货币(M_2)余额为297.63万亿元,同比增长8.7%。在去年同期高基数背景下,保持合理增速。社会融资规模是比较全面反映金融支持实体经济的总量性指标。1月份,中国社会融资规模增量为6.5万亿元,比上年同期多5 061亿元。
>
> 经济发展:总体回升向好。2023年,中国经济总体回升向好,国内生产总值增长5.2%,经济增速快于新型冠状病毒感染3年4.5%的平均增速,也明显快于美国2.5%、欧元区0.5%、日本1.9%的经济增速,是全球经济增长重要引擎。2024年以来,中国制造业采购经理指数、中小企业发展指数等指标较去年12月份有所回升。国际货币基金组织(IMF)日前上调了中国经济增长预期,为中国经济投下"信任票"。
>
> "通缩往往是经济运行中结构性问题长期积累的结果,判断通缩不应仅盯一两个价格指标。"整体上看,中国没有出现通缩,更不存在通缩外溢,所谓"中国经济通缩"完全是个伪命题。国内物价低位运行虽然是暂时性的,但也要警惕和防范通缩风险,积极有效破解国内有效需求不足、部分行业产能过剩等问题。
>
> 2024年政府工作报告将全年居民消费价格涨幅预期目标定在3%左右。设定这一目标,主要考虑是综合分析2023年价格变动的翘尾影响和2024年新涨价因素,预计2024年居民消费价格将温和上涨。我国经济长期向好的基本面没有变,经济总供求基本平衡,货币条件合理适度,具有产业体系完备、市场空间大、政策工具箱丰富等优势,特别是粮食生产连续丰收,生猪产能合理充裕,工业品和服务业供给充足,基础能源保障有力,有条件有能力保持物价平稳运行。
>
> 资料来源:新华社. 中国物价运行态势[EB/OL]. (2024-03-06)[2024-04-25]. https://www.gov.cn/zhengce/202403/content_6937188.htm

第一节 通货膨胀

一、通货膨胀的含义

通货膨胀成为世界性的问题,是近大半个世纪的事情,此前它只存在于一些国家的非常时期。虽然这一概念经常出现并被人们广泛谈及,但对于什么是通货膨胀,迄今为止,经济学家们都没有给出一个能被普遍接受的明确定义,根据以往的经济学文献,大多数经济学家都比较认同这样的表述。

通货膨胀是指在纸币流通条件下,由于流通中的货币数量超过经济实际需要,从而引起的货币贬值和物价总水平持续上涨的经济现象。

要理解通货膨胀的含义,需要注意以下两点:

第一,通货膨胀是发生在纸币流通条件下的现象。货币供求失衡是引起通胀的根本原因,因此弗里德曼曾说过"通货膨胀现象无论如何也是一种货币现象"。

第二,通货膨胀发生主要表现为货币贬值,购买力下降;同时物价总水平全面、持续上涨,并非个别商品或劳务价格暂时性、季节性、偶然性的上涨就叫通货膨胀。

 延伸阅读 11-1

通货膨胀含义的分歧

西方经济学界对通货膨胀一词的解释是有分歧的。例如,哈耶克认为:"通货膨胀一词的原意和真意是指货币数量的过度增长,这种增长将合乎规律地导致物价的上涨。"弗里德曼赞成这样的定义:"物价普遍的上涨就叫做通货膨胀。"萨缪尔森是用时期概念来看待通货膨胀的,他说:"通货膨胀的意思是:物品和生产要素的价格普遍上升的时期——面包、汽车、理发的价格上升;工资、租金等也都上升。"罗宾逊说:"通货膨胀是由于对同样经济活动的工资报酬率的日益增长而引起的物价直升变动。"

资料来源:搜狐财经.通货膨胀的5个真相[EB/OL].(2024-03-02)[2024-05-07]. https://www.sohu.com/a723262997120988576.

二、通货膨胀的衡量

通货膨胀不是指这种或那种商品及劳务的价格上涨,而是物价总水平的上升。物价总水平或一般物价水平是指所有商品和劳务交易价格总额的加权平均数,这个加权平均数就是价格指数。衡量通货膨胀率的价格指数一般有:居民消费价格指数、生产者价格指数、批发物价指数、GDP 平减指数。

1. 居民消费价格指数(CPI)

居民消费价格指数(consumer price index,CPI),主要反映一定时期居民生活消费品和劳务价格变化情况的指标。它是根据居民消费的食品、衣物、居住、交通等消费品和劳务价格加权平均计算出的结果,计算公式为:

$$\text{CPI} = \left(\frac{\text{一组固定商品按当期价格计算的价值}}{\text{一组固定商品按基期价格计算的价值}}\right) \times 100\% \tag{11-1}$$

假设以 2022 年为基年,如果 2022 年某国普通家庭每个月购买一组商品的费用为 857 元,2023 年购买同样一组商品的费用为 1 174 元,那么,该国 2023 年的居民消费价格指数就为:

$$\text{CPI} = (1\,174 \div 857) \times 100\% = 137\%$$

由于在实际中,一般不直接、也不可能计算通货膨胀,而是通过价格指数的增长率来间接表示。而居民消费价格指数通常可以灵敏地反映居民日常生活成本的变化,所以是衡量通货膨胀的最常见、最重要的指标,老百姓非常关心。对于普通人来说,可以简单通过 CPI 数据来判断社会是否处于通货膨胀状态。

居民消费价格指数用来衡量通货膨胀的优点在于,它的变动能比较准确地反映出通货膨胀对居民生活所带来的影响程度,在这点上,有其他指标无法比拟的优势,但是,该指标也有其局限性。例如,只选择消费品,而消费品只是社会最终产品的一部分,CPI 不足以反映整个物价的变动情况,因此具有片面性;另外,也无法分析出商品或劳务价格的上涨中,有多少成分是由于生产者提高质量,改善品质所致,有多少是真正的价格上涨。

 延伸阅读 11-2

居民消费价格指数小知识

CPI 的编制方法是在众多计量对象中选择代表规格品,采集其价格数据,计算这些代表规格品的平均价格和个体价格指数,然后运用几何平均计算出基本分类价格指数,再运用加权平均方法逐级计算小类、中类和大类价格指数,直至总价格指数。按照国家统计局针对 CPI 指标的诠释,其计算过程如下:

首先,国家统计局和地方统计部门分级确定用于计算 CPI 的商品和服务项目以及调查网点。国家统计局根据全国城乡居民家庭消费支出的抽样调查资料统一确定商品和服务项目的类别,设置包括:食品烟酒、衣着、居住、生活用品及服务、交通通信、教育文化娱乐、医疗保健、其他用品及服务八大类 268 个基本分类,基本涵盖了城乡居民的全部消费内容。全国抽样约 500 个市县,确定采集价格的调查网点,包括食杂店、百货店、超市、便利店、专业市场、专卖店、购物中心、农贸市场、服务消费单位等共 6.3 万个。

其次,按照"定人、定点、定时"的方式,统计部门派调查员到调查网点现场采集价格。目前,分布在 31 个省(区、市)500 个调查市县的价格调查员共 4 000 人左右。价格采集频率因商品而异,对于 CPI 中的粮食、猪牛羊肉、蔬菜等与居民生活密切相关、价格变动相对比较频繁的食品,每 5 天调查一次价格;对于服装鞋帽、耐用消费品、交通通信工具等大部分工业产品,每月调查 2—3 次价格;对水、电等政府定价项目,每月调查核实一次价格。

最后,根据审核后的原始价格资料,计算单个商品或服务项目以及 268 个基本分类的价格指数。然后根据各类别相应的权数,再计算类别价格指数以及 CPI。CPI 等于 100,表明报告期与基期相比综合物价没有变化;居民消费价格指数大于 100,说明报告期与基期相比综合物价上升,价格指数越高,反映物价上涨得越多;居民消费价格指数小于 100,说明报告期与基期相比综合物价下降。

资料来源:统计业务知识.居民消费价格指数[EB/OL].(2023-02-24)[2024-04-26]. https://www.stats.gov.cn/zs/tjll/tjzs/202302/t20230224_1918473.html.

2. 生产者价格指数

生产者价格指数(producer price index,PPI)是衡量工业企业产品出厂价格变动趋势和变动程度的指数,是反映某一时期生产领域价格变动情况的重要经济指标,也是制定有关经济政策和国民经济核算的重要依据。PPI 能够反映生产者获得原材料的价格波动情况,推算预期 CPI,从而估计通胀风险,通常作为观察通货膨胀水平的重要指标。

3. 批发物价指数

批发物价指数(wholesale price index,WPI)是根据商品批发价格变动资料所编制,反映不同时期生产资料和消费品批发价格的变动趋势与幅度的价格指数。该指标反映了出厂价格或收购价格,对零售价格有决定性影响。但由于不包括劳务价格(即第三产业的价格),反映面窄,有可能导致信号失真。

4. GDP 平减指数

GDP 平减指数(GDP deflator)又称 GDP 折算指数,能综合反映物价水平变动情况。它等于以当年价格计算的本期 GDP 与以基期不变价格计算的本期 GDP 之比。该指数的计算基础比 CPI 更广泛,涉及全部商品和服务,除消费外,还包括生产资料和资本、进出口商品和劳务等。理论上说,这一指数能够更加准确地反映一般物价水平走向,是对价格水平最宏观的测量。但是由于国内生产总值平减指数的编制耗时耗力,通常只能 1 年编制一次,因此在时效上,该指数很难满足经济决策的需要。

5. 通货膨胀率

通货膨胀率,指一般物价总水平在一定时期(通常为一年)内的上涨率。反映通货膨胀的程度,通常用价格指数的上升和货币购买力的下降来表现。

在实际中,一般不直接计算通货膨胀,而是通过价格指数的增长率来间接表示。由于消费者价格是反映商品经过流通各环节形成的最终价格,它最全面地反映了商品流通对货币的需要量。因此,消费者价格指数是最能充分、全面反映通货膨胀率的价格指数。世界各国基本上均用消费者价格指数(国内叫做居民消费价格指数),也即 CPI 来反映通货膨胀的程度。

$$通货膨胀率 =(现期物价水平 - 基期物价水平)/ 基期物价水平 \quad (11-2)$$

其中基期就是选定某年的物价水平作为一个参照,这样就可以把其他各期的物价水平通过与基期水平作一对比,从而衡量现今的通货膨胀水平。

相关思考 11-1

PPI 与 CPI 之间有何联系?

CPI 反映的主要是消费环节的价格变化情况,而 PPI 反映的是生产环节出厂品价格的变动。那么 PPI 与 CPI 之间是否存在联系?两者之间是否呈现正相关关系,PPI 上升,则 CPI 也上升吗?

11-1 认识 CPI、PPI

三、通货膨胀的类型

(一)按照通货膨胀的剧烈程度分类

1. 爬行的通货膨胀

爬行的通货膨胀是一种使通货膨胀率基本保持在 1%～3%,并且始终比较稳定的一种通货膨胀,物价指数以缓慢的趋势上升,而且不会导致通货膨胀预期的通货膨胀。

2. 温和的通货膨胀

温和的通货膨胀是指物价上涨率平均保持在 3% 以上,但尚未达到 10% 的通货膨胀。

11-2 视频:通货膨胀的类型

3. 奔腾的或严重的通货膨胀

奔腾的通货膨胀是一种不稳定的、迅速恶化的、加速的通货膨胀。在这种通货膨胀发生时,通货膨胀率较高(一般达到两位数以上),人们对货币的信心产生动摇,经济社会产生动荡。所以这是一种较危险的通货膨胀。

4. 恶性的通货膨胀

恶性的通货膨胀也称为极度的通货膨胀。这种通货膨胀一旦发生,通货膨胀率非常高(一般达到三位数以上),而且完全失去控制。导致社会物价持续飞速上涨,货币大幅度贬值,人们对货币彻底失去信心,这时整个社会金融体系处于一片混乱之中。正常的社会经济关系遭到破坏,最后可能导致社会崩溃,政府垮台,这种通货膨胀在经济发展史上是很少见的,通常发生于战争或社会大动乱之后。如 1923 年的德国,当时第一次世界大战刚结束,德国的物价在一个月内上涨了 2 500%,一个马克的价值下降到仅及战前价值的一万亿分之一;中国从 1937 年 6 月到 1949 年 5 月,伪法币的发行量增加了 1 445 亿倍,同期物价指数上涨了 36 807 亿倍。近年来津巴布韦国家也发生了严重的通货膨胀,恶性程度较高,甚至出现了停用津巴布韦货币,而改用美元的情况。

延伸阅读 11-3

一战后德国惊世大通胀

1914年一战打响时,德国政府并未像英国那样提高税收来为战争融资,而是采取了发行战争债券的方式,将自己的货币马克与黄金脱钩。德国政府为了应对战争开支不断加印马克纸币,为后来的苦难埋下伏笔。1918年,德国人输掉了战争的豪赌,《凡尔赛和约》的签订,使得德国丧失了重要的鲁尔工业区以及其他一些土地,而且欠下了约合5万亿美元的巨额战争赔款。

社会层面,战争和流感疫情让德国损失了相当多的青壮年劳动力。在经济层面,英国的持续封锁和德国在非洲等地的殖民地损失,使得德国的出口大幅下降,割地赔款又进一步打击了德国的经济和民心士气……到1921年,德国的经济开始崩盘,德国货币马克开始了"自由落体式"的贬值。实际上,通货膨胀早就开始了,据记载,在1914年7月,美元与马克的汇率约为1∶4,到1918年战争结束时,德国的国家负债几乎增加了30倍,投入流通的货币增加了20多倍,物价也比战前上涨了5倍,此时美元与马克的汇率到了约1∶14,1920年汇率达到1∶65,到1922年初,达到了1美元兑换160马克,而到了1922年底,就变成了1美元兑换约1.8万马克!但1923年才是马克贬值的高峰,马克以令人不可思议的速度滑向深渊,呈现出倍数甚至指数级的恶性通货膨胀。据记载,在1923年10月份,1美元可以兑换的马克数值为253亿,而仅一个月后的11月,这个数值达到巅峰,1美元竟能兑换4.2万亿德国马克。

在此期间,德国300多家造纸厂和20多家印刷厂每天24小时不停开工,为国家银行提供所需的钞票。到了后期,印刷厂已经赶不及制作模板在钞票上印那么多的零,而改为直接在1 000马克的钞票上盖章,证明它变成了10亿马克面值的纸币,直接"升值"100万倍。

德国人民对于恶性通货膨胀的感受更加直观,人们从日常生活所需的各种消费品的涨价中深切体会到手里的钞票从钱变成纸的痛苦。1918年11月,慕尼黑爆发了大规模抗议游行,起因就是啤酒的价格每升上涨了6芬尼。此后的几年,德国人对于涨价,从最初的愤怒变得逐渐麻木,通货膨胀最严重的阶段,马克每天都在大幅贬值,使得工人们一天要领两次工资。有人描述当时的场景:工人们的妻子在厂子门口推着小车等待发薪,一领到成捆的钱,她们推车一溜小跑直奔食品店,购买面包和生活必需品,一刻也不敢耽搁。因为很可能"上午买面包的钱,下午连面包渣也买不起了"。上万亿的马克,真的只能换一片面包了。

当时,据记载许多人家都不用烧柴取暖了,取而代之的是烧掉堆积成山的马克,因为用这些纸币买回的木柴甚至还不如直接烧钱更持久。而德国儿童也开始用钞票搭积木玩,这样远比用纸币去买玩具便宜得多。那个年代,有德国人曾经拍过一个时长只有两分钟的默片小电影,片名就叫"通货膨胀",形象地展现出通货膨胀的恶果。片中有几个片段让人印象深刻:一堆马克纸币,可以购买的物品不断闪回变换,从一辆轿车,到一台缝纫机,到一双皮鞋,到一瓶酒,直到半支燃着的香烟……另一个镜头,一位戴帽子的绅士买了一份报纸,看了一眼上面印的汇率,然后立马摘下帽子变身路边的乞丐。

恶性通货膨胀给德国人民带来深重的苦难。1923年底,有着金融天才之称的沙赫特临危受命出任德意志银行总裁。此时,德国马克已彻底失去所有人的信任,只能重新发行货币。沙赫特上任后立刻从两方面着手,一是寻求外国金融资本的支持,二是进行货币改革。沙赫特大量引入美国资本,与美、英、法等国就战争赔款问题进行磋商,达成共识,要想从德国获得战争赔款首先必须确保德国经济不至于崩盘。另一方面,德国用国有土地和房屋作为抵押,发行新的"租赁马克"取代极度滥发的旧马克,新、旧马克的兑换比率定为1∶1万亿。通过一系列操作,德国的经济逐步得以恢复。但同时,德国经济对美国的依赖性也越来越深。20年代末期,伴随美国经济大萧条的来临,美国在德国的投资大量撤走时,德国民众再次面临恶性通货膨胀的危机。

资料来源:环球网.三次惊世大通胀噩梦引人唏嘘[EB/OL].(2023-01-04)[2024-04-15].https://www.huanqiu.com/s?id=1754043264901796083&wfr=spider&for=pc.

(二) 按照通货膨胀的原因分类

1. 需求拉上型通货膨胀

需求拉上型通货膨胀是指因社会总需求过度增长,超过了社会总供给的增长幅度,导致商品和劳务供给不足,物价持续上涨的现象,具有自发性、诱发性、支持性等特点。

2. 成本推进型通货膨胀

成本推进型通货膨胀又称供给型通货膨胀,是指在没有超额需求的情况下由于供给方面成本的提高所引起的一般价格水平持续和显著的上涨的现象。

3. 结构型通货膨胀

结构型通货膨胀是指物价上涨是在总需求并不过多的情况下,而对某些部门的产品需求过多造成部分产品的价格上涨的现象。

4. 输入型通货膨胀

输入型通货膨胀是指由于国外商品或生产要素价格的上涨,引起国内物价的持续上涨的现象。

四、通货膨胀的原因

通货膨胀是个复杂的经济现象,其成因也多种多样,既有直接原因的影响,也存在着深层次原因。

(一) 直接原因

不论何种类型的通货膨胀,其直接原因只有一个,即货币供应过多,用过多的货币供应量与既定的商品和劳务量相对应,必然导致货币贬值、物价上涨,出现通货膨胀。政府通常为了弥补财政赤字,或刺激经济增长,或平衡汇率等原因增发货币。而一旦货币发行过多,就会出现通货膨胀现象。

(二) 深层原因

1. 需求拉上型通货膨胀

需求拉上型通货膨胀主要是由于需求增加过旺引起。即由于经济运行中总需求过度增加,超过了既定价格水平下商品和劳务等方面的供给而引发通货膨胀。需求拉动的通货膨胀是指总需求过度增长所引起的通货膨胀,即"太多的货币追逐太少的货物"。按照凯恩斯的解释,如果总需求上升到大于总供给的地步,过度的需求引起物价水平的普遍上升。在我国,财政赤字、信用膨胀、投资需求膨胀和消费需求膨胀常常会导致我国需求拉上型通货膨胀的出现,所以,总需求增加的任何因素都可以是造成需求拉动的通货膨胀的具体原因。

如图 11-2 所示,需求拉上型通货膨胀可以用 AD-AS 模型来解释。总供给曲线分为古典总供给曲线,一般总供给曲线和凯恩斯总供给曲线。而在非极端情形下,一般认为 AS 曲线是一般总供给曲线,即 AS 曲线是向右上方倾斜的。当需求增加,每一价格水平下,总需求增加,AD 曲线右移,均衡点也向右上方移动,此时价格水平增加,总产出上升,即为需求拉动型通货膨胀。

2. 成本推动型通货膨胀

成本推动型通货膨胀主要是由于厂商生产成本上升

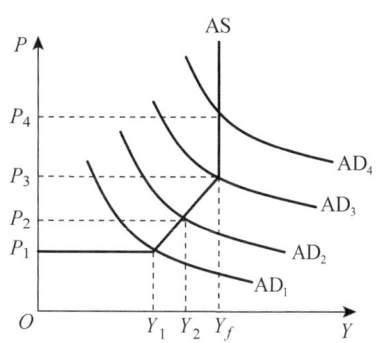

图 11-2 需求拉上型通货膨胀

引起一般价格总水平的上涨。而成本上升往往导致供给减少,因此又称为供给型通货膨胀。造成成本向上移动的原因大致有:工资过度上涨;利润过度增加;原材料价格尤其是进口商品价格上涨。

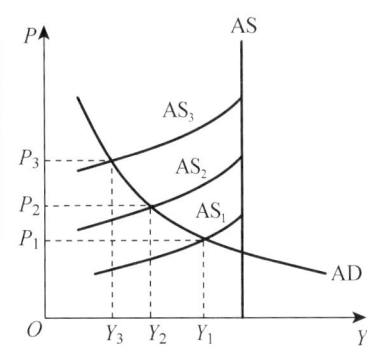

图 11-3 成本推动型通货膨胀

如图 11-3 所示,总需求水平不变时,AS_1、AS_2、AS_3 为总供给曲线,AD 表示总需求曲线(此处假定不移动),AS 为资源充分利用时的产量(最大潜在供给)。最初的状态是,总需求曲线 AD 与总供给曲线 AS_1 相交,对应的价格水平为 P_1。当现实经济运行中出现了货币工资率的增长超过边际劳动生产率的增长,或企业为追逐更大利润而大幅度提高价格时,总供给曲线会从 AS_1 移到 AS_2 或 AS_3,总供给减少。在总需求曲线不动的条件下,随着总供给曲线向左上方的移动,价格水平就从 P_1 不断上升到 P_2 或 P_3,物价出现持续普遍上涨,逐渐形成通货膨胀。下面对形成原因进行具体分析:

(1) 工资推进的通货膨胀。工资上涨推进的通货膨胀是工资过度上涨所造成的成本增加而推动价格总水平上涨。工资是生产成本的主要部分,工资上涨使得生产成本增长,在既定的价格水平下,厂商愿意并且能够供给的数量减少,从而使得总供给曲线向左上方移动。在完全竞争的劳动市场上,工资率完全由劳动的供求均衡所决定,但是在现实经济中,劳动市场往往是不完全的。强大的工会组织的存在往往可以使得工资过度增加,如果工资增加超过了劳动生产率的提高,则提高工资就会导致成本增加,从而导致一般价格总水平上涨。而且这种通胀一旦开始,还会引起"工资-物价螺旋式上升"。工资物价互相推动,甚至形成严重的通货膨胀,工资的上升往往从个别部分开始,最后引起其他部分攀比。

(2) 利润推进的通货膨胀。利润推进的通货膨胀是指垄断厂商为谋求更大的利润导致的一般价格总水平的上涨,与工资推进的通货膨胀一样,具有市场支配力的垄断和寡头厂商也可以通过提高产品的价格而获得更高的利润。与完全竞争市场相比,不完全竞争市场上的厂商可以减少生产数量而提高价格,以便获得更多的利润,为此,厂商都试图成为垄断者,结果导致价格总水平上涨。

(3) 原材料成本推进的通货膨胀。造成成本推进型通货膨胀的另一个重要原因是原材料的价格上升。如果一个国家生产所需要的原材料主要依赖于进口,那么,进口商品的价格上升就会造成原材料成本推进的通货膨胀,其形成的过程与工资推进的通货膨胀是一样的。

 延伸阅读 11-4

养殖成本影响猪肉价格

猪肉价格自 2019 年下半年开始上涨至 2021 年,其价格虽因调控出现行情的浮动变化,但是总体回调幅度有限,没有回落到猪肉价格上涨之前的行情。成本上升、非洲猪瘟、限制养殖等因素导致猪肉价格持续走高,这其中,养猪成本增加是主要原因之一。

2019 年我国猪肉进口量 210.8 万吨,2020 年 1~10 月猪肉进口量累计就达 362 万吨。我国是世界上最大的猪肉消费国,也是最大的生猪养殖国家,即便如此我们还是要进口猪肉,国外猪肉经过长途跋涉进入我国后价格依然比国内的价格低很多。这其中主要来自养殖成本的差异,因为国外粮食价格便宜,饲料成本明显低于我国。从2020年年初开始,玉米价格就进入上涨通道,从最开始的0.8~0.9元,上涨到1.4~1.5元,按照一头猪从出生到出栏要吃700斤的饲料,光养殖成本就要增加400~500元,而养殖成本的增加又倒逼着猪肉价格的上涨,也就是说饲料价格对于猪肉价格有非常大的影响。

资料来源:网易.养殖成本影响猪肉价格[EB/OL].(2022-07-24)[2024-04-16].https:www.163.com/dyarticle/F20R9SNIO514817Q.html.

3. 供求混合型通货膨胀

在实际中,造成通货膨胀的原因并不是单一的,既有来自需求方面的因素,又有来自供给方面的因素。由需求拉动和成本推动两方面共同起作用而引发的通货膨胀就是供求混合型通货膨胀,所谓"拉中有推,推中有拉",描述的就是这种双重因素下发生的现象。

例如,通货膨胀是由需求拉动开始的,即过度的需求增加导致价格总水平上涨,而价格总水平的上涨又成为工资上涨的理由,工资上涨又转化为成本(工资)推动的通货膨胀。通货膨胀也可能从成本方面开始,但如果不存在需求和货币收入的增加,这种通货膨胀过程是不可能持续下去的,因为工资上升最终可能会使失业增加或产出减少,结果将会使成本推动的通货膨胀过程终止。实际上,工资的增加必然会增加对社会产品的需求,在供给不变的情况下,过度的需求将加剧商品短缺和物价上涨,结果在成本推动型通胀和需求拉上型通胀的共同作用下,物价持续上涨。在现实中,经常出现成本推动与需求拉动并存的混合型通胀。

4. 结构型通货膨胀

结构型通货膨胀是指由于供需结构的变迁及其相互之间的不适应所导致的一种通货膨胀。结构性因素引起的通货膨胀主要有以下几类:

(1) 需求转移型通货膨胀。社会对产品和服务的需求不是一成不变的,会不断从一个部门向另一个部门转移,而劳动力及其他生产要素转移则需要时日,因此原先处于均衡状态的经济结构可能因需求的转移而出现新的失衡。那些需求增加的行业,价格和工资将上升,但是需求减少的行业,由于价格和工资存在刚性,却未必发生价格和工资的下降,其结果是需求的转移导致物价总水平的上升。

(2) 瓶颈制约型通货膨胀。在一些市场机制不够发达的国家,由于缺乏有效的资源配置机制,使资源在各经济部门之间的配置存在严重失衡。有些行业生产能力过剩,有些行业则严重滞后,形成经济发展的"瓶颈"。当这些"瓶颈"部门的价格因供不应求而上涨时,便引起了其他部门甚至是生产过剩部门的连锁反应,形成一轮又一轮的价格上涨。

(3) 部门差异型通货膨胀。各部门间劳动生产率增长速度的差异会引起整体物价水平的上升。在一个国家的国民经济中,总有些部门的劳动生产率提高较快,而另一些部门的劳动生产率提高较慢。当前者因劳动生产率提高而货币工资上升时,后一类部门的工人往往会要求货币工资向前者看齐而提高,于是就会引起工资推进的通货膨胀。

在我国,结构型通货膨胀主要源于两方面的原因:一是基础工业与加工工业的发展不相适应,基础工业产品价格上涨导致价格总水平上涨;二是农业发展与工业发展不相适应,当农产品价格上涨时易引发价格总水平上涨。

5. 预期和惯性

在实际中,一旦形成通货膨胀,便会持续一段时期,这种现象被称为通货膨胀惯性。对通货膨胀惯性的一种解释是人们会对通货膨胀作出相应的预期。预期是人们对未来经济变量作出一种估计,预期往往会根据过去的通货膨胀的经验和对未来经济形势的判断,作出对未来通货膨胀走势的判断和估计,从而形成对通胀的预期。预期对人们经济行为有重要的影响,人们对通货膨胀的预期会导致通货膨胀具有惯性。

预期心理加快通货膨胀的作用过程可从三方面说明:第一,货币流通速度的加快。当公众有了通货膨胀的预期心理后,他们会尽可能地购买实物资产,而不愿意持有货币。这样货币流通速度加快,单位货币媒介的商品流通次数增加,流通中货币数量相对过多,引发通货膨胀。第二,对于储蓄者来说,更重视实际利率的高低。当他们有了通货膨胀预期时,为了确保实际利率不变,会要求提高名义利率。名义利率提高的幅度就是他们预期通胀上涨的幅度,名义利率的提高更进一步提高了生产者的生产成本。为转嫁成本或为了维持利润水平,商品价格被提高,从而造成通货膨胀。第三,通货膨胀预期要求提高货币工资。在通货膨胀预期作用下,工人或企业经营者会要求提高工资和其他福利,如此一来商品价格因生产成本提高而上涨。

除了上述引发通货膨胀的因素外,实际上还有很多其他因素也会引起通胀,如财政赤字的出现、信用膨胀产生、国外输入等。

五、通货膨胀的影响

(一)通货膨胀对收入分配的影响

通货膨胀改变了原有的收入分配比例和原有的财富占有比例。依靠固定收入的人群在整体收入分配中所占的比例变小了,以货币形式持有财富的人也受到损害。通货膨胀影响到国民收入的初次分配和再分配环节,通过"强制储蓄效应"把居民、企业持有的一部分收入转移到发行货币的政府部门。货币供应总量增加使社会总名义收入增加,社会实际总收入不会增加,不同的阶层有不同的消费支出倾向,必然会引起国民收入再分配的变化。

1. 不利于固定收入者,有利于浮动收入者

对于固定收入者(如工薪阶层、退休者、老年人)来说,其收入是固定的,通常滞后于物价上涨,其实际收入因通货膨胀而减少,实际购买力将随价格水平的上升而下降。相反,那些靠浮动收入维持生活的人则会从通货膨胀中受益。例如,那些从利润中得到收入的企业主能从通货膨胀中获利。如果其产品价格比资源价格上升得快,则企业的收益将比它的产品的成本增加得快。对于处于需求旺盛且是不完全竞争条件下的企业来说,由于其是产品价格的制定者,其产品的价格可以伴随着各种成本的上升而相应上升,甚至高于成本上升的速度。因此,这类企业往往是通货膨胀的受益者。

2. 不利于债权人,有利于债务人

在通常情况下,借款合同都是根据签约时的通货膨胀率来确定名义利率。所以当发生了未预期的通货膨胀之后,实际利率会下降,还本付息的金额虽然不变,但会随着通胀的发生而贬值。因此债务人受益,而债权人相对受损,感觉吃亏了。其结果是对贷款,特别是长期贷款带来不利的影响,使债权人不愿意发放贷款,贷款的减少会影响投资,最后使投资减少。

3. 不利于储蓄者

随着物价上涨,储蓄的实际购买力下降。同样,像保险金、养老金以及其他固定价值的证券财产等,它们本来是作为防患于未然和储蓄养老的,在通胀中,它们的价值也会降低。在物价水平不断上涨的情况下,人们储存在银行的存款和持有的现金都等于在不断地贬值,

它的实际价值或购买力都在不断地下降。因此,理性的人们会努力地寻找其他的投资渠道,将多余的空闲资金用于投资,以保证所持资金可以保值增值。

(二)通货膨胀对生产的影响

通货膨胀对生产的影响总体上主要表现在两个方面。首先,通货膨胀破坏社会再生产的正常进行。在通货膨胀期间,由于物价上涨的不平衡造成各生产部门和企业利润分配的不平衡,使经济中的一些稀有资源转移到非生产领域,造成资源浪费,妨碍社会再生产的正常进行。同时,通货膨胀妨碍货币职能的正常发挥。由于币值不稳,市场价格信号紊乱,不利于再生产的进行。其次,通货膨胀使生产性投资减少,不利于生产的长期稳定发展。预期的物价上涨会促使社会消费增加、社会储蓄减少,从而缩减了社会投资、制约生产的发展。因此发生通胀时,生产规模一般会萎缩,生产结构出现失调,正所谓"生产不如囤积,投资不如投机"。

(三)通货膨胀对流通的影响

通货膨胀扰乱流通的正常秩序。首先,通货膨胀使市场价格信号失真,导致价格水平的升降不能真实反映商品供应关系的变化,失真的价格会使资源盲目流动组合,从而引起社会资源的巨大浪费。其次,通货膨胀使商品需求发生变化。在通货膨胀时期,为了保值和防止物价进一步上涨,人们会尽快把手中的货币换成商品,甚至出现抢购,而较少考虑这种商品对自己是否必要。这种需求和抢购行为使货币流通速度加快,商品供应更加短缺,进而会加剧通货膨胀,它打破了流通领域原有的平衡,使正常的流通受阻。通货膨胀会鼓励企业大量囤积商品,人为加剧市场的供求矛盾,而且由于币值的降低,潜在的货币购买力就会转化为实际的货币购买力,加快货币流通速度,也进一步加剧通货膨胀。

(四)通货膨胀对消费的影响

通货膨胀使人们的生活负担加重,生活水平降低。民以食为天,消费物价上涨的核心是食品价格,它直接影响城乡居民家庭的生活水平和生活质量,城乡居民消费结构中,食品在总消费中所占比重(即恩格尔系数)均有大幅度提升。食品支出份额增大,其他消费必然受到挤压,物价上涨短期内影响消费结构改善以及消费层次提高,降低了城乡居民的生活消费水平。通货膨胀使人们需求减弱,消费预期降低,居民消费价格持续上涨,特别是以食品为主的生活必需品价格较大幅度上涨,在一定程度上削弱了城乡居民的消费欲望,制约了消费档次的提升,城乡居民消费信心普遍受挫。不少中低收入家庭不得不精打细算,在日常消费品选择上更趋向于经济实惠的替代品,居民购买力下降,消费欲望受到抑制,对刺激和扩大内需、发展经济极为不利。

 延伸阅读 11-5

皮鞋成本与菜单成本

皮鞋成本是指消费者或企业为了减少对现金的持有而付出的成本。当发生严重通货膨胀的时候,钱是一天不如一天"值钱",为了能买到更多的东西,消费者就不遗余力地四处奔走采购,买一切能够买到而且自己也愿意买的东西,如果不买,到了明天这些钱就买不到这么多东西了。皮鞋成本不能简单地从字面上理解成为跑去银行或市场而使皮鞋发生磨损,而是指一种机会成本,由于它的存在,人们无心工作,生产受到了影响,严重时甚至发生停滞,这就是通货膨胀的一个成本——皮鞋成本。

菜单成本指企业在调整价格时需要为印刷新的产品价格表并送抵客户付出的开支和费用。由于通货膨胀率低,1年调整一次价格是许多企业合适的经营战略;但是,当高通货膨胀使企业成本迅速增加时,1年调整一次价格就是不现实的,在超速通货膨胀期间,企业必须每天变动价格,或者更经常地变动价格,以便与经济中所有其他物价保持一致。

资料来源:百度文库.皮鞋成本和菜单成本[EB/OL].(2022-04-07)[2024-05-13]. https://wenku.baidu.com/view/e694&52515fc700&bb68&98271fe910ef12d&e87.html.

(五)通货膨胀对经济增长的影响

关于通货膨胀与经济增长之间的关系问题,不同学者的观点不同。有的认为通货膨胀有利于经济增长,有的认为通货膨胀只会损害经济增长,而有的观点比较折中,认为两种情况都可能存在。于是,分别形成了促进论、促退论、中性论。

1. 促进论

促进论认为通货膨胀可以促进经济增长,政府可以通过向中央银行借款扩大财政投资,并采取措施保证私人部门的投资不减少,则社会因总投资的增加而促进经济增长。在通货膨胀的情况下,产品价格的上涨速度一般总是快于名义工资的提高速度,因此企业利润会增加,又会促进企业扩大投资,促进经济增长。通货膨胀是一种有利于富裕阶层的收入再分配,富裕阶层的边际储蓄倾向比较高,因此,通货膨胀会通过提高储蓄率促进经济增长。

2. 促退论

促退论认为通货膨胀与经济增长负相关,不仅不会促进经济增长,还会损害经济的发展。较长期的通货膨胀会增加生产性投资的风险和经营成本,导致生产性投资下降。通货膨胀会降低投资成本,诱发过度的投资需求,从而迫使金融机构加强信贷配额,降低金融体系的效率。持续的通货膨胀最终可能迫使政府采用全面的价格管制措施,降低竞争性和经济活力。

3. 中性论

中性论认为人们对通货膨胀的预期最终会中和它对经济的各种效应,正负效应会相互抵消,经济实际受到的影响不大。

大多数经济学家相信通货膨胀是阻碍经济增长的重要原因之一。概括起来,通货膨胀对经济增长的危害主要体现在:第一,通货膨胀使资源分配效率降低。第二,通货膨胀使预期的利润率降低,不利于调动生产和投资的积极性。第三,通货膨胀阻碍商品出口,同时鼓励了外国商品进口,加剧了国内市场竞争压力,不利于国内非出口企业生产。第四,通货膨胀加大了经济核算的困难。第五,通货膨胀的长期存在还使政府增加了治理通货膨胀的压力。在公众的要求下,有可能采取全面价格管制措施,从而削弱经济活力。

六、通货膨胀的治理

由于通货膨胀对于经济的正常发展有相当的不利影响,所以许多国家都十分重视并抑制通货膨胀。主要的治理措施如下。

(一)控制货币供应量

由于通货膨胀作为纸币流通条件下的一种货币现象,其最直接的原因就是流通中的货币量过多,所以各国在治理通货膨胀时所采取的一个重要对策就是控制货币供应量,使之与货币需求量相适应,减轻货币贬值和通货膨胀的压力。

如2010—2011年,我国存在流动性过剩现象,导致这一现象有"主动"与"被动"两方面的原因。从"主动"方面看,我国从2008年下半年开始实施了大规模经济刺激计划,推出了很多大型项目,都需要继续获得信贷支持,这部分信贷规模极难压缩。从"被动"方面看,由于我国外汇持续流入,直接或间接地引致基础货币增长,应该说是我国流动性过剩的重要原因。因此,为有效管理流动性,一方面我国继续实施了稳健的货币政策,控制住信贷总量这个"闸门",同时考虑到社会融资总量要远大于银行信贷总量这个实际,更加注重了利率等价格工具的运用,着力引导社会融资流向,通过提高投资效率和增加有效产出,消化和吸纳过多的货币;另一方面我国以实现国际收支基本平衡为目标,在扩大对外投资的同时,重视进口,并及时进行了对冲操作,以减缓外汇流入引起的通胀压力。

(二) 调节和控制总需求

对于需求拉上型通货膨胀,调节和控制社会总需求是关键。这主要通过紧缩的财政政策和货币政策来实现。紧缩财政政策主要通过削减财政支出,增加税收,谋求预算平衡、减少财政赤字来实现。紧缩货币政策,主要是紧缩信贷,控制货币投放,减少货币供应量。具体可以通过提高法定准备金率、再贴现率、利率或者利用公开市场业务卖出证券等措施达到控制总需求、控制货币供应量的目的。另外,财政政策和货币政策相互配合综合治理通货膨胀,其重要途径就是通过控制固定资产投资规模和控制消费过快增长来实现控制社会总需求的目的。

(三) 紧缩收入政策

人们收入水平的持续增长,一方面可能会导致消费需求的膨胀;另一方面也成为推动社会商品成本上升的主要因素。所以,紧缩性收入政策可以从需求和供给两个方面来对物价水平的上升起到遏制作用。此政策一般包括以下几方面。

1. 确定工资与物价指导线

所谓"指导线",就是政府当局在一定年份内允许货币总收入增长的目标数值线,并据此相应地采取控制每个部门工资增长率的措施。这种措施实际是由政府规劝、建议工人或企业自愿地克制对高工资、高价格的要求,自觉地控制工资、价格的增长。但这种措施不具有约束力,如果工人或企业不配合,对抑制通胀效果不明显。

2. 实行工资-价格管制

工资-价格管制即由政府强制地控制工资和物价,强行将职工工资总额或增长率固定在一定水平上,甚至完全冻结工资和物价。这种措施最为有力,但这种办法对经济干扰较大,如果通货膨胀不是处在恶化形势下,通常较少采用。

3. 运用税收手段

税收手段即通过对过多增加工资的企业或者通过垄断地位获取超额垄断利润的企业,按工资超额增长率或者按照超额利润征收特别税等办法来抑制收入增长速度。

(四) 增加有效供给,调整经济结构

增加有效供给,调整经济结构是治理通货膨胀的长期政策措施,在西方,主要以拉弗为代表的"供给学派"主张此政策。"供给学派"认为,过去的反通胀措施过分注重需求管理而忽略供给层面,即忽略了运用刺激生产的方式同时解决通胀和失业并存的"滞胀"。

增加商品有效供给的措施主要有减税。通过减税可以使企业和个人税后收入增加,以刺激企业和个人投资的积极性,从而促使生产力的提高和供给增加。

另外,调整产业和产品结构,支持短缺商品的生产;推进经济结构调整,改善资源配置,

从而抑制经济结构不平衡导致的通货膨胀。

（五）收入指数化政策

收入指数化政策又称指数联动政策，是指按物价变动情况，使工资、利息、各种债券收益以及其他货币收入按照物价水平的变动进行调整。如物价与社会保障补助联动，最低工资标准随物价水平的上升而相应提高。

这种措施主要有四个作用：一是能借此剥夺政府从通货膨胀中获得的收益，杜绝其制造通货膨胀的动机；二是可以消除物价上涨对个人收入水平的影响，保持社会各阶层的原有生活水平，克服由于通货膨胀造成的分配不公，从而有利于收入分配公平和社会稳定；三是可稳定通货膨胀环境下微观主体的消费行为，避免出现抢购囤积商品、贮物保值等加剧通货膨胀的行为，维持正常的社会经济秩序，并可防止盲目的资源分配造成的资源浪费和低效配置，从而提高资源配置效率；四是有可能抑制通货膨胀率的持续上升。在通胀期间，各种经济行为主体对通货膨胀的预期成为推动通货膨胀上升的重要因素。指数联动政策可以割断通货膨胀与实际工资、收入的互动关系，稳定或降低通货膨胀预期，从而达到抑制通货膨胀的作用。

不过，对指数联动政策也有持反对意见之人，主要理由是该政策有可能助长成本推动型通货膨胀，而且指数的选择也存在困难。

（六）币制改革

如果一国的通货膨胀已达到难以遏制的状况，而上述任何一种措施都不能使情况好转，政府还在被迫不断发行货币，整个货币制度已经接近或处于崩溃的边缘，那么唯一可以采取的措施就是实行币制改革。币制改革的措施一般是废除旧币、发行新币，并对新货币制定一些保证币值稳定的措施。由于币制改革造成的影响或恐慌相当大，尽量慎用。

> **相关思考 11-2**
>
> **通货膨胀是好事还是坏事？**
>
> 通货膨胀是各国经济发展中面临的普遍问题。那么通货膨胀对一国经济增长、社会稳定到底是好事还是坏事？为什么通货膨胀不仅仅是经济问题，也是社会问题？

第二节 通货紧缩

20世纪30年代美国出现的通货紧缩，一个重要的原因就是由于美联储当时大幅度地降低了货币供给量来对付股市投机泡沫，结果却使生产价格和消费支出均出现了大幅下降，企业纷纷破产，失业率急剧上升，居民实际和预期的收入减少，导致投资和消费不振，整个社会的总需求水平出现大幅下滑，形成恶性通货紧缩，并最终演变成了经济的全面衰退。

一、通货紧缩的含义及衡量

通货紧缩的含义，与通货膨胀一样，在国内外还没有统一的认识，从争论的情况来看，大体可以归纳为以下三种观点：

第一种观点认为，通货紧缩是经济衰退的货币表现，因而必须具备三个基本特征，即物价的普遍持续下降、货币供给量的连续下降、有效需求不足导致的经济全面衰退，这种观点被称为"三要素论";第二种观点认为,通货紧缩是一种货币现象,表现为价格的持续下跌和货币供给量的连续下降,即所谓的"双要素论";第三种观点认为,通货紧缩就是物价的全面持续下降,被称为"单要素论"。从上面的表述可以看出,尽管对通货紧缩的定义仍有争论,但对于物价的全面持续下降这一点却得到了共识。

多数学者认为**通货紧缩**(deflation)可以表述为:由于货币供给不足而引起的货币升值、物价普遍、持续下跌的经济现象。

与通货膨胀一样,通货紧缩也可以用消费物价指数、生产者价格指数、GDP 平减指数等来衡量。实践中,衡量通货紧缩还有两个重要的经济指标,即经济增长率和失业率。需要注意的是,单纯从经济增长率和失业率的变化看是不能确定是否出现通货紧缩的,而需要结合其他指标综合评价。

二、通货紧缩的原因

通货紧缩集中表现为社会总需求、物价水平疲软或下跌,究其产生的原因,可能有直接的货币因素,也可能有其他因素引起,如需求不足、经济结构失调、国际市场变化等。

(一) 货币因素

一种情况是,由于实施紧缩性货币政策或货币供给不足而直接引发通货紧缩。在实行反通货膨胀的政策时,通常要采取控制贷款和财政支出、限制工资增长等一系列措施,以压缩社会需求。这有利于控制物价上涨幅度,从而促使经济稳定。但是由于大力压缩投资和消费,又有可能形成社会需求过分萎缩,使市场出现疲软。

另一种情况是,经济增长速度已经放慢,而财政政策、货币政策未能及时调整。一般在经济高速增长时,都会实行偏紧的措施以防经济过热。如果经济增长已经趋缓,依然实行原来的从紧政策,就可能产生紧缩的消极影响。

(二) 有效需求不足

引起有效需求不足的原因可能是消费需求不足,投资需求不足,也可能是国外需求减少或者几种因素共同造成。一方面,生产过剩,需求的增长跟不上生产能力的扩大,产品价格下跌成为趋势。另一方面,由于存在消费预期和未来不可测因素,居民消费保守,推迟消费,现实需求不足。消费需求不足,不仅有制度上的原因,也有收入分配方面的原因。制度方面,如住房、养老、医疗、教育等方面的改革,会使消费者将大量的收入用于购买住房或子女教育,抑制了消费的增长。而收入方面,收入增长缓慢,存在的收入差距等都是阻碍消费的原因。

(三) 结构失调

当经济结构失调状况达到一定程度,就必然要进行较大的调整。这种调整表现在两个方面:一方面要开发新产业和新产品,实行技术升级;另一方面需要压缩生产或是进行产品换代。在这种情况下,相当一部分产品面临市场需求不足、价格进一步下跌的压力,有些企业可能被迫减产和减员。这就必然导致企业投资和居民消费减退,反过来加剧了市场需求不足,物价下跌的压力。

此外,消费结构也存在变化。随着经济的发展,居民消费结构是不断调整的。某些原来式样的消费品消费相对饱和,销售不旺;同时,居民增加储蓄,以备进入下一阶段的高档消费。这种情况自然会出现一段时间的消费增长放慢,市场需求和物价疲软不振。

（四）国际市场的冲击

在开放经济条件下，国际市场的变化也会影响国内物价的走势。当国际商品市场和金融市场发生动荡时，受到的影响一是出口下降和外资流入减少，导致国内需求减少；二是国际市场商品价格下跌、进出口商品价格下降必然会增加国内物价下降带来的压力。一个国家的开放程度越高，受到的冲击越大。

（五）其他原因

除上述引起通货紧缩的原因外，还有很多经济学家认为债务累积、资产价格下跌甚至是人口老龄化都与通货紧缩密切相关。

债务累积效应来自美国经济学家费雪的观察，认为企业过度负债最终会使企业为还债而减少投资，总需求会因投资需求下降而萎缩。

资产价格下跌引发的通货紧缩与债务累积效应相似。但一个非常重要的变化就是，当企业负债过度时，企业的行为模式从原先对利润最大化的追求转变为追求债务最小化，企业销售现金流完全用来偿还债务，以修复资产负债表。由于企业不再进行投资，整个经济陷入资产负债表式的衰退，物价尤其是反映企业产成品价格的 PPI 持续下跌。对于这种通货紧缩，如凯恩斯在《就业、利息和货币通论》中所分析的流动性陷阱那样，货币政策完全失去作用，因为即使是零利率，企业也不会负债融资，此时，只有政府投资才能抵补企业投资下降留下的总需求缺口，即必须实施扩张的财政政策。至于如何走出资产负债表式衰退以及与其相伴的通货紧缩，关键就在于使经济从"阴"面走向"阳"面。也就是说，企业的行为动机要从债务最小化再次回到对利润最大化的追求。

人口老龄化也会造成通货紧缩。首先，因为它会通过三个渠道压低资产价格，从而形成长期性的资产价格下跌、债务累积和通货紧缩效应。第一，随着人口老龄化，房地产市场需求下降，房地产价格下跌。第二，除了房地产之外的其他资本品需求也在下降，如交通、通信设备以及人力资本积累所需要的教育。第三，随着劳动年龄人口规模和比重的下降，资本的边际报酬也将下降。其次，存在产出缺口，即总需求小于潜在产出水平。造成产出缺口的因素有二：其一是总量因素。在私人部门投资下降的同时，人口老龄化造成的财政压力要求财政政策实施加税减支计划。其二是供求结构因素。由于经济供给弹性低，供给结构难以跟上需求结构的变化。随着人口老龄化，总需求的结构逐步从传统制造业向养老、医疗等服务产业转移，这就造成传统制造业的产能过剩和价格下跌，并带动整体物价水平的下跌。最后，萎靡的资产价格和持续的产出缺口会加剧通缩预期，从而进一步维持了通缩的现状。

三、通货紧缩的社会经济效应

长期以来，通货紧缩的危害往往被人们轻视，并认为它远远小于通货膨胀对经济的威胁。然而，通货紧缩的历史教训和全球性通货紧缩的严峻现实迫使人们认识到，通货紧缩与通货膨胀一样，会对经济发展造成严重危害。尽管在短期内会给消费者带来一定好处，有助于提高社会购买力，但长远看，通货紧缩会给社会经济生活的各个方面带来一系列负面影响。

（一）抑制消费和投资

从消费看，通货紧缩发生会产生两种效应：一是价格效应。物价的持续下跌使消费者可以用较低的价格得到同等数量和质量的商品和服务，而预期未来价格还会下降（持续通缩)将促使消费者推迟消费,更多地进行储蓄,这会使经济陷入通货紧缩的螺旋之中,最终导致衰退或萧条。二是收入效应。从理论上来说,假设名义工资不变,物价持续的下跌会使实际收入增加,从而刺激经济增长,但现实中,由于通缩带来的企业经营效益下滑、倒闭,甚至经济衰退,会使人们的实际收入减少,金融资产价格下跌,对未来的悲观预期,也会让消费者紧缩开支,减少消费,再加上对价格不断下跌的预期,即期消费会大幅度下降。

从投资看,通货紧缩使得实际利率有所提高,投资的实际成本增加,不利于企业增加投资需求;另外,通货紧缩使得投资的预期收益下降,降低投资倾向,而公司的利润下降,股价下跌,公司的市值缩水,也使得企业筹资越来越困难。

(二) 经济衰退,失业增加

通货紧缩通常与经济衰退伴随,因而常常被称为经济衰退的加速器。由于经济增长主要依靠投资和消费需求的拉升。然而上面提到,通货紧缩发生时,消费需求会减少,企业的投资欲望不强,投资会下降,消费、投资的萎缩都不利于经济增长。甚至,由于企业产品卖不出去,融资难,从而导致经营困难。这些都会迫使企业下调工资或减少雇工,失业率的增加及名义工资的下降都会使居民的消费支出降低,从而进一步陷入衰退、萧条。

(三) 破坏信用关系,银行坏账增加

如果是严重的通货紧缩,还会恶化银企关系,破坏信用关系,影响正常的经济运行秩序。在价格大幅度下跌、货币购买力不断提升的环境下,虽然名义利率很低,但实际利率比通胀时期高出许多。较高的实际利率有利于债权人,不利于债务人,债权人与债务人的权利义务会失去平衡,信用量将萎缩,正常的信用关系也会遭到破坏。对于银行来说,一方面由于贷款客户经营困难,偿债成本增加,使得银行难以及时足额回收资金,不良资产率可能加大,银行坏账增加;另一方面是新的信用需求减少,给银行的正常经营带来了困难。债务人欠债不还继续恶化的话,甚至会对金融稳定造成冲击。

四、通货紧缩的治理

由于通货紧缩形成的原因比较复杂,是多重因素作用的结果。一般地,治理通货紧缩主要可以采取以下应对措施。

(一) 增加货币供给

通货紧缩虽然不仅仅是一种货币现象,其与经济运行过程及经济体制有着内在的关联性,但是通货紧缩首先表现为货币现象,货币供应过程及货币供给与货币需求的相互关系是通货紧缩形成的最直接原因。因而解决通货紧缩问题必须首先调整货币政策,实施积极的货币政策。也就是说,对于中央银行来说,尽管宏观经济运行中发生的通货紧缩是被动的,但这并不意味着中央银行对此就无能为力。

因此,要走出通货紧缩状态,中央银行首先要加大货币政策的调控力度,增加中央银行资产运用和基础货币投放量,实行扩张性的货币政策,迅速扭转中央银行资产运用规模和基础货币下降的势头,扩大投放,增大货币政策对经济增长的拉力,使货币政策真正调整公众心理预期。具体措施包括:增加对商业银行的再贷款规模,降低法定准备金率和利率,并加速货币信贷主体的货币投放积极性和消除货币投放中的障碍。

(二) 扩大有效需求

如前所述,有效需求不足是引发通缩的重要原因。因此,努力扩大有效需求就成为治理

通缩的直接而有效的措施。

增加投资需求主要有两条途径：一是增加政府投资需求，主要手段是发行国债、增加政府直接投资和公共支出。政府支出多投向基础设施建设，可以在增加政府投资的同时带动民间投资。二是启动民间投资需求，可以通过改善投资环境和降低利率等实现。

居民消费支出更多取决于对未来收入的预期而非货币政策的松紧程度。因此，解决问题的办法应集中于改善居民对未来收入的预期，具体包括：①加强税收征管来缩小居民收入差距；②提高就业水平和增加失业补助标准刺激低收入阶层的消费需求；③调整政府投资结构和支出方向改善需求结构；④加快社会保障制度改革来消除居民在增加消费时的后顾之忧；⑤可以利用股市的财富效应刺激居民消费等。

（三）调整和改善供给结构

治理通缩通过调节总需求不足来刺激需求还不够，还需要调整和改善供给。调整和改善供给结构与扩大有效需求双管齐下，形成有效供给扩张和有效需求增大相互促进的良性循环。一般情况下，一国政府多采取提高企业技术创新能力、反垄断、鼓励竞争和放松管制、扶持中小企业或民营企业发展、降低税负等措施。

需要注意的是，虽然通货紧缩与通货膨胀是相对应的，但是治理通货紧缩的措施绝非照着治理通胀的措施并"反其道而行之"那么简单。

总之，市场经济是在全社会范围内由市场配置资源的经济。但市场经济不是万能的，需要政府对"市场缺陷"的矫正，但必须限制在一定的范围，否则对经济的破坏作用是巨大的。

 延伸阅读 11-6

日本"失去三十年"

布雷顿森林体系解体后，日本从上世纪90年代经历的"失去三十年"是最为经典的通缩案例。日本长期通缩的原因在于20世纪90年代"泡沫经济"破灭后，多方刺激政策失效，且缺乏持续配套的结构性改革措施。彼时，由于日本政府财政支出结构僵化，以增加公共投资为主的扩张性财政政策无法获得预期收益，财政政策逐步失效。而日本银行饱受不良贷款影响，不再拓展新的贷款业务甚至主动追回企业贷款，无法发挥金融中介的角色作用，货币政策传导机制同样接近失效。企业端由于资产大幅缩水，将经营目标转向负债最小化，倾向于暂停扩表，加剧了信贷紧缩和流动性停滞问题。最后，在利率低、日元贬值的背景下，私人部门也开始大规模持有国外资产，资本流出进一步压制了国内的总需求的修复，通缩问题也逐步严重化。

从定义上看，流动性陷阱意味着极低利率环境中货币增加对总需求的刺激作用失效。1985年"广场协议"签订后，日元大幅升值引发通缩压力抬升，日本央行被迫开始快速降息，基础贴现率（日本政策利率）在5年内从1990年高点的6%降至1995年的0.5%，又在2001年进一步降至0.1%。但激进的货币政策既没有引起信贷增长，也未能遏制通缩和总需求不足。日本新增信贷从1989年起快速下行，直到2008年次贷危机前夕才有所回升；PPI随着贴现率下降反而同步下降，在1991—2003年之间几乎保持负值，IMF计算的GDP产出缺口在1993—2005年间几乎保持负值，仅在1996年和1997年"重整财政"等政策刺激下小幅转正，国内总需求显现长期颓势。

从逻辑上看，流动性陷阱与通缩通常互为因果。通缩与流动性陷阱具有双向促进效果。国内通缩现象加剧促使该国央行采取低利率政策以注入流动性，而对经济悲观前景预期和资产泡沫破灭导致利率下行的边际刺激效应趋弱。此外，通缩阶段资产缩水、利润下滑但负债依旧保持高韧性状态，从而使得公众支出意愿和能力大幅削弱，有效需求降低、预防性储蓄需求迅速上升，为流动性陷阱产生创造较好环境。结合前述分析，流动性陷阱与通缩往往相辅相成，加速经济衰退。

针对通缩是否仅为货币现象的问题,持赞同观点的学者认为,泡沫崩溃后日本陷入通缩的原因在于其过度的紧缩政策,后续实行的宽松的货币政策力度并不充分,没能化解通缩的预期。持反对观点的学者则认为长期的通货紧缩是结构性问题,既表现在供给结构的不合理,存在部分产品供给过剩、生产效率低下等问题;又表现在结构性需求的不足,尤其是适龄劳动人口减少、老龄化加剧等问题致使有效需求减少。

结构性问题在通货紧缩中的负面影响不容忽视。2013年以来,日本持续实施超宽松货币政策,基准利率维持在历史低点-0.1%,10年期国债收益率目标维持在0%附近,大水漫灌的宽货币操作下,日本经济依然复苏乏力。此外,穆迪通过比较27个国家在1962—2015年间的人口增速和通胀数据,发现人口减少对通胀的负面影响更大。而"安倍经济学"中锚定解决结构性问题的改革措施并不充分,因此人口增长放缓、老龄化等问题对增强通胀预期、走出通缩阴影的危害不可小觑。

泡沫破裂资产价格下跌触发的高债务与通缩的恶性循环是日本经济发展停滞的重要原因。1985年日本与美国等签署"广场协议"后,日元大幅升值,经济萧条;此后日本央行多次降息并且签署"卢浮宫协议"维持低利率政策,市场上流动性过剩涌入股市及房地产,资产泡沫形成;房价日益高涨,日本收紧货币政策叠加不合时宜的房产税收政策(开征地价税和特别土地保有税),引发了股价、房价等资产价格的全面暴跌,日本房价从此一蹶不振,最深跌幅达到70%。资产价格持续严重下跌导致家庭与企业的资产负债表衰退,市场悲观情绪蔓延,企业目标由利润最大化转变成债务最小化,家庭更倾向于储蓄而非消费,投资和消费受到严重冲击,由此而造成的经济持续衰退和通货紧缩。由此,日本经济停滞不前,几乎"失去三十年"。

资料来源:第一财经.低通胀之谜与海外政策启发[EB/OL].(2023-07-10)[2024-04-16].https://new.qq.com/rain/a/20230710A0700G00.

本 章 小 结

本章主要学习了通货膨胀的含义、衡量及其类型,并对通货膨胀的原因以及产生的影响进行了分析,进而提出治理通货膨胀的对策;另外,了解了通货紧缩的含义衡量及原因,通货紧缩对社会经济产生的效应以及如何对通货紧缩进行治理。

本章重要概念

通货膨胀　CPI　PPI　WPI　GDP平减指数　需求拉上型通胀　成本推动型通胀　供求混合型通胀　结构型通胀　工资-物价螺旋式上涨　通货紧缩　财政政策　货币政策

第十二章　金融调控政策

- 内容提要
- 重点难点
- 学习目标
- 知识框架
- 思政育人
- 第一节　金融调控概述
- 第二节　货币政策
- 本章小结
- 本章重要概念

内容提要

本章主要讲述了金融调控及重要的货币政策，包括金融调控的含义、必要性及构成；货币政策的含义、特点、工具；货币政策中介指标及传导过程；货币政策与财政政策、产业政策、汇率政策等的配合。

重点难点

本章重点为货币政策的含义、目标、工具。难点为货币政策的传导过程。

学习目标

通过本章学习，学生应掌握了解什么是金融调控，金融调控的必要性及构成；货币政策含义、特点、目标、工具及其传导过程，并能够将货币政策与其他政策配合使用来解决现实中的经济问题。

知识框架

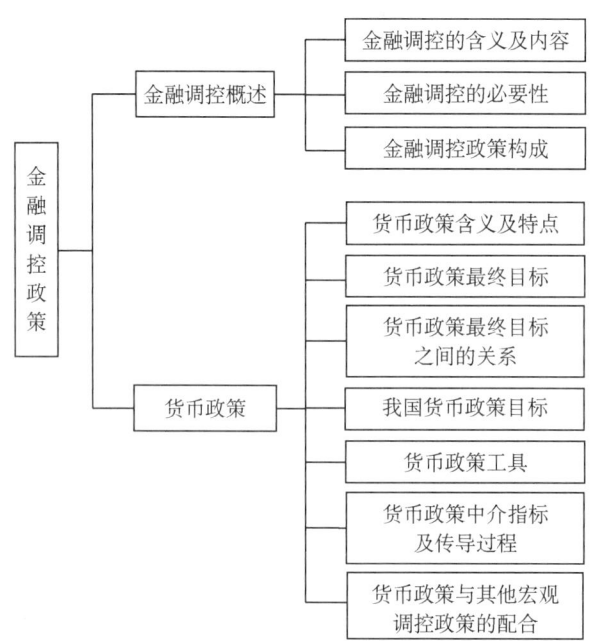

思政育人　　货币政策精准有力　切实服务实体经济

我国稳健的货币政策精准有力,有效支持了实体经济发展。到 2023 年末,社会融资规模存量同比增长 9.5%,普惠小微贷款余额和制造业中长期贷款余额同比分别增长 23.5% 和 31.9%,民营企业贷款增速较上年末高 1.6 个百分点。

2023 年召开的中央金融工作会议提出,坚持把金融服务实体经济作为根本宗旨。2024 年,稳健的货币政策要做到灵活适度、精准有效,着力为高质量发展营造良好的货币金融环境,持续提升金融服务实体经济质效。

近年来,我国金融系统坚持深化金融供给侧结构性改革,持续提升金融服务实体经济质效。截至 2023 年末,我国对实体经济发放的人民币贷款余额为 235.48 万亿元,同比增长 10.4%。2024 年开年,中国人民银行宣布降准和下调支农支小再贷款、再贴现利率,释放政策利好,并通过公开市场操作继续保持流动性合理充裕,提振市场信心。加大对重点领域、薄弱环节的信贷支持力度。在信贷总量持续提升的同时,信贷结构也在不断优化。

因地制宜,助力推进乡村全面振兴。在江西,邮储银行遂川县支行联合相关部门,创新开发金融产品——"遂川三宝贷",无需抵押、随借随还,单户最高贷款金额 300 万元。据介绍,该支行累计为当地金橘产业客户投放信贷资金超 1 亿元,惠及金橘种植户及加工、销售企业 150 余户。金融活水滋润"三农"沃土,有力支持农业发展和农民增收。2023 年,我国涉农贷款持续增长,全年增加 7.43 万亿元,同比多增 1.21 万亿元;至年末,本外币涉农贷款余额 56.6 万亿元,同比增长 14.9%,增速比上年末高 0.9 个百分点。

减碳增绿,支持绿色低碳发展。在山东,为解决乳山湾牡蛎融合发展示范区项目贷款缺少抵质押物的问题,工商银行威海分行以海洋碳汇为切入点,将海水养殖贝类等产生的碳减排量远期收益权作为质押物,发放 5 000 万元海洋碳汇预期收益权质押项目贷款。在新发展理念指引下,我国绿色贷款保持高速增长。截至 2023 年末,本外币绿色贷款余额 30.08 万亿元,同比增长 36.5%。目前,我国已形成以绿色贷款、绿色债券为主的多层次多元化绿色金融市场,为服务实体经济绿色低碳发展提供了强大动力。

加大力度,提升小微金融服务获得感。针对小微企业融资"短、频、快"特点和融资难融资贵问题,人民银行各地分行着力提升金融服务的覆盖率、可得性和满意度:陕西分行开展专项行动,助力青创小微企业发展和在陕青年创新创业;宁夏分行引导金融机构,加大对普惠小微经营主体的金融支持力度;贵州分行引导金融机构运用数字技术,精准破解服务难题。

金融系统强化对科技创新、先进制造、绿色发展等重点领域的精准支持,引导资金更多流向民营小微等薄弱环节,体现了稳健的货币政策精准有力这一要求。2024 年货币政策将从总量、结构、价格三方面发力,保持流动性合理充裕,社会融资规模、货币供应量同经济增长和价格水平预期目标相匹配;进一步提升货币信贷政策引导效能,紧扣重大战略、重点领域和薄弱环节;促进社会综合融资成本稳中有降,保持人民币汇率在合理均衡水平上的基本稳定。

资料来源:人民日报. 货币政策精准有力切实服务实体经济[EB/OL]. (2024-02-24)[2024-04-28]. https://www.gov.cn/yaowen/liebiao/202402/content_6933889.htm.

12-1 易纲:中国基本形成了一套有效的金融调控体系

第一节　金融调控概述

一、金融调控的含义及内容

金融调控是指国家综合运用经济、法律和行政手段,调节金融市场,保证金融体系稳定运行,实现物价稳定、经济增长、充分就业及国际收支平衡。金融调控是宏观经济调控的重要组成部分。在现代经济生活中,金融调控职能主要是由中央银行来履行。中央银行运用货币、信贷、利率、汇率等金融手段,调节和控制货币供应量,建立全社会总需求与总供给基本平衡。

金融调控的内容主要包括如下三个方面:

(1) 制定和实施货币政策。中央银行运用基础利率、存款准备金率及公开市场业务操作等货币政策工具,调节货币供求以实现宏观经济调控目标。

(2) 制定和实施汇率政策。汇率政策的主要内容包括选择适当的汇率机制,促进人民币汇率达到合理均衡水平并保持基本稳定,使国民经济在对内对外两方面同时实现平衡。

(3) 维护金融体系的稳健运行。化解金融系统性风险,防范金融危机,是中央银行实施货币政策和汇率政策,实现调控目标的基本前提。

二、金融调控的必要性

随着国际局势变化,各国经济发展的不确定性进一步增强,发达国家出于自身政治、经济利益的考量,利用自己在全球经济发展中的强势地位,运用各种打压方式,压制发展中国家的经济,甚至不惜损伤发展中国家的根本利益,转嫁发达国家的困难和危机。对此,我们必须保持清醒的头脑,为规避风险,必须实行宏观金融调控。

1. 从我国实行的改革开放政策来看,必须实行金融调控

改革开放之后,中国逐步成为世界经济的重要组成部分。我们已经不能只根据国内的情况,仅仅着眼于调整国内的宏观金融政策来促进经济发展,要放眼世界看中国,从全球经济发展中找准我们的位置,发挥我们的优势,实现我们的目标。

2. 从我国现行的经济体制来看,必须实行金融调控

我国现行的经济体制是社会主义市场经济,以加入世界贸易组织为标志,我国已经全面实行市场经济制度,是一个新兴市场国家,已置身于全球化经济发展之中。但市场经济总有失灵的时候,需要政府适时采取措施进行金融调控。

3. 从我国目前的经济发展现状来看,必须实行金融调控

我国作为最大的发展中国家,经济发展水平还不高,与发达国家相比,有较大的差距。在世界经济博弈中,一个国家实力的强弱,往往会决定竞争的胜败。发展中国家在国际贸易、投资和债务方面处于弱势地位,应对金融危机的挑战,必须讲究竞争艺术,开展战略性的应对举措,实施对内与对外相协调的宏观金融调控。

4. 从国际政治斗争和经济霸权主义的情况来看,必须实行金融调控

国际政治的多极化、经济竞争的复杂化,使国际经济秩序很不规范。为了防止大国政治对我们的冲击,就必须实行宏观金融调控,应对大国贸易保护主义在金融、贸易上对我们设置的重重障碍,实现贸易双方的互利共赢。

三、金融调控政策构成

金融调控是一系列政策综合起作用的结果。金融调控政策包括货币政策、信贷政策、利率政策和汇率政策等。在各项政策中,货币政策有着举足轻重的作用。特别是在市场经济条件下,货币政策既是整个金融政策的基础,同时又是金融宏观调控的核心,因为金融宏观调控最终要达到的目标是总供给与总需求的平衡,金融宏观调控有利于货币政策的贯彻和

实施。第二节我们将详细介绍货币政策。

我国应健全金融调控机制,主要从以下几个方面实施金融宏观调控:

一是加强货币政策与其他宏观政策的协调配合,健全金融调控体系。加强金融调控与中长期发展规划和年度计划、产业政策、地区政策等战略引导政策以及财政政策、税收政策、收入分配政策、社会保障政策等财税政策的协调配合。

二是建立健全货币市场、资本市场、保险市场有机结合、协调发展机制。

三是完善有管理的浮动汇率制度。根据市场发育状况和经济金融形势,不断完善有管理的浮动汇率制度,保持人民币汇率在合理、均衡水平上的基本稳定,促进国际收支平衡,尤其是商品与服务贸易收支基本平衡。

四是做好资本流动管理,逐步实现人民币资本与金融账户完全可自由兑换。

第二节 货币政策

一、货币政策含义及特点

(一) 货币政策的含义

货币政策是指中央银行为了实现既定的经济目标,运用各种货币政策工具调节货币供给量及利率,从而最终影响宏观经济运行的各种方针和措施的总和。货币政策的基本原理如图 12-1 所示。

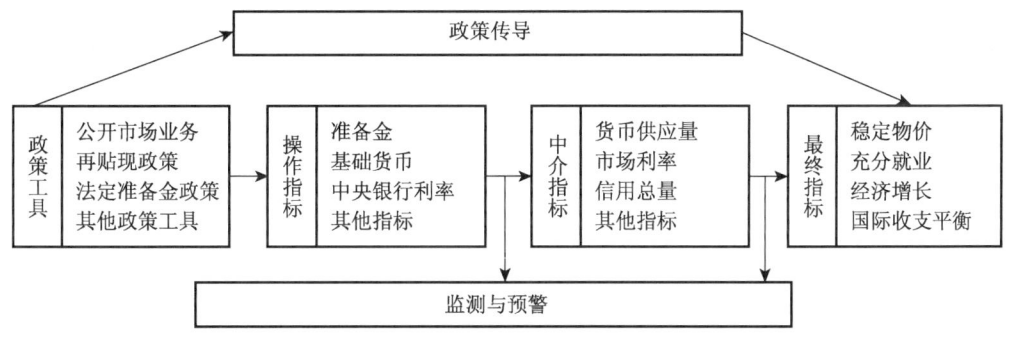

图 12-1 货币政策基本原理

货币政策包括三个方面的基本内容:①政策目标;②实现目标所运用的政策工具;③预期达到的政策效果。从确定目标、运用工具,到实现预期的政策效果,中间还存在着一些作用环节,如中介指标和政策传导机制等。在整个过程中,中央银行需要及时检测和预警,以便根据情况变化随时调整政策工具的操作。

(二) 货币政策的特点

1. 货币政策是宏观经济政策

货币政策是通过调节和控制全社会的货币供给来影响宏观经济运行,进而达到某一特定的宏观经济目标的经济政策。因而,货币政策一般涉及的是整个国民经济运行中的经济增长、物价稳定、充分就业、国际收支平衡等宏观总量以及与此相关的货币供给量、信用量、利率、汇率等变量,而不是银行或企业金融行为中的资产、负债、销售收入、利润等微观个量问题。

2. 货币政策是调节社会总需求的政策

任何现实的社会总需求，都是有货币支付能力的总需求。货币政策是通过货币的供给来调节社会总需求中的投资需求、消费需求等，间接地影响社会总供给的变动，从而促使社会总需求与总供给的平衡。

货币政策分为扩张性货币政策和紧缩性货币政策，两者最根本的手段都来自货币供给量的变化。扩张性的货币政策即增加货币供给量，从而降低利率，增加总需求，刺激经济；紧缩性货币政策即减少货币供给量，从而利率上升，抑制总需求，避免经济过热。一国经济的健康发展离不开货币政策的执行与运用，而正确货币政策的制定至关重要。经济低迷，扩张性的政策能够在一定程度刺激经济的复苏；经济过热，紧缩的货币政策能够起到抑制作用。

二、货币政策最终目标

制定和实施货币政策，首先要明确的就是货币政策最终要达到的目的，即货币政策的最终目标。这是一国政府为了促进经济的良好运行，提高全体人民的福利，运用货币供给量为基础的手段对宏观经济进行有意识的干预。货币政策的最终目标与一国宏观经济目标是一致的。

（一）稳定物价

稳定物价是中央银行货币政策最早具有的、最基本的政策目标。一国物价水平的稳定关系全体居民生活质量及国家政权的稳定，从而成为政府在短期内的主要目标。这里的**稳定物价**指物价总水平在一段时期内相对稳定，不发生显著的或剧烈的波动，即不发生严重的通货膨胀和通货紧缩。注意，稳定物价不意味着要将物价保持静止不变，而是将物价控制在一个合理的水平上。它既不能过高，以防止出现通货膨胀，也不能持续过低，以防止出现通货紧缩。

稳定物价目标是中央银行货币政策的首要目标，而物价稳定的实质是币值的稳定。所谓币值，原指单位货币的含金量，在现代信用货币流通条件下，衡量币值稳定与否，已经不再是根据单位货币的含金量，而是根据单位货币的购买力，即在一定条件下单位货币购买商品的能力。它通常以一揽子商品的物价指数，或综合物价指数来表示。目前各国政府和经济学家通常采用物价指数来衡量币值是否稳定：物价指数上升，表示货币贬值；物价指数下降，则表示货币升值。因此，保持币值稳定也是货币政策的目标，这与保持物价稳定的内涵是一样的。如我国《中华人民共和国中国人民银行法》（以下简称《中国人民银行法》）规定我国的货币政策目标是"保持货币币值的稳定，并以此促进经济增长。"

（二）充分就业

充分就业是指一切有劳动能力并且愿意工作的人都可以在较为合理的条件下找到工作。通常以失业率（即失业人数与愿意就业的劳动力之比）的高低来衡量是否实现了充分就业。失业率的大小，代表了社会的充分就业程度的高低，各国都力图把失业率降到最低的水平，以实现其经济增长的目标。但充分就业并不等于全部就业（即失业率不等于零），而是仍然存在一定的失业。

经济理论认为，经济社会中的失业主要有以下形式：一是自愿性失业，即劳动者不愿意接受现有的工作水平而自愿放弃工作所造成的失业。二是摩擦性失业，即由于劳动力流动，从而使劳动力供给结构与需求结构不对称所造成的失业,是一种短期内存在的失业。三是结构性失业,即由于经济结构(包括产业结构、产品结构、地区结构等)发生了变化,现有劳动力的知识、技能、观念、区域分布等不适应这种变化,与市场需求不匹配而引发的失业。四是周期性失业,即由于社会总需求不足甚至是经济衰退、萧条或发生经济危机所造成的失业。五是季节性的失业。有些行业的工作季节性很强,而各种季节性工作所需要的技术工作又不能相互替代,季节性失业可以设法减少,但无法完全避免。

一般认为,如果不存在周期性失业,则可认为实现了充分就业。但是各国具体情况差别很大,对失业率指标的计算口径、计算方法也不一样,所以它只宜判断一国就业状况的大体趋势,不宜做各国的横向比较。中央银行可以通过增加货币供给量、增加社会总需求,提供工作岗位和就业机会以增大就业量。

(三) 经济增长

经济增长是指在一定时期内,一国所生产的商品和劳务总量的增加,通常用一国国内生产总值(GDP)的变化或者人均 GDP 及 GDP 增长率来衡量。这是所有经济政策的目标,也是货币政策的目标之一。经济增长的程度体现了一个国家的生产能力和经济实力。当然,经济的合理增长需要多种因素的配合,最重要的是要增加各种经济资源,如人力、财力、物力,并且要求各种经济资源实现最佳配置。

中央银行以经济增长为目标,指的是中央银行在接受既定目标的前提下,通过其所能操纵的工具对资源的运用加以组合和协调。一般地说,中央银行可以用增加货币供给或降低实际利率水平的办法来促进投资增加;或者通过控制通货膨胀率,以消除不确定性对投资的影响,从而实现经济增长。

 延伸阅读 12-1

各国经济增长目标的选择

从美国来看,高度重视经济增长是在 20 世纪 30~50 年代,因为当时美国面临第二次世界大战之后的生产严重下降,以及随后出现的 50 年代初的经济衰退。而自 70 年代以来,尤其是 1981 年里根担任总统之后,货币政策目标则以反通货膨胀为重点。日本在第二次世界大战后也同样提出了发展经济的目标,但那是基于战后的生产极度衰退而言的,实际上,在经济增长与稳定物价这两个目标的重点选择上,日本始终以稳定物价为主。联邦德国由于吸取第二次世界大战之后爆发恶性通货膨胀的惨痛教训,把经济增长也列入货币政策目标之一,但在实际执行中宁愿以牺牲经济增长来换取马克的稳定。不过也有例外,如韩国的货币政策目标曾一度是经济增长为主,稳定物价被置于次要位置。

资料来源:百度文库.货币政策概述[EB/OL].(2022-04-28)[2024-04-16]. https://wenku.baidu.com/view/1b31df3dcf7931b765ce0508763231126edb7725.html.

(四) 国际收支平衡

国际收支是一国对外经济活动的综合反映,是指一定时期内(通常是 1 年)一国或地区与其他国家或地区之间由于经济、文化、政治等全部经济交易所引起的全部货币收支。国际收支平衡就是指一国的国际收入与国际支出大体保持平衡。一般情况下,由于各种原因,一国出现国际收支不平衡更常见。而在开放经济中,保持国际收支平衡是保证国民经济持续稳定增长和经济安全的重要条件。

国际收支不平衡(或失衡)主要表现为顺差或逆差。无论是顺差或逆差,都会对本国经济造成不利影响。长时期的巨额逆差会使本国外汇储备急剧下降,并承受沉重的债务和利息负担;而长时期的巨额顺差,又会造成本国资源使用上的浪费,使一部分外汇闲置,特别是如果因大量购进外汇而增发本国货币,则可能引起或加剧国内通货膨胀。可见,无论是顺差或逆差都有负面影响,相比之下,逆差的危害更大。因此各国都需要通过一定的措施来调节国际收支失衡,从而保持对外经济均衡发展。而在调节国际收支失衡的措施中,货币政策是其中重要的措施。中央银行可以通过调节利率、汇率等操作实现一国的国际收支平衡。

 延伸阅读12-2

货币政策能否以资本市场稳定发展为目标

资本市场在现代经济中具有重要的作用,因此资本市场的稳定发展对宏观经济具有重要意义。由于货币政策对货币供给、市场利率产生影响,那就必然影响资本市场的价格,并通过资本市场影响其他微观经济行为,如民间投资、消费等,最后则会在产出和通货膨胀等方面表现其宏观经济地位。近些年,围绕是否把资本市场的稳定发展作为货币政策目标成为一个讨论的热点。我国对此的讨论存在明显分歧。

货币当局应对资本市场的运行负有干预责任的观点认为,当资本市场上资产价格下滑时,应该采取降低利率、扩张信用等措施,以阻止下滑。当资本市场上资产价格过高时,应该采取提高利率、紧缩信用等措施,以阻止过热。而对于干预资本市场的主张,各国货币当局明确反对。像美联储就认为,其职责就是控制通胀率和失业率;至于资本市场的走势,不在其调控范围之内。当然货币当局不是不关注资本市场的走势,而是其出发点不是为了干预资本市场。资本市场的态势,通过如下途径,作用于货币政策所要调控的目标:资产价格→财富效应→支出效应→货币需求→货币供给→通货膨胀压力、失业压力→货币政策作出反应。

当然,货币政策对资本市场确实有影响。例如,长期利率与股市存在相关关系;资本市场的资产价格也可能隐含着公众对未来通货膨胀的预期。从道理上讲,资产价格至少可以作为中央银行在货币政策决策和操作过程中的监测指标之一。实际上,货币当局也十分关注资产价格。在非常情况下,中央银行通常会毫不迟疑地采取紧急措施,提供充足的流动性,以保障资本市场不至于陷入崩盘境地。但是这并不意味着中央银行在一般情况下也应积极干预资本市场。

资料来源:百度文库.货币政策[EB/OL].(2022-11-02)[2024-04-17].https://wenku.baidu.com/view/9d3ce642753231126edb6f1aff00bed5b8f3736c.html.

三、货币政策最终目标之间的关系

货币政策各个目标要同时实现,是非常困难的事,因为这些目标之间存在既统一又矛盾的关系。长期看,这些目标之间是统一的、相辅相成的,例如,充分就业与经济增长之间是统一的:经济增长,就业增长;经济下降,则失业增加。但是短期看,这些目标之间存在矛盾和冲突。在具体实施中,以某项货币政策工具来实现某一货币政策目标,经常会干扰其他货币政策目标的实现。或者说,为了实现某一货币政策目标而采用的措施很可能与实现另一货币政策目标所应采取的措施相矛盾。因此,不同的国家在这四个目标之间都有所取舍和侧重。关于货币政策目标之间的矛盾主要表现在以下方面。

(一)稳定物价与充分就业的矛盾

事实证明,物价与充分就业两个目标之间经常发生冲突。若要降低失业率,增加就业人数,就必须增加货币工资。若货币工资增加过少,对充分就业目标就无明显促进作用;若货币工资增加过多,致使其上涨率超过劳动生产率的增长,必然造成物价与就业两项目标的冲突。物价稳定与充分就业之间的矛盾关系可用菲利普斯曲线来说明。

1958年,英国经济学家菲利普斯(A. W. Phillips)根据英国1861—1957年失业率和货币工资变动率的经验统计资料,勾划出一条用以表示失

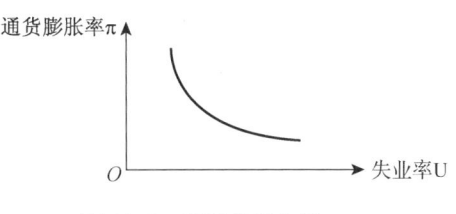

图12-2 菲利普斯曲线

业率和货币工资变动率之间交替关系的曲线,即著名的菲利普斯曲线。这条曲线表明,当失业率较低时,货币工资增长率较高;反之,当失业率较高时,货币工资增长率较低。由于货币工资增长与通货膨胀之间的联系,这条曲线又被西方经济学家用来表示失业率与通货膨胀率此消彼长、相互交替的关系。这条曲线表明,失业率与物价变动率之间存在着一种非此即彼的相互替换关系。因此,失业率和物价上涨率之间可能有以下几种选择:①失业率较高的物价稳定;②通货膨胀率较高的充分就业;③在物价上涨率和失业率的两极之间相机抉择。中央银行只能根据具体的社会经济条件,寻求物价上涨率与失业率之间的某一个组合。

(二)稳定物价与经济增长的矛盾

由菲利普斯曲线推导可知,物价上涨率与经济增长率之间同向变动,则稳定物价与经济增长两个目标反向变动,存在矛盾性。该矛盾性主要体现为:要刺激经济增长,就需要扩张信贷和货币供给,必然带来物价的上涨,而为了防止通胀和物价上涨,中央银行则需要采取收缩货币和信用的措施,但这又会抑制经济增长。中央银行经常陷入两难选择。

各国的经济运行实践也显示:经济的增长一般都伴随着物价水平在一定程度上的上涨,这是因为经济的增长必然要求投资需求和消费需求的增长,进而要求增加货币供给量。而货币供给量的增加将导致物价水平在一定程度上的上涨。

(三)稳定物价与国际收支平衡的矛盾

通常来说,如果各国都保持本国的物价稳定,则物价稳定与国际收支平衡是能够同时实现的。但如果一国保持物价稳定,而他国发生了通货膨胀,则会使本国出口商品价格相对较低,出口增加,进口减少,出现国际收支顺差。反之,则出现国际收支逆差。而同样的道理,如果本国国际收支出现逆差,为了平衡国际收支采取本币对外贬值的措施来促进出口,出口增加可能会导致国内通货膨胀加剧。因为商品出口的增加减少了对国内市场商品的供给,进口商品的价格因本币对外贬值而提高,两方面因素共同推高本国的物价水平。

(四)经济增长与国际收支平衡的矛盾

在一个开放型的经济中,政府为了促进本国经济发展,会遇到两个问题:首先,经济增长会引起进口增加。而对进口商品的需求增加,会促使进口贸易增长得更快,若该国的出口贸易不能相应增加,则出现贸易逆差。其次,引进外资可能形成资本项目逆差。要促进国内经济增长,就要增加投资,提高投资率,在国内储蓄不足的情况下,必须借助于外资,引进外国的先进技术,以此促进本国经济,这种外资的流入,必然带来国际收支中资本项目的差额。

因此为了平衡国际收支,消除贸易逆差和资本金融项目的顺差,中央银行需要紧缩银根,减少货币供给,以抑制国内的需求,但是生产规模会相应缩减,从而导致经济增长速度放慢。因此,经济增长与国际收支平衡之间也相互矛盾,难以兼得。

正是由于货币政策目标之间存在矛盾,货币政策几乎不可能同时实现这些目标,于是就出现了货币政策目标的选择问题。有的国家奉行"单一目标论",有的国家则奉行"多目标论",但是在不同的经济背景下,货币政策的最终目标有所侧重。

四、我国货币政策目标

关于我国的货币政策目标,长时间存在不同的观点,有单一目标论、双重目标论、多重目标论。2007年11月,中国人民银行指出,我国货币政策坚持多目标。

根据我国《中华人民共和国中国人民银行法》(以下简称《中国人民银行法》),我国货币政策的目标是"保持货币币值的稳定,并以此促进经济增长"。该目标体现了两方面的要求:第一,稳定币值是我国央行货币政策的出发点和归宿点,即使在短期内兼顾了经济增长的要求,仍必须坚持稳定币值的基本立足点。第二,稳定币值和经济增长这两个目标不是并列的,而有主次和先后之分。从主次看,稳定币值始终是主要的,中央银行应在保持币值稳定的基础上来促进经济增长。从先后看,稳定币值在前,经济增长在后。《中国人民银行法》对货币政策目标并没有局限于单一目标、双重目标或多重目标,而是创造性地将其表述为有层次和主次之分的货币政策目标。

延伸阅读12-3

2024年我国的货币政策

中国人民银行货币政策委员会2024年第一季度(总第104次)例会于3月29日在北京召开。

会议分析了国内外经济金融形势。会议认为,今年以来宏观政策坚持稳字当头、稳中求进,稳健的货币政策灵活适度、精准有效,强化逆周期调节,综合运用利率、准备金、再贷款等工具,切实服务实体经济,有效防控金融风险,为经济回升向好创造适宜的货币金融环境。贷款市场报价利率改革成效显著,存款利率市场化调整机制作用有效发挥,货币政策传导效率增强,社会融资成本继续下降。外汇市场供求基本平衡,经常账户顺差稳定,外汇储备充足,人民币汇率双向浮动、预期趋稳,在合理均衡水平上保持基本稳定,发挥了宏观经济稳定器功能。

会议指出,当前外部环境更趋复杂严峻,世界经济增长动能不足,通胀出现高位回落趋势但仍具粘性,发达经济体利率保持高位。我国经济运行延续回升向好态势,高质量发展扎实推进,但仍面临有效需求不足、社会预期偏弱等挑战。要稳中求进、以进促稳、先立后破,不断巩固稳中向好的基础。精准有效实施稳健的货币政策,更加注重做好逆周期调节,更好发挥货币政策工具的总量和结构双重功能,着力扩大内需、提振信心,推动经济良性循环。

会议认为,要加大已出台货币政策实施力度。保持流动性合理充裕,引导信贷合理增长、均衡投放,保持社会融资规模、货币供应量同经济增长和价格水平预期目标相匹配。促进物价温和回升,保持物价在合理水平。完善市场化利率形成和传导机制,充实货币政策工具箱,发挥央行政策利率引导作用,释放贷款市场报价利率改革和存款利率市场化调整机制效能,推动企业融资和居民信贷成本稳中有降。同时,在经济回升过程中,也要关注长期收益率的变化。畅通货币政策传导机制,提高资金使用效率。深化汇率市场化改革,引导企业和金融机构坚持"风险中性"理念,综合施策、校正背离、稳定预期,坚决对顺周期行为予以纠偏,坚决防范汇率超调风险,防止形成单边一致性预期并自我强化,保持人民币汇率在合理均衡水平上的基本稳定。

会议指出,要深化金融供给侧结构性改革,构建金融有效支持实体经济的体制机制。引导大银行发挥金融服务实体经济主力军作用,推动中小银行聚焦主责主业,支持银行补充资本,共同维护金融市场的稳定发展。做好科技金融、绿色金融、普惠金融、养老金融、数字金融五篇大文章,继续加大对重大战略、重点领域和薄弱环节的支持力度,推动加快发展新质生产力。适当增加支农支小再贷款再贴现额度,用足用好碳减排支持工具,设立科技创新和技术改造再贷款。加大对大规模设备更新和消费品以旧换新的金融支持。综合施策支持区域协调发展。落实好加大力度支持科技型企业融资行动方案,引导金融机构增加有市场需求的制造业中长期贷款,支持加快建设现代化产业体系。坚持"两个毫不动摇",持续做好支持民营经济发展壮大的金融服务。因城施策精准实施差别化住房信贷政策,更好支持刚性和改善性住房需求,一视同仁满足不同所有制房地产企业合理融资需求,促进房地产市场平稳健康发展。加大对"市场+保障"的住房供应体系的金融支持力度,着力构建房地产发展新模式。落实促进平台经济健康发展的金融政策措施。切实推进金融高水平双向开放,提高开放条件下经济金融管理能力和防控风险能力。

会议强调,要以习近平新时代中国特色社会主义思想为指导,全面贯彻落实党的二十大、中央经济工作会议、中央金融工作会议和全国两会精神,按照党中央、国务院的决策部署,坚持稳中求进工作总基调,牢牢把握高质量发展首要任务,扎实推进中国式现代化,完整、准确、全面贯彻新发展理念,加快构建新发展格局。把实施扩大内需战略同深化供给侧结构性改革有机结合起来,进一步加强部门间政策协调配合,强化政策统筹,充分发挥货币信贷政策效能,兼顾好内部均衡和外部均衡。切实增强经济活力、防范化解风险、改善社会预期,巩固和增强经济回升向好态势,持续推动经济实现质的有效提升和量的合理增长。

资料来源:中国人民银行.中国人民银行货币政策委员会召开2024年第一季度例会[EB/OL].(2024-04-03)[2024-04-17].http://www.pbc.gov.cn/goutongjiaoliu/113456/113469/5321356/index.html.

五、货币政策工具

货币政策工具是指中央银行为实现货币政策目标而采取的各种手段和方法。货币政策工具分为传统货币政策工具和新型货币政策工具。在过去较长时期内,我国货币政策以直接调控为主,即采取信贷规模、现金计划等工具。1998年以后,主要采取间接货币政策工具调控货币供应总量。现阶段,中国的货币政策工具主要有公开市场操作、存款准备金、再贷款与再贴现、利率政策、汇率政策和窗口指导等。近年来中期借贷便利等新型工具运用得越来越广泛。

(一)传统货币政策工具

1. 一般性货币政策工具

一般性货币政策工具是指中央银行能够经常使用的且能对货币供给总量或信用总量进行调节的工具。其主要包括:法定存款准备金政策、再贴现政策、公开市场业务,俗称"三大法宝"。

1)存款准备金政策

存款准备金政策是指中央银行通过规定或调整商业银行交存中央银行的存款准备金率,控制商业银行的信用创造能力,间接地调节社会货币供应量的活动。

存款准备金政策的作用机制如下:中央银行可以调整存款准备金率来影响货币乘数或存款乘数,控制商业银行的货币创造,从而调节货币供给量。当经济扩张,发生通货膨胀时,中央银行可以提高法定准备金率时,商业银行可提供放款及创造信用的能力就下降。因为准备金率提高,货币乘数或存款乘数就变小,从而降低了整个商业银行体系创造信用、扩大信用规模的能力,其结果是社会的银根偏紧,货币供应量减少,利息率提高,投资及社会支出都相应缩减,反之亦然。具体作用机制如图12-3所示。

与其他货币政策工具相比,存款准备金政策具有如下优点:①主动性强。中央银行具有完全的自主权,它是三大货币政策工具中最容易实施的手段;②见效快。存款准备金率的变

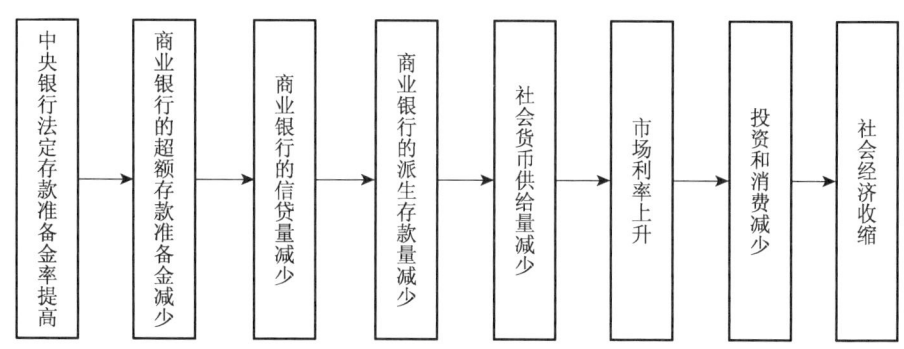

图 12-3　中央银行提高法定存款准备金率的作用机制

动对货币供应量的作用迅速,一旦确定,各商业银行及其他金融机构都必须立即执行;③影响广。所有存款类金融机构的信贷规模都会受到影响,从而对社会投资、消费产生影响,最终影响经济运行。

存款准备金政策的不足之处在于:一是作用过于巨大。存款准备金政策通常被认为是最猛烈的工具。这既是它的优点,也正是它的局限性。因为,每次存款准备金率稍作调整,即使变动 0.5%,都会对金融和信贷状况产生显著影响,因此它是最强有力的工具。但同时由于其调整对整个经济和社会心理预期的影响都太大,因而法定准备金率不宜随时调整,不宜作为中央银行日常调控货币供给的工具。二是其政策效果在很大程度上受商业银行超额存款准备的影响。在商业银行有大量超额存款准备的情况下,中央银行提高法定存款准备金率,商业银行会将超额存款准备的一部分充作法定准备,而不收缩信贷规模,这就难以实现中央银行减少货币供给的目的。

 延伸阅读 12-4

降准落地:持续加大对实体经济支持

中国人民银行 2024 年 1 月 24 日宣布,决定自 2 月 5 日起下调金融机构存款准备金率 0.5 个百分点(不含已执行 5% 存款准备金率的金融机构)。由此释放长期流动性约 1 万亿元。此次降准释放稳经济、稳市场的积极信号,有助于增加金融机构长期稳定资金来源,进一步加大对实体经济的资金投入。

此次降准后,我国金融机构加权平均存款准备金率降至约 7%。中国人民银行行长潘功胜表示,与国际上主要经济体央行相比,我国法定存款准备金率的调整空间较大,存款准备金率下调 0.5 个百分点,将向市场提供长期流动性约 1 万亿元。

"在稳预期的关键时刻,降准有助于巩固宏观经济向好势头,十分必要。"招联首席研究员董希淼认为,此次降准释放的流动性,既能保障春节前现金投放的短期流动性需求,又能持续补充信贷增长产生的中长期流动性需求,体现出货币政策合理适度、呵护市场的积极信号。

与去年每次下调 0.25 个百分点的两次降准相比,此次降准幅度提高至 0.5 个百分点。东方金诚首席宏观分析师王青认为,货币政策逆周期调节力度增大,为货币信贷增长提供了有力支撑,有助于推动一季度信贷延续平稳增长势头。

降准可有效增加金融机构支持实体经济的长期稳定资金来源,特别是量大面广的地方法人金融机构,流动性压力将明显缓解。与此同时,中国人民银行还通过其他渠道进一步投放流动性:向政策性银行投放抵押补充贷款(PSL)5 000 亿元,助力"三大工程"建设;1 月 15 日加量续做 9 950 亿元中期借贷便利(MLF)操作,确保流动性合理充裕。在宣布降准的同日,中国人民银行还决定自 1 月 25 日起,分别下调支农再贷款、支小再贷款和再贴现利率各 0.25 个百分点。这表明中国人民银行在运用好总量工具的同时,继续发挥结构性工具作用,朝着国民经济薄弱环节重点发力。截至 2023 年末,我国支农再贷款余额 6 500 多亿元,支小再贷款余额超 1.65 万亿元,支农支小再贷款、再贴现等工具的使用率在 80% 以上,有力支持了"三农"、小微等重点领域和薄弱环节。普惠小微贷款增速近年来持续超过 20%,"三农"贷款增速也保持在 15% 左右,都明显高于全部贷款增速。

存量政策仍有后劲,叠加降准和下调支农支小再贷款、再贴现利率等举措,将形成政策合力,增强经济活力、提振市场预期。

资料来源:新华社.降准落地:持续加大对实体经济支持[EB/OL].(2024-02-05)[2024-04-18]. https://www.gov.cn/zhengce/202402/content_6930441.htm.

2)再贴现政策

再贴现政策是指中央银行通过提高或降低再贴现率来影响商业银行的信贷规模和市场利率,从而调节市场货币供给量,以实现货币政策目标的一种手段。

一般来说,再贴现政策包括两方面:一是制定和调整再贴现率;二是规定何种票据具有向中央银行申请再贴现的资格。关键是正确制定和调整再贴现率。中央银行通过调整再贴现率可以影响或干预商业银行的准备金及市场银根松紧。当中央银行提高再贴现率,使之高于市场利率时,商业银行向中央银行借款或贴现的资金成本上升,这就必然减少向中央银行借款或贴现,从而收缩对客户的贷款。反之,则会扩大信贷规模。

再贴现政策的作用,在于再贴现率的变动不仅影响商业银行筹资成本,从而限制商业银行的信用扩张,以达到调整银根松紧的目的。而且,它在一定程度上反映了中央银行的政策意向,具有告示效应。另外,再贴现政策的实施可以按国家产业政策的要求,有选择地对不同种类的票据进行融资,促进结构调整。

尽管再贴现有上述作用,但也存在局限性:一是再贴现业务的主动权在商业银行,而不在中央银行,这就限制中央银行的主动性;二是再贴现率的调节作用有限。繁荣时期提高再贴现率未必能够抑制商业银行的再贴现需求,因为商业银行的盈利更高;萧条时期降低再贴现率也未必能刺激商业银行的借款需求,因为此时商业银行的盈利水平更低。三是再贴现率不能经常调整,容易引起市场利率的经常波动,会使商业银行或企业无所适从。

3)公开市场业务

公开市场业务是指中央银行在金融市场上公开买卖有价证券,以改变商业银行等存款货币机构的准备金,进而影响货币供应量和利率,并最终实现货币政策目标的政策行为。此业务的操作方法:当中央银行判断社会上资金过多时,卖出证券,相应地收回一部分资金;相反,央行则买入证券,直接增加金融机构可用资金的数量。

公开市场操作具有如下优点:第一,中央银行能及时运用公开市场操作,买卖任意规模的有价证券,从而精确地控制银行体系的准备金和基础货币,使之达到合理的水平。虽然其发生作用的途径同再贴现率政策和准备金政策基本相同,但它的效果比这两种政策更为准确,并且不受银行体系反应程度的影响。第二,主动性强。在公开市场操作中,中央银行始终处于积极主动的地位,完全可以按自己的意愿来实施货币政策。按照经济学家弗雷德曼之意,中央银行实施公开市场操作是"主动出击",而非"被动等待"。第三,告示效应强,影响范围广。中央银行可在金融市场上公开买卖证券,其操作的方向和力度代表了货币政策的取向,给商业银行和公众以明确的信号,可以影响商业银行和公众的预期和经济行为;同时,中央银行的买卖行为还会影响证券市场的供求和价格,进而对整个社会投资和产业发展产生影响。

公开市场业务虽然能够有效发挥作用,但是必须具备以下三个条件,才能充分有效地发挥作用:①中央银行必须具有强大的、足以干预和控制整个金融市场的金融实力;②要有一个发达、完善和全国性的金融市场,证券种类齐全且达到一定规模;③必须有其他政策工具的配合。如没有存款准备金制度,就不能通过改变商业银行的超额准备来影响货币供应量。公开市场业务最大的不足是缺乏这三个条件的国家不能有效地运用这个政策手段;此外,它的收效缓慢,因为国债买卖对货币供给及利率的影响需要一定时间才能缓慢地传导到其他金融市场,影响经济运行。

12-2 视频:货币政策三大工具

我国货币政策三大工具是否应该一刀切?

由于我国东、中、西部经济和金融非均衡发展,同样的货币政策操作在不同的地区发挥不同的,甚至大相径庭的效应。我国货币政策操作一直采取全国"一盘棋"的做法,实施无差别管理,"一刀切"式的货币政策操作较少考虑到区域间经济发展的水平差异。公开市场操作、再贴现率和法定存款准备金率是我国货币政策三大工具,这些工具的实施效果受东、中、西部差异的重要影响。

央行主要通过调整再贷款率、再贴现率,影响商业银行对贴现贷款的规模,从而实现货币政策意图。商业银行对再贷款率、再贴现率工具的反应与需要贷款的实体经济的利润率、资金流动性需求,持有超额储备的机会成本等因素有关。具体到我国的实际情况,实体经济利润率不仅影响商业银行所面临的环境风险,而且影响资金的价格(利息率、贴现率),无疑是影响商业银行对再贷款利率、再贴现率工具反应的最重要的因素之一。对经济实体而言,虽然资金的供求在一定程度上影响利息率和贴现率,但从本质上讲,利息是实体经济创造的利润的一部分,利息率的高低最终受制于实体经济利润率的高低,在零和平均利润率之间变动。换句话说,实体经济对银行贷款利率、贴现率的承受能力受利润率的制约,利润率较高的实体经济能够支付较高的资金价格(利息率、贴现率),即有相对较强的资金需求,利润率较低的实体经济只能支付较低的资金价格。

由于各区域商业银行面对的实体经济利润率不同,在商业银行的贷款利率、贴现率水平区域间几乎无差别的既定条件下,一方面,利润率较高的实体经济消化资金的能力较强,对资金的需求旺盛;另一方面,较高的利润率能够有效保障信贷资金的安全性和盈利性,使商业银行放贷所面临的环境风险降低,商业银行的放贷意愿也较强。因此,央行同样的再贴现、再贷款政策工具操作,在实体经济利润率较高的东部地区,商业银行贷款增长较快;而实体经济利润率较低的中西部地区,商业银行贷款增长较慢,导致越穷的区域资金越少,越富的区域资金越多的"马太效应"。

由以上的论述可以看出,我国各区域对同一货币政策工具存在反应效果不同的差异。为消除区域差异对货币政策工具效果的不同影响,以达到货币政策理想的作用效果,可以对包括公开市场业务、再贴现率、法定存款准备金率在内的货币政策工具进行区域化操作。

资料来源:财经观.我国东西部实行差别性货币政策的思考[EB/OL].(2022-07-09)[2024-04-18]. https://www.wenmi.com/article/puupuy01nz4d.html.

2. 选择性货币政策工具

选择性货币政策工具是指中央银行针对某些特殊的信贷或经济领域的信用加以调节和影响的措施。与一般性货币政策工具不同,选择性的货币政策工具对货币政策与国家经济的运行的影响不是全局性的而是局部性的,但也可以作用于货币政策的总体目标。

一般来说,选择性货币政策工具主要包括以下几种。

1) 优惠利率

优惠利率是指中央银行对国家产业政策要求重点发展的经济部门或产业,规定较低的贷款利率,支持其发展,多用于不发达国家。优惠利率对不同地区、不同行业、不同产品进行调控的作用非常明显。

2) 消费者信用控制

消费者信用控制是指中央银行对不动产之外的各种耐用消费品的销售融资予以控制。其主要内容包括:对分期付款方式购买耐用品时的首次付款规定最低比例;规定消费信贷的最长期限;规定可用消费信贷购买的耐用品种类,对不同消费品规定不同的信贷条件。

健全消费信用制度在现阶段主要应表现为有效放松消费信用管制,可以从以下几方面考虑:完善消费信用的法律法规体系,认真做好消费信用中首期付款比例、还款期限、信贷规模等方面的研究,应充分发挥信用卡在消费信用中的作用。鉴于我国以后将会出现通货膨胀与通货紧缩相交替的局面,以后以消费信贷控制为代表的选择性货币政策工具的运用是非常有必要的。

3) 不动产信用控制

不动产信用控制是指中央银行对金融机构在房地产放款方面的限制措施,如规定贷款限额,最长期限以及首次付款比例等,目的是抑制房地产投机。

放松房地产信用管制,对搞活房地产市场、刺激房地产投资与消费、培育国民经济新的增长点、拉动国民经济增长是有重大作用的。

4) 证券市场信用控制

证券市场信用控制是指中央银行对有关证券交易的各种贷款进行限制,目的在于限制对证券市场的信贷数量,稳定证券市场的价格,如规定一定比例的证券保证金比率。

我国的证券市场正在逐步完善,发展信用交易有一定的风险,但在信用交易发展的早期,可以通过较高的保证金比率对投机规模和市场风险进行控制,然后随着市场的完善和信用交易活动的规范,逐步降低证券保证金比率。

5) 预缴进口保证金

预缴进口保证金即中央银行要求进口商预缴相当于进口商品总值一定比例的保证金,以抑制进口的过快增长,多为国际收支出现赤字的国家采用。

3. 补充性货币政策工具

1) 直接信用控制

直接信用控制是指以行政命令或其他方式,从质和量两个方面直接对金融机构尤其是商业银行的信用活动进行控制。中央银行以行政命令的方式,直接对银行放款或接受存款的数量以及存款利率进行控制,其手段包括信用配额、直接干预、规定流动比率和规定利率限额。一般市场经济发达的国家很少采用这类方式。

(1) 信用配额也称"信贷分配",是指中央银行根据金融市场状况及宏观经济形势,为避免信用过度扩张,也为使有限资金用于最能发挥效能的用途上,对商业银行的资金用途和规模进行合理的分配,限制其信贷活动。

(2) 直接干预。这与信用配额相似,是指中央银行对商业银行的信贷活动直接进行干预和控制,具体方式有以下几种:①直接限制贷款额度。许多国家和地区在法律上规定,中央银行根据金融情况的变化,在必要时,可对各金融机构或某一类金融机构规定贷款的最高发放额;②中央银行对业务活动不当的商业银行,认为它违背信贷政策时,可拒绝提供贷款,拒绝其融通资金的要求,或者给予贷款,但采取高于一般利息的惩罚性利率;③规定各银行放款及投资的方针,分两类:一类是资产项目的限制,如规定商业银行对不动产投资的限制;另一类是贷款额度的限制,如对商业银行发放的中期贷款规定最高额度,对储蓄银行的股票投资、住宅融资规定最高的限制等。

(3)规定流动比率。商业银行的流动比率是指流动资产对存款的比重。规定流动比率是指中央银行为了限制商业银行创造信用的能力,除规定法定存款准备金外,还规定商业银行对其资产维持某种程度的流动性。

(4)规定利率限额。此类政策主要是规定贷款利率下限和存款利率上限,这是最常见的手段之一,其目的是防止金融机构为谋求高利而进行风险存贷或过度竞争。利率上下限是国家允许商业银行在基准利率的基础上调高或降低的比例。国家规定了一个基准利率,每家商业银行可以根据自己的情况在央行给定的基准利率上下浮动的上下限就是这个利率浮动的范围。比如,基准利率是3%,存款利率上限是允许调高50%,那就是4.5%,即$3\% \times (1+50\%)$。

2015年10月,我国放开存款利率上限,基本上实现了利率市场化,今后也不存在规定利率上下限的问题。但是利率政策依然是中国人民银行调节宏观经济的重要手段。虽然不再确定上下限,但是央行可以调整基准利率,间接地引导利率发挥作用。

2)间接信用指导

间接信用指导是指中央银行通过道义劝告、窗口指导等办法间接影响商业银行的信用创造。

道义劝告是指中央银行利用其声望和地位,对商业银行及其他金融机构经常发出通告或指示或与各金融机构负责人面谈,劝告其遵守政府政策并自动采取贯彻政策的相应措施。例如,房地产与证券市场投机盛行时,要求商业银行缩减对这两个市场的信贷;在国际收支出现逆差时,劝告各金融机构减少海外贷款等。

窗口指导是指中央银行根据产业行情、物价趋势和金融市场动向等经济运行中出现的新情况和新问题,规定商业银行每季度贷款的增减额,并要求其执行。若商业银行不接受,中央银行将采取必要的措施,如可以减少其贷款的额度,甚至采取停止提供信用等制裁措施。窗口指导虽然没有法律约束力,但影响力往往比较大。

间接信用指导的优点是较为灵活,但是要起作用,必须是中央银行在金融体系中有较高的地位,并拥有控制信用的足够的法律权利和手段,即中央银行通过自己的威望来指导商业银行的行为。

 延伸阅读 12-5

美国的量化宽松政策

量化宽松政策(QE)主要是指中央银行在实行零利率或近似零利率政策后,通过购买国债等中长期债券,增加基础货币供给,向市场注入大量流动性资金的干预方式,以鼓励开支和借贷的政策,也被简化地形容为间接印钞票的政策。

2008年11月23日,美联储首次公布将购买机构债和抵押贷款支持证券(MBS),标志着首轮量化宽松政策的开始。美联储 2010 年 11 月 4 日宣布,启动第二轮量化宽松计划(QE),计划在 2011 年第二季度以前进一步收购 6 000 亿美元的较长期美国国债。2011 年 9 月 14 日凌晨消息,美联储麾下联邦公开市场委员会(FOMC)在结束为期两天的会议后宣布,0~0.25% 超低利率的维持期限将延长到 2015 年中,将从 15 日开始推出第三轮量化宽松政策(QE3),每月采购 400 亿美元的抵押贷款支持证券(MBS)。2012 年 12 月 13 日凌晨,美联储宣布推出第四轮量化宽松政策(QE4),每月采购 450 亿美元国债,替代扭曲操作,加上 QE3 每月 400 亿美元的宽松额度,联储每月资产采购额达到 850 亿美元。

2020 年 3 月,随着疫情蔓延,美联储宣布将基准利率降至接近零水平,并启动规模达 7 000 亿美元新一轮量化宽松。新型冠状病毒感染在短期内对经济活动造成压力,并对经济前景构成风险,鉴于此美联储决定将联邦基金利率的目标区间降至 0~0.25 个百分点,直到确信美国经济经受住考验,并有望实现其最大就业和物价稳定目标。

资料来源:经济观察报. 美联储"重回 2008"意味着什么[EB/OL]. (2020-03-16)[2024-04-19]. http://www.eeo.com.cn/2020/0316/378432.shtml.

(二)新型货币政策工具

随着经济、金融领域不断发展,也出现了一些新的问题。中央银行调节宏观经济及金融领域问题时,不仅采用传统的货币政策工具,也针对新的问题,结合国情,推出了很多新型货币政策工具。以下是中国人民银行目前较常用的几类新型工具。

1. 短期流动性调节工具

短期流动性调节工具(short-term liquidity operations,SLO)是一种公开市场操作。作为公开市场常规操作的必要补充,在银行体系流动性出现临时性波动时适时使用。公开市场短期流动性调节工具以 7 天期以内短期逆回购或正回购为主,操作在 7 天期等品种工具之后,继续构建隔夜等超短期品种,作为指引市场基准利率的努力,为利率市场化进程打下更好的基础,但未作为优先的常规性制度安排。

中央银行根据本国货币调控需要,综合考虑银行体系流动性供求状况、货币市场利率水平等多种因素,灵活决定该工具的操作时机、操作规模及期限品种等。

该工具原则上在公开市场常规操作的间歇期使用,操作对象为公开市场业务一级交易商中具有系统重要性、资产状况良好、政策传导能力强的部分金融机构,操作结果滞后一个月通过《公开市场业务交易公告》对外披露。

2. 常备借贷便利

常备借贷便利(standing lending facility,SLF)是满足金融机构大额流动性需求的货币政策工具,是中国人民银行正常的流动性供给渠道,对象主要为政策性银行和全国性商业银行,期限为 1~3 个月。其利率水平根据货币政策调控、引导市场利率的需要等综合确定。常备借贷便利以抵押方式发放,合格抵押品包括高信用评级的债券类资产及优质信贷资产等。

常备借贷便利的主要特点:一是由金融机构主动发起,常备借贷金融机构可根据自身流动性需求申请;二是常备借贷便利是央行与金融机构"一对一"交易,针对性强;三是常备借贷便利的交易对手覆盖面广,通常覆盖存款金融机构。

3. 中期借贷便利

中期借贷便利(medium-terms lending facility,MLF)是指中央银行提供中期基础货币的货币政策工具。它于 2014 年 9 月由中国人民银行创设,对象为符合宏观审慎管理要求的商业银行、政策性银行,可通过招标方式开展,发放方式为质押方式,并需提供国债、央行票据、政策性金融债、高等级信用债等优质债券作为合格质押品。

中期借贷便利发挥中期政策利率的作用,通过调节向金融机构中期融资的成本来对金融机构的资产负债表和市场预期产生影响,引导其向符合国家政策导向的实体经济部门提供低成本资金,促进降低社会融资成本。中期借贷便利体现了我国货币政策基本方针的调整,即有保有压,定向调控,调整结构,而且是预调、微调。与常备借贷便利(SLF)的区别并不明确,只不过中期流动性管理工具更能稳定大家的预期。创设中期借贷便利既能满足当前央行稳定利率的要求,又不直接向市场投放基础货币,是个两全的办法。

4. 抵押补充贷款

抵押补充贷款(pledged supple mental lending, PSL)有两层含义,首先在量的层面,是基础货币投放的新渠道;其次在价的层面,通过商业银行抵押资产从央行获得融资的利率,引导中期利率。抵押补充贷款的主要功能是支持国民经济重点领域、薄弱环节和社会事业发展而对金融机构提供的期限较长的大额融资,抵押补充贷款采取质押方式发放。合格抵押品包括高等级债券资产和优质信贷资产。

抵押补充贷款的目标是借其利率水平来引导中期政策利率,以实现央行在短期利率控制之外,对中长期利率水平的引导和掌控。这一工具和再贷款非常类似,再贷款是一种无抵押的信用贷款,不过市场往往将再贷款赋予某种金融稳定含义,即一家机构出了问题才会被投放再贷款。未来抵押补充贷款有可能将很大程度上取代再贷款工具,但再贷款依然在央行的政策工具篮子当中。

12-3 央行解读新货币政策工具

六、货币政策中介指标及传导过程

从货币政策工具的运用到货币政策目标的实现之间,有一个相当长的作用过程。在这个作用过程中,中央银行有必要及时了解货币政策工具是否得力,估计政策目标能不能实现,这就需要借助于中介指标的设置。

(一) 货币政策中介指标

1. 货币政策中介指标的含义及选择标准

货币政策中介指标是指中央银行为实现特定的货币政策目标而选取的操作对象。因此,中介指标就成为货币政策作用过程中一个十分重要的中间环节,对它们的选择是否正确及选定后能否达到预期调节效果,关系货币政策最终能否实现。货币政策中介指标的选择应符合如下标准:

(1) 可控性。中央银行能够有效地进行控制,并不会遇到太多的麻烦和障碍。

(2) 可测性。中央银行能够迅速和准确地获得有关数据资料,便于观察、分析和监测。

(3) 相关性。中央银行选择的中介指标与最终目标之间有密切的、稳定的和统计数量上的联系。

(4) 抗干扰性。中央银行选择的中介指标在实施过程中受到外来因素或非政策因素的干扰程度降低,以保证政策效果。

(5) 适应性。货币当局或中央银行选择的中介指标要与经济体制和金融体制有较好的适应性。

2. 货币政策常用的中介指标

1) 利率

利率作为中介指标符合上述标准,其优点表现在:首先,可控性强。中央银行可直接控制对金融机构融资的利率。而通过公开市场业务或再贴现率政策,中央银行也能调节市场利率的走向。其次,可测性强。中央银行在任何时候都能观察到市场利率的水平及结构。最后,中央银行能够通过利率影响投资和消费支出,从而调节总需求。但是,利率作为内生变量和外生变量往往很难区分,如作为外生变量时,中央银行提高利率抑制需求,而作为内生变量时,经济繁荣推高利率,难以达到中央银行抑制需求的政策目标。

2) 货币供给量

货币供给量作为中介指标基本符合上述标准,其优点表现在:①中央银行对货币供给量的控制力较强,即经济繁荣时,中央银行为防止通货膨胀而压缩货币供给量;经济萧条时中央银行会扩大货币供给以复兴经济;②货币供给量的变动能直接影响经济活动,即货币供给量与经济的运动方向是一致的,即经济繁荣时会增加,经济萧条时会自动收缩;③与货币政策意图联系紧密,货币供给量增加,表示货币政策扩张;货币供给量减少,表示货币政策紧缩;④可以明确地区分政策性效果和非政策性效果。

但是货币供应量作为中介指标也存在不足:①中央银行对货币供给量的控制能力不是绝对的,公众和商业银行的行为也会影响货币供给量;②中央银行通过运用货币银行工具实行对货币供给量的控制,存在一定的时滞。

3) 超额准备金

超额准备金对商业银行的资产业务规模有直接决定作用。存款准备金率、公开市场业务和再贴现率等货币政策工具,都是通过影响超额准备金的水平而发挥作用的。但是,作为中介指标,超额准备金往往因其取决于商业银行的意愿和财务状况,同时受经济运行周期和信贷风险的影响,而不易为中央银行测度和控制。

4) 基础货币

基础货币是流通中的现金和商业银行的存款准备金的总和,它构成了货币供应倍数伸缩的基础。它满足可测性和可控性的要求,数量也易于调控,是较理想的近期指标。

需要说明的是,超额准备金与基础货币更适合称之为操作目标,是中央银行通过货币政策工具操作后能够准确实现的政策变量。它们对货币政策反应灵敏,只要货币政策一操作,操作指标就迅速发生反应。

(二) 货币政策传导过程

1. 货币政策传导基本环节

货币政策传导途径一般有三个基本环节,其顺序是:

(1) 从中央银行到商业银行等金融机构和金融市场。中央银行的货币政策工具操作,首先影响的是商业银行等金融机构的准备金、融资成本、信用能力和行为,以及金融市场上货币供给与需求的状况。货币政策调控金融机构的贷款能力和金融市场的资金融通。

(2) 从商业银行等金融机构和金融市场到企业、居民等非金融部门的各类经济行为主体。商业银行等金融机构根据中央银行的政策操作调整自己的行为,从而对各类经济行为主体的消费、储蓄、投资等经济活动产生影响。所有金融市场的参与者都会根据市场行情的变化调整自己的资产组合和经济行为。

(3) 从非金融部门经济行为主体到社会各经济变量。包括总支出量、总产出量、物价、就业等。企业、居民等部门的消费、储蓄和投资等经济行为的改变最终会引起社会总产出、就业水平、物价水平等宏观经济总量的变化。

2. 传导机制

货币政策传导机制是指中央银行运用货币政策工具影响货币政策中介指标,进而最终实现既定政策目标的传导途径与作用机理。货币政策传导机制的基本模式如图 12-4 所示。

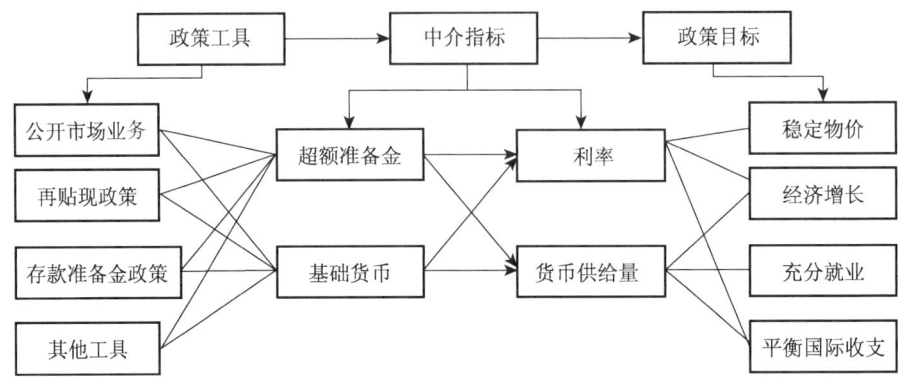

图 12-4 货币政策传导机制的基本模式

货币政策传导机制是中央银行货币政策工具实施到货币政策最终目标实现的方式与途径。由于这一中间途径观察的角度不同,强调的因素各异,产生了流派众多的观点。各种学派对货币政策的传导机制有不同看法,但归纳起来货币政策通过以下四种途径影响经济变量。

1) 利率传导途径

利率传导理论是最早被提出的货币政策传导理论,是早期凯恩斯学派的主要观点。凯恩斯认为利率对投资有直接的影响,构成货币政策传导机制重要变量,利率在其间被赋予了重要的传递中介地位。

利率渠道的传导过程如下:货币供给量 M 相对于货币需求过剩,人们手中货币超过了灵活偏好程度而欲替换成债券资产,债券需求随之增加,其价格相应上涨,债券价格上涨促使利率 r 下降,当利率下降,低于资本边际效率时,就会刺激投资 I 增加,在消费倾向一定的条件下,投资增加透过乘数效应,就促使需求和产出 Y 增长。利率传导机制的基本途径可表示为:

$$M(\text{货币供应量})\uparrow \to r(\text{利率水平})\downarrow \to I(\text{投资})\uparrow \to E(\text{总支出})\uparrow \to Y(\text{总收入})\uparrow$$

从以上分析可知利率在其中起着承上启下的核心作用。货币供应量的调整首先影响利率的变化,然后使投资乃至总支出、总收入发生变化,其传导过程很间接、很迂回,而且,利率是否随货币供给量变动,以及变动幅度大不大,决定着货币政策的效率。这一传导机制往往因为两个因素被堵塞:一是投资的利率弹性非常低。此时利率下降而投资变动微弱,从而对总体经济活动无多大影响。二是流动性陷阱,即当利率降至足够低时,任何货币供应量的增加都将被经济单位以现金形式持有,从而对总需求或物价毫无影响,所以这两个因素会降低货币政策的有效性。

2) 资产价格传导途径

典型的货币主义者反对以 IS-LM 框架来分析货币政策,他们认为 IS-LM 框架只关注利率和一种资产价格,而不是考虑多种资产价格,资产价格的传导渠道强调货币政策是通过其他多种资产价格和真实财富的变化来影响宏观经济变量的。比如,股票是金融资产的重要组成部分,股票价格上升必然导致消费的增加,因此货币政策可以根据股票市场的价格变化来使消费者资产增值从而扩大消费来影响实体经济。

3) 汇率传导途径

随着全球经济的增长和浮动汇率制度到来,人们开始把注意力放在通过汇率效应实现货币政策目标的传导机制上来。这种理论认为,货币政策的变化会引起本国利率的波动,而本国利率的波动会引起本币对外升值或贬值,从而进一步引起该国进出口变动。

在开放经济条件下,净出口是总需求的重要组成部分。因此它的变化,将引起该国产出相应变化。例如,当中央银行实行扩张性货币政策时,国内货币供应量的增加会使利率下降。由于以本币计价资产的收益率水平下降,外国投资者对本币的需求减少,促使本币汇率下跌。本币汇率下跌将有利于本国商品的出口,而不利于本国商品进口,造成净出口增加,进而增加总产出。因此货币政策的汇率传导机制为:

$$M(货币供应)\uparrow - r(利率)\downarrow - e(本币汇率)\downarrow - NX(净出口)\uparrow - Y(总收入)\uparrow$$

4) 信贷传导途径

该理论是较晚发展起来的理论。这种理论强调信贷传导的独立性,而且主要侧重于分析紧缩效应。有学者认为,实际中的金融市场是不完善的,存在逆向选择和道德风险等信息不对称的问题。信贷市场上的信息不对称问题产生了两种货币政策传导渠道:资产负债表渠道及银行贷款渠道。具体传导情况如下:

(1) 资产负债表渠道。该理论认为,应从货币供给变动对借款人资产负债情况的影响角度来分析信用传导机制。他们认为,货币供给量的减少和利率的上升,将影响借款人的资产状况,特别是现金流状况。利率的上升直接导致利息等费用支出的增加,会减少净现金流。同时又间接影响销售收入下降,也会减少净现金流。此外,利率的上升会导致股价的下跌,从而恶化其资产状况,并且也使可用作担保品的价值缩小。由于种种情况,使贷款的逆向选择和道德风险问题趋于严重,并促使银行减少贷款投放。一部分资产状况恶化和资信状况不佳的借款人不仅不易获得银行贷款,也难以从金融市场直接融资,结果会导致投资与产出的下降。整个过程可以表述为:

$$M\downarrow \to r\uparrow \to 净现金流量\downarrow \to 逆向选择和道德风险\uparrow \to L(贷款)\downarrow \to I(投资)\downarrow \to Y(产出)\downarrow$$

(2) 银行借贷渠道。首先应明确的是,银行贷款不能全由其他融资形式如发行股票、债券等取代。特定类型的借款人如中小企业和消费者,他们的融资需求只能通过银行贷款来满足。如果中央银行能够通过货币政策操作影响贷款的供给,那么,就能通过影响贷款的增减变化影响总支出。假设中央银行决定实施紧缩性的货币政策,如提高准备金率,则商业银行的准备金 R 相应减少,存款货币 D 的创造就会减少。其他条件不变时,银行贷款 L 的供给也不得不同时削减。结果,致使那些依赖银行贷款融资的特定借款人必须削减消费或投资,于是总支出下降。具体传导渠道如下:

$$M\downarrow \to D(银行存款)\downarrow \to L(银行贷款)\downarrow \to I(投资)\downarrow, C(消费)\downarrow \to Y(总收入)\downarrow$$

从上面可以看到,整个过程没有利率的传导。该理论在西方是比较新的理论,但是银行贷款传导在我国并不陌生。

延伸阅读 12-6

探索"三融合"传导机制 精准有力落实稳健货币政策

2023年,在人民银行广东省分行指导支持下,人民银行肇庆市分行促进政策工具引导、融资产品创新和银企融资对接"三融合",探索链条式、流程化货币政策传导机制,有力引导金融活水更多、更准、更快、更低成本地流向重点领域和薄弱环节。截至2023年末,全市制造业中长期贷款、普惠小微贷款、涉农贷款余额同比分别增长27.2%、25.3%和18.6%。

强化政策工具引导,着力发挥货币政策工具的牵引撬动作用。人民银行肇庆市分行牵头出台《肇庆市金融助力制造业当家服务高质量发展"七项行动"方案》《关于构建肇庆市"碳账户+"金融服务体系的指导意见》等政策,均明确将货币政策工具作为保障措施,进一步发挥货币政策工具正向激励作用。优化再贷款再贴现业务流程,切实提高业务办理效率,2023年累计办理再贷款再贴现36.3亿元,同比增长32.1%;累计发放普惠小微贷款支持工具激励资金4 121.4万元。2023年6月,人民银行肇庆市分行设立碳减排、科创再贴现专项额度1.5亿元;2023年12月设立"粤科融"支小再贷款专项额度3亿元,引导银行优先满足绿色、科创等市场主体融资需求;2023年累计办理"粤科融"支小再贷款1 278万元,累计办理支持绿色及科创领域的再贴现业务1.6亿元。

强化融资产品创新,有效发挥货币政策工具的精准滴灌作用。创新科技信贷产品,促进科技成果转化运用。肇庆市率先推出"科创贴""云碳贴"票据融资产品,累计办理"科创贴""云碳贴"业务金额5.0亿元。率先推出"知识产权+专利许可"质押融资模式,成功发放全省首笔专利许可收益权质押融资1 000万元。率先推出"创新积分贷",支持银行将贷款额度、利率与企业创新能力评价结果挂钩,累计为61家科技型企业增信4.6亿元,贷款加权平均利率优惠26个BP。创新绿色信贷产品,推动生态产品价值实现。牵头建立全省首个数智化企业碳账户,推出"云碳贷""云碳担"等碳系列融资产品,将企业减排降碳成效转化获得增信的能力。截至目前,全市"云碳贷"余额23.9亿元。运用知识产权质押融资方式落地全省首笔"节水贷",走出了用金融活水促进节约用水的新路子。创新普惠信贷产品,助力小微市场主体纾困解难。深化银保合作,成功发放全国首批"中征云链贷"。支持银行将企业用工情况作为授信重要依据,在省内率先推出"肇岗贷"产品,累计办理"肇岗贷"31.2亿元。指导银行参考农村集体经济组织合同收益,在省内率先推出"兴村贷"产品,累计办理"兴村贷"450万元。

强化银企融资对接,着力发挥货币政策工具的降本增效作用。人民银行肇庆市分行会同地方相关部门通过建立名录库(白名单)、推行"主办行+首贷户"等措施,举办一系列促进银企融资对接专项行动。开展票据融资"首贴户"拓展专项行动,共拓展"首贴户"741户,首贴金额9.6亿元;开展主办行"贷"动新型农业经营主体发展专项行动,截至2023年末,全市新型农业经营主体贷款余额42.3亿元;开展金融助企稳岗扩岗专项行动,助力609个小微市场主体稳住就业岗位4.4万个;开展知识产权质押融资入园惠企专项行动,累计办理金额达到91.2亿元,同比增长近两倍;开展金融服务提质降本专项行动,2023年全市银行新发放企业贷款加权平均利率同比下降31个BP。

资料来源:中国人民银行.探索"三融合"传导机制,精准有力落实稳健货币政策[EB/OL].(2024-01-23)[2024-04-20]. http://guangzhou.pbc.gov.cn/guangzhou/129140/5215344/index.html.

七、货币政策与其他宏观调控政策的配合

这里的货币政策与其他宏观调控政策配合主要是指货币政策与财政政策、产业政策、汇率政策等经济政策的配合。

货币政策是中央银行通过对货币供应量的调节而实现宏观经济目标的政策,主要作用

于货币市场,其功能主要是调控社会总需求;财政政策是国家为达到一定的宏观经济目标而对财政收入和支出所制定的政策,其本质是一种以国家为主体的再分配,主要作用于商品市场,其功能是结构调整和资源配置。产业政策是政府为弥补市场失灵或在某些领域赶超国际先进水平,增强国内企业竞争力而采取的有限干预政策,其对经济增长的贡献主要体现在能够比较及时地调整市场扭曲而避免宏观经济损失。汇率政策是国家为调节国际收支以及对国内经济、金融等产生的影响而对汇率制度进行的安排或对汇率水平的适时调整的政策。汇率是一国中央银行实施汇率政策的主要工具,同时起着调节国内国际两个市场,实现国内外经济双平衡的关键作用。

尽管货币政策、财政政策、产业政策和汇率政策在政策工具、调节方式和调控方向及传导渠道等方面存在差异,但从本质上看四大政策之间有着较为密切的内在联系:第一,各项政策的终极目标是一致的,都是国民经济整体的效率和目标,四项政策均应包括经济增长和物价稳定两大最基本的目标。第二,各项政策均与货币、资金流通密切相关。财政政策和货币政策均是资金分配的渠道,从价值形态上看,产业结构实质上就是资金结构,即资金的存量结构。汇率政策调节的是本币与外币的关系,外汇占款影响基础货币投放,进而影响货币供应量。第三,各项政策需要配合使用。从宏观经济的内外部均衡看,财政政策、货币政策和产业政策调节的是内部均衡,而汇率政策调节的是外部均衡。从经济发展总量和结构方面看,货币政策的调节重点是社会需求总量,而财政政策和产业政策更强调资源配置的优化和经济结构的合理,所以,各项政策对经济的影响具有互补性;第四,产业政策与其他宏观经济政策互为手段。一方面,产业政策为财政政策和货币政策的制定和实施提供方向和指引,财政政策和货币政策通过在分配和流通领域的作用,改变资金流向,引导资源的配置,为产业政策提供支持,另一方面,财政政策和货币政策目标的实现,要求产业结构能够自动适应需求结构变化。在开放经济条件下,汇率政策的实施也要求按照国际市场需求及时调整产业结构。

 延伸阅读12-7

稳健货币政策精准有力 支持经济持续回升向好

一、货币政策逆周期调节力度明显加大

一是三次降准等加大流动性供给。面对内外部形势变化的不确定性,综合运用降准、中期借贷便利(MLF)、再贷款再贴现、公开市场操作等工具,始终保持流动性合理充裕。2023年以来三次降准共1个百分点,释放长期资金超2万亿元,中期借贷便利(MLF)累计净投放超2.7万亿元,灵活开展公开市场操作熨平税期、政府债券集中发行等短期因素影响。多次召开金融支持实体经济和信贷形势分析座谈会,引导金融机构信贷增长总量适度、节奏平稳,保持对实体经济支持力度稳固。

12-4 货币政策

二是两次下调政策利率推动降低融资成本。在发达经济体快速加息背景下,坚持以我为主,2023年6月、8月两次引导公开市场操作利率和中期借贷便利(MLF)利率分别累计下降0.2个和0.25个百分点,有效激发国内需求。落实好首套房贷利率政策动态调整机制,因城施策放宽房贷利率政策下限;引导有序降低存量首套房贷利率,为5 000多万户家庭每年节省利息支出约1 700亿元。进一步推动存款利率市场化,2023年主要商业银行三次主动下调存款利率,稳定银行负债成本。2024年2月,5年期以上LPR再次下行0.25个百分点,有利于促进消费和投资。

三是优化资金供给支持重点领域。在经济转型升级的关键期,发挥好货币政策工具总量和结构双重功能。2023年增加支农支小再贷款再贴现额度2 500亿元,延长普惠小微贷款支持计划、碳减排支持工具等实施期限。出台金融支持民营企业的指导性文件,落实支持科技型企业融资行动方案,进一步提升金融服务能力。增加抵押补充贷款(PSL)额度5 000亿元,加大对保障性住房建设、"平急两用"公共基础设施建设、城中村改造的资金支持。2023年末,结构性货币政策工具余额达7.5万亿元。

四是兼顾内外均衡保持汇率基本稳定。坚持市场在汇率形成中起决定作用,发挥汇率调节宏观经济、国际收支的自动稳定器功能。面对2023年复杂严峻的外部形势,综合施策,加强预期管理,适时上调跨境融资宏观审慎调节参数、下调外汇存款准备金率,发挥外汇自律机制作用,平衡外汇市场供求,防范汇率超调风险,保持人民币汇率在合理均衡水平上的基本稳定。

总的看,一年多来的货币政策实践有着以下特点:一是统筹衔接持续发力。去年下半年持续推出多项政策,年末注重做好信贷投放等政策衔接;今年初及时打出量价"组合拳",靠前发力稳好开局。二是关键时点力度加大。今年2月降准0.5个百分点,较过去两年每次降准幅度翻倍,5年期以上LPR下行幅度也是2019年LPR改革以来最大,超预期的政策举措有力提振市场信心。三是政策合力有效发挥。加强部门沟通配合,高效推动首套房贷认定标准、存量房贷利率调整等落地实施;为政府债券顺利发行提供流动性保障,支持积极财政政策有效实施。

二、金融支持实体经济质效不断提升

一是货币信贷平稳增长。2024年1月末,广义货币供应量(M_2)、社会融资规模增速保持在9%左右的较高水平,人民币贷款余额突破240万亿元;2023年新增贷款22.7万亿元,同比多增1.3万亿元,为经济回升向好提供了有力金融支持。

二是贷款利率处于低位。2023年,企业贷款利率同比下降0.29个百分点,有统计以来首次降至4%以下;新发放和存量房贷利率均下行超过0.7个百分点,企业融资和居民信贷成本下降,助力促消费和扩投资。

三是信贷结构持续优化。2023年末,普惠小微贷款同比继续保持20%以上的较快增长,余额突破29万亿元,已占到全部贷款的12%。制造业中长期贷款、绿色贷款同比增速高于30%,科技型中小企业、专精特新企业贷款增速也明显高于全部贷款增速,信贷资源配置进一步优化。

四是汇率保持基本稳定。从与我经贸往来较多经济体的货币看,2023年下半年,人民币对美元、欧元、英镑分别升值2.0%、0.2%、1.1%,对日元汇率持稳。

三、下阶段货币政策要灵活适度、精准有效

中国人民银行将坚决贯彻中央经济工作会议和中央金融工作会议精神,认真落实《政府工作报告》要求,稳健的货币政策灵活适度、精准有效,保持流动性合理充裕,加强总量和结构双重调节,促进社会综合融资成本稳中有降,保持人民币汇率在合理均衡水平上的基本稳定。坚持金融服务实体经济的根本宗旨,推动经济实现质的有效提升和量的合理增长。

总量方面,保持融资和货币信贷合理增长。合理把握债券与信贷两个最大融资市场的关系,准确把握货币信贷供需规律和新特点,综合运用多种货币政策工具,保持流动性合理充裕,保持社会融资规模、货币供应量同经济增长和价格水平预期目标相匹配。加强信贷均衡投放,增强贷款增长的稳定性和可持续性。支持采取债务重组等方式盘活信贷存量,提高资金使用效率。

价格方面,促进社会综合融资成本稳中有降。发挥央行政策利率引导作用,进一步完善贷款市场报价利率形成机制,落实存款利率市场化调整机制,理顺贷款利率与债券收益率等市场利率的关系,促进融资成本稳中有降。把握好内外均衡,引导企业和金融机构树立"风险中性"理念,保持人民币汇率在合理均衡水平上的基本稳定。

结构方面,做好金融"五篇大文章"。坚持"聚焦重点、合理适度、有进有退",实施好存续的各类专项再贷款工具,整合支持科技创新和数字金融领域的工具方案,引导金融机构加大对科技创新、绿色转型、普惠小微、数字经济等方面的支持力度。用好新增的PSL额度,加大对保障性住房建设、"平急两用"公共基础设施建设、城中村改造的支持。

协同方面,加强政策配合,发挥政策合力。坚持系统思维,加强与财政、产业等政策的协调配合,加快培育增长新动能,畅通宏观经济大循环,巩固和增强经济回升向好态势。

资料来源:中国人民银行.稳健的货币政策精准有力 支持经济持续回升向好[EB/OL].(2024-03-07)[2024-04-20].http://wzdig.pbc.gov.cn:8080/search/pcRender?pageId=fa445f64514c40c68b1c8ffe859c649e.

本 章 小 结

本章主要学习了金融调控的含义、必要性、构成;货币政策的定义、货币政策的目标即物价稳定、充分就业、经济增长、国际收支平衡;货币政策的工具,包含传统货币政策工具和新型货币政策工具;货币政策中介指标、传导过程及货币政策与其他政策的配合。

本章重要概念

金融调控　货币政策　稳定物价　充分就业　摩擦性失业　结构性失业　经济增长　国际收支平衡　存款准备金政策　再贴现政策公开市场业务　选择性货币政策工具　直接信用控制　间接信用指导　短期流动性调节工具　常备借贷便利　中期借贷便利　抵押补充贷款中介指标　货币政策传导机制

第十三章　金融安全与金融监管

> - 内容提要
> - 重点难点
> - 学习目标
> - 知识框架
> - 思政育人
> - 第一节　金融风险与金融安全
> - 第二节　金融监管
> - 本章小结
> - 本章重要概念

内容提要

本章主要讲述了金融风险的含义、特征、分类及产生根源;金融安全的含义、重要性及金融安全与金融风险的关系;金融监管的定义、目标、原则和要素;金融监管的实施;我国目前金融监管特色等。

重点难点

本章重点为金融风险的特征、种类,金融安全的重要性,金融监管的必要性和作用,金融监管内容,金融监管的实施;难点为金融风险的种类、金融监管实施等内容。

学习目标

通过本章学习,学生应熟悉金融风险的特征、种类,熟悉金融安全及其重要性、金融安全与金融风险的关系;掌握金融监管的必要性和作用、金融监管的目标、金融监管的要素和金融监管的实施,理解金融监管的原则和手段、银保监会的职责、巴塞尔协议的相关内容,了解我国目前金融监管体系的调整,金融监管的必要性及面临的现状和困难。

知识框架

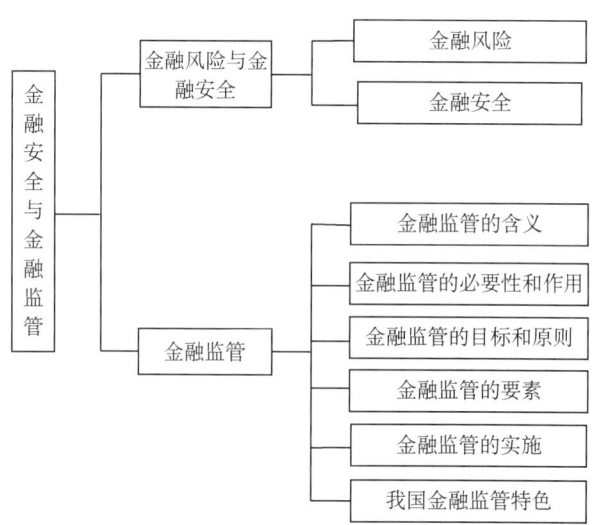

思政育人　　强化总体金融安全观 推动金融高质量发展

2024年1月16日,习近平总书记在中央党校省部级主要领导干部推动金融高质量发展专题研讨班开班式上发表重要讲话,为在新时代的新征程上推动金融高质量发展、建设金融强国进一步明确了战略任务、指明了前进方向。习近平总书记围绕加快构建中国特色现代金融体系作出重要部署,强调要守住开放条件下的金融安全底线;要着力防范化解金融风险特别是系统性风险;要坚持法治和德治相结合,积极培育中国特色金融文化。在当今的国际社会,金融的力量无处不在,金融并非无色地带,而是天生就有价值取向,关系着一个国家的核心利益。当今世界发生的一系列重大事件,如碳排放、伊朗核问题、科技革命等背后,都可以看到金融的影子。当前,我国已成为重要的世界金融大国,拥有全球最大的银行体系,第二大保险、股票和债券市场,外汇储备规模稳居世界第一,普惠金融走在世界前列,经济社会发展和人民群众日益增长的金融需求不断满足,金融已经成为推动经济社会发展的重要力量。因此,我们应从更高维度认识金融是现代经济的核心,金融活,经济活;金融稳,经济稳。金融如果搞好了,经济社会发展全局都将被激活,国家安全全局都将有保障。反之,金融如果搞不好,可能一着不慎,满盘皆输。金融能够以其功能助力国家发展,也能够以其风险危害国家安全。当今时代,金融对于国家安全的意义并不仅仅在于金融安全本身,还事关国家安全全局。金融已经成为新时代新征程上中国维护国家核心利益安全、保障国家安全的新战场。

树立适时应变的金融底线思维、危机思维,守住开放条件下的金融安全底线。我国改革开放40多年来积累的雄厚外汇储备和持续稳健的经济增长,为中国经济进一步崛起和成为金融强国打下坚实的战略基础。然而,当前国际形势更走趋复杂化,经济金融博弈日渐激烈,需要以适时应变的底线思维和危机思维应对当今世界百年未有之大变局。一是应加强外汇储备利用的顶层设计,改变央行一家独管的长期局面,设立专业化机构,制定国家外汇多元化运用战略,对外汇储备的用途进行筹划、管理、操作,实施不同的投资策略。二是将增持黄金作为国家金融战略的重要组成部分。对于黄金储备,不能根据黄金的一时涨跌放缓增持的节奏,而是需要从长远来考虑,有战略储备的意识和规划。三是大力建设以国家银行为主体的中国特色现代金融体系,用充足的信贷增长牢牢守住经济增长底线,防止经济过快下滑引发社会不稳定。四是要优化财政金融政策组合,建立科学的财政金融风险隔离机制,切断财政金融风险传导路径,维护财政金融稳定,同时强化财政金融体系稳定重大问题磋商机制,凸显金融政策透明度,以开放的金融思维顺应扩大对外开放。

资料来源:钟瑛.强化总体金融安全观 推动金融高质量发展[EB/OL].(2024-01-23)[2024-04-20]. https://mp.weixin.qq.com/s/AOgi073Xr1T8Co2Mo4K3Sg.

第一节 金融风险与金融安全

一般来说,金融监管是为了防范和化解金融风险,维护金融安全和金融稳定,而对金融风险的关注和分析成为有效金融监管的前提。

一、金融风险

(一) 金融风险的含义

风险在经济学中是指一种不确定性,经常表示为经济主体决策结果带来收益或损失的可能性。**金融风险**作为风险的范畴之一,是指包括金融机构在内的各个经济主体在从事金融活动中,由于形势、政策、法律、市场、决策、操作、管理等诸因素的变化、缺陷或者其他原因而导致其资产、信誉遭受损失的可能性。还可能是整个金融体系面临的损失。

金融活动中的不确定性既可能导致损失也可能带来利益。因此,广义上的金融风险包括获得收益和遭受损失的可能性,又称为投机风险。例如,人们买入股票,就存在着因股市下跌而造成损失的可能性,也存在因股市上涨而获得收益的可能性。而带来金融风险的不确定性则只有两个方向发展的可能:一是未加防范或防范不力使可能的损失成为事实;二是由于采取了防范措施且措施得当,使可能的损失没有发生或将损失降低。而狭义上的风险仅指遭受损失的可能性。本书所指的金融风险是狭义提法,金融风险是指在金融服务交易中,给交易者带来损失的可能性,这种损失或是实际收益低于预期收益或是实际成本高于预期成本。

(二)金融风险的特征

金融风险既有风险的一般性,也具有金融风险的特殊性。金融风险的特征如下。

1. 社会性

金融业是风险高度集中的行业,它不同于其他行业,尤其像银行业自有资金占全部资金的比重很小,绝大部分营运资金都来自存款和借入资金。金融体系在提供金融服务等特殊商品外,还支撑着整个社会的支付结算体系。如果金融机构经营不善,无偿债能力,突出的后果是导致众多的储蓄者和投资者乃至整个经济体系产生风险,甚至还会造成社会风险。

2. 扩散性

由于微观金融主体的投机化行为模式,金融风险具有加速积累的特点,金融泡沫越吹越大。金融风险一旦爆发,会因为风险失去信用基础而加速变动。一家金融机构发生问题,往往会使整个金融体系运转不灵乃至诱发危机。经济全球化和金融全球化则使金融风险的扩散更为迅速,一国的金融风险可以迅速波及全球。

3. 隐蔽性

金融风险是普遍存在的,但也是隐蔽的,不能被直观识别出来,而且只有风险聚集到一定程度才会发生。当金融风险超过金融体系所能承受的范围内时,往往就会以金融危机的形式爆发出来。

4. 周期性

经济的周期性波动及货币政策的有序变动必然会使金融风险的出现存在一定的周期性、规律性的变化。一般来说,在货币政策宽松期,影响金融机构安全的因素减弱,金融风险就小,但这时金融风险又往往被忽视、被掩盖,因此,又是金融风险逐步进行量的积累的时期,而货币政策紧缩期,往往也是金融风险高发期,特别是两种货币政策交替期尤其明显。

5. 系统性

金融体系往往是一种有机联动的整体。一环出现问题,往往会产生连锁反应,具有明显的系统性、传染性。如商业银行作为金融体系中的重要机构,承担着信用中介等职能,一旦银行的不良贷款率很高,或是因为经营中出现流动性不足、投资失败等风险,都有可能对整个金融领域甚至是整个实体经济产生严重的冲击,最终导致金融危机。

(三)金融风险的类型

金融体系庞大而复杂,金融风险的具体存在形式也是多种多样的,根据不同的标准,金融风险可以分为不同的类型。

1. 按照金融风险的性质划分

按照金融风险的性质可以划分为系统性风险和非系统性风险。系统性风险是指因为经济、政治、社会等因素变动引起的整体市场波动或者市场某一部分波动而带来的风险,这种风险往往是不可分散的。系统性风险是金融市场所有参与者共同面临的风险,系统性风险的特征是影响面很大,时间长。系统性风险靠单个或少数企业、金融机构或个人的努力是难以抵御和控制的。非系统性风险是由于个别金融机构或企业经营不善,个人违约或单项资产价格变化等产生的金融风险。非系统性风险可以通过投资分散化的策略予以分散乃至消除。

2. 按照金融风险的层次划分

按照金融风险的层次,可以将其分为微观金融风险、中观金融风险和宏观金融风险三个层次。微观金融风险指的是微观金融活动主体在其金融活动和管理过程中发生资产损失或收益损失的可能性。中观金融风险是指金融的行业风险,即银行业、信托业、证券业和保险业存在或面临的风险。宏观金融风险是指整个金融体系面临的风险。三个层次的金融风险是相互联系、相互作用的。微观金融风险的影响是局部的,但是如果积累到一定程度,也会影响宏观经济的稳定性,酿成宏观经济运行中的金融风险。

3. 按照金融风险的主体划分

按照从事金融活动的主体来分,有政府(代表国家)风险、金融机构风险、企业风险和个人风险。对上述从事金融活动的主体还可以不断地细分,如金融机构风险又可分为银行业风险、信托业风险、证券业风险、基金业风险和保险业风险。此外,还可以根据从事金融活动的主体是金融风险的产生者,还是金融风险的承担者的角度来分类。

(四)金融风险产生的根源

金融风险作为一种引致损失的可能性,其生成机制是比较复杂的。微观主体行为和宏观经济环境等因素,都可以从不同的侧面直接或间接地造成金融风险。从一般原因来说,金融风险主要源于以下几个方面。

1. 金融体系主体的有限理性

经济主体的行为是一种有限理性行为。有限理性必然会产生和放大经济活动的不确定性和多种风险。在这点上,金融主体尤为突出。有限理性主要是过度自信、过度投机、历史健忘和盲目恐慌。在金融体系出现波动时,人们因缺乏理性会盲目恐慌,如一家有问题的银行出现支付困难,存款人可能挤兑所有银行,造成恐慌。

2. 金融市场的波动性

金融市场上的供给和需求处于经常变动和调整的状态中,因而市场价格也必然会发生变化,价格的变动就会给市场交易者带来风险。与一般的市场不同,金融产品具有虚拟性,金融产品的价格只是资本化的收益,受收益、投机、预期、利率等多种因素的影响,具有独特的价格决定机制,这使金融资产的价格极易膨胀并发生动荡起伏,而近年来国际金融领域虚拟资本表现形式增多、虚拟资本交易量扩大和经济虚拟化加强使得这种由于市场自身的波动性和脆弱性导致的风险更为突出。

3. 金融体制内在脆弱性

金融机构的内在特性使它们经历周期性危机和破产浪潮,其困境被传递到经济的各个组成部分,产生宏观经济的动荡和严重风险。

4. 信息不对称

信息不对称的存在导致了"逆向选择"和"道德风险"问题。金融中介机构的产生可以在一定程度上减少导致逆向选择和道德风险的根源——信息不对称性。然而,金融机构积极作用的发挥受到两个前提条件的限制:一是储户对金融机构的信心;二是金融机构对借款人的筛选和监督是高效率的,并且是低成本的。各个市场主体之间的信息不对称是内生的,无法从根本上消除。信息不对称会发生在借款者和金融机构之间,也会发生在金融机构和所有者之间,还会发生在金融机构与监管者之间。

> **相关思考 13-1**
>
> 金融风险与金融监管有何关系?
>
> 金融风险是客观存在、不能消除的,但金融风险又是可以防范和化解的。这就需要金融监管发挥作用。那么金融监管不善会不会反而引发或加重金融风险呢?

二、金融安全

(一) 金融安全的含义

金融安全是指货币资金融通的安全和整个金融体系的稳定。金融安全是金融规模扩张到一定阶段必然出现的问题,对此可以从两个角度诠释。

一是金融内安全,即包括货币资金融通和信用体系在内的整个金融体系的安全,通常表现为货币安全、银行安全、股票安全。二是金融外安全,即与货币资金和信用相关的非金融经济活动的安全,包括生产性企业融资渠道安全、融资成本安全、经济结构安全等。金融不安全的主要表现是金融风险加剧,反映"金融活力性"不足;金融不安全的极端表现是金融危机频发,说明"金融稳定性"缺失。

影响金融安全的因素纷繁复杂,总体可分为内外两种类型。内部方面,既包括与实体经济相关的因素,如资源在生产性部门的分配比例、经济产出的总量调控能力等,又包括与金融系统本身相关的因素,如金融市场发育的成熟程度、金融制度设计的合理程度、金融环境治理的规范程度等。外部方面,则与本币在国际金融市场的硬实力有直接关系。通常来看,如果本币是国际硬通货,则对金融市场具有很强的操控力,即便金融市场出现波动,本币也能将风险和危机控制在最小范围内。反之,如果本币在国际金融市场缺少话语权,本国金融安全将会受外币硬通货的强烈干扰,甚至可能被操控。另外,国际货币规则对本国金融安全也有重要影响,如牙买加体系的浮动汇率制度改革,为国际游资打开了方便之门。

(二) 金融安全的重要性

在经济全球化加速发展的今天,金融安全在国家经济安全中的地位和作用日益加强。金融安全是经济平稳健康发展的重要基础,维护金融安全事关我国经济社会发展全局。

一个国家的经济是否健康,发展是否稳定,跟金融息息相关。而金融业的发展状况也能折射出国民经济的基本情况。金融是高风险领域,而金融在经济运行中的地位非常重要,因此防范金融风险的意义尤为重要。无论何时,我们都要牢牢树立风险意识,维护金融安全,坚守金融风险底线不动摇。

金融机构要做好风险管理工作,建立金融"防火墙",剔除高危风险项目,降低不合理的杠杆率,确保资金的安全性,把对社会负面影响降低到最小。从全球经济发展历史来看,每当金融风险未能有效控制的时候,就会诱发金融危机,而每一次金融危机的爆发都会产生重大后果,会对社会经济形成重大冲击,甚至可能导致经济衰退、社会崩溃、国家解体等严重后果。可见,全面维护金融安全,防范系统性金融风险发生,是保障国民经济稳定的牢固基石。

我国金融形势总体向好,金融风险处于可控区间,但在国际国内经济下行压力因素综合影响下,我国金融发展面临不少风险和挑战。我国改革开放以来,已全面融入世界经济体,不仅受益于全球化进程,亦成为推动全球经济增长的主要推手之一,与各国的经济交往日益密切,也受到各国经济形势和政策的影响。在经济全球化深入发展的今天,金融危机外溢性凸显,国际金融风险点仍然较多。为防范国际金融风险溢出效应影响,我国要坚持金融独立自主政策,密切监测金融风险点,准确预判,有效防范,增强我国抗击金融风险的能力。

把金融搞活,经济就能盘活;将金融稳住,经济也将稳定发展。这一切的前提条件,就是要严控金融风险,维护金融安全。金融安全是国家安全的重要组成部分,是经济平稳健康发展的重要基础。由此可见,无论是维护国内金融安全,保障国民经济稳定,还是防范外部冲击,抵御金融危机发生,都要高度重视金融风险。

(三) 金融风险与金融安全的关系

金融风险与金融安全有密切的联系,但也存在着重要的区别。金融风险与金融安全密切相关,金融风险的产生构成对金融安全的威胁,金融风险的积累和爆发会损害金融安全,对金融风险的防范就是对金融安全的维护。但是,金融风险与金融安全又有区别。

金融风险主要从金融结果的不确定性的角度来探讨风险产生和防范问题,金融安全则主要从保持金融体系正常运行与发展的角度来探讨威胁与侵袭来自何方及如何消除。国内一些学者认为金融安全就是没有金融风险的状态。其实,金融风险不一定会导致金融的不安全。现实的状况是如果对金融风险控制得好、运筹得好,那么在广泛金融风险中也有金融安全的态势。金融不安全并不等于金融风险,因为金融风险是与金融活动相伴相生的。只要从事金融活动,就存在着金融风险。它的根源在于金融活动所必有的时间和空间的差异。因此,金融风险并不意味着金融不安全。

一般来说,在国际经济活动中,金融风险的大小与该国对外依存度的高低是呈正比例变化的,即对外依存度越低,则该国面临的风险就越小;反之,对外依存度越高,则该国面临的风险就越大,这是经济国际化发展过程中的客观规律,是不以人们的意志为转移的。然而,由于金融安全的概念是相对的,只能将一国防范和控制风险的能力作为衡量金融安全程度的标准,也就是说,金融风险的大小、金融安全程度的高低取决于该国防范和控制风险的能力如何,即如果防范和控制风险的能力越强,则该国面临的风险就越小、金融安全程度就高;反之,如果防范和控制风险的能力越弱,则该国面临的风险就越大、金融安全程度就低。

第二节 金融监管

由于金融风险广泛存在,金融市场、金融产品、金融机构都会产生各种风险。某一家金融机构发生的风险所带来的后果,往往超过对其自身的影响。具体的一家金融机构因经营不善而出现危机,有可能对整个金融体系的稳健运行构成威胁;而一旦发生系统风险,金融体系运转失灵,必然会导致全社会经济秩序的混乱,甚至引发严重的经济危机、政治危机。在此基础上,金融国际化和国际资本流动不断扩张,与此同时产生的风险也急剧增大,金融监管的重要性日益突出。

一、金融监管的含义

金融监管的定义有广义和狭义之分。**狭义的金融监管**是指中央银行或其他金融监管当局依据国家法律规定对整个金融业(包括金融机构和金融业务)实施的监督管理。广义的金融监管是在上述监管之外,还包括了金融机构的内部控制和稽核、同业自律性组织的监管、社会中介组织的监管等。中央银行或金融监管当局是监管的主体,它们作为社会公共利益的代表,运用法律赋予的权力监管整个金融体系,金融监管是经济监督的重要组成部分。

真正意义上的金融监管,是与中央银行制度的产生和发展直接相联系的。中央银行制度的普遍确立是现代金融监管的起点。由于货币信用的不稳定问题在中央银行统一货币发行之后仍然没有消失,中央银行就有可能而且也有必要进一步对金融机构的经营行为进行检查,最后贷款人角色的发挥为中央银行进一步发展为金融活动监管者奠定了基础。现代意义上的金融监管由此得以产生,而在大多数国家是19世纪末20世纪初开始的。此后,随着人们对金融认识的不断深化,金融监管的范围不断扩大,金融监管的手段也不断完善,金融监管已成为一国金融体制中不可或缺的重要组成部分。

二、金融监管的必要性和作用

1. 金融监管的必要性

金融监管的必要性主要体现在以下几个方面:

(1) 金融监管是金融监管当局基于信息不对称、逆向选择与道德风险等因素,对金融机构、金融市场、金融业务进行审慎监督管理的制度、政策和措施的总和,从这个角度来说,金融监管是必要的。

(2) 金融监管是中央银行或其他金融监管当局依据国家的法律、法规的授权对整个金融业实施的监督管理,这种完整的监督管理体系,对于整个经济系统来讲都是必要的。

(3) 金融机构的经营目标是在保证安全的前提下力求收益最大化,而金融监管的目标是维护整个金融体系的稳定,为金融机构的公平竞争提供良好的制度环境,环境是发展的重要因素。因此对于整个经济系统来讲,金融监管是不可或缺的。

2. 金融监管的作用

(1) 金融监管有利于维护社会公众利益。金融监管部门可以通过各种措施控制金融机构的经营风险,保障存款人、投资者的利益不受损,避免发生国内外金融风险的"多米诺骨牌效应",保持经济的稳健运行。

(2) 金融监管有利于维护金融在社会再生产过程中的良性运转。监管当局可以通过一定的方式和手段,促进金融机构发挥积极的正效应,抑制和预防负效应的发生和发展。

(3) 金融监管有利于保持货币制度和金融秩序的稳定。监管当局从金融活动的特有规律出发,有效调控货币,规范金融秩序,避免金融业的恶性竞争。例如通过对银行业的日常稽核,还可以在一定程度上避免贷款发放过度集中于某一行业。

(4) 金融监管有利于防止金融风险的传播和扩散,增强社会公众对金融机构的信任,避免引发金融危机。例如加强对银行业资本充足率的监管,为银行的发展增加保障。

(5) 金融监管有利于中央银行贯彻货币政策。有力的金融监管是获取真实、及时、准确的信息数据的保障,是有效实施货币政策的基础,可以保证实现商业银行在执行货币政策时的传导机制畅通并能取得预期效果。

延伸阅读 13-1

资管新规能否彻底解决中国影子银行体系的风险问题

2008年次贷危机后,中国影子银行经历了野蛮生长。为有效化解影子银行风险,引导资产管理行业回归服务实体经济的本源,2018年4月,中国人民银行联合"两会一局"发布《关于规范金融机构资产管理业务的指导意见》(简称"资管新规")。此后,各种配套细则相继发布,中国资管行业进入严监管时代。

资管新规颁布后,中国影子银行的发展趋势出现转折性变化,经济脱实向虚趋势得到有效抑制,金融强监管的实体经济效应立竿见影。在此背景下,中国影子银行规模大幅压缩,野蛮生长态势得到遏制,影子银行存量和增量风险得到有效化解。

第一,理财业务加速转型限制系统性风险累积。理财业务净值化转型利于打破刚性兑付,长期限产品发行力度稳步提升利于缓解期限错配带来的流动性风险。同时,同业理财规模和占比也实现"双降",表明银行体系内资金空转套利现象逐步被清理,有效限制了系统性金融风险的不断累积。

第二,影子银行通道类业务收缩遏制监管套利。资管新规出台后,各种通道类业务存量收缩力度较大,信托贷款和委托贷款均呈现负增长态势,表明对金融机构通道类业务的监管得到加强和规范,资金多层嵌套得到有效抑制,金融监管套利活动大幅减少。

第三,理财子公司设立隔离表内与表外风险。通过设立理财子公司发展净值型理财业务,能够打破固定预期收益模式,提高资管业务与银行表内业务的风险隔离度,利于促进银行理财业务有序发展,降低银行系统潜在风险。

第四,银行与非银金融机构关联性下降强化金融韧性。资管新规出台后,银行与非银金融机构之间的资产关联性下降,商业银行对非银金融机构净债权规模高增长趋势难以为继,反映出金融系统内加杠杆与拉长资金链条行为的减少,有利于金融市场风险的缓释。

资料来源:高蓓,金健,何德旭.资管新规背景下的中国影子银行体系:特征事实、风险演变与潜在影响[EB/OL].(2023-12-05)[2024-04-20].https://mp.weixin.qq.com/s/TLPWYrdSNl_2AFq3FM4MEMw.

三、金融监管的目标和原则

(一) 金融监管的目标

金融监管的目标是监管行为取得的最终效果或达到的最终目标,是实现金融有效监管的前提和监管当局采取行动的依据。具体可以概括为以下四个方面。

1. 维护公众的权益,特别是存款人和投资人的利益

金融业是一种高风险的行业,金融机构的经营者可能为追逐高利润去承担过大的风险,或者金融机构缺乏自律意识,为谋取私利采取不良经营手段,损害存款人的利益。金融市场和金融产品本身的专业性又容易给市场参与者带来金融信息的收集和处理能力上的不确定性,造成了交易的不公平性。社会公众,特别是存款人和投资人往往处于信息弱势,他们无法获取全面的有关金融风险方面的资讯,其利益往往得不到保护,成为金融风险的最终承担者。

2. 保障金融体系的安全与稳定,维持整个金融体系正常运转

银行体系在提供金融服务等特殊商品外,还支撑着整个社会的支付结算体系,对整个经济体的平稳运行至关重要。一家银行的破产倒闭可能诱发"多米诺骨牌"效应,引起银行体

系的连锁反应,破坏整个支付结算体系,并通过货币信用紧缩影响经济增长,甚至对整个经济形成毁灭性的影响。这就要求政府对金融业实施谨慎性监管,保障银行和金融体系的安全与稳定,维持公众对安全、完善、稳定的金融体系的信心。

3. 规范金融机构行为,维护金融体系公平有序竞争

金融业的过度竞争会引起经营行为扭曲,并可能诱使金融业采取高风险的策略,使金融业经营风险增大,造成金融体系的不稳定;而竞争的不足可能会形成某种程度的垄断,使金融体系运行效率低下。金融监管的目的就是创造一个合法、平等的竞争环境,使金融业在合理、有序的竞争中公平、有序、高效地运行发展,并在竞争中为公众提供尽可能多的金融服务。

4. 保持金融活动与宏观调控的一致性

作为市场经济条件下的微观主体——个人、企业和金融机构是以追逐经济利润为主要目的的,这使得金融活动经常与国家的金融货币政策不一致,出现微观金融活动与宏观金融政策相矛盾、抵消甚至破坏国家宏观调控的金融货币政策的实施效果的现象,出现个人理性与集体非理性的悖论。因此,必须通过监督管理,使金融机构的经营活动符合国家的金融货币政策,保证国家宏观调控的顺利实施。

(二) 金融监管的原则

金融监管原则,是指在政府金融监管机构以及金融机构内部监管机构的金融监管活动中,始终应当遵循的价值追求和最低行为准则。金融监管应坚持以下基本原则。

1. 依法监管原则

依法监管原则又称合法性原则,是指金融监管必须依据法律、法规进行。监管的主体、监管的职责权限、监管措施等均由金融监管法规和相关行政法律、法规规定,监管活动均应依法进行。

2. 公开公正原则

监管活动应最大限度地提高透明度。同时,监管当局应公正执法、平等对待所有金融市场参与者,做到实体公正和程序公正。

3. 效率原则

效率原则是指金融监管应当提高金融体系的整体效率,不得压制金融创新与金融竞争。同时,金融监管当局合理配置和利用监管资源以降低成本,减少社会支出,从而节约社会公共资源。

4. 独立性原则

银行业监督管理机构及其从事管理监督管理工作的人员依法履行监督管理职责,受法律保护,各级政府部门、社会团体和个人不得干涉。

四、金融监管的要素

金融监管的要素主要包括金融监管的主体、对象、内容这三方面。

1. 金融监管主体

金融监管主体是按照法律规定对金融业实施监督管理的政府或准政府机构。从国际范围来看,大致有以下几种监管主体:一是中央银行作为金融监管主体,如美国的联邦储备体系、英国的英格兰银行等;二是财政部作为金融监管主体,如奥地利的联邦银行监管署;三是

专门的监管机构作为金融监管主体，如德国的联邦银行监管署、法国的银行委员会等。根据《党和国家机构改革方案》，我国逐步完成了金融监管格局的调整，"一行一总局一会"的金融监管架构正式形成。我国的金融监管机构包括中国人民银行、国家金融监督管理总局、中国证券管理监督委员会。另外，组建了中央金融委员会，加强党中央对金融工作的集中统一领导，负责金融稳定和发展的顶层设计、统筹协调、整体推进、督促落实，研究审议金融领域重大政策、重大问题等，作为党中央决策议事协调机构；组建中央金融工作委员会，统一领导金融系统党的工作。新组建的国家金融监督管理总局统一负责除证券业之外的金融业监管，包括统一监管银行业、保险业、金控公司及其控股的金融机构，并实行"总局—省级—分局—支局"的"四级垂管"架构。

根据金融监管主体之间的权力分配结构和层次来划分，世界各国金融监管主体的设置模式主要有以下4种。

（1）单线多头型金融监管。单线多头型金融监管又称为一元多头式金融监管，其监管权力集中于中央，但在中央一级又分别由两个或两个以上机构共同负责金融业的监督管理，以体现国家权力集中和权力制衡的特性需要。法国、德国、日本、比利时均属于这种类型。

（2）双线多头型金融监管。双线多头型金融监管也称为二元多头式金融监管，是指中央和地方都对金融机构有监管权，同时，每一级又有若干机构共同行使监管的职能。世界上采取这种监管模式的国家主要是联邦制的发到的西方资本主义国家，如美国、加拿大等。

（3）集中单一型金融监管。集中的单一型金融监管设置模式是指由单一的中央机构，如中央银行或专门的监管机构对金融业的全部活动进行监督与管理。在历史上，这种监管模式较为普遍，并且监管机构往往是指中央银行。大部分发展中国家由于国内市场体系不完备，金融结构比较简单，客观上需要政府通过中央银行统一进行干预，如埃及、巴西、菲律宾和印度等，而发达市场经济国家由于金融高度发达也采用这种模式。

（4）跨国型金融监管。跨国型金融监管设置模式是指在经济合作区域内，对区域内的金融业实现统一的监督与管理的设置模式。履行这一职能的机构一般是跨国中央银行，该银行对各成员国政府保持相对的独立性，执行各成员国统一制定的金融章程，它在每个成员国的代理机构则负责各有关国家的地区性事务，并监督管理该国金融体系。典型代表有西非货币联盟和中非国家银行。

> **相关思考 13-2**
>
> **我国金融监管机构如何相互协调？**
>
> 2023年5月，随着国家金融监督管理总局的挂牌，我国"一行一总局一会"的金融监管架构正式形成，我国金融监管体系的调整，释放出一系列全面加强金融监管的政策、信号。在当前的金融监管架构下，各金融监管机构如何履行各自职责并相互协调呢？

2. 金融监管对象

金融监管所指向的对象，是指依法应当接受金融监管当局监管的金融机构及从事经济活动的企业、组织、单位和个人，包括银行、保险、证券、信托等各类金融机构、工商企业以及所有金融活动的关系人。金融监管的对象具有明显的广泛性和复杂性，它涵盖参与金融活动的所有主体。

20世纪早期的金融监管客体主要是商业银行,因为商业银行本身具有存款创造的功能,对经济的影响也就比非银行金融机构大得多,而且当时在整个金融体系中,商业银行的资产负债规模、业务量等也占据绝对优势,非银行金融机构的比重和影响都微不足道。第二次世界大战之后,随着发达资本主义国家经济的迅猛增长,金融机构也日趋复杂化,非银行金融机构不但种类、数量和资产负债规模大幅度扩张,而且随着其存款性业务和创新业务的增加,货币定义变得模糊不清,金融监管当局都不得不重视和加强对非银行金融机构的监管。

3. 金融监管的主要内容

金融监管的主要内容包括市场准入监管、金融谨慎监管和市场退出监管三个方面。

(1) 市场准入监管。各国的金融监管都是从市场准入监管开始的。它是指对金融机构筹集、设立、经营即进入金融市场的监管。它主要包含两方面的内容:金融机构开业登记监管和业务范围监管。各国金融法对于机构开业登记的审核批准都有严格的条件规定:包括法定的最低本额、合格的经营管理人员、健全的组织机构、管理制度和章程,符合要求的营业场所、设施等。在分业经营的情况下,市场准入监管还包括对业务经营范围、项目或品种进行核准,以避免盲目扩大业务范围和出现业务交叉带来不必要的竞争,危害金融体系的安全。

(2) 金融谨慎监管。金融谨慎监管的内容依据不同的监管对象的特性而有所差异,比如对于保险业经营过程中的监管主要包括对保险金投资方向、保险费率、保险条款和资本金的监管等。而对于证券业的监管则随一级市场、二级市场的差异而变化。在最主要的针对银行的监管中,谨慎监管主要包括资本充足性监管、流动性监管和贷款集中性监管。

资本充足性监管是指银行应该保持一定的资本量,使之既能承受坏账损失的风险,又能通过谨慎经营达到适度的盈利水平。资本充足性可以用资本充足率指标来衡量,它是指一家金融机构资本对其风险资产的比例,是评价一家银行对业务风险的承受能力的主要尺度,也是金融监管机关进行监管的重要参数指标。

流动性监管是指银行运用资金来满足储户提款和随时可能发生的资金需求的能力大小进行监督和管理。流动性监管的目的是既要防止流动性不足而导致银行的支付危机,又要避免出现超流动性而降低银行收益,力图做到安全性和盈利性的统一。流动性监管的核心内容是衡量银行资产流动性,它受银行资产变现或举债难易程度、所需时间长短、变现是否有资本或利息损失等因素的影响。

贷款集中性监管是指为了分散贷款风险,防止贷款的过度集中导致增加金融风险而产生的,各国都规定了银行发放单一巨额贷款的限制。金融监管机构对贷款集中监管的内容体现在贷款集中比率和关系人两个方面。许多国家的金融法对银行向单个客户提供贷款的数量都有明确的规定,要求不得超过银行资本金的一定比例。由于银行在对关联公司以及财务上具有密切联系的各借款人发放贷款时,很有可能在贯彻贷款业务规则方面出现不严格的情况,金融监管制度完善的国家都特别规定了对于银行有关人员的贷款监管措施,将其限制在一定范围之内防止贷款向关系人集中。

(3) 市场退出监管。市场退出监管是指金融监管当局对金融机构退出金融业、破产倒闭或合并、变更等实施监督管理。当某个金融机构遇到流动性困难,以至于可能动摇公众信心或者影响金融稳定时,监管当局可根据需要通过协调和组织行业支持、提供临时贷款等方式予以紧急救助。如果这些措施仍无法恢复其正常运营能力,监管当局将尽力促成有实力的金融机构对其进行兼并或收购。

对监管者来说,市场退出并不是一件容易接受的事。事实上,监管者的一个很重要的监管目的就是防止风险最终演变成损失并导致机构退出这样的不利局面。因此,最后贷款人制度和存款保险制度也成了金融监管的一部分,构成了金融安全网的重要组成部分。

五、金融监管的实施

(一) 金融监管手段

采用恰当的监管手段与方式是实现监管目标、提高监管效率的重要途径。从总体上看,各国的金融监管主要是依据相关的法律、法规来进行,在具体监管过程中,主要运用金融稽核手段、"四结合"并用手段进行全方位监管。

其中"稽"就是检查,"核"就是认真对照、考察、核算、核实。金融稽核是中央银行或监管当局根据国家规定的稽核职责,对金融业务活动进行的监督和检查。金融稽核的主要内容包括业务经营的合法性、资本金的充足性、资产质量、负债的清偿能力、盈利情况、经营管理状况等。"四结合"是指现场稽核与非现场稽核相结合、定期检查与随机抽查相结合、全面监管与重点监管相结合、外部监管与内部自律相结合。

(二) 银行及保险业监管

银行作为公众存款机构和存款创造机构,在社会经济运行中具有特殊重要的作用与地位,因而成为金融监管的重点。各国对银行业的监管除了设置政府部门的监管当局以外,还通过银行业公会等行业自律组织和存款保险机构等特设机构共同参与监管,并且通过各种制度安排,要求银行自身加强治理与内部控制。各国监管机构对银行业的监管重点放在以下两方面。

1. 市场准入监管

市场准入是监管的首要环节。把好市场准入关是保障银行业稳健运行和整个金融体系安全的重要基础。各国对商业银行市场准入的监管主要包括以下两方面:

(1) 商业银行的设立与组织机构的监管。这里主要涉及商业银行设立的基本条件、最低注册资本、分支机构的设立、分立或合并的规定、商业银行的组织形式等。通过对这些进行限制,从而提高门槛,降低风险。例如,当前我国对民营银行的设立,尤其是互联网机构参与设立民营银行的问题慎之又慎,都是为了降低风险而做的谨慎考虑。

(2) 对银行业务范围的监管。各国一般都对商业银行的业务经营范围作出规定,如我国出台了专门的《商业银行法》,商业银行的经营范围在各自的章程中予以明确。银行业监管机构也要在商业银行设立时对其业务范围进行核准,商业银行应当严格按照被批准的业务范围从事经营活动。目前商业银行的经营范围上,主要有以德国为代表的全能型银行业务制度和以英国为代表的分离型银行业务制度两种类型。前者对银行业务活动限制较少,银行几乎可以经营全部的金融业务,属于混业经营模式。后者对银行业务活动的限制较多,原则上银行只能从事规定领域的银行业务,属于分业经营模式。

我国目前由于实行的是分业经营模式,因此,商业银行是不允许直接从事证券、保险、信托、租赁等业务。但是现实中,越来越多的商业银行将业务范围以各种方式扩大,从而变成事实上的混业经营状态，如通过设立金融控股集团的模式，从事各种金融业务。

2. 日常经营监管

（1）资本充足性监管。对于商业银行的资本金，除设立时要求的最低注册资本外，一般还要求银行自有资本与资产总额、存款总额、负债总额及风险投资之间保持适当的比例，监管的重要指标就是资本充足率。资本充足率是指资本对加权风险资产的比例，是评价银行自担风险和自我发展能力的一个重要标志。银行开展业务时要受自有资本的制约，不能脱离自有资本而任意扩大业务。

13-1 助力全面加强监管

《新巴塞尔协议》关于核心资本充足率不低于4%及总资本充足率不得低于8%的规定，已经被各国普遍接受，作为对银行监管中资本充足率的重要标准，如我国目前也规定商业银行的资本充足率不得低于8%。

 延伸阅读 13-2

吉林郭尔罗斯农村商业银行被罚款 55 万元，贷款管理不到位

2024 年 4 月 18 日，国家金融监督管理总局松原监管分局发布了行政处罚信息公开表松金罚决字〔2024〕12 号，吉林郭尔罗斯农村商业银行（简称：吉林郭尔罗斯农商银行），其贷款管理不到位。

依据《中华人民共和国银行业监督管理法》第二十一条、第四十六条及相关审慎经营规则。国家金融监督管理总局松原监管分局对吉林郭尔罗斯农村商业银行罚款 55 万元。作出处罚决定的日期为 2024 年 4 月 9 日。

《中华人民共和国银行业监督管理法》第二十一条：银行业金融机构的审慎经营规则，由法律、行政法规规定，也可以由国务院银行业监督管理机构依照法律、行政法规制定。前款规定的审慎经营规则，包括风险管理、内部控制、资本充足率、资产质量、损失准备金、风险集中、关联交易、资产流动性等内容。银行业金融机构应当严格遵守审慎经营规则。

《中华人民共和国银行业监督管理法》第四十六条：银行业金融机构有下列情形之一，由国务院银行业监督管理机构责令改正，并处二十万元以上五十万元以下罚款；情节特别严重或者逾期不改正的，可以责令停业整顿或者吊销其经营许可证；构成犯罪的，依法追究刑事责任：未经任职资格审查任命董事、高级管理人员的；拒绝或者阻碍非现场监管或者现场检查的；提供虚假的或者隐瞒重要事实的报表、报告等文件、资料的；未按照规定进行信息披露的；严重违反审慎经营规则的；拒绝执行本法第三十七条规定的措施的。

资料来源：栎树. 吉林郭尔罗斯农村商业银行被罚款 55 万元，贷款管理不到位［EB/OL］.（2024-04-18）［2024-04-20］. https://finance.jrj.com.cn/2024/04/18184040309379.shtml.

13-2 加强监管防范风险推动资本市场高流量发展

（2）对存款人保护的监管。此类监管主要包括制定存款业务的原则、对存款人权益的保护性规定、对存款利率的监管、对存款方式的监管、对存款保险的规定等。例如，为了保护存款人利益和金融业的稳健经营与安全，许多国家专门实行存款保险制度。规定本国金融机构按照吸收存款的一定比例向专门保险机构缴纳保险金，当金融机构出现信用危机时，由存款保险机构向金融机构提供财务支援。若存款人有损失，按照规定进行相应赔偿。

长期以来，我国实行的隐形存款保险制度，以国家信用做后盾。现在，我国从 2015 年 5 月 1 日正式施行存款保险制度，这对银行自身及存款人、整个金融体系的稳定性都有重要的意义。

延伸阅读 13-3

《存款保险条例》实施八周年

2015年5月1日,我国正式推行存款保险制度,这项制度从1993年就开始着手研究,酝酿22年后终于落地。这是在利率市场化改革的框架中,推出的又一重要制度。

1. 什么是存款保险?

存款保险是指投保机构向存款保险基金管理机构交纳保费,形成存款保险基金,存款保险基金管理机构依照《存款保险条例》的规定向存款人偿付被保险存款,并采取必要措施维护存款以及存款保险基金安全的制度。

2. 保障范围是什么?

根据《存款保险条例》,存款保险覆盖我国境内依法设立吸收存款的银行业金融机构,包括商业银行、农村合作银行、农村信用合作社等。

存款保险保障范围不仅包括您的人民币存款和外币存款本金,还包括您的存款利息,但理财、基金等投资产品不受存款保险保障。

3. 偿付限额是多少?

存款保险对存款人的存款安全提供充分保障。根据《存款保险条例》,在规定情形下,同一存款人在同一家机构的存款本息合计金额在人民币50万元以内的,存款保险实行全额偿付。超出50万元的部分,依法从投保机构清算财产中受偿。

4. 存款人需要缴纳保费吗?

不需要。存款保险作为国家金融安全网的一部分,其资金来源主要是金融机构按规定交纳的保费。收取保费的主要目的是为了加强对金融机构的市场约束,促使银行审慎经营和健康发展。

5. 什么情况下进行偿付?

根据《存款保险条例》,当出现下列情形时,存款人有权要求存款保险基金管理机构使用存款保险基金偿付被保险存款:存款保险基金管理机构担任投保机构的接管组织;存款保险基金管理机构实施被撤销投保机构的清算;人民法院裁定受理对投保机构的破产申请;经国务院批准的其他情形。

6. 怎么判断某家金融机构是不是受到存款保险保障?

所有参加存款保险的金融机构经中国人民银行授权使用存款保险标识。当看到有使用存款保险标识的金融机构,就说明这家银行参加了存款保险,您的存款受到国家法律保障。同时,也可以查询中国人民银行官方网站(www.pbc.gov.cn),网站上会定期公布参加存款保险的金融机构名单。

资料来源:中国人民银行昆明中支.《存款保险条例》实施八周年|存款保险六问六答[EB/OL].(2023-05-01)[2024-04-20]. https://mp.weixin.qq.com/s/4YO3LGEisE-_riKdOMJcWQ.

(3)流动性监管。流动性是指银行根据存款和贷款的变化,随时以合理的成本举债或者将资产价值变现的能力。当流动性不足时,银行无法以合理的成本获得资金,严重时会导致支付危机,所以监管当局对银行流动性非常重视。我国目前规定商业银行的资产流动性比率不低于25%。

(4)贷款风险的控制。为了追求最大利润,商业银行会尽可能地将资金用于放贷和投资,并集中于高利资产,相应的风险也较高。因此,为了防止银行出现坏账问题,大多数国家都会限制商业银行的存款与贷款比率,并重点监管不良贷款的比率以分散风险。如我国长期以来,规定商业银行贷款余额与存款之比不得超过75%,对同一借款人的贷款余额与商业银行资本余额的比例不得超过10%。但由于存贷比也产生了很多弊端,因此2015年新修订的《商业银行法》,取消了此项硬性监管指标。但并不意味着对银行贷款风险的监管就会放松,未来将会引入新的监管指标。

3. 对保险业的监管

为维护保险业的健康发展,确保社会的稳定与繁荣,各国对保险业均实行监管制度。同时,保险行业内部也联合起来,采用非官方、非强制的行业自律手段进行自我约束和协调,构成了保险行业的自身监管。因此,保险的监管制度分为国家对保险业的监管和保险行业的自身监管两部分内容。

首先,在国家层面,2023年国家金融监督管理总局在原中国银行保险监督管理委员会的基础上组建,并整合了多个金融监管职能,其中对保险业监管的内容主要包括以下几个方面。

(1) 准入管理与日常监管。对保险业机构的设立、变更、撤销等事项进行审查和批准,确保机构的合法性和合规性。对保险业机构的公司治理、风险管理、内部控制、资本充足状况、偿付能力、经营行为、信息披露等进行全面监管,以保障其稳健运营和保护消费者权益。

(2) 现场检查与非现场监管。定期对保险业机构进行现场检查,通过实地查看、与高管面谈等方式,了解其运营状况和风险情况。同时,通过对保险业机构的财务报表、业务数据等进行非现场审核和分析,及时发现潜在风险和问题。

(3) 风险监测与处置。对保险业的风险进行持续监测和预警,及时识别和评估风险。对于发现的风险问题,采取必要的监管措施进行处置,防止风险扩散和蔓延。

(4) 违法违规行为查处。对保险业机构的违法违规行为进行查处,包括但不限于虚假宣传、误导销售、欺诈客户等行为。对违法违规的机构和个人依法进行行政处罚,维护市场秩序和公平竞争。

(5) 消费者权益保护。统筹金融消费者权益保护工作,制定相关制度和规划,保护保险消费者的合法权益。开展金融消费者教育工作,提高消费者的风险意识和自我保护能力。构建金融消费者投诉处理机制和金融消费纠纷多元化解机制,及时解决消费者投诉和纠纷。

(6) 穿透式监管与股权管理。制定股权监管制度,依法审查批准股东、实际控制人及股权变更。对股东、实际控制人以及一致行动人、最终受益人等开展穿透式调查,防止不当关联和利益输送。

(7) 科技监管与信息化建设。建立科技监管体系,制定科技监管政策,利用科技手段加强监管。构建监管大数据平台,开展风险监测、分析、评价和预警工作。

其次,保险行业的自身监管又称为保险行业自律,是指保险人基于共同的权益组织起来,在遵守国家对保险业管理的法律、法规的前提下,通过行业内部协作、调节和监督,采取自我约束和自我管理的行为。保险行业的自身监管是通过保险行业组织实现的,它是在保险及其相关领域中从事活动的非官方组织,是保险人自行组织和自愿参加的组织。

(三) 证券业监管

由于金融市场在经济中的重要地位和特殊重要性,金融市场的活动涉及面广,影响面宽,作用力大,对微观金融运行,宏观金融调控乃至整体经济运行都具有重大影响。因此,保证金融市场的稳健与正常运作具有极为重要的意义。

证券机构是金融市场的组织者和参与者,上市公司是金融市场的基石,但追逐利润最大化是它们的最终目标。在利益驱使和激烈的市场竞争中,可能出现欺诈、违约、操纵市场、哄抬价格、过度投机等不良行为,从而危害金融市场的安全与稳定。因此,对这些机构和金融市场活动进行有效的监管,规范市场行为,防范金融风险,保护投资者利益,保持良好的金融秩序,提高金融市场效率,显得极为必要和重要。对证券业的监管主要有如下方面。

1. 对证券机构的监管

证券业属于特许经营行业,只有经证券监管机构批准,合法的证券公司才能从事证券承销、证券自营买卖和代理买卖、资产管理、兼并与收购等各项业务。因此,各国普遍通过设立《证券法》来进行管理。在我国,统一由证监会负责证券公司设立、变更、终止事项的审批,依法履行对证券公司的监管管理职责。

除证监会的监管之外,证券交易所对会员公司的监管、证券业协会的自律监管及证券公司内部控制与风险管理都是证券监管体系中不可或缺的组成部分。

2. 对上市公司的监管

对上市公司的监管主要集中在两方面:一是建立完善的上市公司信息披露制度,对其信息披露监管;二是加强对上市公司治理结构的监督,规范其运作。

3. 对证券市场的监管

证券市场由于发展历史不长,许多方面不健全,违规现象突出,投资者利益得不到应有的保护,不利于证券市场的长远发展。因此加强证券市场监管,保证其健康运行非常重要。对证券市场的监管主要包括防止内幕交易、防止出现证券欺诈、防止出现操纵市场。内幕交易是证券市场的一颗"毒瘤"。在新的市场环境下,内幕交易方式更加多样,操作手段更加隐蔽,涉及内幕交易的主题更加多元,防控内幕交易的任务也更加复杂而艰巨。

(四)互联网金融监管

互联网金融监管是指对互联网金融的法律风险、操作风险、传染风险、声誉风险、流动性风险、信用风险和市场风险等制定法律规则,采取有针对性的措施来加强和改善监管,以实现互联网金融的可持续发展和保护互联网金融消费者利益的活动。

1. 实施金融综合监管,降低金融行业门槛。

我国金融行业的门槛仍然较高,传统金融机构主动推行改革的积极性较低,特别是对小微、"三农"等领域的金融支持方面,由于风险相对较高,利润相对较低,金融机构没有动力满足这些领域的有效融资需求。而互联网金融开放、无边界的特点又易于资金的流动,一旦监管不严,就有可能引致金融违法行为的发生。因此,监管的首要环节应该是积极实施综合监管的方案,打破金融机构固化现状,充分发挥市场的力量来优化交易和服务方式。

2. 以大数据和云计算等方式完善征信体系建设。

我国征信体系建设不健全,导致了金融违法违规行为易于逃避监管,而社会责任和信任度的缺乏,又不利于市场化改革的推进。如果能充分运用大数据统计,将各行业、单位、个人的数据进行综合、全面的统计,再以云计算的方法把这些碎片化的信息整理、归集,并得出高精度的征信数据,这些数据一方面可供金融机构进行有效客户选择和风险甄别,也有利于监管部门进行全面、高效的监管。

3. 加快互联网金融领域产业链的创新。

如果说金融机构的互联网服务创新给客户带来了更多的交易体验和方便,那么电子商务中广泛地引入互联网金融则造成了产业更迭,以及人们生活模式的重大变革。而随着大数据时代的到来,企业的供应链系统与物流监管、银行等系统的实时数据交互、流程衔接更为紧密,互联网金融不断进行着产业交易模式的创新,并且深刻地改变着人们的生活。良好的产业链服务自然就是有效的监管系统,让非法交易和非法服务没有生存空间。

创新和监管对于互联网金融的稳健发展是一个问题的两个方面,既不能因为创新而触碰法律法规,也不应由于监管而限制了行业的良性生长,在这两方面中寻找平衡,是行业健康发展和高效监管的核心。

六、我国金融监管特色

(一)实施"一元多头"金融监管体制

随着经济、金融领域的快速发展,我国传统的银行、保险、证券等行业越来越出现业务交叉或相互渗透,但目前我国仍对金融业实行分业经营体制,并依据《中国人民银行法》《商业银行法》《证券法》《保险法》等法律法规实施具体的金融监管。从体制上看,我国的金融监管体制应属于"一元多头",即金融监管权力集中于中央政府,由中央政府设立的金融主管机关和相关机关分别履行金融监管职能,并随着社会发展,不断调整完善监管体系。如目前的金融监管体制突出党中央对金融工作的集中统一领导,设立了中央金融委员会及其工作办公室。

(二)推行"三层双峰"金融监管模式

2023年3月以来,我国逐渐形成了"一行一总局一会"的金融监管格局。在中央金融委及中央金融工作委员会办公室的领导下,实施金融监管,形成了具有中国特色的"三层+双峰"的监管模式。中国人民银行及证监会在各地方设有专门派出机构,形成"三层"立体式监管,即顶层为中央金融委;中间层为各金融监管部门,具体包括央行、金管总局和证监会;底层为中央金融管理部门地方派出机构和地方金融监管局。我国的金融监管组织体系进一步完善,金融管理体制改革取得重要进展。"双峰"则是将监管部门的具体职能分为审慎监管和行为监管。

中央金融委及其办公室体现党中央对金融工作的集中统一领导,负责金融稳定和发展的顶层设计、统筹协调、整体推进、督促落实以及研究审议重大政策、重大问题等。作为"三层"中的"顶层",接续之前国务院金融稳定发展委员会及其办事机构的职能,进一步增强不同金融行业的统一监管与协调统筹能力,及中央与地方在金融领域的统一监管与协调统筹能力等。同时,为进一步统一领导金融系统党的工作,新组建的中央金融工委主要负责指导金融系统党的政治建设、思想建设、组织建设、作风建设、纪律建设等。

中国人民银行除承担货币政策职能外,更多地担负起宏观审慎管理、金融基础设施建设、基础法律法规体系及全口径统计分析和系统性风险预警等工作,其"货币政策和宏观审慎政策双支柱调控框架"更加清晰。新成立的金管总局同证监会及地方金融监管部门负责行为监管。金管总局主要负责具体机构和行业监管工作的落地和执行,以及金融消费者权益保护。证监会仍然负责资本市场监管职责,其核心是维护资本市场秩序和健康发展。

地方金融监管体制将以中央金融管理部门地方派出机构为主导,统筹优化中央金融管理部门地方派出机构设置和力量配备,共同构筑"三层"中的"底层"。地方政府设立的金融监管机构专司监管职责,不再加挂金融工作局、金融办公室等牌子,以维护地区内金融稳定为主要目标,担负起更多的金融监管职责,并承担金融风险防范、化解与处置的属地责任。

(三) 加强宏观审慎监管

近几年我国不仅通过货币政策等手段对宏观经济、金融领域进行监管，同时加强了宏观审慎管理，在中国人民银行下设了专门的宏观审慎管理局。

我国在宏观审慎政策方面的探索实践起步较早。2003年，中国人民银行在房地产金融领域首次引入最低首付比例政策，并根据形势变化，多次逆周期调整最低首付比例要求。2010年，中国人民银行引入差别存款准备金动态调整机制，并于2016年升级为宏观审慎评估（MPA），将信贷投放与金融机构资本水平及经济增长相联系，有效促进了货币信贷平稳适度增长。我国实施宏观审慎管理具体措施如下：

(1) 建立我国宏观审慎政策框架。立足我国实际，借鉴国际组织和主要经济体实践经验，研究编制《宏观审慎政策指引》，围绕政策目标、系统性风险监测评估、政策工具箱、政策传导等要点，健全宏观审慎治理机制，探索建立具有中国特色的宏观审慎政策框架。2020年9月，中国人民银行会同银保监会正式建立我国银行业金融机构逆周期资本缓冲机制，初始缓冲资本比率设定为0。

(2) 有序推进系统重要性金融机构监管。在总体制度框架下，中国人民银行会同银保监会制定了《系统重要性银行评估办法》，明确了我国系统重要性银行的评估方法、评估范围、评估流程，从规模、关联度、可替代性和复杂性四个维度确立了我国系统重要性银行的评估指标体系。

(3) 加强金融控股公司监管。2020年9月，国务院发布《关于实施金融控股公司准入管理的决定》，明确非金融企业控股或实际控制两类或者两类以上金融机构，具有规定情形的，应当向中国人民银行提出申请，经批准设立金融控股公司，并接受监管。中国人民银行发布了《金融控股公司监督管理试行办法》，遵循宏观审慎管理理念，坚持总体分业经营为主的原则，以并表为基础，对金融控股公司资本、行为及风险进行全面、持续、穿透式监管。

(4) 开展重点领域宏观审慎管理。2020年2月，中国人民银行等六部委联合印发《统筹监管金融基础设施工作方案》，明确将金融资产登记托管系统、清算结算系统、交易设施、交易报告库、重要支付系统、基础征信系统等六类设施及其运营机构，纳入统筹监管范围，统一监管标准，健全准入管理，优化设施布局，健全治理机制。

推动完善房地产金融宏观审慎管理。根据防范房地产金融风险和"稳地价、稳房价和稳预期"的需要，研究房地产贷款集中度、居民债务收入比、房地产贷款风险权重等宏观审慎政策工具，进一步完善促进房地产市场健康发展的长效机制。探索开展跨境资金流动宏观审慎管理。根据外汇市场和跨境资金流动形势，动态调整外汇风险准备金率和全口径跨境融资宏观审慎系数。

相比货币政策，宏观审慎政策的理论与实践总体上起步不久，我国的宏观审慎政策框架都还在不断健全完善。中国人民银行要认真履行宏观审慎政策牵头职责，在实践探索中不断健全符合我国国情的双支柱调控框架，支持形成以国内大循环为主体、国内国际双循环相互促进的新发展格局。

13-3 全面加强金融监管，服务经济社会高质量发展

 延伸阅读 13-4

金融科技监管

2024年是落实中央金融工作会议精神的重要开局年，在新形势下，金融科技也面临着新的发展机遇和

时代要求,金融强国目标提出更高要求,金融科技将进一步发挥高质量发展引擎作用。

金融科技监管将持续完善,以监管数智化转型为代表的监管能力提质增效趋势更加明显。习近平总书记提出,金融监管要"长牙带刺、有棱有角",金融科技的监管是金融监管体系中的重要环节,在金融业整体监管框架下将持续完善。一方面,针对金融科技的统一监管和穿透式监管将进一步落实,监管范围持续扩大,延伸到金融科技活动全链条,审慎监管、行为监管等各种监管形态进入新阶段,提升对重大风险的提前预判和处置能力;另一方面,监管手段不断丰富,监管数智化转型将成为监管机构的发力重心。未来监管机构将充分利用数字化技术,加速新型取证工具和分析系统的研发和使用,同时建立智能金融监管信息共享平台,加强各监管机构之间的信息共享和协作,增强关键监管活动的规范性和透明度,提升监管效能。

金融大模型应用快速迭代演进,但隐私保护与模型治理等科技伦理问题仍是关注重点。一方面,金融机构大模型布局热情高涨、推动节奏加快、应用探索日益深入,多款大模型进入内测阶段,未来有望在金融大模型通用基础架构、技术路线、资源利用等方面实现多维度能力升级;落地应用场景在智能客服、智能风控、智能运营、智能投研等基础上将进一步扩展;在大模型建设模式方面,受算力、数据、技术等因素影响,未来不同体量金融机构将逐步形成自主研发、跨行业合作、云端调用等相结合的部署方式。另一方面,尽管布局热度不减,然而大模型发展依然面临较多潜在风险和不确定性,模型风险治理、数据安全与个人信息保护等科技伦理问题仍是金融大模型对客应用前的关注重点,确保金融业数据的安全性至关重要,后续行业管理要求也将逐步细化。

资料来源:金融科技团队.2024年金融科技领域十大发展趋势展望[EB/OL].(2024-02-20)[2024-04-20].https://mp.weixin.qq.com/s/idBvivdv-YYIqOFGsS2GBg.

本 章 小 结

本章主要学习了金融风险的含义、特征、分类及产生根源;金融安全的含义、重要性及金融安全与金融风险的关系;金融监管的定义、目标、原则和要素;金融监管的实施;我国目前金融监管现状。通过学习本章,我们对金融安全以及金融监管的重要性,以及我国的金融监管特色及现状有了基本的认识,有利于树立正确的安全观。

本章重要概念

金融风险　系统性风险　金融安全　金融监管　监管目标　市场准入监管　宏观谨慎监管　市场退出监管　一元多头监管

主要参考文献

[1] 黄达,张杰.金融学[M].6 版.北京:中国人民大学出版社,2024.
[2] 李健.金融学(精要版)[M].2 版.北京:高等教育出版社,2023.
[3] 清华大学经济管理学院数字金融资产研究中心.数字金融:未来已来[M].北京:人民日报出版社,2020.
[4] 黄卓等.金融科技的中国时代:数字金融 12 讲[M].北京:中国人民大学出版社,2017.
[5] 张强,乔海曙.金融学[M].3 版.北京:高等教育出版社,2018.
[6] 法律出版社专业出版编委会.中华人民共和国民法典(实用问题版)[M].北京:法律出版社,2020.
[7] 刘园.国际金融[M].北京:北京大学出版社,2017.
[8] 高鸿业.西方经济学(宏观部分·第七版)[M].北京:中国人民大学出版社,2020.
[9] 曹龙骐.金融学[M].6 版.北京:高等教育出版社,2019.
[10] 陈选娟,柳永明.金融机构与风险管理[M].2 版.上海:格致出版社,2018.
[11] 王焕然.智能时代的新金融.[M].北京:机械工业出版社,2020.
[12] 刘肖原,李中山.中央银行学教程[M].3 版.北京:中国人民大学出版社,2020.
[13] 王广谦.中央银行学[M].4 版.北京:高等教育出版社,2020.
[14] 童适平.中央银行学教程[M].2 版.上海:复旦大学出版社,2020.
[15] 吴晓求.证券投资学[M].5 版.北京:中国人民大学出版社,2020.
[16] 戴国强.商业银行经营学[M].北京:高等教育出版社,2021.
[17] 庄毓敏.商业银行业务与经营[M].5 版.北京:中国人民大学出版社,2019.
[18] 薛誉华,郑晓玲.现代商业银行经营与管理[M].上海:复旦大学出版社,2020.
[19] 刘永刚.保险学[M].3 版.北京:人民邮电出版社,2020.
[20] 秦桂兰.金融学科导引[M].上海:立信会计出版社,2023.
[21] 张惠兰,王建辉.金融理论与实务[M].北京:中国人民大学出版社,2019.
[22] 中国证券业协会.金融市场基础知识(2023)[M].北京:中国财政经济出版社,2023.
[23] 陈雨露.国际金融[M].6 版.北京:高等教育出版社,2019.
[24] 中国信托业协会.2021 年信托业专题研究报告[M].北京:中国财政经济出版社,2021.
[25]《证券法》(2020).
[26]《中华人民共和国商业银行法》(2015).
[27]《中华人民共和国中国人民银行法》(2015).
[28]《首次公开发行股票注册管理办法》(2023).
[29]《上海证券交易所股票上市规则》(2024).
[30]《上海证券交易所科创板股票上市规则》(2024).